GÉOGRAPHIE HISTORIQUE

(Leçons en regard des cartes)

RÉSUMANT

L'HISTOIRE DE LA FORMATION TERRITORIALE DES PAYS CIVILISÉS
ET L'HISTOIRE DE LA CIVILISATION

ANTIQUITÉ — MOYEN AGE — TEMPS MODERNES — PÉRIODE CONTEMPORAINE

48 Leçons, — 48 Cartes coloriées

50 FIGURES, LEXIQUE, TABLE ALPHABÉTIQUE

A l'usage des établissements d'Enseignement secondaire de filles et de garçons, des Écoles normales primaires et des Écoles primaires supérieures.

PAR

P. FONCIN

INSPECTEUR GÉNÉRAL DE L'ENSEIGNEMENT SECONDAIRE

La Géographie pourrait à la rigueur se passer de l'Histoire.
L'Histoire ne saurait se passer de la Géographie.

Le degré de cet ouvrage
correspond à celui de la *Troisième année de Géographie* du même auteur

PARIS

ARMAND COLIN ET Cⁱᵉ, ÉDITEURS

1, 3, 5, RUE DE MÉZIÈRES

1888

Tous droits réservés

PRÉFACE

Il ne manque point en France d'*Atlas historiques classiques*[1] et bien qu'il ne s'en rencontre dans le nombre aucun de comparable à ceux de Spruner, par exemple, ils ont tous leur valeur ou leur intérêt. Ils permettent à l'élève de comprendre matériellement l'histoire ; ils montrent l'étendue des anciens empires ou des états plus modernes, les variations de leurs frontières, leurs démembrements ou leurs progrès ; ils marquent les villes célèbres, l'emplacement des batailles, les lieux où ont été signés les traités. Les meilleures de leurs cartes sont celles qui figurent le tracé des campagnes mémorables comme celles de Turenne en Alsace ou de Bonaparte en Italie : en tout ce qui touche à l'art militaire la précision n'est-elle pas de rigueur ? Ces atlas n'ont qu'un défaut, mais ce défaut est grave, étant originel, ils ne sauraient se suffire à eux-mêmes ; sans un livre qui les explique et qu'ils expliquent en même temps, ils sont incompréhensibles. Dans la pensée même de ceux qui les ont inventés ils servent de compléments aux précis d'histoire ; ils sont par conséquent *incomplets*.

Nous ne venons point ajouter un nouvel atlas à ces atlas bien connus de nos écoliers. Il nous a paru qu'il était possible de leur présenter autre chose, en reprenant et en renouvelant un genre d'ouvrage classique depuis trop longtemps oublié ou dédaigné : la *Géographie historique*. Si on la réduit à une simple nomenclature, elle est aride et ennuyeuse, mais ne serait-il pas possible de l'animer, de la rendre intéressante et vivante ? Ne pourrait-on tout au moins l'illustrer de cartes ? A notre **Géographie historique** nous avons donc pris le parti de joindre un **Atlas** et, par la juxtaposition très simple de ces deux types, l'un ancien et à tort démodé, l'autre toujours en honneur, mais à notre avis insuffisant et perfectible, nous avons essayé de produire un *type nouveau* qui aura peut-être quelque utilité.

L'*Introduction* s'efforce de mettre en lumière l'influence que, dans les premiers temps de l'humanité surtout, la géographie a exercée et qu'elle exerce encore à un degré moindre sur la marche de l'histoire. C'est *l'idée générale* du livre.

Le corps de l'ouvrage, où les cartes disposées aussi pratiquement que possible figurent, à chaque page, *en regard du texte*, est divisé en quatre parties tout naturellement indiquées : **Histoire ancienne, du moyen âge, moderne et contemporaine**.

Dans chacune de ces périodes nous considérons deux séries d'événements :

1° L'établissement des nations et la fondation des États dans les différents pays ; c'est l'histoire de la **formation territoriale**, elle ne peut se faire qu'avec *l'aide de la Géographie*.

2° La transformation dans les usages, les mœurs, la religion, la science, l'organisation sociale et les institutions politiques des peuples ; c'est l'histoire de la **civilisation**.

La première de ces études est notre sujet même, c'est de la Géographie historique pure ; elle occupe dans l'ouvrage une place largement prépondérante. Elle résume en traits aussi nets et aussi frappants que possible l'histoire de la formation territoriale des différents pays.

Mais il nous a paru impossible de démembrer l'histoire et comme l'histoire de la civilisation procède en grande partie de l'histoire territoriale, comme l'humanité, suivant le sens profond de l'Écriture, est *née du limon de la terre*, nous avons placé à la fin de chaque grande période d'histoire territoriale un tableau de la civilisation qui en a été en quelque sorte le *produit*.

Ces résumés pourront servir de lectures. Ils sont complétés par un petit nombre de *dessins* instructifs qui, joints aux *cartes* d'ensemble et de détail, aux plans de villes et de batailles, servent d'illustrations à notre ouvrage.

Des *questionnaires* correspondant à chaque leçon permettent à l'élève de s'assurer lui-même qu'il l'a bien apprise et qu'il la sait.

En terminant, qu'il nous soit permis de remercier publiquement notre excellent collaborateur M. Seignobos, docteur ès lettres, de la part qu'il a bien voulu prendre à la confection de cette géographie historique. Ce jeune maître est assez distingué, il est déjà assez honorablement connu pour qu'il soit inutile de rien ajouter à la mention de son nom.

---

[1]. Il n'est question ici bien entendu que des atlas classiques de géographie historique et non de publications spéciales, telles que celles de MM. E. Desjardins, Longnon, etc., qui peuvent soutenir la comparaison avec n'importe quelle œuvre similaire à l'étranger.

INTRODUCTION

DE LA FORMATION TERRITORIALE

DES PRINCIPAUX ÉTATS CIVILISÉS

La Géographie et l'Histoire. — La Géographie pourrait à la rigueur se passer de l'Histoire, car on conçoit très bien l'existence de la Terre sans les hommes. L'Histoire ne saurait se passer de la Géographie : que seraient les hommes, y aurait-il des hommes sans la Terre?

La Terre. — La Terre est la nourrice des hommes; elle leur prodigue l'air, l'eau, les aliments, le feu, les métaux; elle les habille, elle les pare, elle les loge. Ce n'est pas tout, elle a été, dès leur naissance, leur grande et puissante éducatrice. Par la variété des climats, la répartition des continents et des mers, la disposition des plaines, des montagnes et des plateaux, la direction des fleuves, des vallées et des cols, la distribution des plantes et des animaux, elle a présidé, pourrait-on dire, à la formation des divers peuples, ayant chacun leur genre de vie particulier et bientôt leurs habitudes héréditaires et leurs traditions, origine principale de leur manière de sentir et de penser. Elle a marqué des limites à leur première extension; elle a ouvert d'avance les routes naturelles qui seules pouvaient leur permettre de se mêler entre eux ou de changer de résidence. A mesure que les peuples ont grandi, ils se sont de plus en plus affranchis de cette tutelle d'abord inflexible, mais tant qu'il y aura des pôles et une zone équatoriale, un désert de Sahara et des neiges éternelles sur les Alpes, les Andes ou l'Himalaya, des contrées aussi différentes que les bords de la Seine et ceux du Gange, de l'Amazone ou du Congo, les hommes resteront plus ou moins les élèves et les sujets de leur antique mère-nourrice.

La Terre, comme l'univers entier, se transforme sans cesse, mais avec une telle lenteur que nous, ses hôtes éphémères*, nous ne nous apercevons pas, nous n'avons pas le temps de nous apercevoir de ces changements. Il n'y a que les accidents brusques et partiels comme l'éboulement d'une montagne, l'éruption d'un volcan ou un tremblement de terre qui puissent être embrassés par nos regards et saisis par notre attention. La Terre est pour nous comme si elle était immuable*.

L'Humanité. — L'humanité, au contraire, est en perpétuel mouvement; elle est pour elle-même un spectacle toujours changeant. La marche de l'Histoire ne connaît pas de repos, et les vissicitudes de la vie des hommes se déroulent sans relâche. Il y a dans l'océan humain des courants, des remous, des retraits, des débordements, des marées et des tempêtes qui ressemblent à ceux des fleuves et des mers. Les peuples nous apparaissent ainsi comme des masses mobiles dont le lit est le relief de la planète. Ils ont leur bassin d'où ils sortent parfois en larges nappes d'inondation, pour y rentrer bientôt, souvent s'y dessécher et y périr, comme ces lacs de l'Asie centrale lentement atrophiés* et transformés peu à peu en déserts de sel. Ils s'alimentent d'affluents divers qui leur viennent d'ordinaire des hautes terres voisines.

Ils communiquent les uns avec les autres par les dépressions des vallées et des plaines. Ils émigrent, ils s'écoulent, ils circulent et se mélangent sur la rondeur du globe comme les courants équatoriaux ou polaires, comme le Gulf-Stream, le Kouro-Siwo ou le courant de Humboldt.

Origines et développement de la civilisation. — La Géographie contribue à éclairer l'étude de ces mouvements des masses humaines. Elle constate l'établissement et la fondation des États dans les différents pays; elle montre aux yeux, le doigt sur la carte du globe, ce qu'il y a de matériel et de tangible* en quelque sorte dans la vie de l'humanité. Elle explique en grande partie par le climat et le relief du sol l'évolution des races, les révolutions des empires, les perpétuels changements des frontières. Cependant elle ne prétend pas trouver seule des raisons à tout. Il y a dans chaque nation une sorte d'âme collective, un génie propre qui, peu à peu, se dégage des fatalités géographiques, qui tend à agir progressivement avec plus d'indépendance et de force, qui se raidit même, contre les choses et s'efforce à son tour de les modifier, bien qu'elle ne puisse jamais entièrement les vaincre. Ainsi naît et se développe la civilisation, dont l'histoire aura chaque jour des rapports de moins en moins étroits avec la géographie. Mais au début des sociétés humaines surtout, l'homme est par mille liens comme le prisonnier de la nature; la Géographie et l'Histoire sont inséparables.

La préhistoire. — L'histoire proprement dite ne commence qu'à l'époque où les hommes ayant inventé l'écriture nous ont laissé un récit des événements. L'histoire des faits préhistoriques, c'est-à-dire antérieurs à l'histoire, est la *préhistoire*.

Les débris authentiques les plus anciens qui révèlent la présence de l'homme à la surface de notre planète remontent à la période que les géologues nomment *quaternaire*. Une grande partie de notre hémisphère boréal était alors couverte de vastes glaciers qui s'avançaient en Europe jusqu'aux monts Sudètes, à Canstadt sur les bords du Rhin et au sud de la Tamise; en Amérique jusqu'aux rivages méridionaux des grands lacs canadiens. Ces glaciers, qu'une lente modification du climat a fait fondre peu à peu et rétrograder vers le Nord, ont déposé sur leur ancien front méridional des blocs erratiques* dont la ligne est facile à suivre. Elle correspond presque exactement à la série des principales stations occupées alors par les hommes dont la race a été appelée race de *Canstadt*. Cette coïncidence qu'en l'état actuel de la science il est malaisé d'expliquer n'en est pas moins remarquable.

On conçoit mieux pourquoi une race postérieure dite de *Cro-Magnon* habitait des cavernes sur les flancs des vallées de la Vézère, de l'Aveyron et des autres cours d'eau de l'Europe occidentale. Les hommes de ce temps cherchaient des demeures toutes faites d'avance, à l'abri des vents, à l'écart des grands bois hantés par les fauves, à proximité des eaux salubres, au bord de chemins naturels, sur des pentes qui, sans être inaccessibles, étaient pourtant aisées à défendre.

Ages successifs des peuples. — On admet généralement que les diverses sociétés actuellement civilisées ont passé

INTRODUCTION.

par trois états ou âges successifs : la vie *sauvage*, la vie *pastorale* ou *nomade*, la vie *agricole*. Certains peuples, s'arrêtant dans leur croissance, pour une raison ou pour une autre, sont restés jusqu'à maintenant sauvages ou nomades. Enfin de nos jours, à la suite de grandes découvertes scientifiques, l'âge agricole est devenu aussi l'âge *industriel*.

Vie sauvage. — Les forêts et les marécages couvraient d'immenses espaces, beaucoup plus vastes que maintenant, car on n'avait encore ni pratiqué des clairières et défriché le sol, ni creusé des canaux d'écoulement. La *pêche* et la *chasse* étaient les seuls moyens de subsistance possibles. Nos ancêtres lointains erraient donc sur le bord des eaux douces, le long des rivages marins, ou sur la lisière des bois, à la recherche des coquillages, des poissons ou du gibier. Ils disputaient leur proie aux grands carnassiers, ils combattaient ces ennemis féroces avec des armes grossières, terminées par des pointes en silex, d'où le nom *d'âge de pierre* qui a été donné à ces temps reculés. Ils habitaient dans des cavernes ou sous des huttes de feuillage et se vêtissaient de peaux de bêtes. Cette existence misérable, cette dispersion sur des espaces très longs et très minces empêchait toute relation suivie entre les familles.

Vie pastorale ou nomade. — Lorsqu'un certain nombre d'animaux eurent été réduits en domesticité, lorsque l'usage du feu se fut répandu, la *vie pastorale* put commencer. Alors les vastes plateaux couverts d'herbes, et les pentes gazonnées des montagnes reçurent des habitants. Le lait devint l'aliment journalier. La laine servit à fabriquer des vêtements, à tisser des tentes. Les familles agrandies se transformèrent en tribus nomades gouvernées par des chefs héréditaires ou patriarches ; elles conduisirent leurs troupeaux de pâturage en pâturage, allant suivant l'intermittence de la végétation herbacée des plaines chaudes en hiver aux plateaux frais pendant l'été. La Bible décrit, en traits d'une simplicité et d'une grandeur admirables, cette période pastorale des anciens Hébreux, dans la région du Liban. De même les chants sacrés de l'Inde, les *Védas*, qui font revivre avec une fraîcheur pénétrante la poésie de ces jours anciens, nous montrent nos ancêtres directs, les Hindous, au moment où ils venaient de quitter les bords du haut Oxus, en traversant les passes de l'Hindou-Kouch, pour se fixer sur les rives de l'Indus. Sur l'autre revers de l'Asie, les Chinois, qui ont conservé le souvenir de l'âge de pierre, racontent aussi que leurs premiers aïeux, les *Cent familles*, comme ils les appellent, descendirent des plateaux du nord-ouest dans les plaines du fleuve Jaune.

Vie agricole. — L'établissement des nomades dans les vallées fertiles marque le commencement de la *période* ou *vie agricole*, et correspond à peu près aux débuts de l'*Histoire*. Il concorde aussi probablement avec l'usage des métaux : le premier qu'on employa, le plus facile à fabriquer fut le bronze, alliage de cuivre et d'étain. L'homme eut dès lors des armes redoutables à opposer aux bêtes féroces ou aux peuplades pillardes et barbares. Depuis cette invention le soc de la charrue put aussi mordre le sol et en renouveler chaque année la fécondité. Enfin auprès des champs les tribus se fixèrent, temporairement d'abord, puis tout à fait. Chaque famille eut sa maison, son foyer, son autel domestique ; et bientôt les maisons agglomérées formèrent des villes, les tribus confédérées devinrent des cités ou des empires. Mais cette révolution ne s'accomplit qu'insensiblement et au prix de mille efforts persévérants ; elle ne réussit que là où le climat, le sol, les eaux offraient des conditions très favorables à l'éclosion d'une société et la policée, là où une nourriture abondante et facile permettait le loisir, rendait le travail intellectuel possible à côté du travail matériel et enfantait naturellement la civilisation qui n'est que le produit d'un long travail accumulé.

L'Extrême-Orient, la Chine. — La plus ancienne histoire est celle des pays de l'Orient, dont on a le tort d'exclure ordinairement celle des pays de l'Extrême-Orient, l'Inde et la Chine.

Les Chinois, il y a quarante siècles, écrivaient déjà leurs annales et 2200 ans avant le Christ, l'Empereur Yu avait fait dresser une véritable topographie des neuf provinces chinoises. Les riches plaines d'alluvions[*] qu'arrosent le Hoang-ho et le Yang-tse-Kiang, sous un climat très égal au nord et un soleil tropical au midi, offraient aux « Fils du Ciel » une profusion et une variété inouïes de terres cultivables. Il n'est point surprenant que là se soit développée, ait grandi et pullulé une des plus grandes agglomérations d'hommes de la planète, mais en même temps l'une des plus mêlées et qui, sous un même régime politique, offre le plus de diversité de types et de croyances. Les fortes barrières qui entourent la Chine expliquent d'autre part comment elle est restée pendant des siècles presque inconnue au reste du monde. Une mer inclémente à l'est, les déserts arides de la Mongolie au nord, enfin à l'ouest les nombreuses murailles parallèles de l'Indo-Chine, entre lesquelles s'allongent de longs fossés où coulent de puissants cours d'eau, rendaient très difficile toute communication de « l'Empire du milieu » avec le dehors. La seule grande route praticable ouverte par la nature entre la Chine et l'Occident passe au nord du Tibet et par le Tarim conduit au Pamir et débouche sur le haut Oxus ; elle est fort longue et traverse toute l'Asie centrale. Ainsi s'épanouie une civilisation originale que son isolement même a rendue hostile à toute relation ou importation étrangère et qui, à l'inverse des peuples occidentaux héritiers les uns des autres en ligne collatérale, n'a été contrariée par aucun changement de milieux, a hérité en ligne directe des générations qui l'ont produite. Ce n'est qu'à partir du XVIe siècle de notre ère que la Chine est entrée en contact avec l'Europe ; ce n'est que de nos jours qu'elle a consenti à étudier sérieusement les sciences et les arts de l'Occident.

L'Inde. — L'Inde s'est trouvée dans une situation assez différente. La fécondité des campagnes du haut Indus et du Gange est inépuisable. Le soleil vertical qui les brûle, les pluies torrentielles qui les inondent périodiquement y entretiennent une exubérance de végétation extraordinaire. Les phénomènes de la nature y déploient un éclat et une intensité dont nos pays tempérés ne peuvent donner d'idée. Les cimes neigeuses de l'Himalaya et une lisière de marécages isolent l'Inde au nord ; mais elle se prolonge à l'est par les plaines du Brahmapoutre, elle est surtout accessible au nord-ouest par les défilés de l'Hindou-Kouch et de l'Afghanistan ; des vents périodiques dans leur atmosphère, les *moussons*, rapprochent ses côtes de celles de l'Afrique. Aussi les Hindous, presque aussi nombreux que les Chinois, formèrent-ils un peuple moins vigoureux, à la fois plus homogène[*] et moins capable d'absorber les éléments disparates, prosterné dans l'adoration des forces terribles de la nature et assez fidèle à sa foi pour la reprendre, après l'avoir quittée, courbé sous le joug de ses maîtres indigènes, puis des envahisseurs étrangers, en relations presque suivies avec le reste du monde. Après avoir obéi aux conquérants musulmans venus par terre, puis aux Portugais, aux Français, aux Anglais, venus par mer, les adorateurs de Brahma s'appartiendront-ils jamais à eux-mêmes? Leur civilisation n'en est pas moins l'une des plus belles, des plus riches qui existent. Il y a 3000 ans, ils avaient déjà de grands poètes; 700 ans avant notre ère leur Bouddha* prêchait une doctrine d'une pureté admirable et leurs philosophes ont abordé avant les nôtres les problèmes qui font le désespoir de la pensée humaine.

Les pays de la Méditerranée. — Nous avons insisté sur ces deux grands peuples qui méritent de figurer définitivement dans l'histoire classique. L'histoire ancienne proprement dite ne s'occupe que des pays riverains de la Méditerranée.

Cette mer intérieure dont le Pont-Euxin, la mer Rouge, le golfe Persique même ne sont que des prolongements directs ou indirects, relie par une large voie, groupe harmoniquement les côtes de l'Afrique septentrionale, de l'Asie occidentale, de l'Europe méridionale; elle constitue un tout; elle explique l'unité remarquable de l'histoire ancienne.

Des forêts impénétrables au nord, d'immenses déserts à l'est et au sud, l'Atlantique à l'ouest étaient les limites géographiques de ce groupe de peuples qui a vécu l'histoire ancienne. La transparence de l'air, la limpidité du ciel, la violence soudaine des vents, la douceur perfide des hivers et l'ardeur desséchante des étés, les brusques variations de la température, les côtes abruptes et profondément dentelées, entrecoupées de plages ouvertes, de vallées et de plaines fertiles, un air de famille entre les plantes les plus variées au feuillage sombre ou métallique, chêne-vert, cyprès, vigne, olivier, figuier, oranger, myrte, palmier, une heureuse rencontre des espèces domestiques les plus utiles, chien, bœuf, mouton, porc, âne, cheval, chameau, probablement originaires comme les espèces végétales, des plateaux de l'Asie occidentale; chez les peuples la dureté des muscles, l'élasticité de mouvements, la vivacité d'esprit, la promptitude du geste, la sonorité du langage, tels étaient, tels sont encore les traits essentiels de la région méditerranéenne. La civilisation s'y est avancée de l'Orient à l'Occident, ou plutôt en diagonale du sud-est, au nord-ouest : elle est partie des contrées les plus semblables à l'Inde et à la Chine, des rives du Nil et de l'Euphrate pour marcher à la conquête du pays le moins méditerranéen de ceux que baigne la Méditerranée, la Gaule, qui par ses provinces septentrionales se confond d'un côté avec la grande plaine des Germains et de l'autre se noie dans les brumes britanniques.

L'Égypte. — L'Égypte est le carrefour de l'ancien monde, les routes terrestres ou maritimes de l'Afrique, de l'Asie, de l'Europe, s'y rencontrent et s'y croisent. Aussi fut-elle le premier berceau de la civilisation méditerranéenne. Le Nil est toute l'Égypte; il l'a créée et il l'explique. La fertilité de son limon* fit des Égyptiens un peuple d'agriculteurs. Il fut comme une grande rue entre leurs cités; il assura leur unité territoriale, politique, religieuse. Sa vallée ouverte, son large delta que rien ne défend du côté de l'isthme de Suez, les laissèrent exposés à toutes les invasions.

La Chaldée. — La vallée du Tigre et de l'Euphrate a été, par sa fécondité, par sa situation sur la seconde des grandes routes de l'Inde à la Méditerranée, un autre centre de puissante attraction pour les hommes. Les races les plus diverses descendant des plateaux et des massifs voisins (Arabie, Iran, Arménie, Taurus, Liban), s'y sont mélangées comme dans un creuset. Les Juifs y ont subi une longue captivité. Les montagnards Assyriens, Mèdes, Perses s'y sont imprégnés tour à tour de la civilisation chaldéenne qui a eu dans le monde presque autant d'importance que celle des autres grands bassins historiques : Chine, Inde, Égypte.

La Phénicie. — Le rôle des Phéniciens fut autre. Placés au débouché des passages qui mènent de la vallée de l'Euphrate à la Méditerranée et à proximité de l'Égypte, adossés au riche Liban qui leur fournissait à la fois de nombreux produits d'exportation et des bois pour la construction de leurs vaisseaux, regardant la mer, ils se creusèrent ou se bâtirent des ports, ils inventèrent la grande navigation, ils reconnurent tous les bords de la Méditerranée, allèrent même au delà. Ils portaient partout avec eux le commerce qui rapproche les hommes, l'alphabet qui leur permet de comparer les sons de leur voix et bientôt de se comprendre. Ils propagèrent au loin la civilisation orientale, furent au dehors les interprètes de l'Égypte et de la Chaldée. Mais ce n'étaient que des marchands et des commissionnaires et à proprement parler ils n'inventèrent rien.

La Grèce, intermédiaire entre l'Asie et l'Europe. — La Phénicie n'est qu'un rivage, seuil des portes asiatiques ouvertes sur la Méditerranée. La Grèce est un véritable archipel méditerranéen, touchant d'une part à l'Asie, tenant de l'autre à l'Europe. Pour en voir clairement la structure, et par là s'expliquer le rôle incomparable qu'elle a joué dans l'histoire, il faut l'envisager dans son ensemble. Le vrai centre en est bien à Délos où la fable a fait naître Apollon. Autour de l'antique sanctuaire se groupent en cercle d'abord les Cyclades, puis la Crète, le Péloponèse, la Hellade, les rivages et les îles de l'Éolie, de l'Ionie et de la Doride. Sur le continent européen une triple rangée de montagnes parallèles, presque infranchissables, protègent la Grèce contre les invasions; aux temps antiques ils l'isolaient des Barbares. En Asie Mineure, les montagnes bordières de la côte occidentale ménagent entre leurs flancs un petit nombre de passages, sorte d'escaliers naturels qui descendent des plateaux vers la mer, mais qu'on pouvait aisément et les uns entr'ouvrir ou fermer à volonté. Ainsi le flot brutal des grandes migrations* côtoya la Grèce sans la submerger; les foules humaines arrivant par l'Euphrate du fond de l'Asie allaient tout droit chercher un passage en Europe, aux détroits les plus resserrés des mers, au Bosphore ou aux Dardanelles et de là par la Thrace, elles se répandaient vers le Danube. Sur les rivages charmants, dans les vallées riantes de Milet, d'Éphèse, de Phocée, par des chemins dérivés de la grande route des plateaux n'arrivaient que des voyageurs isolés; mais ils apportaient avec eux les marchandises, les arts, les idées de la Chaldée, de la Syrie, de la Perse, de l'Égypte, et de l'Inde. Ces Grecs d'Asie combinèrent tous ces éléments divers, puis ils s'affranchirent peu à peu de l'imitation orientale; en même temps ils furent les éducateurs de leurs frères européens et le génie hellénique s'épanouit dans toute sa fleur.

Les cités grecques. — Dans chacun des compartiments qu'entourent sans les séparer entièrement les arêtes montagneuses de la Hellade et du Péloponèse, étaient nées des cités ayant chacune un tempérament, une organisation, une physionomie particulières. Elles grandirent par la liberté, la concurrence et l'émulation. Trop heureuses, si elles n'avaient pas connu aussi les luttes fratricides.

Ce n'est pas tout. La mer qui fait l'unité de la Grèce, cette mer bleue qui l'enlace et la pénètre de toutes parts fut un grand chemin ouvert aux proscrits, aux voyageurs et aux négociants hellènes. Des colonies grecques essaimèrent en Italie, en Thrace, sur les rives du Pont-Euxin, jusqu'en Afrique, en Gaule et en Espagne. Tandis que les Phéniciens n'avaient guère fondé que des comptoirs, les Grecs, supérieurs en organisation politique, fondèrent des villes.

Lorsque les Perses, qui avaient englobé toute l'Asie occidentale et l'Égypte dans leur vaste empire, s'attaquèrent à la Grèce, elle était déjà robuste, elle les repoussa, elle prit contre eux l'offensive et les conquit avec Alexandre; elle étendit son influence à tout l'Orient. Vaincue à son tour par les Romains, elle exerça sur eux un ascendant moral irrésistible par la supériorité de sa civilisation et quand enfin la religion chrétienne fut née en Palestine, ce sont les Grecs qui, en l'adoptant, assurèrent son triomphe.

Trois causes principales, toutes les trois géographiques, semblent avoir empêché les Grecs de devenir les maîtres du monde ancien, c'est-à-dire de la Méditerranée. La dispersion infinie des îles, des presqu'îles, des cantons montagneux qu'ils habitaient était favorable à leur essor, mais elle s'opposait à leur cohésion, et malgré quelques ébauches de ligues, ils ne purent jamais former une République fédérative régulièrement et solidement organisée. En second lieu, s'ils étaient bien défendus par la nature contre les invasions terrestres, ils étaient très vulnérables du côté de la mer par l'immense développement de leurs rivages; le jour où parut dans la Méditerranée une grande marine militaire, celle des Romains, ils étaient perdus. Enfin la Grèce était bien située pour dominer le bassin oriental de la Méditerranée et les pays qui en dépendent, mais non pour étendre sa prépondérance à la Méditerranée tout entière, d'Alexandrie à Gadès. Sa place à une extrémité de l'Europe lui interdisait d'avance de prétendre à l'empire matériel du monde ancien.

Les Grecs n'en sont pas moins nos vrais ancêtres intellectuels. Alors que le génie de l'Orient s'immobilisait dans un lourd sommeil, ils furent des rénovateurs et des créateurs. Poésie, théâtre, éloquence, sculpture, architecture, en tout art ils ont été nos maîtres, comme en toute science ils ont été nos précurseurs.

L'Italie. — L'Italie tend vers la Grèce l'extrémité méridionale de sa péninsule; la Calabre touche aux îles Ioniennes; le golfe de Tarente s'ouvre au sud-est, dans la direction du golfe de Corinthe; la côte orientale de la Sicile fait face au Péloponèse. Aussi est-ce l'Italie méridionale qui s'éveilla la première à la civilisation; elle reçut tant de colonies Grecques qu'on l'appelait la Grande-Grèce.

Le détroit de Messine permit également aux Grecs de pénétrer dans la mer Tyrrhénienne; ils s'établirent sur la côte de Campanie. Par une volte-face remarquable ces rivages tyrrhéniens tournent le dos à la Grèce et au lieu de regarder au sud-est comme ceux de l'Italie Méridionale, ils regardent au sud-ouest. La péninsule a ainsi une double orientation; elle promène à la fois sa vue au levant et au couchant sur les deux bassins de la Méditerranée.

L'Apennin qui la parcourt tout entière ne la partage pas en versants égaux : celui de l'Adriatique est étroit, abrupt, exposé au nord; celui de la mer Tyrrhénienne a des plaines plus vastes, plus fertiles, plus ensoleillées. Il se développe de Gênes à Messine en un arc de cercle très allongé et atteint sa plus grande largeur dans le bassin du Tibre. L'embouchure de ce cours d'eau, qui est le plus important de toute la presqu'île, occupe exactement le milieu du rivage occidental. C'est là, au point de contact des pays hellénisés du sud-ouest, des Étrusques d'origine asiatique situés au nord-est et dont l'organisation était redoutable, enfin des rudes montagnards de souche pélasgique cantonnés dans l'Apennin au nord-ouest, c'est au vrai centre de toute l'Italie péninsulaire que Rome fut fondée. Elle s'éleva dans une position stratégique, à l'orient du fleuve qui la protégeait ainsi contre les Étrusques, sur des collines salubres qui dominaient les marécages et défiaient les fièvres de la plaine, non loin du confluent de l'Arno qui la couvrait au nord, assez voisine du rivage pour y avoir un port, assez éloignée pour ne pas craindre la brusque attaque d'une flotte ennemie, enfin en libre communication avec le reste du Latium dont elle était issue.

Formation territoriale de l'Empire romain. — Rome fondée par des guerriers, était organisée pour la guerre. Ses conquêtes ont suivi un ordre strictement géographique : — 1° Elle s'élève par un premier effort au rang de capitale incontestée du Latium; — 2° Elle détruit les Volsques, soumet les Étrusques, les Sabins, les cités grecques du midi. Elle se trouve ainsi maîtresse de tout le bassin occidental circonscrit par l'Apennin et bientôt, de toute l'Italie péninsulaire; — 3° Elle occupe la Sicile, clef du double bassin de la Méditerranée; elle détruit Carthage qui seule pouvait lui disputer l'empire de la mer; elle dompte les Cisalpins qui menaçaient à tout moment de la prendre à revers par les passages de l'Apennin et de l'anéantir. La voilà maîtresse de l'Italie continentale et péninsulaire. — 4° Comment s'arrêter désormais? La Cisalpine, par la vallée du Pô, regarde l'Adriatique et la côte Illyrienne, par les cols des Alpes conduit en Gaule. La Méditerranée ouverte, c'est le libre passage vers la Grèce et l'Orient d'une part, de l'autre vers l'Espagne, au sud vers l'Afrique. Rome conquiert la Macédoine, la Grèce, l'Asie Mineure, la Syrie; elle soumet la Gaule méridionale, l'Espagne, la Numidie; — 5° Elle complète son domaine méditerranéen, dans le sens de la diagonale suivie par la civilisation : à l'extrême sud-est, elle s'empare de l'antique Égypte; à l'extrême nord-ouest, elle s'annexe la jeune Gaule.

Dès lors l'Empire romain embrasse dans une vaste ellipse tous les rivages de la mer intérieure et toutes les contrées qui en dépendent. Au centre exact de l'ellipse se dressent les sept collines de la « ville éternelle. » Ce que la Grèce n'avait pu faire, Rome l'a accompli; elle a constitué l'unité de l'ancien monde.

Dissolution de l'Empire. — Cependant l'Empire avait déjà dépassé les limites naturelles de la région méditerranéenne en s'avançant d'abord jusqu'au Rhin, au Danube et à l'Euphrate, puis au delà; à mesure qu'il s'étendait il devenait moins homogène et, par conséquent, moins fort. C'est une infirmité de toutes les conquêtes artificielles qu'on ne saurait les conserver sans les accroître et qu'à force de les accroître on finit par se trouver impuissant à les conserver. Comment Rome eût-elle échappé à cette implacable ironie des lois géographiques? Elle se croyait parvenue aux extrémités du monde et voici qu'en dehors des frontières de son empire des peuples nouveaux se révèlent : les Germains, les Slaves, les Huns derrière le Rhin et le Danube; des peuples anciens reparaissent : les Perses au delà de l'Euphrate. La vieille capitale se trouva bientôt incapable de faire face à la fois au nord et au levant. Le centre de gravité se déplaça, se dédoubla. Constantinople en Orient, Rome remplacée

INTRODUCTION.

plus tard par Ravenne en Occident devinrent les deux têtes de la défense; car il ne s'agissait plus de prendre l'offensive, mais d'opposer une digue aux invasions. Constantinople presque enveloppée par la mer, protégée d'un côté par les lignes des Balkans et par le large Danube, de l'autre par le Taurus et les monts de l'Arménie, heureusement située au centre de ses possessions d'Europe et d'Asie, rajeunie par une sorte de renaissance du génie grec, résista pendant près de dix siècles aux assauts des assaillants.

L'Italie était plus vulnérable; le Rhin et le Danube laissaient entre leurs sources un vide que le mur d'Adrien comblait mal, l'hémicycle des Alpes percé de cols nombreux dont l'accès extérieur est relativement facile, la bornait sans la protéger. Considérée comme centre de l'Empire occidental, Rome était fort mal placée; elle ne se trouvait que médiocrement à portée de l'Afrique, elle pouvait être aisément coupée de ses communications avec l'Illyrie, la Gaule et surtout l'Espagne. L'Italie enfin portait le poids d'un long passé; elle était vieillie, amoindrie, usée. Elle fut envahie par les barbares et vers la fin du v° siècle, l'Empire latin depuis longtemps moribond, rendit le dernier soupir.

Mais le grand nom de Rome ne s'effaça point de l'histoire; elle s'était approprié la civilisation grecque et l'avait répandue dans tout l'Occident; elle était devenue la métropole du catholicisme; elle restait aux yeux des peuples le siège légal de l'Empire, même disparu.

La Gaule romaine. — Un des traits géographiques essentiels de la Gaule, notre France actuelle, c'est qu'elle relie, mieux que n'importe quelle autre contrée de l'Europe, la Méditerranée à l'Océan. Nulle part, sauf dans le nord très montagneux de l'Espagne, les deux mers ne sont plus rapprochées; nulle part elles ne communiquent par des passages plus faciles. Une large voie naturelle remonte l'Aude, franchit le seuil de Naurouse et, par la Garonne, atteint le golfe de Gascogne; son prolongement, contournant à l'ouest le Plateau central, se ramifie dans tout l'ouest et le centre. Une autre voie naturelle plus importante, sinon plus courte, et que la plage méditerranéenne relie à la précédente, remonte le Rhône et la Saône jusque vers le confluent de cette rivière avec le Doubs; là elle bifurque; par les dépressions de la Côte-d'Or, d'une part, elle rejoint la Seine et aboutit à la Manche; de l'autre, par le Doubs et la trouée de Belfort, elle atteint le Rhin et la mer du Nord.

Les Romains, lorsqu'ils descendirent par les cols des Alpes sur le littoral méditerranéen, s'établirent tout d'abord à l'un, l'entrée de la vallée du Rhône et à Narbonne, à l'embouchure de l'Aude, c'est-à-dire à la tête de chacune des voies traversières de la Gaule. De Narbonne ils parvinrent facilement à Toulouse et dans le bassin de la Garonne; mais la conquête de tout le pays ne fut achevée que lorsque César eut livré à Vercingétorix une bataille suprême sur les bords de la Saône et pris Alésia, près des passages de la Côte-d'Or. Les Romains, une fois maîtres des grandes routes, l'étaient de tout le pays. Sur ces grandes routes s'élevèrent leurs principales villes : Narbonne, Toulouse et Bordeaux d'un côté, puis Saintes, Poitiers, Tours; de l'autre Béziers, Nîmes et Arles, puis Orange, Valence, Vienne, Lyon, Autun et Reims, Sens et Rouen; enfin, Besançon, Strasbourg, Mayence, Cologne.

Tels furent les grands chemins que suivit en Gaule la civilisation romaine. De là, par des voies secondaires, elle se répandit de proche en proche, non seulement d'une mer à l'autre, mais de la Garonne aux Pyrénées, de la Loire à l'Armorique, de Lyon sur le Plateau central et dans le Jura, de Reims dans la Belgique. La Gaule tout entière devint romaine; peu s'en fallut peut-être qu'elle le restât, qu'elle donnât à un Empire d'Occident rajeuni et restauré une capitale nouvelle, Arles, Lyon ou Autun, qu'elle parvînt sinon à repousser, du moins à dompter et à discipliner les Barbares. Si son histoire prit une autre direction, il faut en rechercher la cause principale dans l'orientation de ses plaines et la disposition de ses montagnes.

Pour qu'elle devînt le siège de l'Empire, le centre commun de l'Italie et de l'Espagne, il eût fallu qu'elle communiquât librement avec ces deux pays : or la chaîne des Alpes dont les cols sont en hiver obstrués par la neige la séparent de l'Italie, et la muraille des Pyrénées inaccessible, sauf aux deux extrémités, l'isole de l'Espagne. Au nord-est au contraire, du côté que menaçaient les Barbares elle est mal protégée par la nature. Le Rhin n'est pas infranchissable : les grandes plaines qu'il arrose dans son cours inférieur se prolongent avec une horizontalité presque parfaite jusqu'à la Seine et même au delà. Les Ardennes peuvent être aisément tournées. Les Vosges ne sont pas davantage un obstacle, car elles s'abaissent au col de Saverne. Enfin le cours supérieur du Rhin, dans la Suisse actuelle, n'est qu'une rivière ordinaire et la trouée de Belfort est une porte commode pour entrer chez nous.

La Gaule Franque. — Les Barbares entrèrent donc et suivirent en sens inverse les chemins que les Romains avaient parcourus avant eux. Suèves, Alains, Vandales, inondant les plaines du nord, de l'ouest, du sud-ouest, allèrent se perdre en Espagne; les Burgondes descendirent dans la vallée de la Saône et du Rhône, les Wisigoths dans le bassin de la Garonne, d'où ils débordèrent sur le littoral de la Méditerranée. Enfin les Francs, qui par une lente infiltration occupaient déjà la rive gauche du Rhin, s'avancèrent jusqu'à l'Escaut, jusqu'à la Somme, jusqu'à la Seine et firent de Paris, l'ancienne Lutèce, la capitale de leur empire.

Le bassin dont Paris est le centre[1], on l'a montré depuis longtemps, occupe en France une situation prépondérante. Il est le point de convergence non seulement de vallées rayonnant en tout sens, mais de ces grandes voies naturelles que nous avons indiquées déjà, des *lignes historiques*, comme on les a nommées, que depuis des siècles parcourent les nations, les armées, les voyageurs, les marchandises et à leur suite les idées. La vallée de l'Oise est le chemin de la Belgique; la vallée de la basse Seine une grande rue débouchant sur la Manche; celle de la Marne aboutit par Saverne au Rhin; celle de l'Yonne, par la Côte-d'Or, à la Saône et au Rhône; celle de la moyenne Loire, entre Orléans et Tours, continuant le plateau de la Beauce et prolongée par la dépression du Poitou, mène à la Garonne. Ces deux dernières que raccordent au sud le littoral méditerranéen, enserrent le Plateau central et le bouclent en quelque sorte, comme si elles voulaient l'entraîner et le retenir dans le champ d'attraction et d'action du bassin parisien. Les Romains, dont la base d'opération était en Italie, et qui n'avaient que des avant-postes sur le bord de

---

1. Le bassin parisien dont il est question ici et dans toute l'introduction, est le bassin géologique. Il comprend par conséquent avec la plus grande partie du bassin hydrographique de la Seine, le plateau de la Beauce et le cours moyen de la Loire.

la Méditerranée, n'avaient pu considérer le bassin parisien que comme un objectif : ils s'étaient contentés de l'atteindre ; cependant l'empereur Julien avait deviné l'importance de Lutèce en s'y installant à demeure. Les Francs arrivant par le nord, cherchant en Gaule une patrie nouvelle, eurent une vue plus nette des choses ; il semble qu'une des causes essentielles de leur succès fut d'avoir choisi le bassin parisien pour siège principal de leur établissement et Paris pour capitale.

La victoire de Soissons avait ouvert à Clovis la vallée de l'Oise et le chemin de Paris ; en remontant l'Yonne, il battit les Burgondes à Dijon ; en s'avançant par la Beauce, la Loire et la Vienne, il rencontra les Wisigoths à Vouillé et les mit en fuite. Devenu ainsi le maître des deux lignes historiques du sud-est et du sud-ouest il n'eut pas trop de peine à conquérir le midi. C'est aussi une bataille livrée sur la ligne historique du sud-ouest, à Poitiers, qui décida une seconde fois du sort du midi de la France et l'arracha à la domination des Arabes.

L'Empire arabe. — Les Arabes sont un exemple du peu de solidité des conquêtes que la Géographie n'a point sanctionnées d'avance. Leur patrie, vaste quadrilatère que la mer et des déserts enveloppent de toutes parts est bien plus insulaire* que continentale, elle ne se rattache que faiblement à l'Asie ou à l'Afrique, elle n'a aucun rapport direct avec l'Europe. Point de grand fleuve, point de large bassin, point de lien nécessaire avec les contrées voisines. Une race ardente, vigoureuse, longtemps immobile, a pu y faire explosion tout à coup, en sortir d'un mouvement impétueux et irrésistible, se répandre dans toutes les directions jusqu'à des distances considérables. Après avoir décrit sa courbe elle s'est amortie, elle s'est arrêtée, sans avoir pu rien fonder de durable ; elle n'a pu se fixer autour d'aucun centre définitif, la Mecque, Damas ou Bagdad. Des bords de l'Oxus et du pied de l'Himalaya aux rives de la Loire s'étend une suite de contrées disparates que rien ne pouvait rattacher les unes aux autres. Sur cette ligne immense, des coupures étaient inévitables. Voilà comment Bagdad, dans le bassin du Tigre et de l'Euphrate, le Caire, dans le bassin du Nil, Cordoue en Espagne, pour ne parler que des principaux anneaux de la chaîne, devinrent des capitales indépendantes, purent même y réveiller d'anciennes civilisations. Mais l'unité factice des premiers jours était rompue à jamais.

L'Europe chrétienne, au contraire, par deux fois coalisée, au IXe siècle, sous la forte main de Charlemagne, au XIe siècle, lors des croisades, put tenir tête aux Arabes. Elle était d'ailleurs protégée par les Balkans à l'aile gauche, au centre par la Méditerranée, à l'aile droite par le massif pyrénéen. La lutte n'était pas égale. C'est au pied des Pyrénées tout d'abord que se portèrent de part et d'autre les coups les plus rudes. Mais les Arabes étaient au bout de leur élan quand ils arrivèrent dans les plaines de la Garonne d'une part, sur la plage méditerranéenne de l'autre et l'obstacle du Plateau central les obligeait à se diviser. Repoussés d'abord au sud-ouest, puis chassés du midi, Charlemagne les obligea à repasser les portes des Pyrénées occidentales et orientales, et il les ferma derrière eux, en établissant au delà des monts la Marche espagnole. Cette marche elle-même trop isolée du reste de la France ne devait pas tarder à lui échapper, pour se joindre aux autres royaumes chrétiens d'Espagne.

Persistance des divisions naturelles du sol français. — A travers toutes les vicissitudes de notre histoire, les contrées naturelles dont la France se compose n'ont cessé d'être reconnaissables. Elles correspondent à peu de chose près aux petites ou grandes patries des peuplades gauloises, assez inégales dans leur extension. Elles devinrent des *cités* ou des *pagi*, sous la domination romaine ; elles n'ont disparu qu'en faible partie sous le réseau passager des principautés féodales, des circonscriptions monarchiques, des départements, districts, arrondissements, cantons qui prétendaient les supprimer. Leurs noms, ceux des *provinces* et surtout ceux des *pays* ont subsisté dans la mémoire tenace du paysan ; elles ont survécu à tout ; il faudra peut-être y revenir le jour où l'on voudra remanier rationnellement l'organisation administrative du territoire.

Pour ne citer que quelques exemples, joignez le pays des Unelli (Cotentin), à celui des Abrincati (Avranchin) et vous aurez le département actuel de la Manche. Les Turones ont formé la Touraine (Indre-et-Loire) ; les Cadurci, le Quercy (Lot) ; les Petrocorii, le comté de Périgord (Dordogne). Les Volces Tectosages et les Volces Arécomices englobés par Rome dans la première Narbonnaise, puis morcelés pendant le premier âge féodal se retrouvent unis dans le Languedoc formé au XIIIe siècle par la monarchie. Pays de Nevirnum, évêché de Nevers, comté de Nevers, Nivernais, département de la Nièvre, c'est tout un. Pays, puis cité de Carcaso, diocèse de Carcassonne, Carcassonnais et arrondissement de Carcassonne, c'est tout un encore. Les Triboci habitaient la Basse-Alsace, département français du Bas-Rhin, aujourd'hui, et sans doute provisoirement, district allemand de Strasbourg. Il n'y a aucune différence entre le territoire de l'antique Massilia et l'arrondissement actuel de Marseille. C'est que le relief, la structure, la formation géologique du sol, la direction des vallées, le caractère des productions, imposent des divisions naturelles que la politique et l'administration peuvent méconnaître pour un temps et masquer sous des cadres artificiels, mais qui reparaissent à la longue et jamais ne s'effacent.

Formation de l'unité territoriale. — L'annexion des provinces au domaine royal qui a créé l'unité de la nation française a obéi également à une loi géographique.

La nation capétienne (et ce fut l'origine principale de sa fortune) était établie *au centre du bassin parisien* ; Hugues Capet possédait l'Ile de France et l'Orléanais. Ses successeurs immédiats complétèrent au XIe siècle ce noyau de la France future par l'annexion du Vexin français, du Gâtinais et de la vicomté de Bourges ; puis la marche en avant commença dans les diverses directions des vieilles lignes historiques.

Philippe-Auguste ouvrit la *route des plaines du Nord* par l'acquisition de l'Amiénois, du Vermandois, de l'Artois, du Boulonnais et du Valois, la *route de l'Ouest ou de la basse Seine* par la confiscation de la Normandie, *la route du sud-ouest ou de la basse Loire et de la Garonne*, en s'emparant du Maine, de l'Anjou, du Poitou et de la Touraine.

Alors la royauté put commencer *l'enveloppement du Plateau central*. Sous Philippe III le Hardi, elle le tourna et le prit à revers par la réunion du Languedoc qui lui permit de s'établir à la fois sur la Garonne, la Méditerranée et le Rhône. Sous Philippe le Bel, Lyon lui assura un poste capital sur le flanc oriental du plateau. C'était en même temps un premier jalon planté sur la grande *route du sud-est ou de la Méditerranée*. Enfin, sous Louis X le Hutin, l'héritage de la Champagne ouvrit la *route de l'est* dans la direction du Rhin, en même temps qu'il complétait l'occupation du bassin parisien.

Ainsi lorsque la terrible guerre de Cent ans commença, le plan de la France future apparaissait déjà : un corps massif, pareil à celui d'une pieuvre, moulé sur le creux du bassin parisien, avec des membres, des bras inégaux s'allongeant chacun suivant les pentes ou les dépressions du sol, larges et vigoureux au nord, à l'ouest, au sud-ouest et au midi, encore à peine ébauchés au sud-est et à l'est. Cet organisme naissant s'appliquait, s'adaptait si fortement au relief de la vieille terre de Gaule qu'il résista aux plus rudes secousses, à toutes les tentatives d'arrachement.

Même sous les Valois et dans les temps de ses plus grands revers la royauté française ne cessa d'acquérir (le Dauphiné et Montpellier, sous Philippe VI).

A partir de l'expulsion des Anglais, rien n'arrête plus le flot toujours montant des acquisitions royales. Il remplit sous Charles VII tout le bassin de l'ancienne Aquitaine. Sous Louis XI, il reprend définitivement possession des villes de la Somme, au nord, du Maine et de l'Anjou précédemment perdus, au sud-ouest; il s'avance au sud-est par Auxerre, Dijon, Mâcon et atteint la Provence. Restaient à conquérir le massif isolé de la Bretagne, et le Plateau central depuis longtemps cerné de toutes parts. Charles VIII et Louis XII nous donnèrent la Bretagne. François Ier, par la confiscation du Bourbonnais, de la Marche, du Forez et de la Limagne occupa le Plateau central.

Dès lors, la France était faite; à part quelques lacunes, elle formait un tout compact et résistant. Il a fallu pourtant encore arrêter ses contours et fixer ses limites.

Au *midi*, ce fut aisé. Henri IV réunit à la couronne en 1610, le versant nord de la Navarre à une extrémité des Pyrénées, et à l'autre extrémité, en 1659, Louis XIV acquit la Cerdagne et le Roussillon. Les deux seuls passages naturels qui permettent des empiétements de l'Espagne en France et réciproquement étaient ainsi fermés.

Au *sud-est*, l'abandon des petites places fortes que la France occupait à la tête de quelques vallées du versant italien, l'annexion de la Savoie et du comté de Nice, d'abord sous la Révolution, puis en 1860, ont régularisé la frontière des Alpes, tout en retranchant de la nation de véritables français de langue et de race, comme les habitants du Val d'Aoste.

A l'*est*, Henri IV en acquérant la Bresse, le Bugey, le Valromey et le Pays de Gex, nous donna le premier une partie du plateau franc-comtois. Louis XIV reçut la Franche-Comté tout entière au traité d'Aix-la-Chapelle (1668). Notre frontière de ce côté est le Jura. Mais la limite des langues qui englobe le Valais, les cantons de Genève, de Vaud (Lausanne) et de Neufchâtel, rappelle que jadis la Gaule comprenait aussi les Helvètes, ancêtres des Suisses actuels.

Fixité des frontières, sauf au nord-est. — En résumé, les limites des Pyrénées, des Alpes et du Jura, qui sont fixées par la nature, n'ont guère varié. Nos souverains ne les ont jamais perdues longtemps, ne les ont jamais dépassées sans dommage pour l'intérêt national. Au XVe siècle les expéditions d'Italie n'ont abouti à aucun accroissement durable du territoire. Les tentatives de Charlemagne, de Louis XIV et de Napoléon, pour dominer en Espagne, ont toutes échoué. Nous n'avons pas conservé davantage Genève ou le Valais, qui étaient des départements français en 1810.

Les limites de la France au nord-est au contraire ont toujours été flottantes.

Vicissitudes de la frontière du Rhin. — Les Romains avaient, comme les Gaulois, donné le Rhin pour borne à leur empire du côté de la Germanie. Les Francs de Mérovée venaient des bouches du Rhin. Les Carolingiens étaient issus d'une famille établie sur les bords de la Meuse et du Rhin. Charlemagne, maître de la Gaule, entreprit de transplanter la religion chrétienne et ce qui restait de la civilisation romaine, au delà du Rhin, et comme s'il eût voulu marquer la direction principale de sa politique, il établit sa capitale à Aix-la-Chapelle, à peu de distance du Rhin. Lors des partages de son empire, les limites de la Gaule rétrogradèrent du Rhin à la Meuse, et pendant toute notre histoire l'ambition avouée ou secrète de la plupart de nos rois fut de recouvrer la rive gauche du Rhin.

La conquête de Metz, Toul et Verdun, sous Henri II, prépara la réunion à la France de la Lorraine et de l'Alsace. Celle-ci acquise par les traités de Westphalie (1648), nous conduisait jusqu'au Rhin. L'annexion de la Lorraine (1766), laissait ouvert l'espace compris entre la Meuse et le Rhin. Plus au nord, dans la plaine flamande, la frontière, après avoir subi sous Louis XIV, des vicissitudes diverses était à peu près fixée en 1789 dans l'état où elle se trouve aujourd'hui. Un moment la Révolution, débordant sur les pays rhénans et la Belgique, nous donna toute la rive gauche du Rhin; le premier empire ne sut pas la garder, et les traités de 1815 nous ramenèrent en arrière des limites de 1789, en nous enlevant Bouillon, Sarrelouis, Sarrebruck et Landau. Enfin le second Empire nous a fait perdre l'Alsace, moins Belfort et le nord-est de la Lorraine.

La question du Rhin. — La question du Rhin est la question capitale de notre histoire nationale. C'est avant tout une question de Géographie.

Supposez que les Vosges, le Harz, le Hunsrück et l'Eifel, au lieu de former des massifs peu élevés, séparés les uns des autres par des plaines et des vallées se soient haussés d'un ou deux milliers de mètres, qu'ils se soient soudés et groupés en une longue chaîne de montagnes, la Meuse et la Moselle seraient des affluents de la Seine ou de l'Escaut; le Rhin, à supposer que son cours n'eût pas varié, ne recevrait sur sa rive gauche que de courts torrents analogues à ceux de l'Alsace; il n'y aurait pas de question du Rhin, pas plus qu'il n'y a de question des Alpes ou des Pyrénées; la France serait réellement séparée de l'Allemagne au nord-est.

Mais il n'en est pas ainsi et le Rhin ne peut avoir comme frontière la valeur d'une chaîne de montagnes. Tandis que la ligne de faîte des montagnes est souvent le point de départ de vallées divergentes où les habitants de deux versants opposés se tournent le dos, vers les fleuves au contraire convergent les ouvertures de vallées qui se font vis-à-vis, s'abaissent des pentes jumelles, si bien que, bon gré mal gré, les deux rives et les populations riveraines se regardent. Les fleuves sont des chemins non seulement dans le sens de leur longueur, mais aussi dans le sens de leur largeur. Les sauvages mêmes savent les traverser en pirogues. Plus la civilisation progresse, moins les fleuves sont un obstacle aux entreprises militaires, plus ils facilitent les échanges et les communications. Le Rhin, au lieu d'isoler la France de l'Allemagne, les met donc l'une et l'autre en présence et il est pour beaucoup dans leur hostilité. A défaut d'une sentence rendue par la nature, une limite ne saurait être fixée de ce côté que par la force ou par une convention pacifique. Jusqu'ici, c'est la force seule qui a tranché la question, mais toujours d'une façon précaire et instable.

Si le bassin du Rhin formait un tout parfaitement délimité, soit la France, soit l'Allemagne auraient pu le conquérir en entier et le garder. Mais ce fleuve artificiel et contradictoire n'arrose pas un ensemble de pays semblables, il va d'une région à une autre, par des chemins inattendus, après avoir forcé trois fois des barrières montagneuses, Alpes des Grisons, Jura helvétique, Taunus et massifs voisins. Ses affluents sont tout aussi capricieux et dans leur cours supérieur la plupart ne se rattachent que faiblement et comme à regret au tronc commun. La Moselle jusqu'à Toul, la Meuse jusqu'à Mézières sont de véritables branches de la Seine et appartiennent au bassin parisien ; cette même Meuse ne rejoint les bouches du Rhin qu'après une longue percée dans les Ardennes. Le Neckar, le Main s'ouvrent de même une route à travers l'Oden Wald et le Spessart avant de se réunir au fleuve, tandis qu'au contraire un grand nombre de leurs rameaux entremêlés à ceux du Danube et de la Weser semblent hésiter dans le choix d'une direction. A l'est comme à l'ouest le bassin du Rhin se confond avec les bassins voisins. Il n'était pas plus possible à l'un des deux peuples riverains de ne pas occuper une partie des pays rhénans, que de les conquérir en entier.

Pour les mêmes motifs, un État indépendant, s'interposant entre la France et l'Allemagne n'a jamais pu occuper l'ensemble du bassin. Le traité de Verdun, au IXe siècle, avait créé la Lotharingie : elle ne tarda pas à se disloquer et à disparaître. Les ducs de Bourgogne, au XVe siècle, essayèrent de la ressusciter sous le nom de grand-duché d'Occident : ce n'était là qu'un rêve qui se dissipa bientôt. Le morcellement des régions que le Rhin traverse est au contraire très favorable à l'éclosion d'organismes politiques particuliers : telle est la principale origine de la Suisse entre les Alpes et le Jura, des Pays-Bas vers les bouches et dans les larges plaines du Rhin inférieur, — sans parler de tous ces petits États qui ont été englobés par la France ou par l'Allemagne et dont quelques-uns conservent encore, même de nos jours, dans le sein de l'unité allemande, une apparence d'autonomie*.

En résumé, le tracé du cours du Rhin et la configuration des pays qui lui sont adjacents expliquent l'antagonisme vingt fois séculaire de la vieille Gaule et de sa voisine la Germanie. Il y a là une zone mixte où les races se sont rencontrées, mêlées et forcément heurtées. Entre ces deux peuples, un libre accord qu'il serait malheureusement difficile de prévoir de longtemps, pourrait seul fixer une frontière durable. Le Rhin peut être une *limite*, il ne sera jamais une *barrière*.

L'Allemagne. — Ses deux grandes voies historiques. — L'Allemagne a des limites naturelles au nord et au sud : au nord, la mer ; au sud, les Alpes. Elle n'a pas plus de limites naturelles à l'est qu'à l'ouest. C'est vers l'est surtout qu'elle est largement ouverte.

Par les vastes plaines du nord, que sillonnent la Vistule, l'Oder, l'Elbe, la Weser et l'Ems, pénétrèrent les Germains et derrière eux les Slaves et les Huns. Les Romains essayèrent vainement de s'opposer à leurs invasions. Au temps de Charlemagne, l'Elbe marquait la séparation entre les Germains et les Slaves. Plus tard s'établit un courant en sens inverse : les Germains de la marche de Brandebourg, qui est devenue la Prusse, refoulèrent les Slaves, les convertirent à la religion chrétienne ou les exterminèrent et s'avancèrent même au delà du Niémen.

Par la vallée du Danube, qui conduit jusqu'à la Forêt-Noire et au Rhin étaient probablement arrivés les Gaulois. Cette même route fut suivie par les Germains, puis par les Avars et par les Magyars ou Hongrois. Le reflux commencé par les Romains, s'accentua au temps de Charlemagne qui détruisit le royaume des Avars et fonda la Marche orientale (aujourd'hui Autriche). Au XVe siècle, l'Orient survinrent les Turcs, dont les assauts répétés menacèrent longtemps la chrétienté. De nos jours, au contraire, le germanisme* a repris sa marche vers l'est : l'Austro-Hongrie a franchi le Danube et la Save et domine dans une partie de la péninsule des Balkans.

Telles sont les deux grandes voies historiques de l'Allemagne. Thorn, Posen, Francfort-sur-l'Oder, Berlin, Magdebourg, Minden, (portes de Westphalie), jalonnent la première. Buda-Pesth, Presbourg, Vienne, Linz, Passau, Ratisbonne, Ulm sont les étapes de la seconde.

Voies transversales. — Entre les deux grandes lignes historiques des *plaines du nord* et de la *vallée du Danube* s'étend de l'est à l'ouest une *zone montagneuse intérieure* formée d'abord par les Karpathes et le plateau de la Bohême, puis par une double série de hauteurs qui aboutissent sur les bords du Rhin. Grâce à cette configuration la race slave a pu se maintenir en Bohême, au cœur de l'Allemagne, et l'Allemagne elle-même se trouve divisée en deux régions longtemps distinctes et rivales, l'Allemagne du Nord et l'Allemagne du Sud.

Le nord et le sud de l'Allemagne ne sont pourtant pas tellement séparés que des *routes historiques secondaires ou transversales* ne les aient de tout temps mises en relation. — 1° Entre les Karpathes et la Bohême, d'Olmütz sur la Morava à Breslau sur l'Oder s'ouvre un passage qui a permis à l'Autriche de dominer en Silésie pendant une longue période. — 2° Le plateau de Bohême est percé au nord vers Dresde et, bien que sa pente générale suivant le cours de la Moldau et de l'Elbe soit dirigée aussi vers le nord, il n'offre aucun obstacle sérieux au sud-est, du côté de la Moravie Aussi les Moraves et les Tchèques de Bohême sont-ils frères, et l'Autriche encore aujourd'hui domine-t-elle à Prague et dans toute la Bohême. — 3° Entre l'Altmühl, affluent du Danube et la Regnitz affluent du Main qui se jette lui-même dans le Rhin, dès le IXe siècle Charlemagne avait projeté d'ouvrir un canal de jonction, le canal Louis actuel, et du Main à la Saale affluent de l'Elbe ou à la Fulda branche de la Weser, le passage est aisé par les trouées du Frankenwald et du Vogelsberg. De là l'importance commerciale fort ancienne de Nuremberg et de Francfort sur la route du Danube au Rhin et de Leipzig point de convergence des routes de l'Elbe, du Main et de la Weser. — 4° Nous avons vu enfin que le Rhin établit une communication entre toutes les parties de l'Allemagne occidentale comme entre les deux moitiés de son bassin. Bâle, porte de la plaine helvétique et du bassin de la Saône et du Rhône par la trouée de Belfort, Strasbourg voisine du col de Saverne qui mène au bassin parisien, Mayence, tête de pont de la vallée du Main vers la Moselle et la Lorraine, Cologne principal passage d'une rive à l'autre de la grande plaine septentrionale, ont été dès l'époque romaine les capitales de la vallée rhénane.

INTRODUCTION.

Distribution géographique des champs de bataille. — Ces lignes historiques ont été suivies de tout temps par les armées. La *Saxe* notamment où se croisent, comme en un carrefour, la route maîtresse allant du Rhin à la Vistule et les routes secondaires du Main et du Danube à l'Elbe, a été l'un des grands champs de bataille de l'Europe. On y trouve à la fois Mersebourg où Henri l'Oiseleur battit les Hongrois, Muhlberg où Charles-Quint défit les protestants, Lutzen où périt Gustave-Adolphe, Rosbach où Frédéric II triompha des Allemands plus encore que des Français, Iéna où Napoléon mit les Prussiens en déroute, enfin Leipzig, où s'entrechoquèrent en 1813 près de 500 000 hommes dans la fameuse bataille des nations. La *vallée du Danube* n'a guère été moins foulée par les expéditions militaires et par les combats. Plusieurs armées de croisés la suivirent pour se rendre en Orient. Les Turcs la remontèrent pour assiéger Vienne. Les Français maintes fois la descendirent pour attaquer l'Autriche et les Impériaux la parcoururent en sens inverse pour repousser les Français : batailles de Nordlingen et de Blenheim sous Louis XIV, capitulation de Linz pendant la guerre de succession d'Autriche, capitulation d'Ulm, batailles d'Eckmühl, Abensberg, Essling, Wagram, au temps de Napoléon. Sur la *ligne transversale* qui mène de l'Oder à la Morava on trouverait Liegnitz, Leuthen, Mollwitz, Jagerndorf, batailles de Frédéric II ; sur celle de l'Elbe à la Morava, Marchfeld victoire de Rodolphe de Habsbourg sur les troupes du roi de Bohême, Lobozitz, Prague, Kolin, au temps de Frédéric II, enfin Austerlitz et Sadowa, deux des plus grandes dates militaires de ce siècle.

Rivages et mers. Ports. — L'Allemagne est bien plus continentale que maritime ; elle n'a de rivages qu'au nord, et ils sont interrompus par la presqu'île du Jutland danois qui ne lui appartient pas. La *Baltique* est une mer fermée, prise par les glaces une grande partie de l'année, et dont une puissance étrangère possède les clefs ; elle fut même au XVIIe siècle sous la domination presque exclusive de la Suède à qui appartenait l'embouchure des principaux fleuves allemands. La *mer du Nord* plus indépendante, ne communique pourtant pratiquement avec l'Atlantique que par le Pas de Calais dont la France et l'Angleterre tiennent la porte. L'Angleterre a même un avant-poste, Helgoland, à l'embouchure de l'Elbe. Les rivages allemands sont plats, d'un accès difficile, il a fallu vaincre de sérieux obstacles pour y établir de bons ports. Il est vrai que les *ports* se développent par une loi nécessaire en raison directe de la force productive des régions dont ils sont l'issue. Aussi chaque fois que l'Allemagne a été très prospère, a-t-elle eu, malgré tout, des ports très actifs, Brême, Lübeck, Dantzig, la ligue Hanséatique au Moyen âge ; et maintenant elle a Hambourg l'un des premiers ports du monde. Quoi qu'elle fasse, pourtant, son vrai domaine n'est point la mer ; elle n'y avait jusqu'à ce jour joué aucun rôle important, elle n'avait point acquis de colonies lointaines, ce n'est que par un effort prodigieux et par des moyens artificiels qu'elle a pu s'élever au rang de grande puissance maritime.

Frontière des Alpes. Passages. Invasions en Italie. — Au sud l'Allemagne possède une véritable frontière, les Alpes. Mais cette frontière n'a jamais été une barrière infranchissable ; elle n'a jamais complètement protégé l'Italie.

Le passage le plus fréquenté au Moyen âge était le col du *Brenner*. La route partant de Venise, remontait l'Adige par Vérone et Trente, traversait le Tyrol, atteignait l'Inn à Innsbrück, descendait le Lech par Augsbourg et aboutissait à Nuremberg d'où elle bifurquait d'une part sur Leipzig, de l'autre sur Francfort. L'Allemagne a toujours tenu beaucoup à la possession de cette route qui aujourd'hui encore est entre les mains de l'Autriche.

D'autre part les vallées longitudinales des Alpes sont très accessibles du côté du nord et de l'est par le cours supérieur du Lech, de l'Isar, de l'Inn, de la Salza, de l'Enns, de la Mühr, de la Drave, de la Save, tous affluents du Danube. C'est ce qui explique comment *presque tout le massif a été germanisé*. Les pentes sont d'ailleurs plus douces sur le versant allemand, plus abruptes sur le versant italien.

Les cols secondaires sont ceux du Soemmering et de Laybach à l'est du Brenner, du Splügen et du Saint-Gothard à l'ouest. Ce dernier n'a pris une importance prépondérante que depuis l'ouverture d'une voie ferrée.

Par toutes ces portes, les Allemands n'ont cessé, depuis les invasions des Barbares, de pénétrer *en Italie*. Il est si tentant de quitter les brumes tristes du nord pour le soleil brillant, les purs horizons des contrées méditerranéennes. Ce n'est pas seulement afin de recevoir la couronne impériale que les rois de Germanie se rendaient à Rome, ils étaient encore plus épris du climat et des délices de l'Italie. L'attrait de ces expéditions italiennes fut pour quelque chose dans la querelle des investitures*, pour beaucoup dans la lutte du Sacerdoce et de l'Empire. De nos jours il a fallu de grandes guerres pour arracher le royaume Lombard-vénitien à l'Autriche. Cette puissance possède encore plusieurs pays de langue italienne sur le revers méridional des Alpes : — le Trentin, débouché du Brenner ; — l'Istrie où Trieste, à l'issue du col de Laybach, lui donne jour sur la Méditerranée.

Distribution intérieure des pays allemands. L'Allemagne du Nord et l'Allemagne du Sud. — Si le plan général de l'Allemagne explique ses luttes contre la France à l'ouest, contre les Slaves à l'est, ses invasions en Italie au sud, sa longue abstention de toute entreprise lointaine sur les mers, il rend compte aussi de la distribution intérieure des pays allemands. La ligne qui sépare l'Allemagne du Nord de l'Allemagne du Sud suit à peu près le cours du Main et la bordure septentrionale de la Bohême. D'une manière générale, au nord dominent les plaines nues, au sud, les vallées accidentées et les montagnes. Les populations du nord sont plus sérieuses, plus tenaces, comme le climat de leur pays est plus triste et plus âpre, le sol plus maigre et plus avare. Les populations du sud sont plus gaies, plus douces, elles ont plus d'analogie avec les hommes de la région méditerranéenne ; il y a plus de variété et de richesses naturelles dans les contrées qu'elles habitent. La Réforme est née dans le nord et le nord est devenu protestant ; le sud est resté fidèle à Rome. Pendant la terrible guerre de Trente ans les États protestants du nord ont lutté pour leur liberté contre la prépondérance des Césars catholiques de l'Autriche.

Plaine du Nord. La Prusse. — Dans le nord s'étaient constitués trois États principaux : — le *Hanovre*, la *Saxe* et le *Brandebourg*. Ce dernier l'a emporté, il est devenu le royaume de *Prusse*, il a triomphé de l'Autriche et a reconstitué à son profit l'unité de l'Empire. Il doit une partie de ses succès à sa situation. Il occupe en effet la partie médiane* et la plus large de la grande plaine du nord. Sa capitale, Berlin, brusquement grandissante, s'est révélée comme le véritable centre géographique de l'Allemagne septentrionale. Non seulement elle se trouve à égale distance des frontières et des places fortes extrêmes de Cologne et de Kœnigsberg, au milieu même de la grande ligne historique qui va de l'est à l'ouest; mais, placée entre l'Elbe et l'Oder, elle a en quelque sorte une double ouverture sur la Baltique et sur la mer du Nord; au sud elle se trouve presque en face de la percée de la Bohême qui conduit au bas Danube; au sud-est la haute vallée de l'Oder lui ouvre par Breslau la route qui longe les Karpathes jusqu'au Dniester et à la mer Noire; au sud-ouest, par Leipzig elle attire à elle en quelque sorte le faisceau des routes du Rhin et du haut Danube, des Alpes et de l'Italie. Enfin elle est surtout proche de la frontière orientale, la plus découverte et la plus menacée, si l'on considère le coin très prononcé que la Pologne russe enfonce vers Posen entre la province de Prusse et la Silésie; comme Paris c'est surtout au nord-est qu'elle regarde.

Vallée du Danube. L'Autriche. — Dans le sud, la vallée du Danube est divisée en deux par la rencontre du massif des Alpes avec l'éperon méridional de la Bohême. A l'ouest, au pied des Alpes, la terrasse froide, exposée au nord, que borde le haut Danube et que sillonnent ses affluents méridionaux de leur cours torrentiel, a formé la *Bavière*. A l'est, la vallée irrégulière que le fleuve parcourt entre les Alpes et la Bohême, avant de se heurter aux Karpathes et de s'épandre dans la plaine hongroise, est devenue l'*Autriche*.

La Bavière, lieu de passage, a été constamment piétinée par les conquérants; elle a bien réussi à s'étendre, à déborder sur les plaines du Main, dans le sens de la route transversale du Brenner à Nuremberg; mais prise entre les deux grandes puissances du nord et du midi, elle a été arrêtée là dans sa croissance, elle est restée bon gré mal gré un État de second ordre.

L'Autriche a eu de plus brillantes destinées. Elle a grandi tout d'abord comme la Prusse, parce qu'elle était une marche, un avant-poste toujours exposé aux coups des ennemis de la chrétienté. Il n'y a d'avenir et de gloire dans le monde que pour ceux qui payent de leur personne et qui luttent, et il n'y a de lutte possible qu'au premier rang d'une ligne de bataille. Assurément des combinaisons politiques ont contribué ensuite à la fortune de l'Autriche; mais elle vaut surtout par sa situation, par son climat plus doux que celui du reste de l'Allemagne, par ses campagnes autrement fertiles que celles de la Bavière, par sa place privilégiée au bord du vaste cirque * où s'étendent les plaines hongroises, par sa capitale, Vienne, dont la position est exceptionnelle. Après avoir été longtemps la porte de l'Orient, cette ville qui, comme Berlin, ne cesse de s'accroître, tend à devenir le centre de l'Europe continentale. Elle est sur la grande ligne historique et commerciale du Danube, au point de convergence des routes de l'Oder, du Rhin et de l'Adriatique, à mi-chemin de Paris et Londres à Constantinople.

Zone montagneuse intérieure. — Les petits États. — La grande plaine de l'Allemagne du Nord rencontre les premiers renflements de la zone montagneuse intérieure au bord d'une ligne dont la concavité regarde le sud et qui partant de l'Elbe près de Dresde passe à Leipzig, contourne le massif du Harz, frôle Hannover, coupe la Weser à Minden enveloppe le Teutoburger Wald et aboutit au Rhin non loin de Wesel et du confluent de la Lippe. D'autre part la double terrasse de la Bohême et du Danube supérieur est limitée par l'Erz Gebirge, le Fichtel Gebirge, le Jura de Franconie, le Jura de Souabe et la Forêt-Noire, qui se termine au coude du Rhin, en vue de Bâle. Entre ces deux lignes de Dresde à Wesel et de Dresde à Bâle les hauteurs de la zone montagneuse intérieure s'étalent en un large éventail dont la frange serait le cours du Rhin. Cette région triangulaire est la plus accidentée, la moins homogène * de toute l'Allemagne. Elle se divise en une foule de vallées et de petits bassins particuliers. Aussi a-t-elle été dès l'origine, et est-elle restée même de nos jours, la région des petits États, la *région particulariste* par excellence.

Dans le petit bassin du Neckar encadré par la Forêt-Noire, le Jura de Souabe et le Jura de Franconie, s'est développé un État à part, à la fois pittoresque et original qui a conservé comme la Bavière sa voisine, une certaine indépendance, c'est le *Wurtemberg*. Il a lui-même pour enclave, le berceau de la famille régnante de Prusse, le *Hohenzollern*. Le massif de la Forêt-Noire a donné naissance au Grand-duché de *Bade* dont il explique et dont il a maintenu l'unité. Plus au nord, c'était à l'époque féodale, le chaos : Évêchés du Rhin, villes libres, petits États de toute forme, de toute espèce et de toute taille. Aujourd'hui subsistent encore les principautés de Lippe, d'Anhalt, de Reuss, de Schwarzbourg, les duchés de Brunswick, de Saxe, etc. Nulle part le Moyen âge dont le principe même était le morcellement, n'a eu un plus complet ni plus brillant épanouissement, avec son double aspect religieux et politique que semblent personnifier aux yeux le palais des Césars allemands à Francfort et la vieille cathédrale catholique de Cologne. C'est là que la concurrence féconde d'une foule de petits centres intellectuels a produit cette renaissance allemande dont Gutenberg de Mayence, l'inventeur de l'imprimerie, est le représentant le plus illustre; là que naquirent Luther, Gœthe, Schiller et Beethoven, les plus grands noms de l'Allemagne moderne. De nos jours encore, si l'activité littéraire et scientifique résistant à la centralisation autrichienne et surtout prussienne, se maintient dans quelques villes d'université en dehors des grands centres d'attraction de Berlin et de Vienne, c'est dans cette zone mitoyenne où l'enchevêtrement des races, des types, des caractères, des divisions politiques, correspond à la variété infinie des terrains et des sites.

L'Espagne et le Portugal. — Aucune contrée de l'Europe n'offre avec les autres États européens un contraste plus visible, que la péninsule ibérique. Aucune autre contrée continentale n'a peut-être en Europe de limites naturelles plus marquées. La mer l'enveloppe de tous côtés, sauf vers la France, dont la sépare nettement la barrière des Pyrénées. De là cette originalité singulière qui a survécu à tous les mélanges de race, comme à toutes les influences extérieures. Gaulois, Romains, Wisigoths, Arabes, se sont en vain superposés aux vieux fonds de population ibérique : en vain l'Espagne a subi la domination de maisons étrangères telles que la maison d'Autriche avec Charles-Quint et la maison de Bourbon avec Philippe V; elle est restée un petit monde à part.

Si la région tiède des Pyrénées cantabriques et galiciennes est bien européenne, l'Espagne, d'une manière générale, est une terre africaine. Elle est très semblable du moins à cette partie de l'Afrique qu'on a nommée quelquefois l'Afrique Mineure et dont l'Atlas forme la charpente et la puissante unité. Elle est massive comme la Berbérie; elle a comme elle des côtes méditerranéennes où Carthagène regarde Oran, tandis que le littoral océanique humide et chaud du Portugal rappelle celui du Maroc; elle a de hautes ontagnes aux tons violents, aux flancs déchirés par de ·ofondes entailles comme les gorges algériennes du Cha-·t-el-Akra; elle a dans sa Castille des plateaux fertiles, mais us et secs comme celui de Sétif, partout des fleuves tor-nticls comme le Chélif, vers les sources du Guadiana des gunes* temporaires et saumâtres comme les chotts* algé-ens, dans la province de Valence et sur les bords du uadalquivir des plaines d'alluvions* aussi fertiles que la étidja, ici de véritables oasis d'orangers et de palmiers, des steppes* mornes, des déserts pierreux et désolés.

La race ancienne des Ibères, paraît originaire de l'Afrique. e tous les peuples qui, après les Ibères, ont envahi l'Es-gne, celui qui l'a dominée le plus longtemps, pendant o ans (du viiie au xve siècle) est également venu d'Afrique: rabes et Berbères pouvaient se croire chez eux de l'autre té du détroit de Gibraltar. Malgré sa situation péninsure, enfin, l'Espagne a, comme notre Algérie, un climat con-nental, excessif en ses brusques alternatives de chaleur et e froid, d'averses diluviennes* et surtout d'âcres sécheresses. Tout cela explique en partie le caractère de cette race pagnole, sobre, dure, nonchalante et tenace, capable des us nobles élans comme des plus singulières défaillances, ur à tour féroce et magnanime, pompeuse et grossière, ujours extrême en ses attitudes et ses passions.

Par une autre sorte de contradiction, la presqu'île ibérique, nt les contours extérieurs sont si nettement délimités, anque d'unité et de cohésion intérieure. Elle se compose e régions très différentes ayant chacune leur aspect et leur aractère très distincts. Massif enchevêtré et verdoyant de *Galice*, Pyrénées du *pays Basque* et de la *Navarre*, plaines e l'*Aragon* que traverse le cours moyen de l'Èbre, littoral ·esque provençal de la *Catalogne*, rude plateau des deux astilles, sillonné par le cours supérieur du Douro et du age, zone océanique du *Portugal* qui tourne le dos aux etits bassins méditerranéens des anciens royaumes de *Mur-c* et de *Valence*, féconde *Andalousie* arrosée par le Gua-alquivir et dominée par les sommets argentés de la Sierra evada, sont autant d'États naturels particuliers; il est même robable que, sans la longue croisade qui les arma en com-un contre les Mores, ils ne se seraient pas groupés autour un seul chef. Ce n'est pas sans motif qu'on disait jadis : *i des Espagnes* et que l'unité politique de la péninsule est estée inachevée, le Portugal formant encore un royaume éparé.

Les routes de la péninsule ibérique. — La péninsule, prise ans son ensemble, a l'aspect d'un plateau circulaire (Léon, ieille-Castille, Nouvelle-Castille et Estrémadure) qu'envi-onne une zone annulaire d'épaisseur variable et dont les egments forment autant de pays divergents. Chacun de ces ays communique nécessairement par des brèches avec le lateau central; par ces brèches passent les routes histo-iques qu'ont suivies, de tout temps, les peuples en migra-ion*, les armées en campagne, qu'empruntent de nos jours es voies ferrées. Tandis que dans les autres contrées les leuves sont des chemins naturels, en Espagne ils n'éta-lissent que des communications très imparfaites. En ffet, au nord, l'Èbre, le seul affluent important de la léditerranée, ne descend pas du Plateau central, il en onge simplement le flanc septentrional; au sud, le Guadal-uivir, dont le bassin est le plus large et le plus accessible de ous les bassins ibériques, coule également tout entier en lehors du Plateau central, parallèlement à son flanc méri-dional. Quant aux trois autres grands fleuves de l'Espagne, Douro, Tage et Guadiana, leur cours est tellement resserré et encaissé lorsqu'ils franchissent les brèches occidentales du plateau pour pénétrer en Portugal qu'ils n'ouvrent pas de ce côté de portes véritables. Cette pauvreté caractéristique en artères fluviales explique la direction, en apparence artificielle, des lignes historiques de la péninsule. En réalité, ces grands chemins sont comme partout en rapport exact avec le relief et le dessin général du pays.

Les deux points de contact les plus importants de l'Espagne se trouvent au nord-est et au sud-ouest : au nord-est, par les Pyrénées, avec la France ; au sud-ouest par le détroit de Gibraltar, avec l'Afrique. Aussi l'axe historique de la presqu'île a-t-il pris, sauf inflexions accessoires, la direc-tion du nord-est au sud-ouest. Au nord-est, quand on a franchi les Pyrénées, on se trouve dans le bassin de l'Èbre, sur le revers septentrional du plateau : trois dépressions principales permettent de l'escalader. L'une dans le pays Basque, mène vers Burgos ; l'autre au pied de la Navarre, par des chemins divers, conduit à Soria, sur le haut Douro ; la troisième dans l'Aragon, par Sarragosse et le cours du Jalon, atteint Medina Cœli, puis Guadalajara. La route de Burgos, après avoir traversé le Douro et les défilés de la Somo Sierra, se réunit vers les bords du Tage à la route de Sarragosse qu'a déjà rejointe celle de Soria. Devenue ainsi unique, la voie maîtresse franchit le Guadiana, descend en Andalousie par les passes de la Sierra Morena (Despena perros), puis s'infléchit vers le Guadalquivir, Cadix et Gibraltar. Les plus grands événements de l'histoire d'Espagne se sont accomplis le long de cet axe irrégulier trifurqué au nord-est, contourné au sud-ouest.

1° *Route de Burgos.* — La prise de Burgos en 1808 ouvrit l'Espagne à Napoléon, et le combat de Somo Sierra lui livra Madrid.

2° *Route de Soria.* — Non loin de Soria s'élevait Numance dont la destruction, en 133 avant J.-C. assura la domination de Rome. Au nord, à Najera, Duguesclin fut battu par Pierre le Cruel en 1367.

3° *Route de Medina Cœli.* — Près de là, en 998, à Calat Annosor, les rois chrétiens coalisés triomphèrent du khalife Almanzor ; en 1710, à Villa Viciosa, le duc de Vendôme remporta une victoire qui fonda la monarchie des Bourbons.

4° *Route de la Sierra Morena.* — Aux avants-postes méridionaux du plateau castillan que défendait Calatrava avec ses moines chevaliers, au pied du défilé de Despena perros que traverse aujourd'hui la voie ferrée, en 1212 les Mores furent écrasés solennellement par les chrétiens à Las Navas de Tolosa. Un peu au sud, six cents ans plus tard, les Français de Dupont capitulaient à Baylen.

Ajoutons qu'à une extrémité de l'axe se trouve Bayonne, où Napoléon croyait régler les destinées de l'Espagne, à l'autre, Cadix, où se réfugièrent les Cortes ; près de Cadix, Jerez marqué par la victoire décisive des Arabes en 711, enfin Gibraltar qui, depuis bientôt deux siècles, assure la prépondérance des Anglais dans le détroit.

Des routes secondaires viennent s'embrancher à cette route principale, et, comme elles partent toutes de la circonférence pour aboutir au centre, elles la rencontrent toutes sur les bords du Tage qui forme le bassin central du plateau : 1° De Valence, qui a remplacé la romaine Turia, d'Alicante, de l'antique Carthagène, par des passes pratiquées de tout temps, monte un faisceau de routes qui se réunissent au bord du plateau, à Albacete, et par les plaines de la Manche aboutissent au Tage vers Tolède. Sur cette route est Almanza où Berwick battit les Anglais en 1707. 2° A l'ouest de l'Alemtejo portugais, par Badajoz tant de fois assiégée, prise et reprise, par l'antique et très importante Emerida des Romains, aujourd'hui Merida, une route remonte le Guadiana, puis franchit les monts de Tolède pour aboutir au Tage. 3° La route du Tage, de Lisbonne à Tolède, est tout indiquée par la nature, bien que peu praticable. Elle est jalonnée par les lieux historiques d'Abrantès, Alcantara, Talavera (1809). 4° Tous les chemins de la Galicie et des Asturies aboutissant au Douro, se concentrent par Valladolid ou Salamanque sur Ségovie ou Avila, et, franchissant la Sierra Guadarrama, rejoignent les bords du Tage. Notons dans cette direction les batailles de Zamora et de Simancas au temps des Mores, de Medina de Rio Seco en 1808.

Ainsi toutes les routes de l'Espagne aboutissent vers le Tage moyen. Là est le centre géométrique de la péninsule, et rien d'étonnant que Madrid, après Tolède, y soit devenue capitale.

Découvertes maritimes et Colonies des Espagnols et des Portugais. — Il semble que la situation et la configuration géographiques de l'Espagne et du Portugal ne contribuent pas moins à expliquer comment ces deux pays les premiers en Europe, se sont lancés, à partir du xv° siècle, aux découvertes lointaines, comment ils ont donné l'élan à l'émigration et à la colonisation européennes au delà des mers. De toutes les terres de notre continent la péninsule ibérique est la plus avancée au sud-ouest, dans la direction de l'Afrique occidentale, de l'Amérique centrale et méridionale. Elle est en outre bien plus océanique que méditerranéenne. Le bassin de l'Èbre est le seul bassin espagnol de quelque importance qui aboutisse à la Méditerranée : encore le fleuve a-t-il dû percer une épaisse muraille montagneuse pour s'ouvrir un chemin de ce côté. Près de ces bouches est Barcelone la seule ville qui ait joué au Moyen âge, dans la Méditerranée, un rôle comparable à celui des républiques italiennes. Tout le reste de la côte ibérique méditerranéenne est abrupt, étroit, sans communication facile avec l'intérieur. Au contraire les grands cours d'eau espagnols, Douro, Tage, Guadiana, Guadalquivir, se dirigent vers l'Océan; le plateau des Castilles, qui s'abaisse du nord au sud, a aussi une pente générale de l'est à l'ouest. Dans son ensemble c'est à l'ouest que toute la péninsule est orientée. Mais toutes les vallées de ses fleuves océaniques n'ont pas la même amplitude, ni la même importance; les plus larges, les plus accessibles, celles que la nature a faites le plus riches, qui s'avancent le plus loin et le plus directement vers le sud-ouest, sont les vallées du Tage et du Guadalquivir. Or le Tage c'est Lisbonne, c'est le Portugal; le Guadalquivir c'est l'Andalousie avec Séville et Cadix. Il était donc naturel que les Portugais, obéissant au courant de leur fleuve, fussent les premiers à s'aventurer au loin sur l'Atlantique. Ce n'est pas non plus par l'effet d'un simple hasard que l'expédition destinée à découvrir le Nouveau-Monde est partie de l'Andalousie et que Christophe Colomb s'est embarqué à Palos, près de l'embouchure du Guadalquivir.

Les Portugais se sont établis surtout au Brésil dont les terres chaudes et humides rappellent l'ancienne Lusitanie. Les Espagnols, après un siècle entier de luttes féroces mais héroïques, se sont implantés sur les plateaux des Andes et dans les plaines sèches de la Plata qui ont, toute proportion gardée, beaucoup d'analogie avec les plateaux, les montagnes et les plaines de leur patrie.

L'Angleterre. — L'archipel des îles Britanniques est séparé par la mer du Nord et la Manche du reste de l'Europe; aussi a-t-il toujours eu des destinées à part et la population qu'l'habite se distingue des autres nations par un caractère très personnel. La race la plus ancienne, celle des Celtes n'a pu pénétrer dans le pays qu'en franchissant le détroit du Pas de Calais. Plus tard les Romains suivirent la même route mais leur domination ne s'étendit guère au delà de l'Angleterre proprement dite et n'y a pas laissé de traces profondes. Les autres envahisseurs de l'Angleterre lui sont venus naturellement des autres contrées dont elle est immédiatement voisine : Angles et Saxons, d'origine germanique, à partir du v° siècle; Norvégiens et Danois au x° siècle; Normands de France au xi° siècle.

L'archipel, dans son ensemble, est en effet tourné vers l'est; la pente de ses principaux cours d'eau et l'inclinaison de ses plaines sont orientées de ce côté. C'est vers l'Europe qu'il regarde, c'est l'Europe qu'il a reçu les premiers éléments de sa civilisation. Le plus large et le plus oriental de ses bassins est celui de la Tamise où l'a ville de Londres, qui en est la porte, a pris naturellement la suprématie sur toutes les autres cités. Mais s'il a ainsi un centre, il manque d'unité, et la répartition des races n'a fait qu'accentuer la disparité* des pays qui le composent. Au nord de la Grande-Bretagne s'étend une région montagneuse, l'Écosse à l'ouest deux autres petits massifs montagneux forment le pays de Galles et la presqu'île de Cornwall (Cornouailles); l'Irlande est plus isolée encore. Dans ces quatre régions indépendantes, mais surtout en Irlande, l'élément celtique primitif est resté prépondérant. La résistance de ces diverses populations contre l'Angleterre, plus peuplée, plus riche, plus civilisée et plus forte remplit une bonne partie de l'histoire intérieure des îles Britanniques. La conquête de l'Irlande n'a été achevée matériellement qu'au xvi° siècle; encore l'île sœur comme on la nomme, n'est elle pas encore aujourd'hui soumise de son plein gré. L'Écosse est resté jusqu'au xviii° siècle un royaume indépendant. Le pays de Galles et le Cornwall ont conservé en partie la langue et les usages celtiques. Toutes ces luttes qui prirent au xvi° siècle une forme religieuse ont contribué à renforcer l'énergie native du génie britannique. Les nécessités de la guerre ont accru à la fois la puissance de la royauté et l'importance des chefs militaires, c'est-à-dire de l'aristocratie qui combattait sous ses ordres. La rivalité des rois et des nobles fut à son tour l'origine des libertés politiques. Détournée au xiv° siècle de ses préoccupations intérieures par la guerre de Cent ans contre la France, absorbée au xv° siècle par la guerre civile des Deux Roses, la noblesse alliée à la bourgeoisie renouvela au xvii° et au xviii° siècle ses revendications contre la monarchie et parvint enfin, en 1688, à établir le régime parlementaire.

Le climat de l'Angleterre n'est pas très froid, mais il est très humide, à cause de la mer qui enveloppe l'archipel de tous côtés. Les pluies y entretiennent une verdure admirable; le type naturel de la culture anglaise est la prairie. De là l'importance attachée de bonne heure à l'élevage des bœufs, des moutons, des chevaux. La viande, la laine, la force musculaire des animaux de trait sont d'ailleurs indispensables sous un tel climat : la viande fournit un aliment substantiel complété par des boissons fermentées; la laine, es vêtements chauds; le cheval un moyen de transport rapide sur un sol presque toujours boueux. Ainsi les Anglais ont devenus de grands éleveurs, de grands fabricants de drap, de grands amateurs des courses de chevaux. Ils sont en même temps de gros mangeurs de viande, d'intrépides buveurs. Ne faut-il pas combattre l'humidité persistante, réagir contre l'ennui de tristes journées de brouillard sans air et sans soleil? Avec la force musculaire, s'est développée chez eux le goût des exercices physiques, de la lutte, des courses de canot, des promenades et des courses à cheval, de la chasse, des voyages, des excursions de montagnes.

Le sol de l'Angleterre recèle des richesses minérales de toute sorte, mais surtout en fer et en houille, ces deux matières premières indispensables à la grande industrie moderne. C'est bien là aussi qu'est née la grande industrie, que se trouvent les usines les plus vastes et les mieux outillées, que la première locomotive construite par Stephenson a roulé sur des rails. Et comme l'industrie appelle l'industrie et que toutes les branches du travail humain tendent à se développer autour d'un même tronc, la fabrication des tissus de coton s'est ajoutée à celle des tissus de laine, à portée des centres miniers et métallurgiques; Leeds, Manchester, Birmingham, s'alignent entre Cardiff et Newcastle.

Par leur situation insulaire* les Anglais sont naturellement des marins. Dès le xive siècle ils triomphaient d'une flotte française à l'Écluse; au xviie siècle ils supplantaient sur les mers les navires de la Hollande; au xviiie siècle, ils ruinaient la marine espagnole et française; au xixe siècle ils seulent régner sur tout l'océan. La nécessité d'exporter les produits surabondants de leur industrie a fait la fortune de leur flotte commerciale; celle-ci s'ouvrir des débouchés les a conduits à fonder des comptoirs et des colonies. Ils avaient été devancés dans cette voie par d'autres peuples et notamment par les Français; mais ils n'ont pas tardé à les dépasser. Inaccessibles en effet dans leur île, ils n'avaient point à redouter comme nous l'attaque de leurs voisins, et tout en intervenant dans la politique continentale pour détourner leurs rivaux des choses de la mer, ils pouvaient s'y adonner eux-mêmes tout entiers. Tel fut le sens de leur intervention dans les guerres de Succession d'Espagne, de la Succession d'Autriche, de Sept ans, et de leur acharnement contre Napoléon. A chacune de ces grandes guerres ils ont acquis des colonies, des terres nouvelles. Ces colonies ils ont fait plus que de les prendre, pour la plupart ils les ont peuplées.

Le trop-plein de leur race féconde entraîné par l'amour de l'indépendance ou chassé par la misère que développe malheureusement la grande industrie, s'est déversé sur l'Amérique du Nord, l'Afrique Australe, l'Australie et la Nouvelle-Zélande. Chacune de ces contrées est devenue comme une autre Angleterre, et même après leur séparation de la métropole* les États-Unis sont restés Anglais de langue et de civilisation. Dans les pays où le climat empêche le développement de la race britannique, comme l'Hindoustan, les Anglais ont du moins réussi à établir et à conserver jusqu'à ce jour leur domination.

Tel est le peuple anglais, rude, triste, égoïste, ne lâchant jamais la proie qu'une fois il a saisie, peu capable de larges vues et d'élans généreux, mais énergique, sérieux, laborieux, soutenu dans les plus cruelles épreuves par le sentiment le plus noble de sa dignité, doué du sens le plus net de la réalité des choses, sincèrement épris de la liberté, héritier

dirait-on d'une partie des vertus de l'ancienne Rome, et, s'il se permet un rêve, poursuivant celui de la domination universelle des mers.

Les Nations nouvelles. — A côté de la France et de l'Allemagne, de l'Espagne et de l'Angleterre, qui sont devenues des États organisés dont la superficie correspond à peu près aux limites de grandes régions naturelles, les États scandinaves sont toujours divisés; l'Italie, au contraire, après de longs déchirements, a reconquis son unité. Sa situation a d'ailleurs changé, car la Méditerranée n'est plus le bassin central du monde civilisé. La malheureuse Pologne qui a péri, comme nation indépendante, en grande partie par sa faute, aurait peut-être vécu si elle avait pu appuyer sa résistance sur des frontières réelles. La jeune Russie, qui occupe déjà la moitié de l'Europe et un tiers de l'Asie, cherche son équilibre et ne semble pas l'avoir encore trouvé. La Hongrie dans la vaste plaine du moyen Danube, la Roumanie autour du noyau du massif transylvanien, les peuples slaves de la péninsule des Balkhans, la Grèce s'efforcent de même, plus ou moins consciemment, d'atteindre les limites de leur extension ethnique*, et de s'adapter au relief du sol où se sont implantés leurs ancêtres. Dans la formation de ces nouveaux États, les affinités de race et de langue ont une extrême importance; mais la configuration géographique du pays a des nécessités dont il serait tout aussi impossible de ne pas tenir compte. Aussi est-il permis de considérer comme tout à fait provisoire le groupement actuel des peuples dans le sud-est de l'Europe.

Mouvement d'expansion de la civilisation. — La civilisation éveillée aux bords du Nil et de l'Euphrate, du Gange et du fleuve Jaune n'a point réussi dans l'antiquité à conquérir toute l'Asie. Mais les Grecs puis les Romains l'avaient étendue à toutes les contrées voisines de la Méditerranée. Au Moyen âge s'est élaborée la formation des grandes nations modernes qui constituent aujourd'hui l'Europe civilisée. Mais en même temps que la civilisation, lentement déplacée de Thèbes et de Memphis à Athènes, puis à Rome, s'avançait au nord-ouest de la Méditerranée, elle était portée dans le nouveau monde par les Espagnols, les Portugais, les Français et les Anglais. Aujourd'hui elle s'étend de tous côtés à la fois par la conquête, l'émigration, la colonisation et le commerce; elle s'affranchit de plus en plus des obstacles physiques qui entravaient sa marche.

La planète est enveloppée par un grand courant humain circulaire qui, de Londres et Paris, se déverse d'une part sur l'Europe centrale, et par Suez va rejoindre les agglomérations de l'Inde, de la Chine, de l'Indo-Chine et du Japon, qui, d'autre part, se dirige à l'ouest, vers New-York, traverse le continent américain et, par San-Francisco, aboutit également au Japon et à la Chine. La création récente du transcontinental* Canadien, l'ouverture probable de l'isthme de Panama auront pour effet d'élargir en Amérique l'ampleur de ce courant. D'autres courants secondaires dérivés du premier se replient au sud, de Marseille vers l'Afrique du Nord, de Suez vers l'Afrique orientale, de Singapour vers l'Australie et les archipels océaniens, des ports européens de l'Océan, Liverpool, Londres, Hambourg, Anvers, le Havre et Bordeaux, vers l'Afrique occidentale, vers l'Amérique centrale et méridionale. Les routes de la mer ont pris une importance prépondérante dans les relations entre les peuples. Mais les routes de terre que l'art des ingénieurs affranchit de plus en plus des obstacles opposés à leur rectitude par le relief du sol semblent appelées à révolutionner à leur tour le monde. Lorsque des voies ferrées uniront Moscou à Pékin, Constantinople à Calcutta, traverseront de part en part la vieille Afrique et les deux Amériques, les centres de gravité des continents pourront se trouver singulièrement déplacés.

Modes d'expansion des peuples modernes. — La conquête est restée le principal moyen des peuples civilisés pour propager leur race au dehors, ou pour imposer leurs produits, leur langue, leurs lois à des peuples moins avancés qu'eux ou plus faibles. Les établissements ainsi créés peuvent se ramener à deux genres principaux : les *colonies de peuplement* et ce que nous appellerons *colonies d'assimilation*.

Les Espagnols, après avoir exterminé une grande partie des Indiens, ont fondé, en Amérique, des colonies de peuplement ; mais l'émigration se ralentissant, ils n'ont pas tardé à se mêler aux indigènes survivants et ont ainsi transformé, sans dessein préconçu, leurs colonies de peuplement en colonies d'assimilation, c'est-à-dire qu'ils ont élevé jusqu'à eux la race conquise et se sont mêlés à elle ; telle a été l'origine des républiques latines du Nouveau-Monde ; par la religion, la langue et les institutions, elles se sont singulièrement rapprochées des types d'États existants en Europe.

Les Anglais paraissent jusqu'à ce jour incapables de toute entreprise d'assimilation. Partout où ils viennent en nombre, l'indigène est massacré ou traité de telle façon qu'il ne tarde pas à disparaître : tel est le système qu'ils ont pratiqué dans la Nouvelle-Angleterre au XVIIe siècle, de nos jours en Australie, en Tasmanie et dans la Nouvelle-Zélande. Si les Indiens des États-Unis et les Maoris Néo-Zélandais sont aujourd'hui soumis à un régime philanthropique*, c'est qu'ils ont cessé d'être redoutables ; d'ailleurs ils s'éteignent lentement. Au contraire dans l'Inde, où les Anglais, qui sont depuis plus d'un siècle les maîtres de 250 millions d'hommes, sont restés en minorité infime, malgré les bienfaits incontestables de la civilisation qu'ils ont introduite, leur conquête n'est pas plus solide qu'au premier jour ; vainqueurs et vaincus vivent côte à côte, sans se mêler.

Le peuple assimilateur par excellence, parce qu'il est le plus sociable de tous, est le peuple français. S'il n'émigre pas beaucoup, pas assez, si les grandes colonies de peuplement ne lui sont guère permises (malgré les exemples caractéristiques du Canada et de l'Algérie) il semble appelé à réveiller les anciennes races endormies, à propager ainsi, par une assimilation progressive, les arts et les idées de l'Europe en Afrique, dans l'Indo-Chine, partout où il a conquis des possessions ou soumis à son protectorat des États de civilisation inférieure. Jadis, nos hardis chasseurs et trappeurs* du Canada n'avaient pas hésité à se mêler aux Indiens. En Algérie, si les unions entre les deux races sont à peu près inconnues, l'enchevêtrement des intérêts a déjà créé des relations étroites d'indigènes à colons. Notre rôle serait encore assez grand dans le monde si nous parvenions à ranger dans notre clientèle intellectuelle et morale, à élever au rang de nations civilisées les Berbères et les Arabes de l'Afrique du Nord, les Malgaches de Madagascar, les Cambodgiens et les Annamites de l'Indo-Chine, les Polynésiens du Pacifique, sans parler d'autres races qui nous considèrent en Syrie par exemple, comme leurs protecteurs naturels.

L'Algérie. — L'Algérie, flanquée à l'ouest par le Maroc, à l'est par la Tunisie, forme avec ces deux pays une région compacte, massive, homogène, dont toutes les parties, presque symétriques, conservent d'un bout à l'autre les mêmes caractères et ont eu à peu près les mêmes destinées (Carthaginois, Romains, Vandales, Byzantins, Arabes). C'est la Berbérie, sorte d'île dont l'Atlas est la charpente osseuse et que l'Océan, la Méditerranée, le Sahara enveloppent de toutes parts. Tandis que le Maroc est largement ouvert au vent d'ouest, exposé à l'influence prépondérante de l'Atlantique, que la Tunisie, par la direction de ses rivières et de ses plaines, regarde le bassin oriental de la Méditerranée, l'Algérie, entre ces deux directions divergentes, obéit à une direction moyenne, elle tient la Berbérie en équilibre, elle en est le nœud et le centre ; elle est orientée vers le bassin occidental de la Méditerranée qui est compris lui-même entre l'Espagne, la France et l'Italie ; elle regarde, au nord, vers la France. Aussi est-ce la France qui l'a conquise.

L'Algérie n'a pas de grands bassins hydrographiques constituant des régions naturelles faciles à déterminer. A vrai dire, le seul grand bassin hydrographique de l'Algérie c'est la Méditerranée elle-même. Quant aux bandes longitudinales du Tell, des Hauts plateaux, du Sahara algérien, elles ne forment pas des régions indépendantes. Les routes de caravanes et d'échanges les relient entre elles ; elles sont solidaires les unes des autres. Les cours d'eau qui les traversent devraient les unir aussi ; ce ne sont malheureusement que des torrents temporaires barrés par les chaînes de l'Atlas, étranglés par les défilés. Aussi les voies ferrées dites de pénétration, dirigées du nord au sud, des ports de la côte vers l'intérieur du pays, sont-elles indispensables à l'Algérie. Elles suivent pacifiquement les directions que nos armées ont dû s'ouvrir de force pour escalader le Tell, traverser les Hauts plateaux et de là descendre dans le Sahara. Tel est le chemin de fer de Philippeville à Biskra par Constantine.

La division de l'Algérie en trois provinces n'est pas l'effet du hasard. Leurs limites, cherchées sous les Romains, ébauchées pendant la longue période des États berbères, ont été fixées sous les Turcs et adoptées par nous. La zone tellienne est très large dans la province de Constantine, très étroite dans celle d'Oran ; c'est l'inverse pour la zone des Hauts plateaux. La province occidentale, véritable bouche du désert, sorte de carrefour, est largement ouverte aux communications et aux échanges ; la province orientale, surtout agricole, forme un large pâté montagneux, c'est le grenier de l'Algérie. Entre les deux, la province d'Alger participe aux caractères de chacune d'elles et leur sert de lien. Plus ouverte que sa voisine de l'est, moins exposée à l'influence saharienne que sa voisine de l'ouest, elle communique avec la première par la vallée inférieure du Chélif, avec la seconde par les vallées de l'Oued Isser et de l'Oued Sahel ; elle possède sur les Hauts plateaux la route naturelle du Chélif supérieur, la seule rivière qui les traverse de part en part ; elle aboutit, dans le Sahara, vers Laghouat, au dos du pays qui sépare les deux versants de l'Atlantique et de la Méditerranée. Sa situation centrale n'est donc point artificielle et correspond à la réalité des choses.

Dans cette province centrale, Alger est un centre non moins clairement indiqué par la nature. Jusqu'au XVIe siècle l'Algérie avait été attaquée de flanc, du côté de l'est, par les Romains, les Byzantins, les Arabes, du côté de l'ouest par les Vandales et les Berbères marocains. Ses dominateurs se trouvaient ainsi dans de mauvaises conditions pour choisir une capitale. Arrivant par mer, abordant l'Algérie de front, les Turcs n'hésitèrent pas, c'est à Alger qu'ils se fixèrent. Située à peu près à égale distance de chaque frontière, à ce point remarquable où la chaîne côtière occidentale s'abaisse sous les flots, abritée au fond d'une large baie, adossée aux massifs pittoresques du Sahel qu'enveloppe l'admirable plaine de la Metidja, Alger occupe le bord d'une sorte de delta fortement retranché par les chaînes telliennes, mais auquel peuvent aboutir, par des issues naturelles, toutes les routes du pays. Capitale indispensable à l'Algérie, trait d'union nécessaire avec la mère patrie, Alger seule peut devenir un jour la métropole de toute la Berbérie.

L'expérience d'assimilation que la France a entreprise en Afrique est l'une des plus intéressantes qui aient jamais été tentées. Si elle réussit, comme tout porte à l'espérer, il sera démontré qu'il est possible à la civilisation française de faire l'éducation des peuples restés enfants, que notre nation a, comme les Romains, le sens de la pédagogie politique et sociale. — Les Russes paraissent aussi remarquablement doués à cet égard et s'assimilent très vite les populations de l'Asie centrale.

Conclusion. — L'empire colonial de l'Angleterre se soutient en grande partie par la force. Si ses colonies de *peuplement*, telles que l'Australie, peuvent désormais subsister par elles-mêmes et resteraient anglaises au fond, alors même qu'à l'exemple des États-Unis elles s'émanciperaient et deviendraient autonomes, ses comptoirs commerciaux et ses colonies d'assimilation ou plutôt *d'exploitation*, dont la plus importante de beaucoup est l'Hindoustan, seront toujours pour elle des possessions artificielles, précaires et par conséquent dangereuses. Les routes qui les rattachent à la métropole sont protégées par les canons de Gibraltar, de Malte, d'Aden, de Singapour, de Hong-Kong. Pour les garder, elle emprunte à la nature des points d'appui et de défense tout matériels.

L'exemple de sa voisine est instructif pour la France. Tout son effort doit tendre à s'assimiler les peuples qu'elle a pris sous sa protection. La politique de pure exploitation ne serait pas seulement inhumaine, elle serait très périlleuse et pourrait coûter fort cher. Le triomphe de l'assimilation est de conquérir jusqu'à l'âme d'un peuple. Elle éteint d'avance toute pensée, tout désir de rébellion; elle suscite une force volontaire de résistance contre les attaques du dehors. Elle supprime les fatalités physiques de latitude, d'altitude, de climat et de race. Elle est la revanche définitive de l'homme civilisé sur la nature brute. Elle est un des aspects du but idéal vers lequel marche l'Histoire.

GRANDES DIVISIONS DE L'HISTOIRE

L'**Histoire** est l'étude des **grands événements** qui se sont accomplis sur la terre parmi les peuples.

On appelle **documents historiques** les *monuments*, c'est-à-dire les débris de toute sorte, édifices, statues, inscriptions, etc., et surtout les **écrits** que nous ont laissés nos devanciers. Aussi l'histoire véritable ne commence-t-elle qu'au moment où il y a des hommes capables de l'écrire.

La période souvent très longue qui précède ce moment est appelée *préhistorique*, c'est-à-dire antérieure à l'histoire. On a quelques renseignements vagues sur la *préhistoire*. Dans plusieurs pays (en France par exemple), on trouve enfouis en terre ou au fond de l'eau des ossements, des armes, des ustensiles qui ont appartenu à des hommes préhistoriques. Avant d'écrire leur histoire la plupart des peuples ont commencé à raconter sur leurs ancêtres des **légendes** qui se transmettaient par tradition orale; mais ni les objets préhistoriques ni les légendes ne permettent de constituer réellement l'histoire.

La plus ancienne histoire est celle des pays de l'Orient, celle de l'Égypte et celle de la Chaldée qui remontent à 3 000 ans environ avant Jésus-Christ. Il n'est point question ici de l'histoire de la Chine encore trop mal déterminée pour trouver place dans un ouvrage classique.

L'histoire se partage en trois grandes divisions : histoire ancienne, histoire du **Moyen âge**, histoire **moderne**.

L'**histoire ancienne** commence avec les nations les plus anciennement connues : Égyptiens et Chaldéens. Elle étudie les événements qui se sont produits depuis le xxxe siècle avant Jésus-Christ jusqu'au ve après : d'abord en **Égypte**, en **Chaldée** et en **Assyrie**, puis en **Palestine** et en **Perse**, puis en **Grèce**, en **Italie** et enfin dans les pays soumis par Rome et qui formaient l'**Empire romain**. Elle se termine au ve siècle après Jésus-Christ avec l'*invasion des Barbares* qui mettent fin au pouvoir de l'empereur romain en Occident. Pendant cette période les **pays de la Méditerranée** occupent seuls l'historien; ni l'Europe du Nord, ni l'Amérique n'ont encore d'histoire.

L'**histoire du Moyen âge**[1], qui commence avec l'invasion des Barbares étudie les événements du ve au xve siècle après Jésus-Christ. Elle raconte les destinées des pays de l'**Europe occidentale et centrale** : France, Angleterre, Espagne, Allemagne, Italie et des pays de l'Asie occidentale et de l'Afrique du Nord qui ont fait partie de l'**Empire des Arabes** et de l'Empire romain d'Orient (**Empire byzantin**). Elle se termine à la fin du xve siècle, après *la chute de l'Empire byzantin* (1453), l'invention de l'imprimerie et la découverte des Indes et de l'Amérique.

L'**histoire moderne** commence à la fin du xve siècle et n'est pas terminée. Mais on a pris l'habitude en France de la subdiviser en deux périodes :

L'**histoire moderne** proprement dite qui s'arrête à la *Révolution française* de 1789.

L'**histoire contemporaine** qui commence avec la Révolution et continue à se dérouler sous nos yeux.

Cette histoire s'occupe surtout de l'**Europe** et de l'**Amérique**, mais elle tend à devenir véritablement universelle depuis que l'intérieur de l'*Afrique* s'est ouvert à nous, qu'une civilisation *australe* se développe dans le Pacifique et que les vieilles races de l'*Extrême-Orient* entrent en contact direct avec les nations européennes et américaines.

---

1. On l'appelle ainsi parce que les dix siècles (du ve au xve) sur lesquels porte cette histoire sont un *âge intermédiaire* entre l'antiquité et les temps modernes.

ATLAS HISTORIQUE

PREMIÈRE PARTIE — HISTOIRE ANCIENNE

PREMIÈRE LEÇON
LES ANCIENNES MONARCHIES DE L'ORIENT

L'ÉGYPTE

1. Fertilité de l'Égypte. — L'Égypte n'existerait point sans le Nil. Fleuve nourricier par excellence, il déborde chaque année au mois d'août, couvre toute la vallée et dépose sur la terre une couche de limon* qui sert d'*engrais*. L'Égypte est donc un **pays fertile**, où un grand nombre d'hommes pouvaient vivre ensemble et former une nation.

2. Antiquité du peuple égyptien. — Les Égyptiens ont été le *plus ancien peuple civilisé*. Plus de 3000 ans avant Jésus-Christ, ils savaient déjà labourer la terre, cultiver le blé, élever le bétail. Ils avaient un roi et un gouvernement.

3. Les Pharaons. — Le roi d'Égypte, qu'on appelait le **Pharaon**, était adoré comme le fils du dieu-soleil ; il vivait dans un palais, entouré de guerriers et de prêtres, et avait sur tout le peuple un *pouvoir absolu*. Il y a eu successivement en Égypte 26 familles ou **dynasties** de Pharaons, depuis le xxx° siècle jusqu'en 520 avant Jésus-Christ.

4. L'Ancien Empire. — Les rois des dix premières dynasties avaient leur capitale à **Memphis**, dans la Basse-Égypte. Ce sont les rois de la IV° dynastie qui ont bâti les trois grandes **pyramides*** (fig. 1).

5. Moyen Empire. — A partir de la XI° dynastie, les Pharaons ont eu leur capitale dans la Haute-Égypte, à **Thèbes**. Ceux de la XII° conquirent la Nubie, construisirent le *labyrinthe** et créèrent le *lac Mœris*, grand réservoir destiné à régler les crues du Nil. Puis des *peuples étrangers*, venus de Syrie, les **Hycsos**, envahirent l'Égypte et l'occupèrent pendant plusieurs siècles ; leurs rois avaient pris pour capitale **Tanis**. Les rois de Thèbes parvinrent enfin à chasser ces envahisseurs.

6. La XVIII° dynastie. — Les rois de cette dynastie, la plus puissante de toutes, furent des *conquérants;* le plus connu est Ramsès II (Sésostris). Ils dirigeaient des expéditions au sud contre les Nègres, au nord contre les Syriens, et ramenaient des files de prisonniers enchaînés, qu'ils employaient à bâtir des édifices. Alors furent construits les palais et les temples de Thèbes, dont les ruines aujourd'hui couvrent plusieurs kilomètres. Dans le fameux *temple de Karnak* est une salle soutenue par 134 colonnes, 12 d'entre elles ont 20 mètres de haut (la hauteur de la colonne Vendôme à Paris).

7. Nouvel empire. — Après la XIX° dynastie, les Pharaons s'établirent à Saïs, mais ils ne firent plus d'expéditions au dehors. L'un d'eux, Néchao, creusa un canal pour joindre le Nil à la mer Rouge. La XXVI° dynastie fut la dernière ; en 520, l'Égypte conquise devint une province de l'empire perse.

8. Le peuple égyptien. — Les anciens Égyptiens sont les ancêtres des *fellahs*, qui habitent aujourd'hui l'Égypte. Ils avaient la peau brune, les yeux noirs, la figure régulière, les lèvres épaisses, peu ou point de barbe. Ils se rasaient la tête et portaient des vêtements de toile. Sur cette terre féconde et salubre, sous ce ciel toujours pur, les Égyptiens étaient un peuple sage, gai, bien portant, mais aussi très enfantin et facile à opprimer.

9. Industrie des Égyptiens. — Les Égyptiens savaient **tisser** les étoffes, travailler l'or et l'argent, mélanger de l'étain au cuivre pour couler du **bronze**, fondre le **verre** et cuire la **porcelaine**. Ils savaient, avec l'écorce d'une plante du pays, le **papyrus**, fabriquer une espèce de papier. Ils avaient inventé une *écriture*, qui était d'abord très compliquée, mais qu'ils avaient simplifiée peu à peu ; nous l'appelons des **hiéroglyphes**.

CHALDÉENS, ASSYRIENS

10. La Chaldée. — La plaine de l'Euphrate, qu'on appelait **Chaldée**, est un pays très chaud et *très fertile*, où le blé peut rendre jusqu'à deux cents grains pour un. Plus de 3000 ans avant Jésus-Christ vivait dans cette plaine un peuple déjà nombreux qui *cultivait le blé* et construisait de grandes villes. Mais, comme le pays ne fournit pas de pierres, ces villes étaient bâties en briques crues ; elles se sont écroulées et nous ne savons presque rien du peuple qui les habitait ni de cet **ancien empire chaldéen**.

11. Les Assyriens. — Dans les montagnes qui bordent le Tigre demeurait le peuple **assyrien**, resté obscur jusque vers le xv° siècle avant Jésus-Christ. Vers le xii° siècle, les rois d'Assyrie commencèrent à descendre de leurs montagnes avec des armées pour conquérir les pays voisins. Partout où ils passaient, ils forçaient les habitants à les reconnaître pour rois et à leur payer tribut. Si un peuple refusait, l'armée assyrienne envahissait son territoire, brûlait les forêts, démolissait et saccageait les villes, massacrait ou déportait les habitants ; les prisonniers étaient écorchés vifs.

12. Empire d'Assyrie. — Parmi ces rois cruels les plus puissants furent au viii° et au vii° siècle, Sargon, Sennachérib, Assurbanipal. Ils soumirent toute la Chaldée, la Syrie, la Judée et le pays d'Élam, et allèrent jusqu'en Égypte. Mais, à la fin, les Chaldéens se révoltèrent et s'allièrent aux Mèdes. Le roi d'Assyrie fut vaincu, sa capitale **Ninive** fut prise et rasée (625). Dès lors il n'y eut plus d'empire assyrien.

13. Empire de Babylone. — Les Chaldéens vainqueurs fondèrent le **nouvel empire chaldéen** ou babylonien, qui avait sa capitale à **Babylone**. Le roi le plus célèbre, Nabuchodonosor (609-561), battit les Égyptiens à Carchemish (605), et conquit la Syrie et la Judée. Il construisit des temples et des palais, entoura Babylone d'un *rempart* si large que deux chariots pouvaient s'y croiser en fit *la ville la plus grande de l'antiquité*.

Après lui, l'empire babylonien dépérit et fut conquis par les Perses en 336.

LES ANCIENNES MONARCHIES DE L'ORIENT

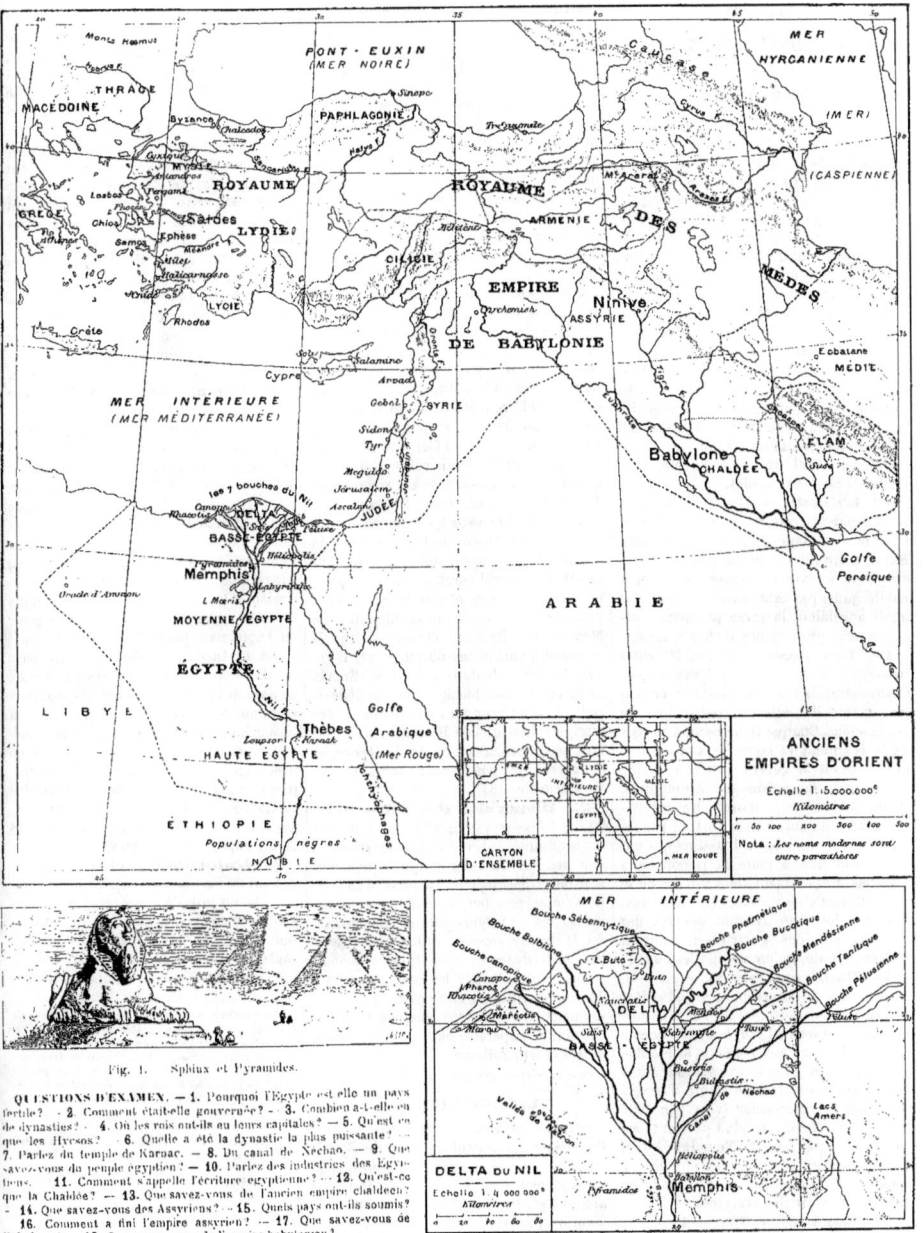

Fig. 1. — Sphinx et Pyramides.

QUESTIONS D'EXAMEN. — 1. Pourquoi l'Égypte est-elle un pays fertile ? — 2. Comment était-elle gouvernée ? — 3. Combien a-t-elle eu de dynasties ? — 4. Où les rois ont-ils eu leurs capitales ? — 5. Qu'est-ce que les Hycsos ? — 6. Quelle a été la dynastie la plus puissante ? — 7. Parlez du temple de Karnac. — 8. Du canal de Néchao. — 9. Que savez-vous du peuple égyptien ? — 10. Parlez des industries des Égyptiens. — 11. Comment s'appelle l'écriture égyptienne ? — 12. Qu'est-ce que la Chaldée ? — 13. Que savez-vous de l'ancien empire chaldéen ? — 14. Que savez-vous des Assyriens ? — 15. Quels pays ont-ils soumis ? — 16. Comment a fini l'empire assyrien ? — 17. Que savez-vous de Babylone ? — 18. Que savez-vous de l'empire babylonien ?

DEUXIÈME LEÇON
LES PEUPLES DE SYRIE

LES JUIFS

14. Origine du peuple juif. — Au temps de l'ancien empire chaldéen, les plaines de l'Euphrate étaient parcourues par des tribus de *bergers nomades*, qui allaient de place en place cherchant des pâturages pour leurs troupeaux de bœufs, de moutons et de chameaux, et qui vivaient sous des tentes. Chaque tribu, constituée *comme une* **famille**, obéissait à son patriarche.

15. Les Israélites. — Une de ces tribus s'écarta vers l'ouest, traversa le désert de Syrie, et vint s'établir dans la vallée du Jourdain; on l'appela les **Hébreux**, c'est-à-dire *les gens au delà du fleuve*. Ils avaient pour patriarche Abraham. Du peuple hébreu sortirent les **Israélites** qui avaient pour patriarche Jacob surnommé Israël. Ils s'établirent en Égypte et y restèrent plusieurs siècles.

16. L'Exode. — Les Israélites, persécutés par les rois d'Égypte, s'enfuirent sous le commandement d'un des leurs, **Moïse**. Cette fuite s'appelle l'*Exode*. Ils se dirigèrent, à travers le désert, vers le pays habité jadis par Abraham et Jacob, et qu'ils appelaient la **terre promise**, c'est-à-dire terre promise par Dieu à leur race.

17. Les Juges. — Les Israélites trouvèrent le pays occupé par des peuples chananéens, ils les détruisirent et prirent leur place. Ils étaient divisés alors en douze *tribus*. Chaque tribu occupa sa part de la conquête et conserva son autonomie*, faisant la guerre pour son compte aux peuples du voisinage : Ammonites, Moabites, Philistins. D'ordinaire, ces tribus isolées étaient battues, surtout par les **Philistins** de la côte ou Palestins qui ont donné leur nom à toute la région de la *Palestine*. Elles étaient alors forcées de se soumettre, et elles redevenaient idolâtres. Plusieurs fois une tribu fut délivrée des ennemis par des guerriers : Samson, Gédéon, Jephté, qu'on appelle les *Juges*.

18. Empire d'Israël. — Les Israélites à la fin forcèrent le grand prêtre à leur donner un roi; ce fut Saül. Ils formèrent alors *un seul peuple*. Le deuxième roi, David, reprit aux ennemis la montagne de *Sion*, et y fonda sa capitale **Jérusalem**, qui devint la ville sainte d'Israël. Salomon, son successeur (vers l'an 1000 avant Jésus-Christ), le plus puissant des rois d'Israël, fit bâtir le **Temple**, où l'on déposa l'arche d'alliance; les Israélites y venaient de toute la Palestine adorer Dieu et lui offrir des sacrifices.

19. Royaumes d'Israël et de Juda. — Le royaume de Salomon se démembra après sa mort (vers 997). Les dix tribus du nord se séparèrent et formèrent le **royaume d'Israël**, avec la capitale de *Samarie*, où l'on adora *les idoles* des peuples voisins. Les deux tribus du sud, Juda et Benjamin, formèrent le **royaume de Juda**, qui garda *Jérusalem* pour capitale, continua à adorer *un seul Dieu*, et dont les habitants s'appelèrent fils de Juda ou **Juifs**. Ces deux royaumes se firent souvent la guerre, puis furent ruinés, le premier par le roi d'Assyrie (722), le second par le roi de Babylone, Nabuchodonosor (586).

20. Retour de captivité. — Les principaux Juifs avaient été emmenés en captifs à Babylone. Soixante-dix ans plus tard, quand Cyrus, roi de Perse, conquit cette ville, il remit les Juifs en liberté. Ils revinrent en Palestine, relevèrent Jérusalem, rebâtirent le temple et rétablirent les cérémonies. Le royaume de Judée, ainsi restauré, resta un fort petit royaume, gouverné tantôt par un roi, tantôt par le grand prêtre, et payant tribut aux maîtres de la Syrie : Perses, Grecs, Romains.

21. Le Messie. — Beaucoup de Juifs se consolaient de l'abaissement de leur pays, par l'espoir qu'un jour un descendant de David serait envoyé par Dieu, pour rendre à son peuple la gloire et la puissance; ils appelaient ce libérateur le **Messie**. Les Romains étaient maîtres de la Judée quand Jésus-Christ parut. Il venait de Nazareth, dans la Galilée, et après avoir prêché aux bords du lac de Génézareth, il s'était rendu à Jérusalem avec ses disciples. Les Juifs de Jérusalem ne voulurent pas reconnaître en lui le Messie, et obligèrent le gouverneur romain à le faire crucifier (33).

22. Dispersion des Juifs. — En 70, les Juifs essayèrent de se révolter contre les Romains. Une forte armée romaine vint assiéger Jérusalem, qui, après une résistance désespérée, fut prise d'assaut. Le Temple prit feu, les habitants furent massacrés ou vendus comme esclaves. Ce fut la fin du *royaume juif*, mais il resta des *Juifs dispersés* dans tout le monde ancien, surtout dans les grandes villes : Alexandrie, Rome, Antioche, où ils s'adonnaient au *commerce*. Depuis 1800 ans ces Juifs dispersés ont conservé leurs *usages* et leur *religion*.

Pour la religion, voir page 39.

LES PHÉNICIENS

23. Le peuple phénicien. — Les Phéniciens habitaient la côte de Syrie, entre le Liban et la mer : leurs principales villes étaient Aradus, Gebel et surtout **Sidon** et **Tyr**. Leur pays était *très étroit*, et n'aurait pas suffi à les nourrir : ils se firent marins et marchands. Nous ne savons presque rien de leur histoire; on n'a conservé aucun livre phénicien, et, dans les ruines de leurs villes, on n'a presque rien retrouvé. Chaque ville se gouvernait à part; mais, depuis le XIIIe siècle environ, Tyr était la plus puissante. Les Phéniciens, trop faibles pour fonder un empire, ont successivement *payé tribut* aux rois d'Égypte, d'Assyrie et de Perse.

24. Marine. — Les Phéniciens ont osé les premiers construire de grandes barques à voiles et à rames, et s'aventurer au loin sur la mer. Ils se dirigeaient en regardant l'étoile polaire. Ils ont pu ainsi naviguer sur toute la Méditerranée, et même traversant le détroit de Gibraltar (que les Grecs ont appelé les *colonnes d'Hercule*), d'un côté longer la côte d'Afrique, de l'autre arriver jusqu'en Angleterre.

25. Commerce. — Les Phéniciens ont été les *commissionnaires* du monde ancien. Du côté de l'Asie ils expédiaient des caravanes de chameaux en **Arabie**, qui recevait elle-même les parfums, les épices et l'ivoire de l'Inde; dans l'**Assyrie**, qui leur fournissait des étoffes de coton, de lin et de soie; au **Caucase**, d'où ils rapportaient des esclaves et des vases de cuivre. Du côté de l'Europe, ils envoyaient leurs navires en **Grèce**, pour pêcher les coquillages, d'où ils tiraient la *teinture de pourpre;* en **Sardaigne** et en **Espagne**, pour y prendre de l'*argent;* en **Angleterre**, pour chercher de l'*étain*.

26. Colonies. — Dans tous les pays où ils commerçaient, ils avaient fondé, au bord de la mer, des comptoirs, qui leur servaient de marchés. Il y a eu des colonies phéniciennes sur toutes les côtes de la Méditerranée : à Cypre (Chypre), en Crète, en Grèce, en Sicile, en Afrique, en Sardaigne, jusqu'en Espagne. Ces colonies, dont plusieurs sont devenues des villes, ont été des *écoles de civilisation* pour les peuples de l'Europe, alors barbares.

27. L'alphabet. — Les Phéniciens avaient eu besoin d'une écriture très simple : ils ont pris l'écriture égyptienne, et l'ont beaucoup simplifiée en ne conservant que 22 lettres. Ainsi a été créé l'*alphabet* qu'ont adopté tous les autres peuples : Juifs, Lyciens, Grecs, Italiens.

QUESTIONS D'EXAMEN. — 1. Quelle est l'origine du peuple juif? — 2. Qu'appelait-on l'Hébreux et l'Israélites? — 3. Qu'appelle-t-on l'Exode? — 4. Qu'est-ce que la terre promise? — 5. Comment les Israélites s'établirent-ils en Palestine? — 6. Qu'est-ce que les juges? — 7. Comment fut fondé Jérusalem? — 8. Qu'est-ce que le temple? — 9. Que savez-vous du royaume d'Israël? — 10. Du royaume de Juda? — 11. Qu'est-ce que le Messie? — 12. Comment finit le royaume juif? — 13. Que devinrent les Juifs? — 14. Que savez-vous des Phéniciens? — 15. Nommez leurs principales villes. — 16. Que savez-vous de leur marine? — 17. Quel rôle ont-ils joué dans le monde ancien? — 18. Indiquez les pays où ils commerçaient. — 19. Où avaient-ils des colonies? — 20. Que savez-vous de l'alphabet?

LES PEUPLES DE SYRIE.

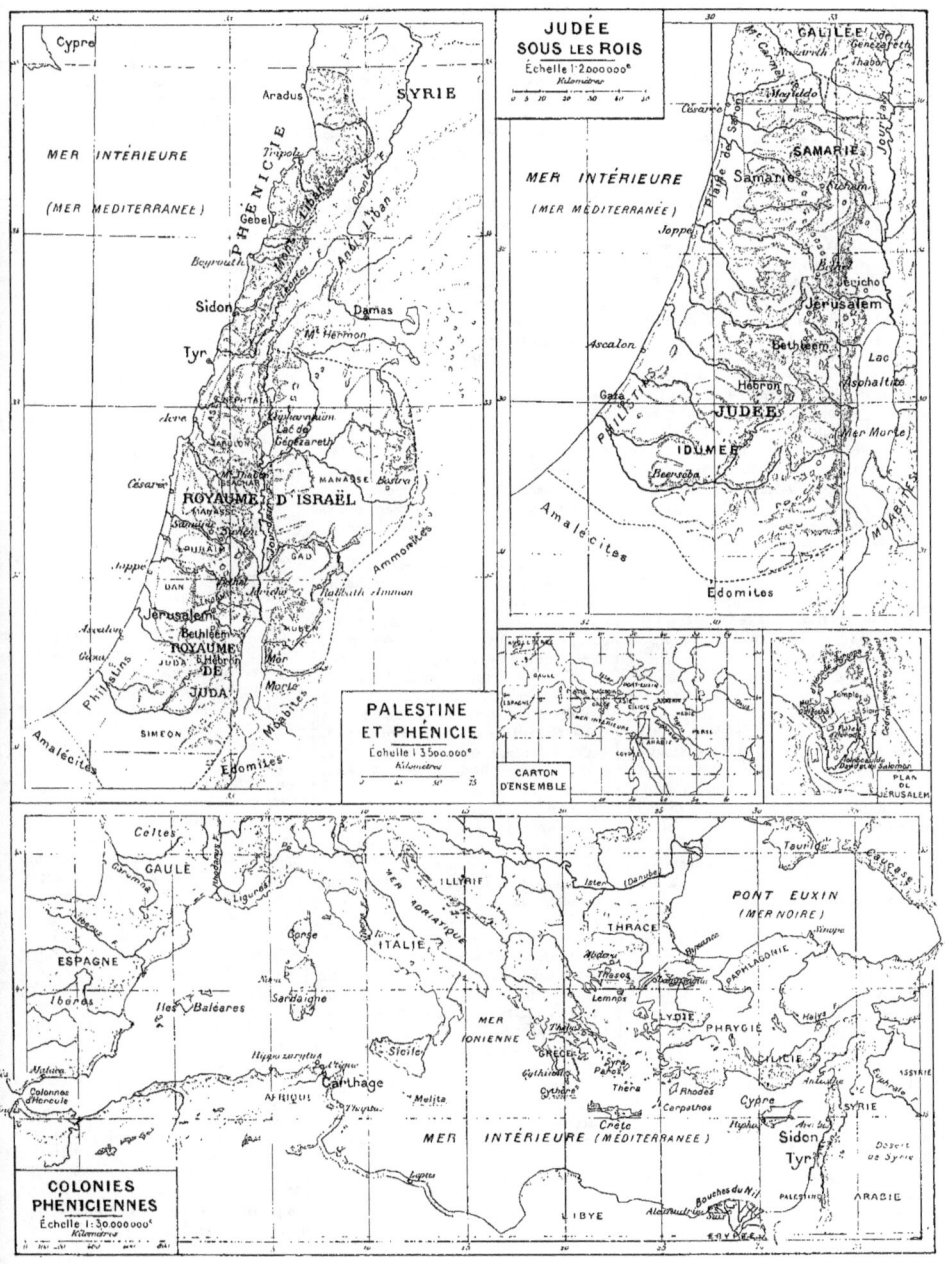

TROISIÈME LEÇON

L'EMPIRE DES PERSES

LES PEUPLES ARYAS

28. Les Aryas. — On appelle **Aryas** les peuples qui, environ 2000 ans avant J.-C. habitaient les montagnes au nord-ouest de l'Inde. Nous ne savons rien de leur histoire, mais en étudiant la *langue* et la *religion* des peuples d'Europe et d'Asie, on s'est aperçu que beaucoup de ces peuples si différents doivent descendre d'une même race venue des montagnes de l'Afghanistan et du Turkestan actuels.

29. Leurs migrations. — Les Aryas avaient de grands troupeaux de bœufs et vivaient dans des maisons roulantes; ils formaient des bandes de bergers armés, et qui émigraient facilement. Les uns descendirent au sud-est, traversèrent les montagnes, s'établirent dans l'Inde : c'est le **peuple hindou**. Les autres tournèrent au sud-ouest et pour la plupart allèrent jusqu'en Europe : ils furent la souche des principales races civilisées, Grecs, Latins, Gaulois, Germains, Slaves.

30. Les Mèdes. — Ce sont aussi des Aryas, les **Perses**, qui vinrent peupler le plateau de l'**Iran**. Ils y rencontrèrent une tribu touranienne arrivée des plaines du nord, les **Mèdes**.

Ces Mèdes, cavaliers braves et belliqueux prirent part à la destruction de l'empire assyrien. Après la ruine de Ninive (625), le chef des Mèdes fut un roi puissant, et il se fit bâtir à Ecbatane un palais semblable à ceux des rois d'Assyrie. Mais les Mèdes vainqueurs s'amollirent bientôt comme les Assyriens qu'ils avaient vaincus et se laissèrent dominer par les prêtres assyriens, les **mages**.

31. Les Perses. — Les Perses, qui avaient d'abord obéi aux Mèdes, avaient gardé leurs vieilles mœurs. Ils étaient restés excellents cavaliers, excellents archers et très braves. Leur chef **Cyrus** parvint non seulement à s'affranchir du roi des Mèdes, mais à se faire obéir des peuples qui avaient été soumis aux Mèdes. Nous ne savons sur les premières années de Cyrus que des légendes rapportées par l'historien grec Hérodote.

32. Mœurs des Perses. — Les Perses étaient un peuple guerrier. Ils portaient des vêtements de peau serrés au corps pour se défendre contre les vents froids et aigres qui soufflent sur le plateau de l'Iran. Ils allaient d'ordinaire à cheval, armés de la lance et de l'arc. « Les Perses, disait Hérodote, n'apprennent à leurs enfants que trois choses, monter à cheval, tirer de l'arc et dire la vérité. »

L'EMPIRE PERSE

33. Conquête de la Lydie. — Il y avait eu dans les vallées de l'Asie Mineure plusieurs royaumes dont on ne sait guère que le nom : la **Phrygie**, célèbre par ses trésors, la **Lycie**, la **Carie**, la **Lydie**, qui avait pour capitale Sardes et dont les rois, maîtres de toute l'Asie Mineure, s'étaient fait bâtir de magnifiques monuments. Le dernier, **Crésus**, est resté proverbial par ses immenses richesses. Il déclara la guerre à Cyrus, fut battu (554), assiégé dans Sardes et fait prisonnier. Cyrus fut ainsi le maître de l'Asie Mineure.

34. Conquête de l'empire chaldéen et de l'Égypte. — Plus tard Cyrus attaqua Babylone et la prit (538). Les pays qui avaient obéi à ses rois, la Chaldée, la Syrie, la Palestine et la Phénicie, entrèrent dans l'empire perse. Cambyse, fils et successeur de Cyrus (529) conquit l'Égypte en une seule bataille (523). Il essaya de soumettre aussi la Nubie, mais les vivres lui manquèrent dans le désert : il fut obligé de revenir sur ses pas et périt d'accident à son retour.

35. Darius. — En l'absence de Cambyse, une révolte avait éclaté en Médie, les révoltés proclamèrent roi un mage, mais celui-ci fut renversé et tué par un grand seigneur perse, **Darius**. Devenu roi des Perses, Darius eut à combattre *plusieurs révoltes*, en Médie, en Assyrie, à Babylone, dans Elam (Susiane); il les réprima toutes et organisa définitivement l'empire perse.

36. Étendue de l'empire perse. — Cet empire qui manquait d'unité et de cohésion géographiques s'étendait depuis le désert d'Égypte jusqu'aux frontières de l'Inde; il englobait tous les anciens empires, ceux d'Égypte, d'Assyrie, de Chaldée et de Lydie. Darius l'agrandit encore : du côté de l'Est en conquérant la plaine du Pendjab dans l'Inde, du côté de l'Ouest en soumettant la Thrace et la Macédoine. C'était le plus grand empire qu'on eût vu. Aussi appela-t-on le roi des Perses, le **grand roi**; il résidait à **Persépolis**.

37. Organisation de l'empire. — Darius divisa ce territoire en 23 provinces ou **satrapies**. Dans chaque province il envoyait trois officiers indépendants l'un de l'autre.

1° Le *satrape*, entouré de gardes et de courtisans vivait dans des palais luxueux; il était chargé de gouverner et d'administrer;

2° Le *général* commandait les troupes de la province;

3° Le *secrétaire* était un espion chargé de surveiller le satrape et d'envoyer des rapports au roi.

Ce système avait été imaginé pour empêcher les révoltes et faire rentrer facilement l'argent dans les caisses du grand roi.

38. Richesse du grand roi. — Le roi des Perses levait des tributs sur toutes les satrapies sauf la Perse exempte d'impôts. Chaque province faisait les frais de sa propre administration et envoyait au roi l'excédent. Le roi recevait ainsi annuellement environ 80 millions (600 au moins de nos jours). Tout cet argent, n'ayant pas d'emploi, venait s'entasser dans le trésor royal.

39. Rôle des Perses. — Les Perses étaient renommés pour leur courage, leur sincérité, leur honnêteté. Ils avaient affaire à des races disparates, rivales, amollies ou usées. C'est pourquoi ils ont commandé sans peine à tout l'Orient. Les autres peuples acceptaient presque sans résistance la domination de ce petit peuple de montagnards. Ainsi, pendant deux siècles, les Perses ont donné à l'Asie occidentale, l'ordre, la paix et le gouvernement le moins cruel qu'elle ait jamais eu.

LES GUERRES MÉDIQUES

40. Première guerre médique. — Cyrus avait soumis les *cités grecques d'Asie*. Sous Darius les cités d'Ionie (carte p. 25) révoltées furent secourues par une armée d'Athéniens qui prit Sardes (500). Darius irrité envoya une flotte qui débarqua une armée à **Marathon**, près d'Athènes (carte p. 25). L'armée athénienne, forte seulement de 10 000 hommes, vint camper en face des Perses, osa les attaquer au pas de course et les força de se rembarquer. Cette victoire rendit les Athéniens célèbres dans toute la Grèce (490).

41. Deuxième guerre médique. — Xerxès, fils de Darius, réunit tous les peuples de l'empire perse en une armée innombrable (1 700 000 hommes, dit-on), et envahit la Grèce par terre, pendant qu'une flotte perse de 1 200 navires longeait la côte. Les Grecs du nord et du centre effrayés se soumirent au grand roi ; les Perse forcèrent le défilé des Thermopyles (carte p. 25) et brûlèrent Athènes. Mais les cités qui voulaient résister formèrent une ligue que commanda Sparte, et les Athéniens détruisirent la *flotte perse* dans le détroit de **Salamine** (480), puis l'armée perse à **Platée** (479) (carte p. 25).

Après la victoire, les Spartiates s'étant retirés dans leurs montagnes, les Athéniens continuèrent la guerre à la tête des Grecs des îles et des rivages de l'archipel. Ils finirent par forcer le roi de Perse à rendre la liberté à toutes les cités grecques d'Asie (vers 449).

42. Décadence des Perses. — Depuis les guerres médiques, l'empire

L'EMPIRE DES PERSES.

Perse alla toujours s'affaiblissant. L'Égypte et Chypre se *révoltèrent*. Partout les satrapes *cessèrent d'obéir* aux ordres du grand roi, et chacun devint un petit roi dans sa province. L'armée perse s'*amollit*.

QUESTIONS D'EXAMEN. — 1. Que désigne-t-on sous le nom d'Aryas? — 2. Que sait-on de ces peuples et de quelle façon les connaissons-nous? — 3. Quels sont les peuples issus des Aryas? — 4. Comment s'appelaient les tribus établies sur le plateau de l'Iran? — 5. Quand les rois mèdes devinrent-ils puissants? — 6. Où était leur capitale? — 7. Qu'arriva-t-il au peuple mède? — 8. Qu'est-ce qui fit la force des Perses? — 9. Comment étaient-ils vêtus et armés? — 10. Nommez les royaumes de l'Asie Mineure. — 11. Que savez-vous de Crésus? — 12. Qu'est-ce que Cyrus? — 13. Indiquez les pays conquis par Cyrus. — 14. Que fit Cambyse? — 15. Que savez-vous de Darius? — 16. Quelle fut son œuvre? — 17. Indiquez les pays qui faisaient partie de l'Empire perse. — 18. Indiquez les pays conquis par Darius. — 19. Où résidait le roi de Perse? — 20. Comment l'Empire était-il organisé? — 21. Quel était le revenu du roi? — 22. Comment se formait le trésor? — 23. Quel rôle les Perses ont-ils joué en Orient? — 24. Pourquoi les rois de Perse ont-ils en affaire aux Grecs? — 25. Que savez-vous de la bataille de Marathon? — 26. Combien y eut-il de guerres médiques? — 27. Racontez la dernière guerre. — 28. Comment finirent les guerres médiques? — 29. Que devint l'Empire perse après ces guerres?

QUATRIÈME LEÇON

LA GRÈCE

43. Le pays. — La Grèce est un pays de *montagnes*, de *côtes* et d'*îles*, fractionné en beaucoup de petites contrées distinctes, médiocrement fertile, mais très propre à la marine. Le climat est doux, il gèle rarement, l'air est sec, pur et diaphane*, le ciel lumineux et souriant. La vie y est facile.

44. Le peuple. — Le Grec mangeait peu, il n'avait pour vêtements qu'un manteau, une tunique et des sandales, pour logement qu'une petite maison presque sans meubles. Bien qu'Aryas d'origine et venus d'Asie, les Grecs se croyaient autochthones*. Vers le xe siècle avant J.-C., ils étaient déjà établis en Grèce et sur les côtes de l'Asie Mineure. Ils étaient alors divisés en petits peuples, ou peuplades gouvernées par un *roi* et un *conseil* de nobles: ils bâtissaient sur les hauteurs des citadelles entourées de remparts en grosses pierres.

45. Les Doriens. — Vers cette époque, plusieurs peuplades sortirent de leurs pays et s'établirent par force sur le territoire des autres. La bande la plus célèbre, celle des **Doriens**, descendue du nord de la Grèce, conquit les deux tiers du Péloponèse et y fonda plusieurs cités, Messène, Argos, Corinthe, Sicyone et Sparte, la principale. Les Doriens étaient des montagnards robustes, honnêtes, braves, mais ignorants et grossiers. Ils parlaient un dialecte rude et portaient des *vêtements courts*.

46. Les Ioniens. — Les Ioniens, au contraire, étaient des *marins* et des *marchands* intelligents, industrieux et qui imitaient les mœurs des Orientaux. Ils parlaient une *langue douce* et portaient de longs *vêtements flottants*. Athènes fut une cité ionienne.

47. Hellènes. — La majorité des Grecs n'étaient ni Ioniens, ni Doriens, ils tenaient le milieu entre les deux, et s'appelaient Éoliens. Tous ensemble portaient le nom d'**Hellènes**.

48. Colonies. — Les Grecs étaient gens aventureux. La Grèce étant trop petite pour les contenir, ils émigraient par bandes et allaient au loin établir des *colonies* qui devenaient de nouveaux petits États indépendants. Il s'en fonda ainsi de toute race, éoliennes, doriennes, ioniennes, depuis les temps les plus reculés jusqu'au vi[e] siècle. Elles occupèrent les îles de l'Archipel, la côte d'Asie Mineure et de Thrace, la Crète, Chypre, la Sicile et l'Italie du Sud; il y en eut d'égrenées autour de la mer Noire et sur les côtes d'Afrique, de Gaule et d'Espagne. Beaucoup devinrent *plus riches*, plus populeuses et *plus puissantes* que les cités mères; **Milet** en Asie, **Syracuse** en Sicile, **Sybaris** en Italie. L'Italie du sud s'appela la **Grande-Grèce**; elle était plus grande que la Grèce. Il se trouva ainsi beaucoup plus de Grecs hors de Grèce qu'en Grèce, et parmi eux bon nombre des plus illustres, Homère, Sapho, Thalès, Hérodote, Euclide, Archimède.

49. Les cités. — Les Grecs ne formèrent jamais une seule nation, ils restèrent jusqu'à la fin divisés en tout petits États indépendants, les *cités*, qui souvent se faisaient la guerre, et cherchaient à s'exterminer. Les deux cités les plus considérables furent **Sparte** et **Athènes**.

50. Sparte. — Sparte bâtie au pied des montagnes, dans un âpre vallon du Péloponèse, était une cité toute *guerrière*. Les Doriens qui l'avaient fondée avaient réduit les anciens habitants du pays les uns à la condition d'*esclaves* (les *hilotes*), les autres à la condition de *sujets* (les *Périèques*). Pour se défendre contre leurs hilotes et leurs sujets toujours prêts à se révolter, les Spartiates avaient dû faire de leur peuple une armée et de leur ville un camp.

51. L'État spartiate. — A Sparte les enfants étaient élevés en troupes et très durement, habitués à courir, à sauter, à manier les armes, à endurer le froid et la faim, à obéir sans murmure. Devenus hommes ils continuaient à s'exercer et à mener la vie de *soldats*. Ils mangeaient en commun et ne s'occupaient ni de commerce ni d'industrie. Ces usages étaient attribués à **Lycurgue**, héros adoré à Sparte.

52. Force militaire de Sparte. — Ce qui fit la force de Sparte, ce fut son *armée*; les Spartiates les premiers surent *s'organiser* et *manœuvrer* en troupe sans se séparer. Ils combattaient à pied, armés de la lance et du bouclier. Jusqu'à la fin ils furent regardés comme les *meilleurs soldats* de la Grèce. Presque tout le Péloponèse reconnut la suprématie de Sparte.

53. Athènes. — Athènes bâtie dans une petite plaine au pied d'une colline rocheuse sur laquelle se dressait l'*Acropole* (ville haute), regardait la mer. Grâce à son port, le *Pirée*, elle devint vers le vi[e] siècle une ville de *commerce* et de *marine*. Elle avait groupé sous son autorité tous les villages de l'Attique; après plusieurs révolutions elle avait confié au sage **Solon** le soin de lui donner une constitution et des lois (594), puis elle avait obéi à un citoyen habile, *Pisistrate*. Enfin, en 510, les anciens habitants se fondirent en un seul peuple avec les commerçants du Pirée, qui étaient pour la plupart des étrangers.

54. Gouvernement d'Athènes. — Les Athéniens avaient supprimé leur roi et réduit à rien le pouvoir des anciens magistrats, les *archontes*, et de l'ancien conseil, l'*Aréopage*. Depuis 510, Athènes fut gouvernée par le **peuple**, c'est-à-dire par *l'assemblée des citoyens*. L'assemblée réunie sur une place décidait de toutes les affaires, les tribunaux étaient formés de tous les citoyens; la cité leur *payait* les journées passées à siéger au tribunal et à l'assemblée. Ce régime mettait le pouvoir aux mains des orateurs qui savaient persuader le peuple, les **démagogues**.

55. Empire d'Athènes. — Après la seconde guerre médique, Athènes victorieuse transforma la *contribution de guerre* que payaient les cités alliées en un *tribut* à son profit et les réduisit à la condition de *sujettes*. Elle eut alors sous sa domination trois cents cités maritimes et un revenu de plus de trois millions.

56. Guerre du Péloponèse. — Les Grecs étaient alors partagés en *deux ligues*, l'ancienne commandée par Sparte, la nouvelle qui obéissait à Athènes. En 431 éclata entre ces deux ligues la guerre du Péloponèse. Elle fut longue, féroce et longtemps indécise. L'*armée de Sparte* ravageait l'Attique, la *flotte d'Athènes* pillait les côtes du Péloponèse. Enfin, les Athéniens imaginèrent d'envoyer leur armée *en Sicile* où elle périt tout entière (413). Le général de Sparte, Lysandre, soutenu par les Perses, détruisit la flotte athénienne en Asie (405). Athènes, abandonnée de ses sujets, fut prise.

57. Épuisement de la Grèce. — Pendant quinze ans Sparte fut maîtresse sur terre et sur mer. Mais les alliés des Spartiates, irrités de leur insolence, se retournèrent et se liguèrent avec Athènes et les Perses contre eux. Les Spartiates, battus sur mer et obligés de renoncer à l'Asie (394) se maintinrent leur pouvoir en Grèce qu'en s'alliant au roi de Perse (traité d'Antalcidas 387). Puis **Thèbes** ayant formé une armée solide sous Épaminondas, battit les Spartiates à Leuctres (371) et à Mantinée (363). Dès lors ni Sparte ni aucune autre cité ne domina plus sur les autres. Ces guerres les avaient toutes ruinées et épuisées, et le roi de Perse en avait profité pour reprendre en Asie ce que les guerres médiques lui avaient enlevé.

QUESTIONS D'EXAMEN. — **1**. Indiquez la forme et le climat de la Grèce. — **2**. Que savez-vous du peuple grec et de ses mœurs? — **3**. Qu'était-ce que les Doriens? — **4**. Qu'était-ce que les Ioniens? — **5**. Quel nom se donnaient les Grecs? — **6**. Dans quels pays y eut-il des colonies grecques? — **7**. Nommez les principales. — **8**. Qu'est-ce qu'une cité? — **9**. Que savez-vous de Sparte? — **10**. Parlez de l'armée spartiate. — **11**. Racontez l'histoire d'Athènes. — **12**. Décrivez le gouvernement athénien. — **13**. Comment se forma l'empire d'Athènes? — **14**. Racontez la guerre du Péloponèse. — **15**. Que devint Sparte? — **16**. Quel fut le résultat de ces guerres?

LA GRÈCE.

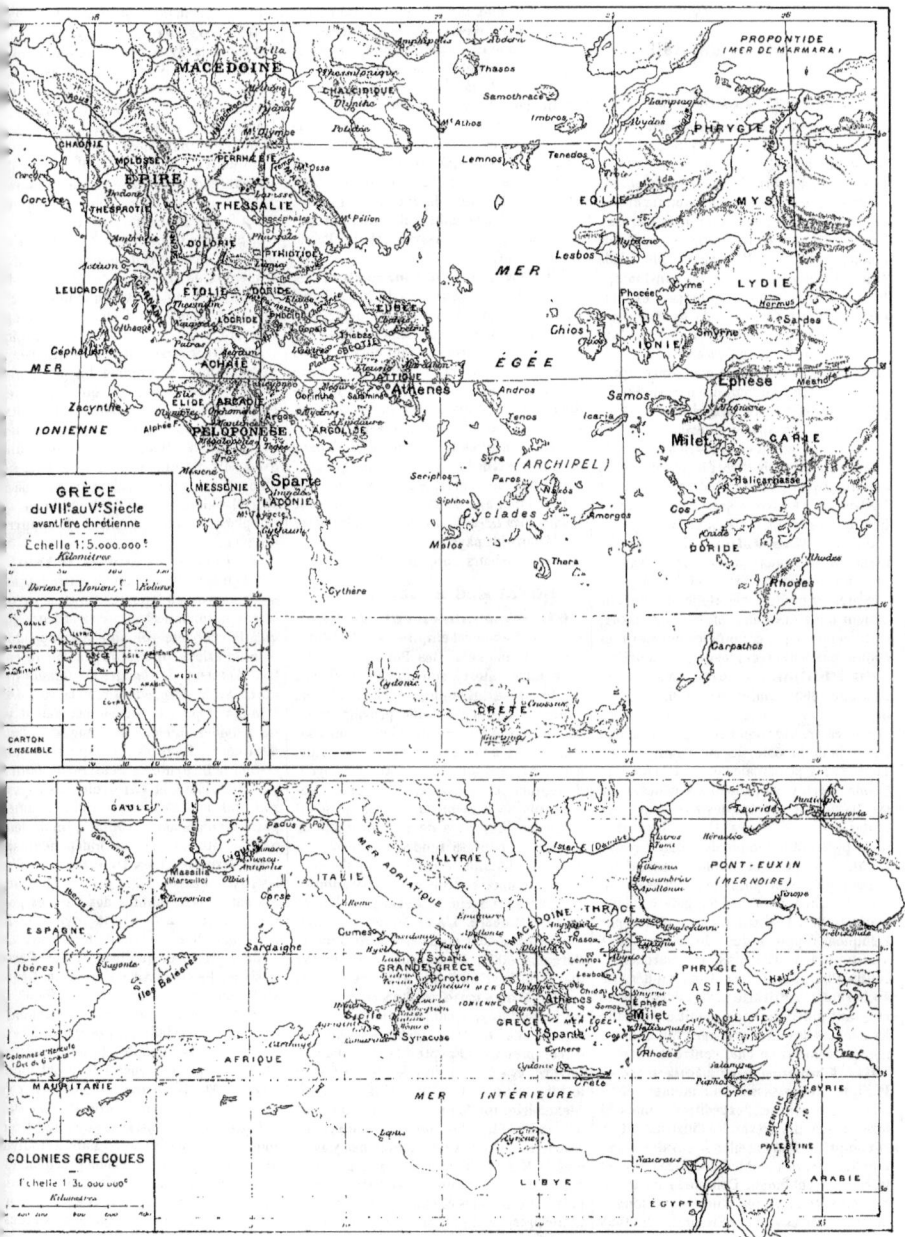

CINQUIÈME LEÇON

LES GRECS EN ASIE

L'EMPIRE D'ALEXANDRE

58. Expéditions grecques. — Au IVe siècle des incidents retentissants révélèrent à la Grèce la faiblesse de l'empire perse. En 401, Cyrus, frère du roi Artaxercès, partit de Sardes, capitale de son gouvernement, pour aller détrôner son frère, avec une armée indigène et 13 000 mercenaires grecs. Il traversa toute l'Asie Mineure; mais à Cunaxa, en Babylonie, il fut tué et son armée se dispersa. Les mercenaires grecs restés seuls s'enfoncèrent dans les montagnes de l'Assyrie et de l'Arménie et revinrent en Grèce avec leur chef **Xénophon**, le long de la mer Noire, après avoir traversé tout l'empire perse (399). Ce fut **l'expédition des dix mille**. Aussitôt après, le roi de Sparte, **Agésilas**, avec une petite armée, conquérait les riches pays de Lydie et de Phrygie (396); il fut obligé de se rembarquer pour combattre Athènes et Thèbes. Mais les Grecs savaient désormais que la Perse était mûre pour la conquête.

59. La Macédoine. — Les Macédoniens qui habitaient deux grandes vallées tout au nord de la Grèce, étaient à peine comptés au nombre des Hellènes, mais ils étaient bons cavaliers, braves, vigoureux, et ne s'étaient pas comme les autres Grecs épuisés par la guerre et les discordes civiles.

60. Philippe. — Le roi de Macédoine, Philippe (360), ambitieux et habile, sut organiser une *bonne armée* et amassa un *grand trésor*. Avec son armée, il prit toutes les cités de la côte de Macédoine et de Thrace : les principales étaient **Potidée** et *Olynthe* (carte p. 23), alliées d'Athènes. Avec ses trésors il acheta des partisans dans toutes les cités grecques. Quand les Phocidiens pillèrent le temple de Delphes (carte p. 25), Philippe se fit nommer général des Grecs ligués pour punir les sacrilèges ; il s'établit ainsi en Phocide, puis à **Élatée** (carte p. 23). Les Athéniens réveillés par l'éloquence patriotique de **Démosthène** s'unirent aux Thébains et marchèrent contre Philippe; ils furent mis en déroute à Chéronée (338) (carte p. 23). Personne ne résistant plus, Philippe réunit à Corinthe les députés des cités grecques qui le nommèrent général en chef contre la Perse.

61. L'armée macédonienne. — Philippe fut assassiné au moment où il allait commencer l'expédition, mais il laissa à son fils Alexandre l'instrument de la conquête, une excellente cavalerie formée des jeunes nobles de Macédoine et la célèbre **phalange**. Composée de 16 000 hommes, tous armés d'une pique longue de six mètres elle présentait de tous côtés à l'ennemi un front hérissé de fer.

62. Victoires d'Alexandre. — Alexandre était un jeune homme de vingt ans, brave, ardent, cavalier incomparable et désireux de faire de grandes choses. Il partit en 334 avec 30 000 fantassins et 4 500 cavaliers. Pour conquérir tout l'empire perse il ne lui fallut que trois victoires : 1° celle du *Granique* (mai 333) lui donna toute l'Asie Mineure ; 2° celle d'*Issus* (332) lui donna la Syrie, la Judée et l'Égypte; 3° celle d'*Arbèles* (331) lui donna la Chaldée (Babylonie), l'Assyrie et la Perse. Darius s'enfuit et fut tué.

63. Empire d'Alexandre. — Alexandre vainqueur *prit la place du roi de Perse*. Il épousa une femme perse, prit le costume perse, et même obligea ses Grecs à se prosterner devant lui à la mode orientale. Il traversa en bataillant contre les montagnards, la Bactriane et la Sogdiane, et arriva jusqu'au delà de l'Oxus, où il fonda Alexandriaeschata (Khodjend). Il s'avança ensuite à travers les déserts dans le nord-ouest de l'Inde et ne revint que contraint par son armée. Au retour il mourut à Babylone, âgé de 33 ans (323). Il avait *soumis aux Grecs tout le monde oriental* et fondé dans les pays conquis 70 villes nouvelles ; plusieurs s'appelèrent Alexandre.

ROYAUMES HELLÉNIQUES

64. Démembrement de l'Empire. — Le nouvel empire n'était pas plus cohérent que celui des Perses : aussitôt Alexandre mort, son unité artificielle éclate, il se brise en morceaux. Chaque général s'établit dans une province et s'y conduit en maître, comme les anciens satrapes. Les généraux les plus puissants, Antigone, puis son fils Démétrius, essayent de soumettre les autres, et les Grecs conquérants se battent entre eux pendant vingt ans. Les pays de l'est profitent de l'anarchie pour se rendre indépendants. Après la bataille d'Ipsus (301) l'empire est démembré en trois grands royaumes : 1° **Égypte**, 2° **Syrie**, 3° **Macédoine**, Thrace et Asie Mineure. L'Asie Mineure se fractionne à son tour en plusieurs royaumes : **Pergame** (283), **Cappadoce** (315), **Bithynie**, **Galatie** (275), **Pont**, **Arménie**, **Judée**.

65. Royaume d'Égypte. — Le royaume d'Égypte eut pour fondateur Ptolémée, chef de la *dynastie des Lagides* ; il comprenait l'Égypte, la Cyrénaïque, Chypre, et s'étendit jusqu'en Syrie. C'était le plus riche et le plus civilisé de tous. **Alexandrie**, fondée au bord de la mer par Alexandre, était devenue le *grand port de commerce* de tout l'Orient. Ptolémée y avait créé le **Musée** qui était à la fois une académie de savants, une bibliothèque, une université pour les étudiants de tous pays. Cette prospérité se maintint pendant un siècle jusqu'au temps de Ptolémée IV (22..

66. Royaume de Syrie. — ... royaume de Syrie dont le premier roi... Séleucus, chef de la *dynastie des Séleucides*, s'étendait d'abord de l'Indus à ... Méditerranée, il comprenait alors 72 s... trapies. Il se réduisit ensuite au pays... l'Euphrate (Babylonie) et à la Syrie. Il... avait deux capitales : 1° en Babylonie, S... leucie, construite par Séleucus sur... Tigre et qui eut jusqu'à 600 000 habitan... 2° en Syrie, **Antioche**, sur l'Oronte. D'... tres grandes villes fondées en Asie s'a... pelèrent Apamée et Laodicée, du nom... la mère et de la femme de Séleucus. — ... Séleucides furent maîtres un moment (28... de tout l'empire d'Alexandre excep... l'Égypte, mais leur décadence fut rapid...

67. Royaume de Pergame. — Le royaume de Pergame fut petit, m... riche et célèbre. Ses rois qui s'appelère... tous Attale, attirèrent dans leur capita... Pergame des artistes et des savants, ils... ouvrirent une bibliothèque qui rivali... avec celle d'Alexandrie. C'est à Perga... qu'on inventa le **parchemin** (*pergame... charta*), fait de peau de mouton et ... remplaça avantageusement le papyr... d'Égypte.

68. Petits royaumes d'Asie. — Les autres petits royaumes entre lesque... se partagea peu à peu l'Asie Mineure r... tèrent autonomes* et assez obscurs ju... qu'à la conquête romaine. La Cappado... et la Galatie occupaient le plateau au ce... tre. C'étaient des *bandes de Gaulois* qu... après avoir descendu toute la vallée d... Danube et pillé la Macédoine, étaient v... nues fonder au cœur de l'Asie le *royau... des Galates*. Dans les montagnes du no... étaient la Bithynie, le Pont, rendu fame... par Mithridate, et l'Arménie. Les pays d... sud, Cilicie, Lycaonie, Pisidie, n'étaie... pas organisés en royaumes, mais leu... peuples étaient presque indépendants.

69. Empire des Parthes. — Tou... les pays de l'est du Tigre jusqu'à l'Inde fo... mèrent le vaste **empire des Parthes** go... verné depuis 250 par la dynastie de... *Arsacides*. Il comprenait toutes les a... ciennes provinces de l'Iran, Médie, Pers... Susiane, Parthie, Arie, Carmanie, Gédr... sie, Arachosie, Bactriane et Sogdiane. ... capitale était une ville neuve, **Ctésiphon**, ... la frontière occidentale, presque en face d... Séleucie. — Les peuples du nord-ouest d... l'Inde étaient retournés à leur isolemen...

70. L'Hellénisme. — Dans ces pa... qu'avait conquis Alexandre, la *populati... indigène* s'était conservée sous les Grec... comme sous les Perses. Mais autour d... roi grec il y eut une cour grecque, de... soldats grecs, une administration grec... que. Il vint des marchands et des colo... grecs, des savants et des artistes grecs...

LES GRECS EN ASIE.

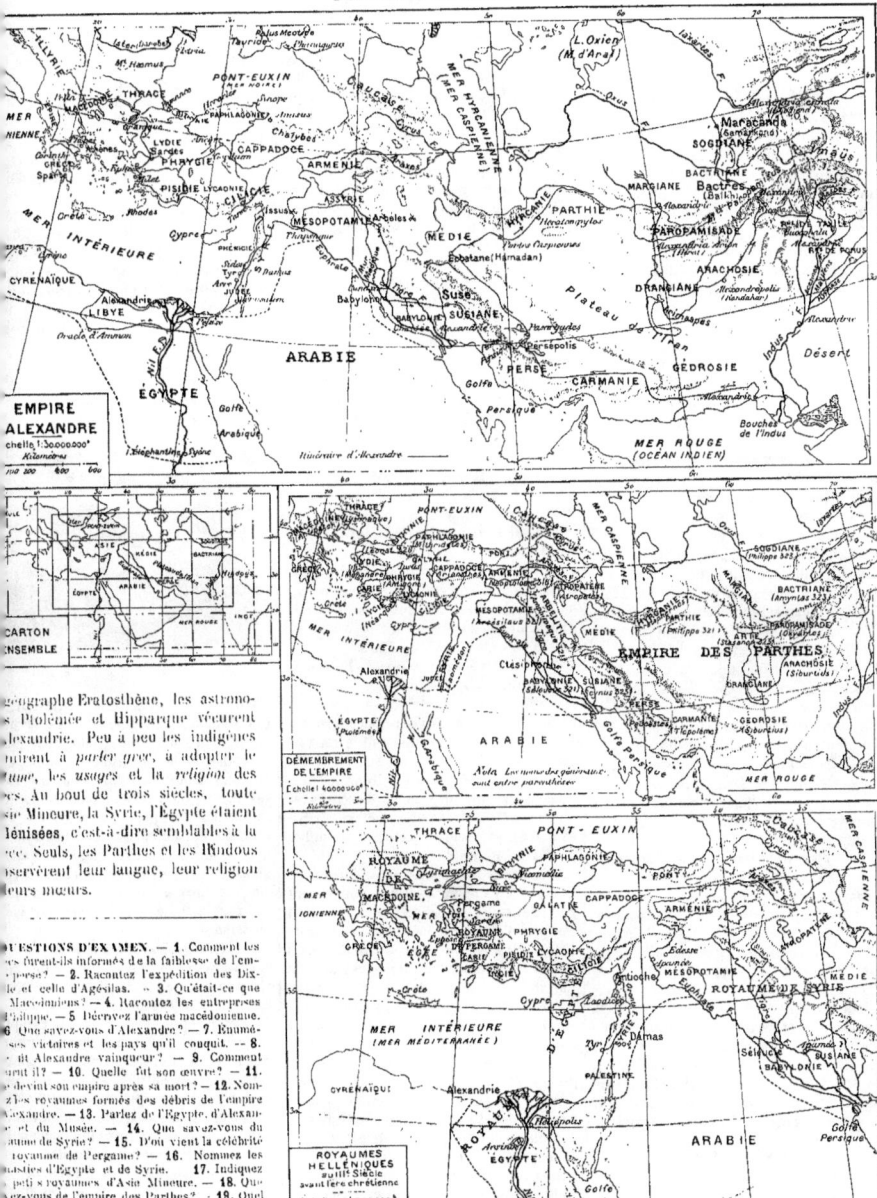

géographe Ératosthène, les astronomes Ptolémée et Hipparque vécurent à Alexandrie. Peu à peu les indigènes apprirent à parler grec, à adopter les coutumes, les usages et la *religion* des Grecs. Au bout de trois siècles, toute l'Asie Mineure, la Syrie, l'Égypte étaient *hellénisées*, c'est-à-dire semblables à la Grèce. Seuls, les Parthes et les Hindous conservèrent leur langue, leur religion et leurs mœurs.

QUESTIONS D'EXAMEN. — **1**. Comment les Grecs furent-ils informés de la faiblesse de l'empire perse? — **2**. Racontez l'expédition des Dix-Mille et celle d'Agésilas. — **3**. Qu'était-ce que les Macédoniens? — **4**. Racontez les entreprises de Philippe. — **5** Décrivez l'armée macédonienne. — **6**. Que savez-vous d'Alexandre? — **7**. Énumérez ses victoires et les pays qu'il conquit. — **8**. — **. fut Alexandre vainqueur? — **9**. Comment régnait-il? — **10**. Quelle fut son œuvre? — **11**. Que devint son empire après sa mort? — **12**. Nommez les royaumes formés des débris de l'empire d'Alexandre. — **13**. Parlez de l'Égypte, d'Alexandrie et du Musée. — **14**. Que savez-vous du royaume de Syrie? — **15**. D'où vient la célébrité du royaume de Pergame? — **16**. Nommez les dynasties d'Égypte et de Syrie. — **17**. Indiquez les petits royaumes d'Asie Mineure. — **18**. Que savez-vous de l'empire des Parthes? — **19**. Quel changement s'opéra dans les pays conquis par les Grecs.

SIXIÈME LEÇON
L'ITALIE ANTIQUE

PEUPLES DE L'ITALIE

71. L'Italie. — Le mot Italie avait pour les anciens un sens plus restreint que pour nous ; le *pays du Pô* faisait partie non de l'Italie, mais de la *Gaule* ; on l'appelait Gaule *cisalpine*, c'est-à-dire en deçà des Alpes. L'Italie, dans l'antiquité, était habitée par plusieurs peuples très différents les uns des autres. C'étaient : les Grecs au sud, les **Samnites**, les **Latins**, les **Ombriens** au centre, les **Étrusques**, au nord ; enfin des Gaulois dans la plaine du Pô.

72. Colonies grecques. — Toute l'Italie du sud formait cette **Grande-Grèce** où, dès le VIe siècle, s'étaient fondées tant de colonies grecques : **Tarente**, Sybaris, **Crotone**, Naples, **Cumes**, etc. Dans le pays, au sud des Volsques, il y avait en autrefois des colonies étrangères que les Samnites avaient soumises. La riche cité de **Capoue** était habitée par un mélange d'Étrusques et de Samnites.

73. Osques et Ombriens. — Dans les montagnes sauvages de l'Italie centrale, habitaient des peuples divisés en tribus nombreuses. Ceux du nord s'appelaient **Ombriens**, ceux du centre **Sabins**. Au sud, plusieurs confédérations de tribus disaient descendre des Ombriens, c'étaient les **Volsques**, les **Herniques**, les **Eques**, les **Marses** et les plus puissants de tous, les **Samnites**. Tous ces peuples se ressemblaient beaucoup, peuples de bergers et de guerriers, très braves et très incultes. Ils n'avaient pas de villes (excepté les Volsques), et chaque tribu se gouvernait à part. Ils parlaient une langue semblable au latin, l'*osque*, et étaient proches parents du peuple romain dans lequel ils se sont fondus plus tard.

74. Étrusques. — Les Étrusques habitaient la Toscane actuelle, c'est-à-dire le pays entre l'Apennin et le Tibre où ils formaient une *confédération* de douze cités ; les principales étaient Vulsinies (Vulsinii), Véies (Veii), Pérouse (Perusia). Relativement *civilisés*, ils bâtissaient des villes entourées de *remparts* puissants et enterraient leurs morts dans *des caveaux* ornés de *peintures* et de *vases*. C'était un peuple sombre et *superstitieux*, qui offrait des *sacrifices humains*, croyait à la divination par les *augures** et s'était prédit à lui-même sa fin. Au reste nous ne savons ni d'où il venait ni même quelle langue il parlait.

LE PEUPLE ROMAIN

75. Le Latium. — Le Latium était un *petit pays* au sud du Tibre, couvert de collines. Les **Latins** étaient de même race que les autres peuples établis en arrière d'eux dans les montagnes ; même religion, même langue, mêmes mœurs. Eux-mêmes étaient un peuple de **paysans** et de **soldats**, *durs au travail* et *braves à la guerre*. Mais ils étaient plus avancés en civilisation que les autres peuples de leur race : ils cultivaient la terre, bâtissaient des villes et s'étaient, comme les Grecs, organisés en *petits États* qu'on appelait **cités**. La principale était **Albe** (Albalonga), où se réunissaient les délégués des autres cités latines pour célébrer une *fête* commune.

76. Rome. — Rome était bâtie en l'honneur de Jupiter latin, *près du Tibre*, tout à l'extrémité du Latium, à la frontière de l'Étrurie, au centre de l'Italie péninsulaire, au point de contact des peuples italiens. *Ostie*, à *l'embouchure* du Tibre, lui servait de port. Les Romains excités ainsi à la guerre et au commerce, devinrent un peuple de **soldats** et de **marchands**. Rome ne fut d'abord qu'une *toute petite ville* entourée d'une *enceinte carrée* qui occupait la colline du *Palatin*, au-dessus d'un terrain marécageux et malsain, elle avait été fondée en 754 av. J.-C. Peu à peu la *Rome carrée* se fondit avec d'autres petites villes bâties sur les collines voisines ; on construisit un nouveau mur d'enceinte, le *mur de Servius*, qui entoura les **Sept collines**. La *citadelle* était bâtie sur le rocher du **Capitole**. Dans le coude formé par le Tibre, au nord-ouest, était le *champ de manœuvres* ou **Champ de Mars**.

77. La cité romaine. — Le peuple romain fut gouverné d'abord par des *rois* ; les Romains en comptaient sept, mais ils ne savaient sur ces rois que des *légendes*. En 510, les nobles expulsèrent le roi Tarquin ; dès lors le roi fut remplacé par deux *magistrats* renouvelés tous les ans, les **consuls**, qui gouvernaient d'accord avec un *conseil* de trois cents membres environ, le **Sénat**, formé des chefs des familles nobles de Rome.

78. Patriciens et plébéiens. — Les anciens nobles de Rome s'appelaient **patriciens**, et le peuple romain n'avait compris d'abord que les patriciens et leurs *clients*, c'est-à-dire leurs serviteurs. Mais quand Rome eut détruit les autres cités du Latium, les vaincus formèrent la **plèbe** romaine. A l'origine les patriciens gouvernèrent seuls et longtemps refusèrent aux plébéiens toute part dans le gouvernement ; mais ceux-ci étant beaucoup *plus nombreux*, et formant presque toute l'armée, obligèrent peu à peu leurs maîtres à céder. Ils obtinrent d'abord d'avoir des chefs, les **tribuns de la plèbe**, puis de parvenir au consulat (366), enfin aux autres magistratures créées en ce temps, édilité, censure, préture ; patriciens et plébéiens ne formèrent plus alors qu'un seul peuple (302).

CONQUÊTE DE L'ITALIE

79. L'armée romaine. — A Rome tout *citoyen* assez riche pour s'équiper faire campagne devait le service militaire de 17 à 60 ans. D'ailleurs, ni caserne armée permanente : les Romains s'exerçaient sur le Champ de Mars, et au premier signal le consul levait autant d'hommes qu'il en fallait. Les soldats étaient organisés en **légions** de 4000 à 5[000] fantassins et de 300 cavaliers. Chaque homme devait porter avec lui ses armes, ses ustensiles, des vivres pour 17 jours et un pieu. Dès qu'on s'arrêtait pour camper on élevait une enceinte carrée en terre, garnie de palissades et défendue par un fossé (fig. 2). Ce **camp**, où se dressaient les tentes, était comme une *forteresse* ; la *discipline* était *impitoyable* ; le général avait *droit de vie et de mort* sur tous ses hommes, tout déserteur était exécuté.

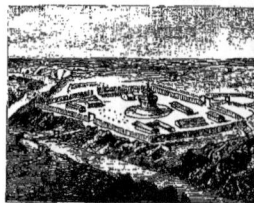

Fig. 2. — Camp romain.

80. Conquête du Latium. — Rome toujours en guerre, avait la meilleure armée du temps, elle était placée *au centre de la péninsule italienne*, a-t-elle conquise. Elle a soumis d'abord ses voisins du Latium, puis la confédération des Volsques. Les villes des Volsques ont été détruites, leur territoire devenu un marécage empesté (marais pontins). Les Latins sont peu à peu devenus *citoyens romains* et ont été incorporés au peuple romain qui a été partagé en 35 tribus.

81. Conquête de l'Étrurie et du Samnium. — La conquête fut interrompue par des bandes de Gaulois, venues de la Cisalpine, prirent Rome 390 ; mais après leur départ la conquête recommença. Au nord, l'Étrurie entamée par la *prise de Véies* (402) fut conquise définitivement en 293. Au sud, les Samnites d'abord vainqueurs furent refoulés dans leurs montagnes ; les Romains ravagèrent leur pays, et après une grande bataille, les forcèrent à se soumettre.

82. Conquête de l'Italie du sud. — Les Grecs de l'Italie, très amollis alors, n'auraient pas été capables de résister seuls. Tarente prit à sa solde Pyrrhu[s]

L'ITALIE ANTIQUE.

d'Épire (carte p. 31), le meilleur capitaine grec de son temps, qui passa en Italie une bonne armée et des éléphants de re. Pyrrhus fut deux fois vainqueur (Héraclée et à Asculum), mais voyant armée très affaiblie, il se retira, et acheva sans peine de conquérir [le Samnium] (266).

3. Colonies romaines. — Dans pays mal soumis Rome établit des nies. Les colons étaient *tous soldats*; on distribuait les maisons et les terres du ple vaincu, et ils restaient là, comme garnison permanente, prêts à prendre les armes contre les peuples voisins. Il y avait environ 30 colonies, la plupart dans le Samnium.

84. Voies romaines. — Pour transporter rapidement leurs armées, les Romains établissaient des **voies** militaires formées d'un lit de cailloux et de ciment couvert d'un pavé de pierre. Ces grandes routes partaient de Rome et aboutissaient aux extrémités de l'Italie. La voie *Valérienne* allait à Corfinium, la voie *Aurélienne* en Étrurie, la voie *Flaminienne* à Ariminum, la voie *Appienne* allait en Campanie à travers les marais pontins.

QUESTIONS D'EXAMEN. — **1.** Quel sens les anciens donnaient-ils au mot Italie? — **2.** Énumérez les peuples qui l'habitaient. — **3.** Comment appelait-on l'Italie du Sud? — **4.** Nommez les peuples de l'Italie centrale. — **5.** Décrivez leurs mœurs et leur gouvernement. — **6.** Que savez-vous des Étrusques? — **7.** Qu'était-ce que le Latium? — **8.** Où était bâtie Rome? — **9.** Indiquez les agrandissements successifs de Rome. — **10.** Où était le Champ de Mars? — **11.** Comment Rome était-elle gouvernée? — **12.** Qu'était ce que les consuls? — **13.** Qu'appelait-on patriciens et plébéiens? — **14.** Que savez-vous de leurs luttes? — **15.** Décrivez l'organisation de l'armée romaine. — **16.** Décrivez le camp romain. — **17.** Quelles furent les premières conquêtes de Rome? — **18.** Quel événement interrompit la conquête? — **19.** Racontez la soumission des Samnites et de l'Italie du Sud. — **20.** Qu'était-ce qu'une colonie romaine? — **21.** Parlez des voies romaines. — **22.** Citez les principales.

SEPTIÈME LEÇON

CONQUÊTE DU MONDE PAR LES ROMAINS

85. La conquête romaine. — Le peuple romain était organisé pour *faire la guerre* et pour *conquérir*. Il occupait le centre du grand bassin méditerranéen. Quand il eut achevé la conquête intérieure de l'Italie, il entreprit celle des pays voisins et ne s'arrêta qu'après avoir soumis tout le monde ancien. Au moment où commença cette conquête extérieure (iii° siècle), il était entouré de trois sortes de pays : au sud, l'**empire de Carthage**, à l'est, les **royaumes helléniques** d'Orient, à l'ouest et au nord, les **peuples barbares**.

86. Empire de Carthage. — Carthage, *colonie phénicienne* fondée par des Tyriens vers le ix° siècle, était devenue une grande *ville de commerce* et une *cité puissante*. Elle avait soumis peu à peu les côtes d'Afrique, d'Espagne et de Sicile. Le Sénat qui la gouvernait se composait de *riches marchands* qui n'avaient en vue que l'*intérêt égoïste de leur commerce*, et l'exploitation des pays soumis. Elle entretenait de grandes armées recrutées parmi les *aventuriers de tous pays*, Grecs, Numides d'Afrique, Baléares, Espagnols, Gaulois, et elle contenait ainsi ses sujets dont elle était détestée. La ténacité de son gouvernement, la supériorité de sa flotte, l'or qui lui procurait des soldats, lui permirent de maintenir sa domination sur la Méditerranée occidentale depuis le vi° siècle jusqu'au iii°.

87. Guerres puniques. — On appelle guerres **puniques** (phéniciennes) les trois guerres entre Rome et Carthage. La 1ʳᵉ (264-241) se fit en Sicile et fut surtout une guerre navale : Rome victorieuse força Carthage à lui *céder la Sicile.* — La 2ᵉ (218-201) commença en *Espagne*; le général carthaginois Annibal traversa la Gaule, franchit les *Alpes*, descendit en *Italie*, et, après les victoires de Trasimène et de Cannes (216), il s'établit dans l'Italie du Sud. Une autre armée venue par le même chemin devait le rejoindre, mais les Romains la détruisirent aux bords du Métaure (207) et reprirent l'offensive. Scipion débarqua en Afrique, Annibal obligé de revenir fut battu à Zama (202). Rome força Carthage à *renoncer à l'Espagne* et à livrer sa flotte. — La 3ᵉ guerre (149-146) n'a qu'un but : détruire Carthage, les Romains l'assiègent, la prennent, la rasent et soumettent la province d'**Afrique**.

88. Conquête de la Gaule cisalpine. — L'Italie au nord des Apennins, était habitée par des **Gaulois** belli- queux qui inspiraient aux Romains une grande frayeur; dès que les Gaulois entraient en campagne, Rome ordonnait la levée en masse. Enfin après une guerre sanglante (225-222), la *Gaule cisalpine* fut soumise; elle se révolta pendant la 2ᵉ guerre punique et fut réduite de nouveau en 192.

89. L'Orient était partagé en *plusieurs royaumes*. Rome attaqua et vainquit l'un après l'autre tous ceux qui essayèrent de résister. Puis elle s'empara de tous les pays d'Orient, mais à mesure qu'elle les trouva à sa convenance.

90. Conquête de la Macédoine. — Contre la *Macédoine* qui avait une bonne armée, il y eut trois grandes guerres : la 1ʳᵉ (200-197) se termina par la défaite du roi Philippe aux Cynocéphales (carte p. 23); la 2ᵉ (172-168) par la défaite du roi Persée à Pydna. Dans ces deux batailles, les *légions romaines* divisées en compagnies très mobiles, écrasèrent la *phalange macédonienne* trop lourde pour manœuvrer. Après la 3ᵉ guerre (152-147), la Macédoine fut définitivement conquise.

91. Conquête de la Grèce. — Les cités grecques, un moment soumises aux généraux d'Alexandre, puis redevenues indépendantes, avaient continué à se faire la guerre entre elles. Deux ligues, la ligue **achéenne**, commandée par les cités de l'Achaïe, et la ligue **étolienne**, commandée par les guerriers de l'Étolie, dirigeaient les autres Grecs. Les Romains, depuis 195, intervinrent dans les querelles des Grecs, pour leur imposer des ordres. La Grèce obéit d'abord, enfin en 147 le parti démocratique, ennemi de Rome, se souleva. Les Romains vainqueurs *détruisirent* Corinthe et firent de la Grèce une province romaine (146).

92. Conquête de l'Asie. — La conquête avait été préparée par la défaite du *roi de Syrie*, Antiochus, et par celle des Galates (189). Quand le *dernier roi de Pergame* mourut, Rome se déclara l'héritière de son royaume : ce fut la province d'**Asie** (129). Plus tard, le *roi de Pont*, Mithridate, devenu très puissant, ordonnait à jour nommé le massacre de tous les Romains établis en Asie. Il fallut, pour l'abattre, deux guerres, l'une de 88 à 84, l'autre de 74 à 63. Enfin, battu par Sylla, et poursuivi par Lucullus jusque chez le roi d'Arménie son beau-père, il se donna la mort (63). Le général romain Pompée réduisit alors en provinces le **Pont**, la **Cilicie** et la **Syrie**. Les autres pays de l'Orient ne furent pas encore enlevés à leurs rois, mais Rome les surveilla de près et peu à peu les réduisit tous en provinces.

93. L'Occident était habité par des peuples barbares, très belliqueux, qui se défendirent avec énergie. Mais ils étaient mal armés, *divisés* en tribus incapables de s'entendre pour résister. Rome les soumit un à un en s'alliant aux uns contre les autres.

94. Conquête de l'Espagne. Les Carthaginois, après la 2ᵉ guerre punique, avaient cédé aux Romains tout ce qu'ils possédaient en Espagne, c'est-à-dire les côtes du sud. L'intérieur, pays de montagnes difficiles, était habité par tribus très braves. Il fallut pour le conquérir des guerres longues et meurtrières (200-178), contre les **Celtibères** de l'ou[est] (Portugal), commandés par le berger Viriathe (150-141), et contre l'héroïque cité de **Numance** (140-133).

Les Romains firent encore la guerre aux tribus des montagnes d'**Illyrie** (168); aux **Ligures** des Apennins (189-180); aux Numides, c'est-à-dire aux tribus Kabyles d'Afrique (191-106) ; aux Cimbres et aux Teutons, peuples venus d'Allemagne, avaient envahi l'Italie et la Provence (10[...]

95. Formation des provinces. — Quand Rome avait réduit un pays en **province romaine**, elle le dépouillait de son gouvernement et il devenait une chose ou le « *domaine du peuple main.* » Un général, le **proconsul**, entouré d'une escorte de soldats romains y représentait le peuple romain, avait droit de vie et de mort sur tous les indigènes, les gouvernait à sa fantaisie. Le peuple romain imposait à ses provinces de lourdes **contributions**, et les *publica[ins]* chargés de les lever, profitaient de leur pouvoir pour ruiner les habitants. La conquête romaine eut ainsi pour résul[tat] de soumettre tous les peuples du mo[nde] ancien au *pouvoir absolu* d'un seul mait[re] le peuple romain ; mais elle ne les réu[nit] pas en un corps de nation, ils ne form[è]rent qu'une agglomération de sujets, **domination** romaine, l'**Empire romain**.

96. Disparition du peuple r[o]main. — Dans l'ancienne Rome, les pays sans propriétaires constituaient à la f[ois] l'armée et l'assemblée. Beaucoup pér[irent] dans les guerres de la conquête. Les aut[res] furent ruinés; leur principal revenu ét[ait] le *blé*, quand Rome reçut les blés de Sic[ile] et d'Afrique, ils ne purent supporter concurrence. Les *grands propriétaires* profitèrent pour acheter leurs terres qu[...] transformèrent en pâturages. Au iᵉʳ sièc[le] il ne resta presque plus d'hommes libres [en] Italie. Le peuple romain ne se recruta [plus] que parmi les *étrangers* devenus *escla[ves]* puis *affranchis* qui n'avaient ni le coura[ge] ni le patriotisme des vieux peuples italie[ns].

97. Corruption des nobles. — Il y avait à Rome deux classes supérieure[s] les **nobles**, qui de père en fils siégeaient au Sénat et gouvernaient les provinces

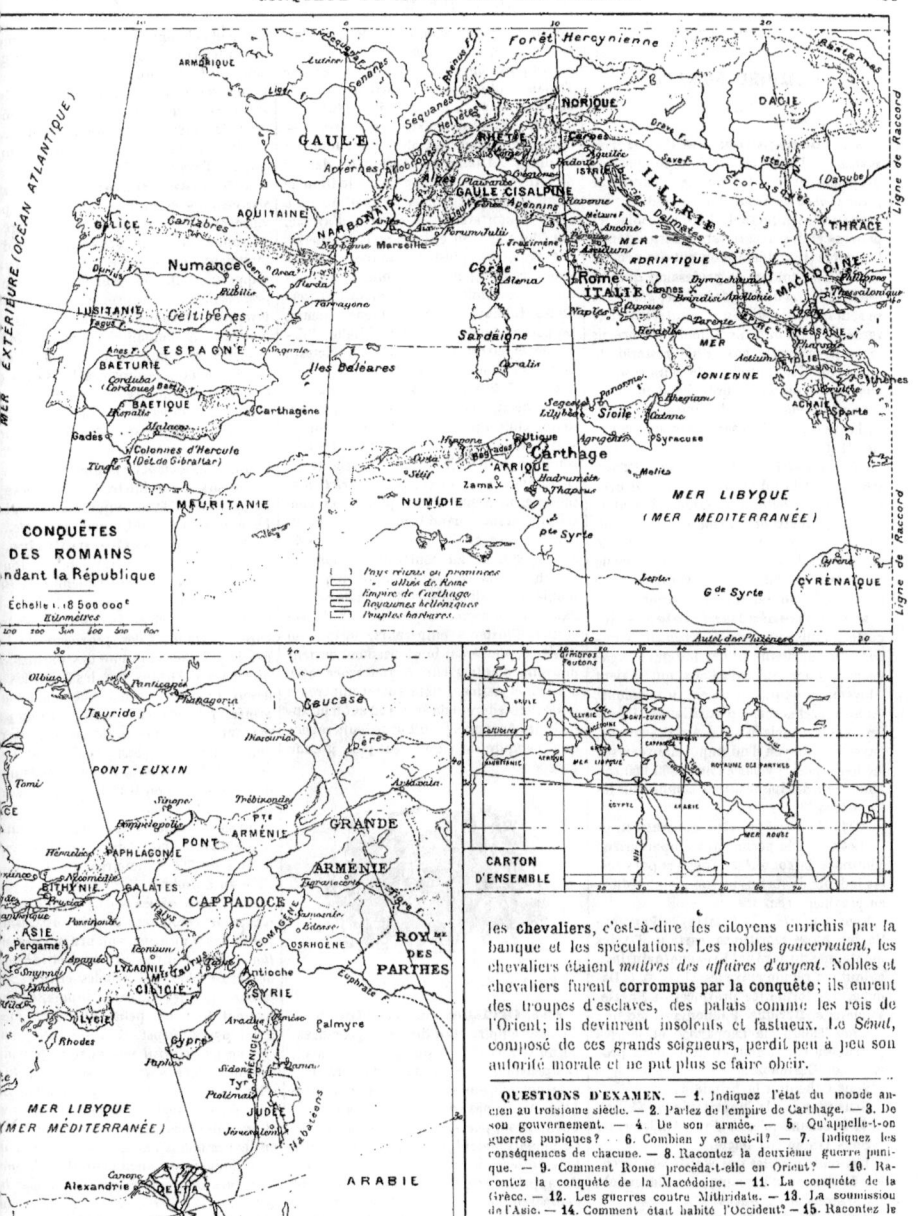

les **chevaliers**, c'est-à-dire les citoyens enrichis par la banque et les spéculations. Les nobles *gouvernaient*, les chevaliers étaient *maîtres des affaires d'argent*. Nobles et chevaliers furent **corrompus par la conquête** ; ils eurent des troupes d'esclaves, des palais comme les rois de l'Orient ; ils devinrent insolents et fastueux. Le *Sénat*, composé de ces grands seigneurs, perdit peu à peu son autorité morale et ne put plus se faire obéir.

QUESTIONS D'EXAMEN. — 1. Indiquez l'état du monde ancien au troisième siècle. — 2. Parlez de l'empire de Carthage. — 3. De son gouvernement. — 4. De son armée. — 5. Qu'appelle-t-on guerres puniques ? — 6. Combien y en eut-il ? — 7. Indiquez les conséquences de chacune. — 8. Racontez la deuxième guerre punique. — 9. Comment Rome procéda-t-elle en Orient ? — 10. Racontez la conquête de la Macédoine. — 11. La conquête de la Grèce. — 12. Les guerres contre Mithridate. — 13. La soumission de l'Asie. — 14. Comment était habité l'Occident ? — 15. Racontez la soumission de la Gaule cisalpine. — 16. De l'Espagne. — 17. Nommez les peuples soumis. — 18. Décrivez l'organisation des provinces. — 19. Indiquez la transformation qui s'accomplit dans le peuple romain. — 20. Qu'étaient-ce que les nobles et les chevaliers ?

HUITIÈME LEÇON

L'EMPIRE ROMAIN

98. Toute-puissance des généraux. — Tant que l'armée se composa de propriétaires, elle fut vraiment *l'armée de Rome et obéit au Sénat*. Mais quand les propriétaires manquèrent, il fallut enrôler les pauvres et les aventuriers; Marius donna l'exemple (108). Bientôt on eut des armées formées de **soldats de profession** qui *n'obéirent plus qu'à leur général*. Les généraux se sentant tout-puissants, voulurent gouverner. Mais comme ils étaient plusieurs, ils se battirent entre eux à qui resterait le maître : le Sénat profitait de leurs rivalités pour maintenir son autorité. Pendant 80 ans il y eut des guerres civiles entre Marius et Sylla, Pompée et César, entre les Triumvirs et les conjurés.

99. Établissement de l'Empire. — A la fin Octave resta seul maître après la victoire d'Actium; il prit le titre d'**Auguste** et d'**empereur**, et se fit donner le pouvoir absolu (27); tout le monde était si las de la guerre civile qu'on le laissa faire. Le gouvernement de Rome passa du Sénat à l'empereur.

100. L'Armée impériale. — Auguste organisa une *armée permanente* composée de soldats de profession qui s'engageaient pour 16 ans. Ceux qui étaient citoyens romains formaient les **légions**, les autres, des corps d'**auxiliaires**. Ils recevaient une solde fixe et des gratifications, payées au moyen d'un impôt nouveau sur les héritages. Il y eut environ 300 000 soldats, bien disciplinés, tous campés sur les frontières.

101. Conquêtes des empereurs. — Cette armée permit aux empereurs de continuer la conquête. Tous les pays restés indépendants furent soumis et réduits en provinces romaines :
Sous Auguste : la Galatie, la Pamphylie, les Alpes maritimes (carte p. 37), les montagnes du nord de l'Espagne (**Asturies**); et toute la région entre les Alpes et le Danube, qui forma les provinces de **Rhétie, Vindélicie, Norique, Pannonie et Mœsie**.
Sous Tibère : la **Cappadoce** et la rive gauche du Rhin, dont on fit les deux provinces de **Germanie**.
Sous Caligula : la **Numidie**;
Sous Claude : la **Mauritanie**, la **Thrace** et la **Bretagne** (c'est-à-dire l'Angleterre);
Sous Trajan : la **Dacie**.
Les seuls peuples qui résistèrent furent les **Cantabres** d'Espagne, les **Germains**, les **Bretons** et les **Daces**.
Après Trajan, la conquête s'arrêta. L'empire dépassait les *limites naturelles* du grand bassin méditerranéen; il était si grand que les empereurs ne désiraient plus l'agrandir. Les provinces que Trajan avait enlevé aux Parthes (Arménie et Mésopotamie), leur furent rendues.

102. Étendue de l'empire. — L'empire romain eut alors pour limites : à l'ouest, l'Atlantique; au sud, les déserts de l'Afrique; au nord, la Clyde, le Rhin, le Danube, les Karpathes, la mer Noire; à l'est, l'Euphrate et les déserts d'Arabie. Tous les pays qui entourent la Méditerranée et même plusieurs autres se trouvaient réunis pour la première fois sous une seule domination. C'étaient l'Afrique du Nord, l'Égypte, la Syrie, l'Asie Mineure, la péninsule des Balkans, l'Italie, l'Espagne, et, en outre, la France, l'Angleterre et la rive droite du Danube.

103. L'Empereur. — L'empereur (fig. 3) héritier et mandataire du peuple romain, était investi du **pouvoir absolu** : il avait le droit de gouverner, faire les lois, rendre la justice, lever l'impôt, recruter et commander les armées, *sans restriction ni contrôle*. Le Sénat n'était plus qu'un conseil obéissant. Quand l'empereur mourait, son fils recevait le pouvoir des mains du Sénat, qui le lui conférait au nom du peuple; mais ce n'était là qu'une cérémonie. En réalité le sort du monde dépendait d'un homme, de ses vices ou de ses vertus. Plusieurs empereurs, surtout au 1er siècle, abusèrent honteusement de leur pouvoir; d'autres surent gouverner avec douceur et justice. Tels furent les empereurs qui se succédèrent de 96 à 192 et qu'on appelle **les Antonins**; c'est sous leurs règnes que l'empire atteignit sa plus grande prospérité.

Fig. 3. — Empereur romain et prétoriens.

104. Division en provinces. — Ce vaste empire était divisé en **provinces**: 30 au temps d'Auguste, 46 sous Trajan. Les provinces étaient d'étendue très inégale, quelques-unes très petites, comme les Alpes maritimes; d'autres très grandes, la Lugdunaise, par exemple (voir page 37). La plupart étaient grandes; ainsi la France tout entière ne formait que 7 provinces. On appelait *provinces de César* celles dont l'empereur nommait lui-même le gouverneur; *provinces du Sénat* celles dont le gouverneur était nommé par le Sénat. Il y eut de fréquents changements dans le classement des provinces: en général, l'empereur gardait pour lui les provinces qui avaient une armée, les provinces frontières; il ne laissait au Sénat que des provinces sans armée, celles de l'intérieur, comme la Provence.

L'Italie ne fut jamais une province; m. Auguste l'avait divisée en 11 *régions*.

105. Gouvernement des provinces. — Petite ou grande, toute province avait son gouvernement séparé se composait d'un **gouverneur** et d'**intendant** (*procurateur*). Le gouverne s'appelait, dans les provinces du Sén. *proconsul*, dans les provinces impéria *lieutenant d'Auguste*; il avait tous pouvoirs, il donnait des ordres, rend la justice et commandait l'armée; il ét souverain dans sa province. Mais ceux q avaient à se plaindre de lui pouvaient s dresser à l'empereur son maître. Les go verneurs, *toujours surveillés*, ne pouvaie plus comme autrefois opprimer et pille Quant à l'intendant ou *procurateur*, il leva les impôts et administrait les finances la province. C'était toujours un *chevali* Le gouverneur était toujours un *noble*.

106. Organisation militaire. Les provinces frontières étaient tout menacées par quelque ennemi : la B tagne, par les montagnards d'Écosse; pays du Rhin et du Danube par les ba bares Germains; les provinces de l'E par le puissant royaume des Parthes; provinces d'Afrique par les Nomades désert. Chaque province reçut donc u armée, qui fut établie dans un **camp permanent**; quelques-uns de ces camps d vinrent des villes (*Léon*, en Espagne, *L bèse*, en Afrique, etc.). En avant de la lig de défense, on construisit des postes for tifiés : parfois même un long retranche ment suivait toute la frontière. Tels son Angleterre, le mur d'Adrien, en Allemag le mur de 560 kilomètres, qui reliait Rhin au Danube.

107. Les cités. — Le monde ancie n'a point connu ces grands organisme politiques qui sont aujourd'hui les *n tions*; il était divisé en tout petits États des **cités** chez les peuples civilisés, **tribus** chez les barbares. Rome, en s mettant tous ces petits États, les forç à lui *payer l'impôt* et à lui *obéir*; m elle *ne les détruisit pas*. Chaque provinc continua donc à être divisée en petit **cités**. (Voir, par exemple, la Gaule). L unes étaient anciennes, comme en Grèc et en Italie, les autres n'étaient que le anciennes tribus barbares devenues civili sées. Elles conservaient le droit d'adminis trer leurs affaires intérieures, de régler le questions de police, de voirie, de bâtimen publics, de fontaines, etc. Pour se gouver ner, elle se constituèrent sur le modèle d

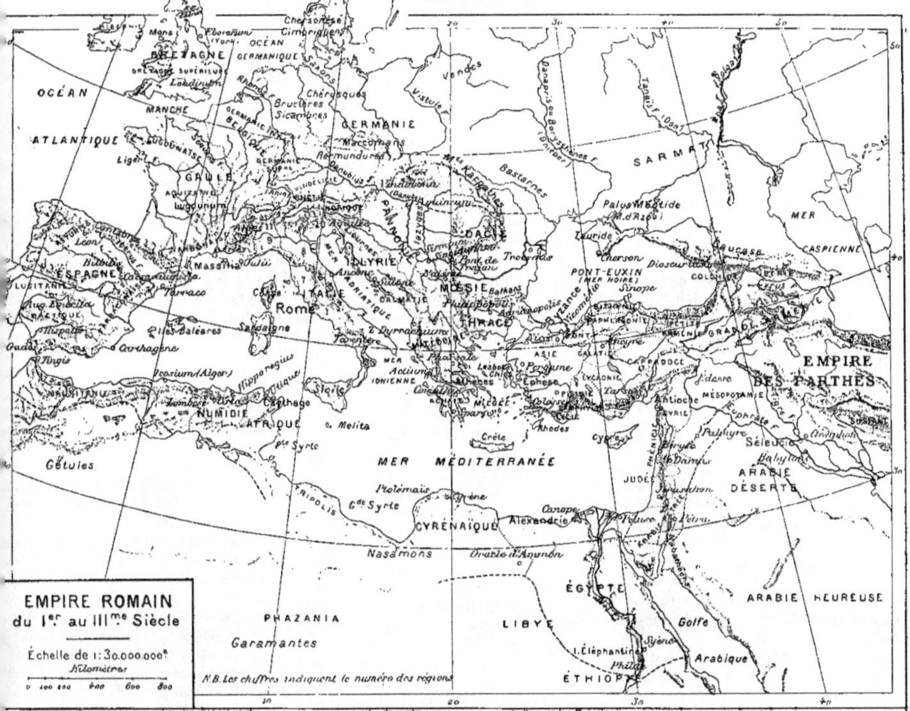

L'EMPIRE ROMAIN.

EMPIRE ROMAIN
du I.er au III.me Siècle

Échelle de 1:30.000.000e
Kilomètres

N.B. Les chiffres indiquent le numéro des régions.

l'ancienne cité romaine. Chacune avait ses *magistrats* élus pour un an, comme les consuls, son *assemblée* du peuple et son Sénat (on l'appelait *curie*), formé des habitants les plus riches. C'était, comme dans l'ancienne Rome, la curie qui avait tout le pouvoir.

QUESTIONS D'EXAMEN. — 1. Indiquez la transformation de l'armée romaine. — 2. Indiquez les causes des guerres civiles. — 3. Comment s'établit le gouvernement de l'empereur? — 4. Comment fut organisée l'armée? — 5. Énumérez les conquêtes faites sous les différents empereurs. — 6. Quand s'arrêta la conquête? — 7. Indiquez l'étendue de l'Empire romain. — 8. Définissez le pouvoir de l'empereur. — 9. Qu'est-ce que les Antonins? — 10. Décrivez l'organisation en provinces. — 11. Combien y avait-il de provinces? — 12. Comment était organisée l'Italie? — 13. Qu'appelait-on provinces de César? — 14. Provinces du Sénat? — 15. Décrivez le gouvernement d'une province. — 16. Qu'était-ce que le procurateur? — 17. Quelles étaient les provinces frontières? — 18. Comment étaient-elles défendues? — 19. Comment les provinces étaient-elles subdivisées? — 20. Quelle était l'origine des cités? — 21. Décrivez le gouvernement intérieur d'une cité. — 22. À qui appartenait le pouvoir dans les cités?

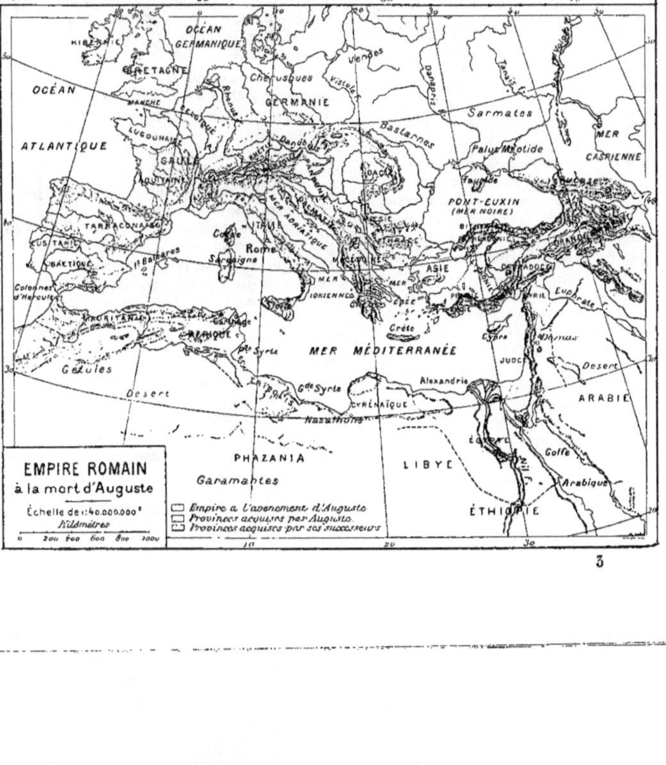

EMPIRE ROMAIN
à la mort d'Auguste

Échelle de 1:40.000.000e
Kilomètres

☐ Empire à l'avènement d'Auguste
☐ Provinces acquises par Auguste
☐ Provinces acquises par ses successeurs

GÉOGRAPHIE HISTORIQUE.

NEUVIÈME LEÇON.

LE BAS EMPIRE ET LE MONDE BARBARE

108. L'anarchie militaire. — Après les Antonins commença une longue période de *guerres civiles* (192-284). Les soldats, **devenus les maîtres**, faisaient et défaisaient les empereurs. Les grandes armées de la frontière proclamaient chacune leur empereur et bataillaient entre elles. Il y eut (de 259 à 270) jusqu'à vingt empereurs à la fois dans les différents pays de l'Empire.

109. Les empereurs Illyriens. — Quelques empereurs, anciens soldats, **Claude, Probus, Dioclétien, Constantin**, parvinrent à rétablir l'ordre; c'étaient tous des **Illyriens**, de mœurs rudes, mais braves et énergiques. Pour empêcher les guerres civiles, ils décidèrent qu'à l'avenir l'empereur, au lieu de gouverner seul, *s'associerait* un parent ou un compagnon d'armes; il y aurait à la fois **deux empereurs Augustes** et *plusieurs Césars*. Des deux empereurs l'un résidait **en Occident**, d'ordinaire à Milan; l'autre **en Orient**, d'abord à Nicomédie, puis à partir de 330 dans la ville nouvelle fondée par Constantin, à **Constantinople**.

110. Morcellement des provinces. — L'administration subit des modifications profondes. Les grandes provinces furent coupées en deux ou trois morceaux; en Gaule, par exemple, la Lyonnaise (Lugdunaise) fut partagée en 4 provinces. Les nouvelles provinces furent donc beaucoup plus petites que les anciennes : il y en eut 117 au lieu de 46 ; enfin les gouverneurs cessèrent presque tous d'être généraux.

111. Préfectures et diocèses. — L'empereur ne pouvant plus communiquer directement avec un aussi grand nombre de gouverneurs, les préfets du prétoire furent chargés de le remplacer et l'Empire fut divisé **en 4 préfectures du prétoire.** Chaque préfet avait lui-même plusieurs **vicaires** (remplaçants): chacun surveillait plusieurs provinces; le pays soumis à un vicaire s'appelait un **diocèse**[1]. L'Empire fut alors organisé comme il suit :

Préfecture des Gaules, 3 diocèses, Espagne, Gaule, Bretagne.
Préfecture d'Italie, 3 diocèses, Afrique, Italie, Rome.
Préfecture d'Illyrie, 2 diocèses, Dacie, Macédoine.

[1]. Il ne faut pas confondre le *diocèse impérial* qui comprend tout un pays avec le *diocèse ecclésiastique* qui ne comprend qu'une cité.

Préfecture d'Orient, 5 diocèses, Thrace, Asie, Pont, Orient, Égypte.

112. Transformation de l'Empire. — Les empereurs romains avaient été, jusque-là, des *magistrats* et des *généraux*. Au IVᵉ siècle, ils adoptèrent les mœurs des **rois de l'Asie**, ils portèrent le *diadème* et les vêtements flottants, s'enfermèrent au fond de leur **palais**, s'entourèrent de gardes et de courtisans et se firent adorer.

113. Partage de l'Empire. — Pendant le IVᵉ siècle l'Empire fut plusieurs fois réuni *sous un seul empereur* (Julien, Gratien, Théodose). Mais Théodose partagea l'Empire entre ses deux fils Arcadius et Honorius; et depuis lors il y eut toujours deux empereurs. L'un **en Occident**, gouvernait les pays où l'on parlait *latin;* l'autre **en Orient**, gouvernait les pays de *langue grecque.*

114. Le Christianisme. — Au Iᵉʳ siècle, tous les peuples de l'Empire avaient gardé leurs anciennes religions; la plupart adoraient **plusieurs dieux**; seuls les Juifs et quelques philosophes croyaient à un Dieu unique. La religion **du Christ** parut en Orient, sous Tibère; les *premiers chrétiens* furent les disciples du Christ, *tous Juifs* et parlant syriaque. Puis **saint Paul** alla annoncer l'**évangile** (c'est-à-dire la *bonne nouvelle* du salut) aux polythéistes* d'Asie et de Grèce. Bientôt il y eut des chrétiens dans la plupart des villes d'Orient et dans quelques grandes villes d'Occident. Presque tous **parlaient grec**; les évangiles furent écrits en grec, et pendant trois siècles le grec resta la langue des chrétiens.

115. Les églises. — Il n'y avait de chrétiens **que dans les villes**; ceux d'une même ville formaient une communauté nommée **église** (*assemblée*); chaque église était gouvernée par des **prêtres** (anciens) et par un chef appelé **évêque** (surveillant). L'ensemble des chrétiens formait l'**Église**.

— Les chrétiens, pour la plupart des gens du peuple, ne s'occupaient pas de la politique. Mais comme ils refusaient d'adorer les dieux de Rome, ils furent souvent persécutés soit par la populace, soit par les empereurs eux-mêmes. La première persécution eut lieu en 64 (sous Néron), la dernière en 302.

116. Triomphe de l'Église. — La religion chrétienne, qui avait commencé en Orient par les petites gens, gagna peu à peu toutes les villes de l'Occident et toutes les classes de la société; Constantin, dès qu'il fut empereur, arrêta la persécution, et bientôt le Christianisme devint la **religion de l'État**. Les habitants des campagnes restèrent seuls attachés aux dieux de Rome; aussi appela-t-on païens (paysans) ces derniers fidèles de l'ancien culte.

117. Organisation de l'Église. — L'Église triomphante s'organisa au IVᵉ siècle, sur le modèle de l'administration impériale. Dans chaque chef-lieu de cité on établit un **évêque** pour gouverner les fidèles, le territoire de la cité soumis à l'évêque fut le **diocèse** et l'église du chef-lieu s'appela la **cathédrale**.

Chaque province devint une **province ecclésiastique**; l'évêque de la ville capitale prit le nom de **métropolitain**. — Les évêques des capitales de l'Empire s'appelèrent des **patriarches** : il y en eut quatre en Orient, à **Constantinople, Jérusalem, Antioche, Alexandrie**; d'autres, plus tard, en Occident; le **pape** résida à Rome. — Cette organisation s'est conservée jusqu'à nos jours.

118. Les Barbares. — Les Romains appelaient **Barbares** tous les peuples qui ne parlaient ni latin ni grec. Il y en avait sur toutes les frontières de l'Empire : en Écosse les **Pictes** et **Scots**, derrière le Rhin et le Danube les **Germains**; derrière l'Euphrate les **Perses** qui, en 226, avaient secoué le joug des Parthes; sur la lisière du désert en Afrique les nomades **Gétules** et **Garamantes**. Les plus importants furent les Germains.

119. Les Germains. — Les Germains étaient des *paysans* ou des *guerriers;* ils n'avaient pas de villes et demeuraient dans des maisons de bois à un étage. Ils étaient partagés en **petits peuples** indépendants, isolés et même ennemis entre eux. Ceux qui habitaient à la frontière de l'Empire soutenaient contre les légions romaines une guerre d'escarmouches. Quelques-uns (Marcomans, Quades, Goths), essayèrent même de s'établir par force dans l'Empire où ils trouvaient des terres plus fertiles et un climat plus doux. Pour les contenir, les empereurs avaient fait bâtir une ligne de forteresses, établi des camps et armé une flottille de bateaux.

120. La Germanie au IVᵉ siècle. — Ces guerres continuelles avaient décimé les anciens peuples germains. Au IVᵉ siècle, il ne restait plus guère que les **Cattes** dans la Hesse, les **Goths** sur le bas Danube, et derrière l'Elbe les **Vandales** et les **Lombards** (ou Langobards). — Les débris des autres peuples s'étaient groupés en *confédérations* militaires : **Alamans**, le long du Rhin et derrière la Forêt-Noire; **Francs**, sur le cours inférieur du Rhin à partir de Mayence; **Saxons**, derrière les Francs dans le pays du Weser jusqu'à l'Elbe. — Les uns formaient encore un **peuple**, ils avaient conservé leur roi et leur assemblée; les autres s'étaient brisés en **bandes de guerriers**,

LE BAS EMPIRE ET LE MONDE BARBARE.

EMPIRE ROMAIN
du IVme au Vme Siècle

chaque bande n'était plus commandée que par un chef de guerre. Presque tous avaient commencé pendant les troubles du IIIe siècle à faire des incursions dans l'Empire romain.

QUESTIONS D'EXAMEN. — **1.** Qu'appelle-t-on l'anarchie militaire ? — **2.** Combien dura-t-elle ? — **3.** Que savez-vous des empereurs illyriens ? — **4.** Comment fut réorganisé l'Empire ? — **5.** Quel changement fut fait dans l'administration ? — **6.** Indiquez les préfectures du prétoire. — **7.** Quel caractère prit désormais l'empereur ? — **8.** Par qui et comment fut partagé l'Empire ? — **9.** Racontez les débuts du christianisme. — **10.** Dans quels pays commença-t-il ? — **11.** Comment étaient organisés les chrétiens ? — **12.** Parlez des persécutions. — **13.** D'où vient le nom de païens ? — **14.** Décrivez l'organisation de l'Église. — **15.** Indiquez les peuples barbares. — **16.** Que savez-vous des Germains ? — **17.** Quels étaient les peuples germains au quatrième siècle ?

DIXIÈME LEÇON.

LA GAULE

LA GAULE INDÉPENDANTE

121. Les Gaulois. — Les **Gaulois**, qui ont donné leur nom à la Gaule, étaient de race aryenne et originaires de l'Asie, comme les Grecs et les Italiens. C'étaient des barbares; ils furent célèbres dans toute l'antiquité par leur bravoure et leur esprit d'aventure. Des bandes sorties de Gaule avaient conquis le pays du Pô, la vallée du Danube et même avaient fondé au milieu de l'Asie Mineure le royaume des Galates (Gaulois). La langue des Gaulois ressemblait beaucoup au breton et à l'irlandais de nos jours; cette langue qui a régné sur *la moitié de l'Europe* n'est plus parlée aujourd'hui qu'en Bretagne, en Irlande et dans le pays de Galles.

122. La Gaule. — Les Romains donnaient le nom de *Gaule* à deux pays : ils appelaient **Gaule cisalpine** le pays entre les Alpes et les Apennins (Italie du Nord); **Gaule transalpine** le pays entre les Alpes, les Pyrénées et le Rhin (France). Tandis que la Gaule cisalpine, conquise par Rome (222), était devenue une partie de l'Italie, la Gaule transalpine était restée indépendante. Dans la Gaule transalpine, sur la côte de la Méditerranée, les *Grecs* avaient fondé plusieurs *colonies*, qui conservent encore leur nom grec, Nice, Antibes, **Marseille**, Agde. Les habitants de Marseille ayant demandé secours à Rome contre les montagnards de leur voisinage, une armée romaine vint en Gaule et conquit tout le pays entre les Alpes, les Cévennes et les Pyrénées (vers 120). On en fit une *province romaine* (d'où le nom de **Provence**), et les Romains y fondèrent plusieurs colonies, Aix, Arles, Narbonne.

123. Peuples de la Gaule. — En 58 avant J.-C., la Gaule était divisée en *trois groupes de peuples* (sans compter les peuples de la province soumise à Rome). C'étaient les **Aquitains**, entre les Pyrénées et la Garonne; les **Celtes**, entre la Garonne et l'Aisne; les **Belges**, qui allaient jusqu'au Rhin. Les plus puissants étaient les Celtes; mais ces groupes n'étaient pas des nations, *pas même des confédérations*. Il n'y avait dans toute la Gaule que de **petits peuples**, chacun avec son territoire, son gouvernement, son armée : la plupart possédaient à peine l'étendue d'un département; les plus considérables, les Arvernes, les Éduens, les Trévires, ne régnaient guère que sur un territoire équivalent à deux départements.

LA GAULE ROMAINE

124. Conquête de la Gaule. — César vint en Gaule avec une armée, sous prétexte de secourir les Éduens contre l'invasion d'un roi germanique; mais après l'avoir repoussé, il commença lui-même la conquête du pays. Quelques peuples gaulois essayèrent de lui résister, mais ils n'agirent pas de concert; les autres (parmi lesquels tous les Aquitains) se soumirent sans combattre; quelques-uns même, comme les Éduens, le soutinrent. A la fin seulement il se forma une confédération sous le prince des Arvernes, Vercingétorix. Il fut battu et pris à **Alésia** : la Gaule entière fut soumise (58-50).

125. Les provinces. — La Gaule conquise fut partagée d'abord par César en trois provinces : l'**Aquitaine**[1] (capitale **Bordeaux**), la **Lyonnaise** (capitale **Lyon**), la **Belgique** (capitale **Trèves**). — Auguste détacha de l'Aquitaine la **Novempopulanie**, pays entre les Pyrénées et la Garonne. Tibère conquit le pays à gauche du Rhin et en fit deux provinces, **Germanie supérieure** et **Germanie inférieure** (carte, page 23). Le pays des Alpes formait deux petites provinces, Alpes maritimes, Alpes grées. La Gaule resta partagée ainsi jusqu'à la fin du IIIᵉ siècle.

126. Les villes et les cités. — Les peuples conservèrent sous les Romains leur territoire et leur petit gouvernement; en Gaule comme ailleurs chacun forma une **cité**. Il y en eut environ 80, sans compter la Provence; chaque année elles envoyaient des députés à Lyon pour célébrer une fête religieuse en l'honneur de la *déesse Rome* et du *dieu Auguste*. — Avant la conquête, il n'y avait pas encore de villes en Gaule, les peuples les plus puissants n'avaient guère que des camps retranchés, comme Gergovie chez les Arvernes, Bibracte chez les Éduens. Les Gaulois apprirent vite à bâtir des **villes**; bientôt chaque peuple en eut une qui servit de capitale à la cité. Ces villes avaient leur nom, mais d'ordinaire on les appelait du nom de leur peuple et c'est ce nom qui leur est resté : Avaricum, ville des Bituriges, est devenue Bourges; Lutetia (Lutèce), ville des Parisii, est devenue Paris.

127. La civilisation romaine. — Les Gaulois s'empressèrent d'adopter les mœurs et la langue des Romains; ils s'habillèrent à la romaine, établirent des routes, construisirent des temples, des théâtres, des aqueducs dont les débris se retrouvent dans toute la France. De ce temps datent nos plus anciens monuments, la **Maison carrée** de Nîmes, les **Arènes** d'Arles, le **Théâtre** d'Orange.

1. Dans ce système, l'Aquitaine fut beaucoup agrandie : elle alla jusqu'à la Loire.

128. Divisions nouvelles de la Gaule. — La Gaule, comme tout l'Empire romain, souffrit des guerres civiles du IIIᵉ siècle, elle fut ravagée par les armées, par des bandes de Germains, par des paysans révoltés (les Bagaudes). — Quand les empereurs eurent rétabli l'ordre, les provinces de Gaule[1] furent, comme les autres provinces de l'Empire, *découpées en provinces plus petites*. L'Aquitaine forma trois provinces; la Lyonnaise, quatre; la Belgique, deux; la Narbonaise (Provence), trois; il y eut dix-sept provinces, chacune avec une capitale. — Les anciennes cités furent conservées, mais les villes nouvelles fondées depuis l'établissement des Romains devinrent aussi des chefs-lieux de cité. Il y eut 117 cités dans toute la Gaule; elles étaient très serrées dans le Midi, plus espacées dans le Nord.

129. Conversion de la Gaule. — Les idées suivent les grandes routes et se développent dans les grands centres. C'est à **Lyon**, métropole de la Gaule, directement rattachée à l'Italie par la voie du Petit Saint-Bernard, que le **Christianisme** eut ses premiers martyrs (178). — A partir du IIIᵉ siècle, les chrétiens devinrent la majorité dans les villes; **saint Martin** de **Tours**, l'**Apôtre des Gaules**, parcourut les campagnes en détruisant les idoles et les arbres sacrés des païens. — Toute la Gaule était chrétienne à la fin du IVᵉ siècle.

130. L'Église de Gaule. — Dans chaque chef-lieu de cité résidait un **évêque**, élu par le clergé et le peuple; tout le territoire de la cité était soumis à l'évêque et formait un **diocèse**. — Chaque province devint une **province ecclésiastique**; l'évêque siégeant dans la capitale de la province (par exemple à Lyon, à Bordeaux, à Sens), était appelé **métropolitain**; plus tard on lui donna le nom d'**archevêque**; il était chargé de surveiller les autres évêques et de les réunir dans des assemblées qu'on appelait **conciles provinciaux**[2].

1. La Gaule formait un vicariat, et la préfecture des Gaules, qui comprenait la Gaule, l'Espagne et l'Angleterre, eut sa capitale à Trèves d'abord, plus tard à Arles.
2. L'évêque de la capitale de la Gaule s'appelait *primat des Gaules*.

QUESTIONS D'EXAMEN. — **1.** Quelle est l'origine des Gaulois? — **2.** Quelle langue parlaient-ils? — **3.** Quels pays avaient-ils habités? — **4.** Qu'appelait-on Gaule transalpine? — **5.** Comment les Romains y pénétrèrent-ils? — **6.** Nommez les peuples entre lesquels se partageait la Gaule. — **7.** Comment étaient-ils organisés? — **8.** Racontez la conquête de la Gaule. — **9.** Indiquez les provinces formées en Gaule. — **10.** Décrivez le gouvernement de la Gaule sous les Romains. — **11.** Quelle influence eut la domination romaine sur la Gaule? — **12.** Combien y eut-il de provinces au quatrième siècle. — **13.** Combien de cités? — **14.** Comment la Gaule devint-elle chrétienne? — **15.** Comment fut organisée l'Église de Gaule?

LA GAULE.

HISTOIRE DE LA CIVILISATION

L'ANTIQUITÉ
LES ÉGYPTIENS

Religion. — Les Égyptiens adoraient une réunion de trois dieux, un *dieu-soleil*, une *déesse-lune* et leur enfant; mais les habitants des différentes provinces leur donnaient des *noms différents*. Dans la Basse-Égypte on appelait le dieu-soleil **Osiris**, la déesse-lune **Isis** et leur fils **Horus**. Dans la Haute-Égypte le dieu-soleil s'appelait **Ammoun-Râ**; ces dieux étaient représentés tantôt sous la forme d'un homme, tantôt sous la forme d'un animal. Aussi les Égyptiens adoraient-ils certains animaux, le bœuf, l'épervier, l'ibis, le scarabée.

Les Égyptiens croyaient qu'après la mort d'un homme, son *âme* continue à vivre dans le tombeau et qu'un jour elle rentrera dans son corps. Aussi construisaient-ils pour loger le corps du défunt des **tombeaux** qui étaient de vraies *maisons souterraines*. Dans ce tombeau ils plaçaient des vêtements, des meubles, des peintures, des livres et même des aliments pour le service du mort. Pour que l'âme pût retrouver son corps, ils *embaumaient* le cadavre, l'entouraient de bandelettes et, l'ayant ainsi transformé en **momie**, le déposaient dans le tombeau. — Plus tard les Égyptiens pensèrent que l'âme du mort devait passer en *jugement* devant le dieu Osiris pour être récompensée ou punie suivant ses actes : l'âme du juste était admise dans le séjour du bonheur avec les dieux, l'âme des méchants était condamnée à des supplices terribles. Par suite de cette idée la *morale* pénétra dans la religion égyptienne.

Arts. — Les Égyptiens faisaient des statues en bois et en pierre, qui étaient parfois d'une ressemblance surprenante; ils construisaient des temples et des palais magnifiques (fig. 4) devant lesquels ils plaçaient des *obélisques* et des rangées de *sphinx* de pierre. Ils bâtissaient aussi, pour servir de tombeaux à leurs rois, des **pyramides** énormes; la plus grande, encore debout aujourd'hui, a 146 mètres de haut (fig. p. 19).

La civilisation égyptienne nous apparaît dès le temps des premières dynasties, à peu près la même que vingt siècles plus tard. Les Égyptiens vivaient très isolés; jusqu'aux dernières dynasties ils n'ont eu ni marine ni commerce. Ils fréquentaient peu les autres peuples et n'avaient rien à apprendre d'eux. Aussi leur civilisation, semblable en cela à celle de la Chine, n'a-t-elle presque pas changé pendant la durée de leur empire, et elle s'est conservée même sous les rois de Perse, les rois Grecs et l'Empire romain.

Fig. 4. — Palais égyptien.

CHALDÉENS ET ASSYRIENS

Le peuple Assyrien et le peuple Chaldéen. — Les Assyriens étaient une belle race, à la peau fine, aux traits réguliers, à la barbe pointue; c'étaient des montagnards vigoureux et féroces, aptes surtout à la guerre; ils portaient des vêtements serrés et longs et des cuirasses (fig. 5); ils combattaient avec la lance et l'arc, les soldats à pied, les chefs montés sur des chars.

Les Chaldéens étaient au contraire un peuple de la plaine, laboureurs, artisans et architectes. Ils ont enseigné aux Assyriens à bâtir, à sculpter, et dans tous les arts, seuls ils ont été leurs maîtres.

Religion. — Les Chaldéens croyaient à de *mauvais esprits* et ils avaient des *formules magiques* pour les chasser. De là est née la **sorcellerie**. Les Chaldéens et les Assyriens adoraient aussi les 7 planètes; ils leur élevaient des temples formés de 7 tours carrées superposées, chacune consacrée à une des 7 planètes et peinte de sa couleur; c'étaient en partant du bas : Saturne (noir); Vénus (blanc); Jupiter (pourpre); Mercure (bleu); Mars (vermillon); la Lune (argent); le Soleil (or).

Fig. 5. — Roi et guerriers assyriens.

Ils croyaient que ces astres, étant des divinités puissantes, influaient sur la vie des hommes et que la destinée de chaque homme dépend de la planète sous l'influence de laquelle il est né. De là est venue l'**astrologie**.

Sciences. — Les Chaldéens, à force d'observer les astres, ont commencé l'**astronomie**. De chez eux est venue la division de l'année en 12 mois, de la semaine en 7 jours et du jour en 24 heures. Ils ont inventé un système de poids et mesures calculé sur l'unité de longueur. Ils ont eu une écriture composée de petits signes en forme de flèches ou coins, l'**écriture cunéiforme**, très difficile à déchiffrer. Ils écrivaient sur des briques molles qu'ils faisaient ensuite durcir au four.

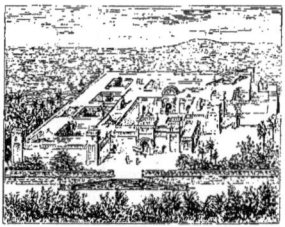
Fig. 6. — Palais assyrien.

Architecture. — Les palais chaldéens et assyriens (fig. 6) étaient construits en *briques crues*; les salles forcément étroites et basses, ressemblaient à de longues *galeries*. Les toits étaient des *terrasses* plates. Les palais étaient ornés de grandes plaques d'albâtre, sur lesquelles étaient sculptées des chasses, des batailles, des scènes de la vie. Les artistes assyriens étaient habiles surtout à *représenter les animaux*.

PALESTINE ET JUDÉE

Religion des Juifs. — Les Juifs n'ont jamais été qu'un *petit peuple*, ils n'ont eu ni grand empire, ni fortes armées, ni beaux monuments. Ils ne se distinguaient ni par le type, ni par le costume, ni par les mœurs des peuples Orientaux au milieu desquels ils vivaient. Ce qui les a rendus remarquables, et leur a donné une place importante dans l'histoire du monde, c'est leur **religion**. Tandis que les autres peuples de l'antiquité adoraient plusieurs dieux, les Juifs crurent à **un seul Dieu**, Jéhovah, créateur du Ciel et de la Terre et souverain maître du monde. Toute leur religion consiste à adorer Jéhovah et à obéir à ses ordres. Ces commandements de Dieu (les plus anciens étaient ceux *des tables de la loi*) étaient réunis dans les livres sacrés des Juifs, et formaient **la loi** d'Israël. Les *lévites*, gouvernés par le grand prêtre, conservaient la loi et accomplissaient les cérémonies.

Prophètes. — Après Salomon, la plupart des Israélites, abandonnant le culte de Jéhovah, s'étaient mis à adorer les veaux d'or et les pierres, comme les peuples voisins. Ce fut à ce moment que la Palestine devint la proie des conquérants assyriens. Alors parurent les **prophètes** ou voyants, solitaires venus du désert, *parlant* au nom de Dieu, pour ranimer le courage des fidèles (Élie, Ezéchiel, Isaïe). Ils expliquaient que Jehovah punissait son peuple d'avoir désobéi ; ils ordonnaient aux Juifs de se repentir et de retourner au culte du vrai Dieu, leur prédisant d'autres malheurs s'ils s'obstinaient dans leurs crimes, annonçant la venue du Messie. Les Juifs après avoir persécuté quelques prophètes, finirent par les reconnaître tous pour des messagers de Dieu. Le livre sacré des Juifs, **la Bible**, se composa dès lors, de deux parties restées le fondement de la religion juive : l'une ancienne, *la loi* ; l'autre, nouvelle, *les prophètes*.

Mœurs des Phéniciens. — Nous ne savons presque rien des usages, ni du costume, ni de l'art des Phéniciens ; parce que *aucun livre* écrit par eux n'est parvenu jusqu'à nous, et qu'on n'a retrouvé sur l'emplacement de leurs villes que des débris insignifiants. Nous ne connaissons un peu que leur commerce et leur religion.

Religion des Phéniciens. — Les Phéniciens adoraient un dieu-soleil *Baal* et une déesse-lune *Astarté*, qu'ils concevaient comme à la fois *créateurs* et *destructeurs*. Ils les représentaient sous la forme d'*idoles* qu'ils adoraient. Pour les honorer comme créateurs ils célébraient des orgies la nuit dans des bois sacrés ; pour les honorer comme destructeurs ils faisaient chauffer l'idole de bronze qui représentait le dieu et y jetaient des **victimes humaines**, parfois leurs propres enfants. Ce culte sanguinaire était aussi celui des Carthaginois qui faisaient des sacrifices humains à Baal-Moloch. — La religion des Phéniciens a duré jusqu'au temps de l'Empire romain.

LES PERSES

Religion. — La religion des Perses avait été réformée par Zoroastre. Elle consistait surtout à adorer l'esprit du bien et de la lumière, *Ormuzd*, à se garder de l'esprit du mal et des ténèbres, *Ahriman*. Les Perses n'élevaient pas d'idoles et ne bâtissaient pas de temples ; ils adoraient Ormuzd sous la forme d'un feu allumé en plein air au sommet d'une mon-

Fig. 7. — Guerriers persans.

tagne. Les Perses pensaient qu'Ormuzd étant bon a créé tout ce qui est bon, le soleil, le feu, l'eau, les arbres, les animaux domestiques, le travail, la vérité ; et qu'Ahriman

Fig. 8. — Palais persan.

étant méchant a créé tout ce qui est nuisible, la nuit, le froid, les épines, les serpents, les rats, les fourmis, le mensonge et la paresse. La religion leur ordonnait donc de contribuer à l'œuvre d'Ormuzd en travaillant et en disant la vérité.

Funérailles. — Les Perses regardaient les cadavres comme impurs ; pour ne pas souiller le feu en les brûlant ou la terre en les enterrant, ils les exposaient sur des lieux hauts et déserts. Quant à l'âme, ils disaient qu'une fois sortie du corps elle est amenée sur un pont qui conduit au paradis en passant par-dessus l'enfer ; l'âme du méchant tombe dans le gouffre, l'âme de l'honnête homme est reçue dans le séjour d'Ormuzd. Les musulmans leur ont emprunté cette croyance.

LES GRECS

Religion. — Les Grecs avaient une religion **polythéiste**, c'est-à-dire qu'ils croyaient à *plusieurs dieux*, et **anthropomorphe**, c'est-à-dire qu'ils se représentaient les dieux sous la forme d'un homme ou d'une femme, mais ils se les figuraient plus beaux, plus grands, plus forts, plus savants que les hommes et *immortels*. — Leurs **idoles** de bois ou de marbre étaient revêtues de riches habillements et ils les considéraient comme *l'image du dieu* sur la terre ; mais ils croyaient en même temps que les dieux sont présents partout et que ce sont eux qui dirigent les phénomènes de la nature, la pluie, la chaleur, les orages, les fleuves, la mer. Ils s'imaginaient que ces dieux vivaient sur la terre au milieu des hommes, et ils racontaient leurs aventures et leurs exploits ; ce sont ces récits qu'on appelle la **mythologie**. Il y avait une multitude innombrable de petits dieux, chaque rivière, chaque montagne avait le sien. Mais les dieux locaux n'étaient connus et adorés que dans une toute petite région.

Les *grands dieux*, ceux que tous les Grecs adoraient, n'étaient guère qu'une vingtaine; on disait qu'ils habitaient la plus haute montagne de la Grèce, l'**Olympe**, et qu'ils obéissaient au plus puissant d'entre eux, **Zeus**, dieu du ciel et du tonnerre.

Culte. — Pour plaire à leurs dieux et gagner leur protection, les Grecs leur construisaient des palais, les **temples**, où ils plaçaient leur idole; ils leur offraient des **sacrifices**, c'étaient des fruits, du lait, du vin et surtout des viandes; ils leur donnaient des **fêtes** de tout genre, courses de chars, jeux de force et d'adresse, tragédies, comédies. — Ils consultaient les dieux au moyen des **présages*** et des **oracles***; ils regardaient les moindres faits comme un signe de la volonté des dieux.

Mœurs. — Les Grecs n'avaient pas tous la même façon de vivre; suivant la nature du pays qu'ils habitaient, ils étaient bergers, laboureurs, brigands ou marins. Mais ils avaient tous même **langue** et même **religion**; et à la grande fête de Zeus qui se célébrait tous les quatre ans à Olympie, accouraient des fidèles de toutes les parties de la Grèce. Outre cette identité de langue et de religion, les Grecs avaient plusieurs traits de mœurs communs. Ils regardaient le travail des mains comme déshonorant et ils avaient des **esclaves** pour la plupart des métiers manuels. Les esclaves n'avaient aucun droit et ne comptaient pas dans la société. Seuls les hommes libres étaient **citoyens**, prenaient part au gouvernement et aux cérémonies publiques et seuls ils portaient les armes et exerçaient en commun leurs forces physiques. Il y avait dans toute ville grecque plusieurs **temples** consacrés aux dieux, une **place publique** où l'on délibérait, et un **gymnase** pour les exercices du corps. — Quant aux femmes, dans presque toutes les cités grecques, elles vivaient avec leurs servantes, enfermées dans leur maison; leur appartement réservé se nommait le *gynécée*; elles ne recevaient aucune instruction et s'occupaient uniquement à diriger le ménage, à filer ou à tisser les habits.

Fig. 9. — Guerriers grecs.

Fig. 10. — Le Parthénon.

Arts et Sciences. — Les Grecs ont marqué dans le monde surtout comme **artistes** et comme **savants**. Ils ont eu d'admirables **poètes** épiques (Homère), des poètes lyriques (Pindare); les poètes d'Athènes ont inventé la **tragédie** (Eschyle, Sophocle, Euripide), et la **comédie** (Aristophane, Ménandre). — Les Grecs ont eu des **orateurs** comme Démosthène, des **philosophes** comme Platon et Aristote — Ils ont eu des mathématiciens (Euclide, Archimède) qui ont posé les fondements de la **géométrie** et de la **mécanique**; un grand **médecin** Hippocrate; un grand **naturaliste**, Aristote, et plusieurs **astronomes** (Eratosthène, Hipparque, Ptolémée).

Fig. 11. — Temple grec.

Les Grecs habitaient de petites maisons sans apparence et à peine meublées, mais leurs **temples** (fig. 11) étaient admirables, ils les construisaient en marbre, les ornaient de *bas-reliefs* sculptés et de **statues**. La Grèce a produit les **sculpteurs** les plus illustres du monde, Phidias au vᵉ siècle, Praxitèle au ivᵉ. — Aucun peuple n'a façonné d'aussi beaux vases de terre cuite.

LES ROMAINS

Usages. — Les Romains étaient un peuple de paysans et de guerriers. Jusqu'au moment où ils ont conquis la Grèce et l'Orient et commencé à adopter la civilisation des peuples qu'ils avaient vaincus, ils ont mené une vie très rude et très grossière. Ils travaillaient aux champs et ne venaient à la ville que pour le marché qui se tenait tous les neuf jours. Ils se réunissaient pour recevoir les ordres du magistrat et pour délibérer tantôt sur la place du Champ-de-Mars qui servait de terrain de manœuvres, tantôt au milieu de Rome sur le **Forum***; c'est là que les orateurs venaient parler à la foule assemblée. Aux jours de cérémonie les Romains étaient vêtus d'une robe de laine à grands plis, *toge* (fig. 13 et 14). — A Rome comme en Grèce les hommes libres seuls étaient **citoyens**; la plus grande partie de la population était composée d'**esclaves**, c'étaient des étrangers pris à la guerre ou des enfants de femmes esclaves.

Fig. 12. — Le Capitole.

La famille. — A Rome le père de famille était un véritable roi dans sa maison. Il avait le **droit de vie et de mort** non seulement sur ses esclaves, mais sur ses *enfants* et sa *femme*. L'enfant appartenait au père qui avait le droit de l'exposer ou de le vendre; même devenu un homme il restait sous la puissance paternelle et n'en était affranchi que par la mort

Fig. 13. — Romain en toge.

Fig. 14. — Romaine.

père. La femme n'était jamais libre; jeune fille elle ait sous la puissance de son père qui *la mariait sans son consentement*, femme elle était sous la puissance de son mari, quand elle devenait veuve elle passait sous la tutelle de s parents. Cependant la femme romaine vivait moins fermée que la femme grecque, elle paraissait en public ns les cérémonies et se tenait à la maison dans la grande lle où l'on recevait les visiteurs (*l'atrium*).

Religion. — Les Romains croyaient comme les Grecs à usieurs dieux et leur attribuaient la figure humaine. Mais mme ils avaient moins d'imagination, leur mythologie était s vague et ils ne se représentaient pas leurs dieux sous s formes précises. Ils savaient seulement que les dieux nt *puissants* et ils cherchaient à se concilier leur faveur. leur faisaient des sacrifices et leur adressaient des prières ayant bien soin d'observer les règles religieuses (les *rites*), r ils pensaient que les dieux tiennent à la *forme* beaucoup us qu'aux intentions. — Les Romains croyaient aux présages et cherchaient à deviner l'avenir d'après le vol des seaux; il y avait même une corporation d'*augures* chargés iciellement par l'État de prédire l'avenir.

Droit. — Les Romains eurent de bonne heure l'idée de diger leurs coutumes, en 450 fut composée la *Loi des tables*. Ces lois qui étaient très rudes et très simples rent perfectionnées peu à peu par les magistrats chargés e les appliquer (les *préteurs*) et par les personnages qui occupaient de droit (les *jurisconsultes*). C'est ainsi que le oit romain arriva au IIIe siècle après Jésus-Christ, sous les mpereurs, à être le droit le plus raisonnable et le plus juste e l'antiquité; on l'a surnommé la *raison écrite*.

Rôle de Rome. — Dans l'antiquité, les seuls peuples civilisés avaient été ceux de l'Orient; les peuples de l'Occi-

Fig. 15. — Légionnaires romains.

Fig. 16. — Fortifications romaines.

nt étaient encore barbares. Les Romains, placés à mi-chemin entre l'**Orient civilisé** et l'**Occident barbare**, prirent la civilisation aux peuples de l'Orient et la portèrent aux peuples de l'Occident. Cette éducation se fit lentement par le gouvernement, l'armée, la langue, la littérature, les arts, et, à la fin, par la religion chrétienne. Elle se fit au milieu de tranquillité générale, car les Romains, en soumettant us les autres peuples et en les empêchant de se battre, vaient établi dans le monde entier la **paix romaine**.

Travaux des Romains. — Partout où s'établirent les Romains, on construisit des monuments énormes, dont les traces se retrouvent encore : c'étaient des forts (fig. 16), des **aqueducs** (fig. 17), des **ponts**, des **théâtres** (fig. 18), des **bains**, des **cirques**. Les Romains créèrent aussi de grandes routes, d'ordinaire formées d'un lit de ciment et pavées;

Fig. 17. — Aqueduc romain surnommé le pont du Gard.

de distance en distance étaient placés des relais (stations).

Commerce. — Les routes romaines n'étaient destinées qu'à transporter les armées et les courriers du gouvernement; mais elles servirent aux besoins du commerce. Les marchands purent envoyer leurs marchandises d'un bout à l'autre de l'empire; et comme les Romains avaient établi la paix, les marchandises circulaient librement. Les différentes provinces échangeaient leurs produits et même les caravanes allaient en Orient chercher les tapis de Perse, l'ivoire et les épices de l'Inde, les soieries de la Chine.

Fig. 18. — Théâtre romain.

Fusion des peuples. — Les peuples très différents qui habitaient l'empire se connurent ainsi les uns les autres; chacun, à ce contact, modifia ses habitudes, ses coutumes, ses arts,

Fig. 19. — Riche intérieur romain.

ses idées, sa religion. Peu à peu il se forma des habitudes communes. Tous les habitants de l'Orient parlaient déjà une même langue, le **grec**; les habitants de l'Occident se mirent tous à parler une même langue, le **latin**. Les différences s'effacèrent, toutes ces nations se fondirent en une seule. La fusion était complète au IIIe siècle. Un édit de Caracalla (212) donna à tous les habitants de l'empire le droit de cité. Il y avait eu jusque-là dans l'empire des *citoyens* privilégiés et des *étrangers* sujets; il n'y eut plus que des citoyens, et tous prirent le nom de **Romains**.

DEUXIÈME PARTIE. — HISTOIRE DU MOYEN AGE

ONZIÈME LEÇON

LES ROYAUMES BARBARES ET L'EMPIRE D'ORIENT

LES INVASIONS

131. Épuisement de l'Empire romain. — Les armées romaines beaucoup mieux disciplinées et mieux équipées que les guerriers barbares avaient, pendant quatre siècles, réussi à *empêcher les Germains de s'établir par force dans l'Empire*. Mais au ve siècle, l'Empire romain avait fini par **s'épuiser** ; comme autrefois l'Italie, il *manquait d'hommes*. Il n'y restait plus assez de paysans pour cultiver la terre, plus assez de soldats pour la défendre. Les propriétaires même, qui formaient le corps des **curiales** et gouvernaient les cités, étaient **ruinés** par les impôts, beaucoup, de désespoir, **abandonnaient leurs domaines** et il fallait que l'empereur les **forçât à les conserver**.

132. L'invasion barbare. — Alors les Germains purent envahir sans peine ces vastes pays à moitié **vides** et mal défendus. Les uns y pénétrèrent comme **soldats au service de l'Empereur**, d'autres comme **conquérants**. C'est ce qu'on appelle **l'invasion des Barbares**. Elle dura **près de deux siècles** ; la première bande (les Wisigoths) parut en 375, la dernière (les Lombards) en 568.

133. Les Huns. — Les Huns étaient non pas des Germains, mais des **cavaliers tartares** venus du fond de l'Asie. Ils **dévastaient** les pays qu'ils traversaient, mais ne cherchaient point à s'y établir. Ils commencèrent la grande invasion en se jetant sur les Wisigoths qui se réfugièrent sur le territoire romain (375). Plus tard, sous **Attila**, ils ravagèrent la vallée du Danube et une partie de la Gaule. Mais ils revinrent vers l'est **sans avoir rien fondé**.

134. Établissement des Germains. — Plusieurs peuples Germains au contraire *s'établirent dans l'Empire* :

1° Les **Wisigoths**, entrés en 375 par le Danube, s'étaient **mis au service de l'empereur**. Puis ils s'étaient révoltés, et conduits par leur roi **Alaric**, ils avaient **pris et saccagé Rome (410)**. Ils consentirent à se reconnaître pour les auxiliaires de l'empereur, mais ils se firent céder le **nord de l'Espagne et le sud de la Gaule**.

2° Les **Suèves**, 3° les **Vandales**, 4° les **Burgondes** arrivèrent en 406 par le Rhin dont la frontière était dégarnie par le départ des légions appelées à la défense de l'Italie, et ils ravagèrent toute la Gaule ; ensuite les Burgondes se fixèrent dans la région du Jura, les Suèves et les Vandales pénétrèrent en Espagne. Les Vandales, *célèbres par leurs dévastations*, s'arrêtèrent d'abord dans le sud de l'Espagne qui a gardé leur nom (**Andalousie**), puis ils passèrent en **Afrique**.

5° Les **Francs** s'établirent dans le **nord-est de la Gaule** comme soldats au service de l'empire (ve siècle) (V. page 44).

6° Les **Ostrogoths** sous leur roi **Théodoric**, franchirent *les Alpes* (489), et descendirent en Italie.

7° Les **Lombards** passant en 568 par le même chemin, conquirent toute l'**Italie du Nord** qui a gardé leur nom (**Lombardie**).

8° Les **Angles** et les **Saxons** venus *sur des navires*, des bords de la mer du Nord, occupèrent le **sud-est de la Grande-Bretagne**.

LES ROYAUMES BARBARES

135. Fin de l'Empire en Occident. — Les rois barbares, bien qu'ils n'obéissent pas à l'empereur romain, reconnaissaient pourtant être **ses généraux**. Peu à peu ils prétendirent se conduire en **souverains indépendants**. L'empereur réduit à l'Italie n'y fut même plus libre. Les *chefs des soldats barbares* qui formaient ses armées étaient les *véritables maîtres*. L'un d'eux **Odoacre**, un Hérule, ne se contenta plus de gouverner sous le nom de l'empereur, il *renvoya les ornements impériaux* à l'empereur de Constantinople. Dès lors (476) il n'y eut **plus d'empereur en Occident**.

136. Les royaumes barbares. — Les pays qui avaient appartenu à l'empereur se **morcelèrent** entre les rois barbares. Il y eut :

En Italie, les royaumes des **Hérules**, puis des **Ostrogoths**, enfin des **Lombards** ;

En Gaule, ceux des **Burgondes**, des **Wisigoths**, et les **petits royaumes francs** ;

En Espagne, ceux des **Wisigoths**, des **Suèves**, des **Vandales** ;

En Afrique, celui des **Vandales** ;

Dans la Grande-Bretagne, les **trois royaumes des Angles** et les **quatre royaumes des Saxons** (carte, page 55).

Dans ces royaumes la population était composée en partie des anciens habitants de l'Empire, en partie des Barbares établis nouvellement : le **roi**, et la **plupart des guerriers** étaient des Barbares.

Plusieurs étaient plus petits qu'une province romaine. Mais quelques-uns fure[nt] puissants au moins pendant quelq[ue] temps. Le roi des Vandales, Genser[ic], établi à Carthage, fut assez fort pour [dé]barquer en Italie et prendre Rome (45[5]). Le roi des Ostrogoths, **Théodoric**, sut ré[ta]blir en Italie un gouvernement semblab[le] à celui des empereurs.

137. Religion des Barbares. — A l'époque où la plupart des barbar[es] qui étaient **païens**, entrèrent dans l'E[m]pire, l'Église était **divisée** en deux part[is], les *catholiques orthodoxes** et les *hérétiq[ues] Ariens** qui n'admettaient pas la Trinit[é.] Presque tous les peuples germains (Wi[si]goths, Burgondes, Vandales, Ostrogot[hs,] Lombards) se firent **ariens***. Les habita[nts] *de leurs royaumes et les évêques étaient a[u] contraire orthodoxes**. Aussi n'acceptèr[ent] ils jamais de bon cœur les rois Arien[s.]

138. Destinée des royaume[s] barbares. — La plupart de ces roya[u]mes durèrent peu. Il ne resta que [le] royaume des Lombards en Italie, [le] royaume des Francs en Gaule et, en A[n]gleterre, les sept royaumes anglo-saxo[ns] qui bientôt n'en formèrent qu'un seul.

L'EMPIRE D'ORIENT

139. Formation de l'Empir[e] d'Orient. — Il y eut aussi une *invasion [en] Orient*. Des peuples barbares, les **Slave[s]** occupèrent les pays du Danube. Ma[is] l'invasion n'atteignit ni Constantinopl[e,] ni l'Asie protégées par les Balkans et p[ar] la mer. L'empereur de Constantinopl[e] resta donc seul maître en Orient. Ain[si] commença cet Empire qui devait dur[er] encore mille ans et qu'on appela **byza[n]tin**, du nom de sa capitale Byzance.

140. Conquêtes de Justinie[n.] — L'empereur **Justinien** essaya de réun[ir] à son Empire les *pays de l'Occident* enva[his] par les Barbares. Plusieurs de ces peup[les] étaient alors très affaiblis ; l'armée b[y]zantine, conduite par **Bélisaire**, réus[sit] à conquérir l'**Italie** sur les Ostrogot[hs,] l'**Afrique** sur les Vandales, une **part[ie] de l'Espagne** sur les Wisigoths. L'Empi[re] byzantin reprit un instant une partie [de] l'ancien Empire romain. Mais il était tr[op] faible pour défendre ces provinces loin[taines] ; dès 568, les Lombards lui enl[e]vèrent l'Italie du Nord et au viie siècle [il] perdit tout ce qui lui restait en Occiden[t] excepté l'Italie du Sud.

141. Importance de l'Empir[e] d'Orient. — Cet Empire fut plus étend[u] que puissant, et il suffit d'une victoir[e] des Arabes pour lui enlever la moitié d[e] ses provinces. Néanmoins il a joué u[n]

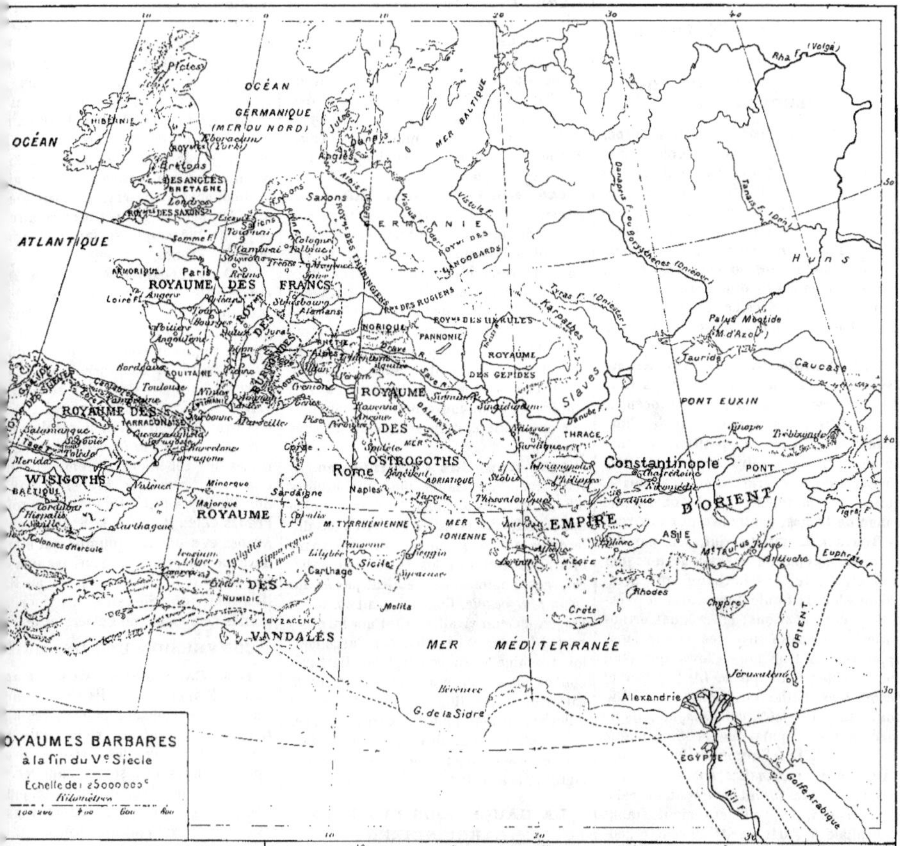

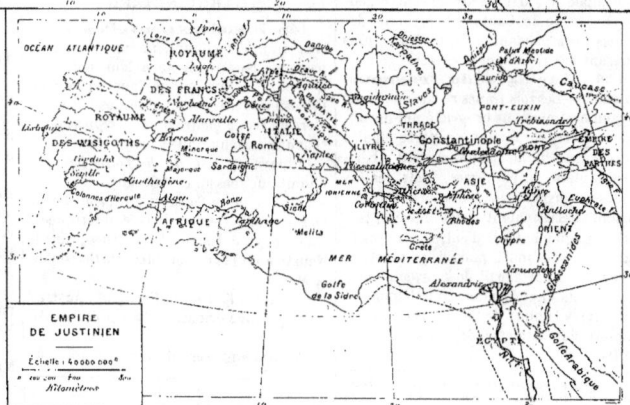

ROYAUMES BARBARES
à la fin du Ve Siècle
Échelle de 1 25000000e
Kilomètres

EMPIRE
DE JUSTINIEN
Échelle 1:40000000e
Kilomètres

nd rôle dans l'hitoire. Car en un ıps où l'Occident était redevenu ·bare, c'est lui qui conserva la ·lition de la **civilisation** antique.

UESTIONS D'EXAMEN. — 1. Dans quel . se trouva l'Empire romain au cinquième le? — **2.** Qu'appelle-t-on l'invasion des bares? — **3.** Combien dura-t-elle? — **4.** était-ce que les Huns? — **5.** Que firent-ils? — Nommez les peuples qui s'établirent dans npire. — **7.** Dites par où ils y entrerent. — Racontez l'invasion de 406. — **9.** Comment l'Empire d'Occident? — **10.** Comment se iduisirent les rois barbares? — **11.** Énu-rez les royaumes barbares. — **12.** Quels ent les plus puissants? — **13.** Comment t composée la population de ces royaumes? **14.** Quelle était la religion des Barbares? — Quel fut le sort des royaumes barbares? **16.** Comment s'est formé l'Empire byzan-? — **17.** Indiquez les conquêtes de Justi-n. — **18.** Que devinrent les conquêtes de Jus-ien? — **19.** Quel rôle a joué l'empire byzantin?

DOUZIÈME LEÇON
LE ROYAUME DES FRANCS

LA GAULE SOUS LES ROIS MÉROVINGIENS

142. Les Francs. — Les Francs étaient, non pas un ancien peuple germanique, mais une *confédération de bandes de guerriers*. Ils avaient commencé dès 243 à entrer dans l'Empire d'où les empereurs les repoussèrent. Enfin au v⁰ siècle quelques-unes de leurs bandes parvinrent à s'établir dans le *pays de l'Escaut* qui était alors à peu près désert. La plupart étaient au **service de l'empereur**, mais chaque bande avait son *chef* qu'on appelait **roi**.

143. Fondation du royaume franc. — La Gaule, depuis la disparition de l'empereur d'Occident, était occupée par les **Wisigoths** au sud-ouest, les **Burgondes** au sud-est, les **petits rois francs** au nord ; le pays entre Somme et Loire obéissait à un général romain, Syagrius, qui se faisait appeler roi. Le **chef d'une bande de francs**, cantonnée aux environs de Tournai, **Clovis**, parvint, soit par des victoires, soit par des assassinats à **régner seul en Gaule**. Les Barbares qui occupaient alors la Gaule (Burgondes et Wisigoths), étaient ariens ; les évêques orthodoxes* persécutés par les rois ariens, appelèrent à leur aide Clovis qui était encore païen mais qui se fit baptiser et devint ainsi l'allié de l'Église. Les Wisigoths furent *rejetés en Espagne* ; ils ne gardèrent en Gaule que la Septimanie (Languedoc). Les Burgondes furent contraints à se *reconnaître tributaires*. Les royaumes francs furent *absorbés* dans celui de Clovis qui, très judicieusement, établit sa capitale à **Paris**, véritable centre géographique de la Gaule. Le royaume des Francs resta pendant trois siècles le **plus puissant** des royaumes barbares.

144. Partages du royaume franc. — Les rois francs regardaient leur royaume comme une propriété qui devait, à leur mort, se diviser en **parts égales** entre leurs *enfants mâles*. Autant d'héritiers, autant de royaumes. Mais ces fils avides se disputaient leurs lots, s'entretuaient, assassinaient leurs neveux, jusqu'à ce qu'un seul d'entre eux restât qui réunissait tout ; puis, à sa mort, le royaume se partageait de nouveau entre ses enfants. Le royaume fut démembré ainsi après la mort de Clovis (511)[1], après la mort de Clotaire (561), et après celle de Dagobert.

[1]. Dans les premiers partages, chaque roi recevait *deux parts*, l'une au nord de la Loire, l'autre au sud.

145. Pays tributaires. — Les rois francs firent la guerre aux peuples restés en Germanie et les obligèrent à leur *payer tribut*.

Les Alamans sous Clovis, les Bavarois, les Frisons, les Thuringiens, sous les descendants de Clovis, reconnurent la *suprématie* des rois francs ; mais ils ne s'engagèrent pas à leur obéir et chaque peuple conserva ses chefs nationaux.

146. Gouvernement mérovingien. — Les rois francs ne détruisirent pas l'**administration romaine**, ils cherchèrent à la **conserver** et à **s'en servir**. La Gaule resta donc divisée en **cités**. Dans chaque cité à côté de l'**évêque** qui dirigeait le diocèse, le roi installait un officier, le **comte**, chargé de faire exécuter ses ordres, de lever des soldats et de l'argent. Mais beaucoup de cités, surtout dans le nord, furent *partagées* entre deux ou trois comtes ; chacun gouvernait alors non plus une cité entière, mais seulement un **pays** (*pagus*).

147. Romains et Barbares. — Il y avait en Gaule plusieurs espèces d'hommes, les anciens habitants qu'on appelait **Romains** et les **Barbares** des différentes nations germaniques entrées dans l'Empire. Devenus les sujets d'un *même roi*, ces hommes ne s'étaient pas *fondus en un seul peuple*. Chacun avait *gardé ses usages*, chacun vivait suivant une **loi différente** ; loi des Wisigoths, des Burgondes, loi romaine[1]. En général les Barbares étaient plutôt guerriers et habitaient la campagne, les Romains habitaient les villes et entraient plutôt dans le *clergé*. Les Francs étaient regardés comme **supérieurs** à tous les autres ; *franc* finit ainsi par signifier *homme libre*.

LA GAULE SOUS LES DUCS CAROLINGIENS

148. Divisions nouvelles. — Les rois francs cessèrent, au vii⁰ siècle, de partager leur royaume à leur fantaisie. Le sol lui-même en quelque sorte leur imposa des divisions naturelles : il y eut alors en Gaule *quatre grandes régions* dont chacune formait un *royaume* à part.

Le pays au *sud de la Loire* s'appela l'**Aquitaine** (bassin de l'Océan).

Le pays de la *Saône et du Rhône* devint la **Burgondie** (bassin de la Méditerranée).

Le pays à l'*ouest de la Meuse*, fut la **Neustrie ou France occidentale** (bassin de la Manche).

Le pays à l'*est de la Meuse* fut l'**Austrasie ou France orientale** (bassin de la mer du Nord).

La **Bretagne** restait indépendante, la

[1]. Pour les Francs, il y avait deux lois différentes, la loi Salique et la loi des Ripuaires.

Septimanie appartenait aux Wisig...

149. Les ducs d'Austrasie Les deux *royaumes du Nord* étaient h... tés par les **Francs** (d'où leur nom France). Les **Francs occidentaux** mêlés à l'ancienne population étaient **civilisés**, leurs rois vivaient d'ordinai... milieu des romains, à Paris ou dans l... domaines de Neustrie. Mais les Fr... orientaux étaient restés plus énergi... et meilleurs guerriers. Il obéissaie... une famille de grands propriétaire... pays de Liège qui se faisaient app... **ducs des Francs**.

150. Victoires des ducs A... trasiens. — Il y avait dans cha... royaume Franc un **maire du palais** gouvernait à la *place du roi*. Les ducs Francs se firent nommer maires de ... lais, d'abord en Austrasie, puis pa... force en Neustrie. Pépin fut alors le *table chef des Francs*, il marcha co... les Aquitains qui s'étaient révoltés e... força à se soumettre. *Charles Martel* do... toutes les rébellions et remporta u... une victoire sur les Arabes à Poit... Son fils **Pépin** prit enfin le titre de roi Francs (752). Il enleva la Septimanie Arabes et soumit l'Aquitaine qui étai... devenue indépendante. Son royaume c... prit alors toute la Gaule jusqu'au Rh... il avait pour tributaires les ducs a... mands de Souabe, de Bavière et de F...

CONVERSION DES GERMAIN...

151. Conversion des Fra... — Les Francs, quand ils s'établiren... Gaule étaient **encore païens** ; les au... Germains étaient chrétiens mais h... tiques. Clovis que les évêques av... appelé contre eux se fit **baptiser**. ... soldats suivirent son exemple. La pa... des Francs d'Austrasie restèrent pa... et ne se *convertirent que lentement*, ... le *courant du* vi⁰ *siècle*.

152. Conversion des Ang... Saxons. — Les Barbares Saxons é... grés en Angleterre furent évangélisés des *missionnaires* que le **pape** envoya... Rome. Ces missionnaires s'adressa... d'abord aux **rois** et aux **reines** ; le ... du peuple se convertit peu à peu.

153. Conversion des Barba... de Germanie. — Les Barbares de ... manie furent évangélisés par des mo... venus de *Bretagne* ; quelques-uns éta... Irlandais (comme Saint-Gall), mais le p... cipal fut un **Anglo-Saxon, Saint Bonif**... l'apôtre de la Germanie. Il vint dan... pays avec une recommandation de Cha... Martel, convertit tous les peuples du ... *de l'Allemagne* et fonda l'**archevêché** **Mayence**. Il fut martyrisé par les Fris... qui se convertirent ensuite. Il ne re... de païens que les Saxons. La Gaule...

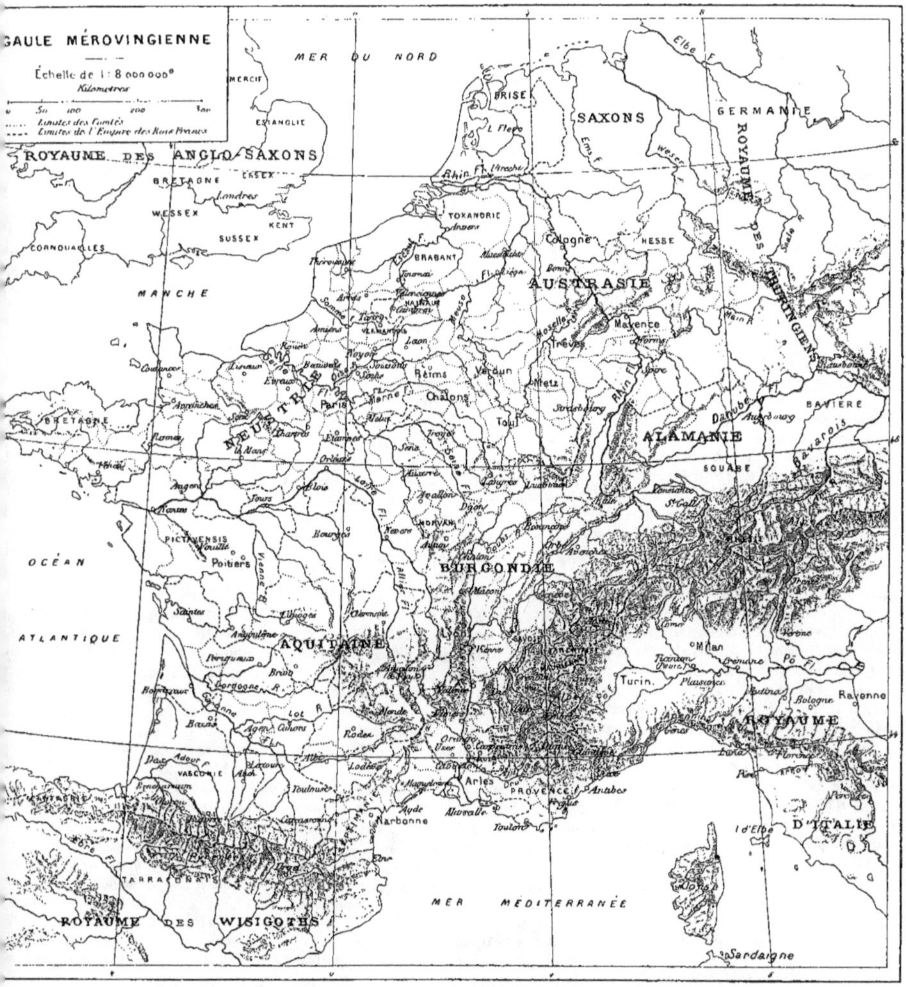

LE ROYAUME DES FRANCS.

[Carte: Gaule Mérovingienne — Échelle de 1:8 000 000. Royaumes d'Austrasie, Neustrie, Burgondie, Aquitaine; royaumes voisins: Anglo-Saxons, Wisigoths, Alamanie, Thuringien, Italie, etc.]

...nde-Bretagne et la Germanie étaient désormais **catholiques** et connaissaient le **pape pour chef** de l'Église.

QUESTIONS D'EXAMEN. — **1.** Qu'était-ce que les Francs? — **2.** Comment étaient-ils entrés en Gaule? — **3.** Dans quel état se trouvait la Gaule à la fin du cinquième siècle? — **4.** Qu'était-ce que Clovis? — **5.** Comment devint-il maître de la Gaule? — **6.** Décrivez l'organisation du royaume franc. — **7.** Indiquez le principe du système des partages entre les fils de roi. — **8.** Énumérez les peuples tributaires des Francs. — **9.** En quoi consistait leur dépendance? — **10.** Décrivez le gouvernement des rois mérovingiens. — **11.** Comment la Gaule était-elle habitée? — **12.** Quel sens prit le mot franc? — **13.** Énumérez les royaumes qui se formèrent au septième siècle en Gaule. — **14.** Quels pays restaient en dehors de ces royaumes? — **15.** Quelle différence y avait-il entre les deux royaumes de France? — **16.** Qu'était-ce qu'un maire du palais? — **17.** Qu'était-ce que les ducs de France? — **18.** Racontez leurs victoires. — **19.** Quelle était l'étendue du royaume de Pépin? — **20.** Comment les Francs devinrent-ils chrétiens? — **21.** Racontez la conversion des Barbares d'Angleterre. — **22.** Celle des Barbares de Germanie.

Fig. 20. — Habitation d'un roi franc.

TREIZIÈME LEÇON
LES EMPIRES ORIENTAUX

LA CONQUÊTE ARABE

154. Les Arabes. — Les peuples de l'Arabie se divisaient en *tribus patriarcales*. La plupart vivaient au *désert*, sous la tente, soit du produit de leurs troupeaux, soit de brigandage.

155. L'islam. — Les Arabes étaient presque tous restés païens; ils adoraient les 360 idoles et la *pierre noire* conservée dans le sanctuaire de la Mecque, leur *ville sainte*. Un Arabe de la Mecque, **Mahomet**, commença (vers 612) à prêcher une religion nouvelle, **l'islam** (c'est-à-dire la *résignation* à la volonté de Dieu). Elle se résume ainsi : « Il n'y a qu'un Dieu, et Mahomet est son prophète. » Les fidèles s'appelèrent **Musulmans**. Le prophète fut d'abord forcé de s'enfuir à Médine (622)[1]; mais, grâce aux guerriers qu'il convertit, il obligea tous les Arabes à accepter l'islam et rentra en vainqueur dans la Mecque.

156. Les Khalifes. — Les successeurs de Mahomet, les **Khalifes** étaient comme lui, à la fois chefs religieux, politiques et militaires des Musulmans. Le prophète avait dit : « Combattez les incrédules jusqu'à ce que toute résistance cesse et que la religion de Dieu soit la seule. » Des *armées de cavaliers* arabes partaient pour combattre les infidèles; le Musulman tué en combattant était *assuré du paradis*. Telle était la **guerre sainte**.

157. Conquêtes des Arabes. — Personne ne put résister aux Arabes. En moins d'un siècle ils conquirent à l'est, la Syrie, qui appartenait à l'empire grec, tout l'**Empire perse**, l'**Arménie**, le **Turkestan** et même une partie de l'**Inde**; à l'ouest, l'**Égypte**, **Tripoli**, l'**Afrique** et l'**Espagne**. Tous les pays conquis devinrent Musulmans.

158. Les Ommiades de Damas. — Les quatre premiers khalifes résidaient en Arabie, à **Médine**, et étaient **élus**. Depuis 660, le khalifat devint **héréditaire** dans la famille des **Ommiades** qui vivaient en Syrie à **Damas**. Ils achevèrent la conquête; leurs armées s'avancèrent du côté de l'ouest jusqu'à **Poitiers**, du côté de l'est jusqu'aux *frontières de la Chine*. Leur empire allait de l'**Atlantique** à l'**Indus**. Mais c'étaient de *mauvais Musulmans*, ils buvaient du vin et habitaient des palais. Après de longues révoltes, la famille des Ommiades fut massacrée et le khalifat passa dans celle des Abbassides.

159. Les Abbassides de Bagdad. — Les Abbassides s'établirent dans une ville nouvelle, **Bagdad**, qui, placée non loin de l'ancienne Babylone, sur la route naturelle de l'Euphrate entre la Méditerranée et l'extrême Orient, devint une grande **ville de commerce** où les épices de l'Inde et les soies de la Chine s'échangeaient contre les produits de l'Occident. Les Abbassides adoptèrent *les mœurs des anciens rois perses* : ils vivaient dans un palais grand comme une ville, entourés d'esclaves, de chanteurs, de poètes, gardés par des *soldats mercenaires*, amassant des *trésors* qui montaient jusqu'à 750 millions. **Haroun-al-Raschid** est resté légendaire par sa *richesse* et ses *prodigalités*.

160. Démembrement de l'Empire. — Cet empire était *trop grand*, formé de pays trop disparates, pour obéir à un seul chef, et se **démembra**. Dès 755, le dernier Ommiade échappé au massacre et recueilli par les Arabes de Syrie établis à Cordoue, avait fondé le **khalifat de Cordoue** qui enlevait aux Abbassides toute l'Espagne. Puis les gouverneurs des provinces éloignées firent de leurs gouvernements des royaumes indépendants. Les Édrissites régnèrent à Fez sur le **Maroc** (789-919), les Aglabites, à Kairouan, sur la **Tunisie**, la **Sicile** et la **Sardaigne** (800-909). Les Fatimites d'Égypte conquirent toute l'**Afrique du Nord** et la **Syrie** et fondèrent un troisième khalifat, avec le **Caire** pour capitale. En Asie régnèrent les dynasties des Bouides en Perse (933-1055), des Ghaznévides dans le Khorassan et l'Inde.

161. Chute des khalifats. — Les trois khalifats périrent par leurs propres soldats[1]. Le *chef de la garde militaire* devint le véritable maître et ne laissa au khalife que son *pouvoir religieux*. Les khalifes ainsi dépouillés durèrent à Cordoue jusqu'en 1031, à Bagdad jusqu'en 1258, en Égypte jusqu'en 1516.

162. Civilisation arabe. — Les Arabes, comme les Romains, se civilisèrent au contact des *peuples vaincus* par eux, surtout des **Grecs** de Syrie et des **Persans**. Ils apprirent à *bâtir des monuments*, à cultiver la **canne à sucre** et le **coton**, à fabriquer du **papier**. Ils eurent des **écoles** célèbres dans toutes les capitales, à Bagdad, à Cordoue, au Caire, à Samarkand. Ils créèrent une architecture originale; ils se distinguèrent dans l'**astronomie**, la **médecine**, la **philosophie**. Ils commencèrent l'**algèbre** et la **chimie**. Ils furent (surtout depuis le démembrement du khalifat), le peuple le plus **instruit**, plus riche du Moyen âge.

L'EMPIRE BYZANTIN

163. Étendue de l'empire. — L'empire romain d'Orient avait, sous Héraclius, vaincu et repoussé les Perses. Mais au VIIe siècle *commencèrent les désastres*. Les Arabes lui enlevèrent la Syrie, l'Égypte et l'Afrique; les **Lombards** avaient pris l'Italie; des tribus slaves, les **Bulgares**, envahirent la presqu'île des Balkans. Il ne resta à l'empereur que l'Asie mineure, la Thrace (qu'on appela Roumélie) et quelques provinces isolées en Italie.

164. Luttes des Byzantins. — L'Empire, *forcé de se défendre* de tous côtés, devint un empire militaire. Il eut des armées formées d'*aventuriers de tous pays*, Grecs, Arabes, Slaves, même Normands. Les anciennes provinces furent remplacées par des **thèmes** (cantonnements de corps d'armée) que commandaient les généraux. Plusieurs fois l'empire fut envahi et **Constantinople assiégée**. Les Byzantins, couverts en Europe par les Balkans, en Asie par le Taurus, et maîtres de la mer, grâce à la supériorité de leur flotte, réussirent à se défendre jusqu'au XVe siècle. Ils reconquirent même quelques-unes des provinces perdues.

165. Importance de l'empire byzantin. — Ce qui a fait l'importance de l'empire byzantin, c'est qu'il était le seul pays chrétien resté civilisé. Les habitants de l'Occident devenus barbares recevaient de Constantinople leurs modèles et leurs arts : l'architecture, le costume, la peinture byzantine dominaient en Europe. A Byzance se sont conservées les œuvres des écrivains grecs, de Byzance sont partis les missionnaires qui ont converti l'immense empire des Russes.

L'**Église d'Orient**, soumise au *patriarche de Constantinople*, s'était, entre le IXe et le XIe siècles séparée de l'Église d'Occident qui obéissait au Pape. A cette Église, qui se nomme l'**Église orthodoxe** se rattachent aujourd'hui tous les chrétiens d'Orient, de Russie et de Turquie.

QUESTIONS D'EXAMEN. — 1. Quels peuples habitaient l'Arabie ? — 2. Qu'est-ce que Mahomet ? — 3. Racontez la formation de la religion musulmane. — 4. Qu'était-ce que les Khalifes ? — Qu'appelait-on guerre sainte ? — 6. Indiquez les pays conquis par les Arabes. — 7. Où résidèrent les Khalifes ? — 8. Que savez-vous des Ommiades ? — 9. Indiquez les limites de l'empire arabe. — 10. Que savez-vous des Abbassides ? — 11. Comment se démembra l'empire arabe ? — 12. Énumérez les royaumes formés de ses débris. — 13. Combien eut-il de Khalifats ? — 14. Comment finirent-ils ? — 15. Comment se civilisèrent les Arabes ? — En quoi consista leur civilisation ? — 17. Qu'est-il de l'empire byzantin ? — 18. Quel caractère prit-il ? — 19. Comment fut remplacée l'organisation en provinces ? — 20. D'où vient l'importance l'empire byzantin ? — 21. Qu'est-ce que l'Église orthodoxe ?

---

[1]. Les Musulmans comptent les années à partir de cette année 622, comme les chrétiens à partir de la naissance du Christ. On l'appelle l'année de l'*Hégyre* (la fuite).

[1]. A Cordoue, la garde *africaine*; au Caire, les *Mamelucks*; à Bagdad, la garde *turque*.

LES EMPIRES ORIENTAUX.

L'EMPIRE CAROLINGIEN.

QUATORZIÈME LEÇON

L'EMPIRE CAROLINGIEN

FONDATION DE L'EMPIRE

166. Charlemagne. — Pépin le Bref avait fondé une nouvelle royauté franke. Son fils, **Charlemagne** (*Carolus magnus*), fit de ce royaume un empire, l'**empire Carolingien**.

167. Conquête du royaume des Lombards. — Pépin le Bref avait été appelé deux fois en Italie par le **Pape** que menaçaient les **Lombards**; et leur enlevant toute la région des environs de Rome, il l'avait donnée au Pape (753). Imploré à son tour contre les barbares, **Charlemagne** passa les Alpes, vainquit l'armée lombarde, conquit le pays et devint **roi des Lombards** (774).

168. Conquêtes en Espagne. — Charlemagne combattit les **Arabes d'Espagne**, leur enleva le pays jusqu'à l'Èbre, et en fit une province chrétienne, la *marche*[1] *d'Espagne*.

169. Conquêtes en Germanie. — Les **Saxons** qui occupaient le pays entre le Rhin et l'Elbe ne voulaient ni se convertir, ni payer tribut. Après 30 ans de luttes sanglantes (772-804), Charlemagne les força à se *soumettre* et à recevoir le *baptême*, il établit en Saxe huit évêques à qui il donna de grands territoires et courba les vaincus sous des lois impitoyables : la peine de mort pour tout Saxon qui continuait à adorer les idoles. Charlemagne soumit aussi le duc de Bavière révolté et obligea les **peuples slaves** de l'autre côté de l'Elbe à lui payer tribut. — Enfin il détruisit, sur le Danube et la Theiss (carte p. 43), le royaume des **Avars**, peuple de *cavaliers païens et brigands* très semblables aux Huns.

170. L'empire d'Occident. — Charlemagne régnait alors sur **toute la Gaule**, sur **toute la Germanie**, sur l'**Italie** jusqu'au Garigliano et sur le **nord-est de l'Espagne**. Son royaume s'étendait de l'**Èbre à la Saale** et à l'**Elbe**. Depuis la chute de l'empire on n'avait jamais vu en Occident d'aussi vastes états. Tous ces pays étaient chrétiens; ils reconnaissaient le **Pape** pour *leur chef spirituel* et **Charlemagne** pour leur chef temporel. Le Pape eut alors l'idée de rétablir l'*Empire d'Occident*, en 800 il fit venir Charlemagne et le **couronna empereur**. Ainsi fut *restauré* 'ancien empire romain. Mais l'unité de cet empire était factice : il n'avait pas de centre, pas de limites naturelles, les peuples qu'il réunissait étaient trop dissemblables pour vivre longtemps d'accord.

1. Mark en allemand signifie *frontière*.

171. Le palais et la cour. — L'Empereur, roi des Francs et des Lombards, était *seul maître* dans l'empire; il décidait de la guerre et de la paix, il commandait les armées, il avait le droit de juger et de faire les lois. Quand il n'était pas en expédition, il vivait dans ses domaines, de préférence dans celui d'**Aix-la-Chapelle**, entouré de ses amis, évêques, généraux ou grands propriétaires, et de ses serviteurs qui tous logeaient dans le **palais** (qu'on appelait aussi la **cour**[1]), et l'aidaient à gouverner. Il ne décidait rien sans les consulter. Chaque année au printemps il réunissait une grande **assemblée** de guerriers, où l'on traitait les affaires de l'empire et où les ecclésiastiques rédigeaient les ordres et les lois, qu'on appelait **capitulaires**.

172. Les comtés. — L'empire était partagé en comtés; dans chacun de ces territoires, un **comte** était, comme au temps des Mérovingiens, chargé de gouverner, de présider le tribunal, de réunir les troupes et de les commander. Le comte était toujours un **guerrier**, et presque toujours **un des grands propriétaires du pays**, nommé par l'empereur et qui lui jurait fidélité. Son territoire s'appelait **comté**.

D'ordinaire en Italie et en Gaule chaque diocèse formait un comté, mais quelques-uns étaient partagés en plusieurs comtés. En Germanie les comtés (en allemand **gau**), étaient *plus petits*, chaque diocèse en comprenait plusieurs.

173. Le système de surveillance. — Les *évêques* en excommuniant les rebelles et les brigands, les *comtes* en arrêtant les gens qui désobéissaient aux commandements de l'Église, se prêtaient un mutuel concours, une assistance réciproque. Ce n'est pas tout, Charlemagne voulait tout connaître par lui-même. Il envoyait tous les ans dans chaque région deux *hommes de confiance*, un comte et un évêque chargés de recevoir en son nom les plaintes des sujets, de forcer les comtes à rendre justice et de lui faire connaître l'état de la province. On les appelait **envoyés du maître** (*missi dominici*).

DISSOLUTION DE L'EMPIRE

174. Luttes entre les héritiers de Charlemagne. — Le fils unique de Charlemagne, Louis le Débonnaire, hérita à la fois de **tous ses royaumes** et de son **titre d'empereur**. Mais Louis eut trois fils. L'aîné, Lothaire, qui devait porter le titre d'empereur, prétendait **hériter seul** de tout l'empire, il était soutenu par les évêques qui, suivant les idées romaines, étaient partisans de l'**unité de la couronne**

1. A cette époque *cour* signifie *maison*.

impériale. Les deux autres fils voulaient que l'héritage paternel fut **partagé** entre eux **selon** l'usage germanique. Après de longues intrigues la guerre éclata entre Lothaire et ses frères, Lothaire fut vaincu et forcé de partager.

175. Traité de Verdun. — Dans le partage fait à Verdun (843), **Charle** reçut la Gaule jusqu'à la Meuse et au Rhône ; ce royaume, pour la première fois, s'appela **royaume de France**. Loui eût le **royaume de Germanie**, entre l'Elbe et le Rhin. Lothaire, qui restait **empereur** garda le **royaume d'Italie** et une longue bande de territoire entre les royaumes de France et de Germanie, depuis l'embouchure du Rhin jusqu'à l'embouchure du Rhône. L'Empire de Charlemagne était définitivement **démembré**.

176. Royaumes issus du démembrement. — Les trois royaumes continuèrent à se partager à la mort de chaque roi. Un instant tous furent de nouveau réunis sous l'empereur Charle le Gros, puis ils se démembrèrent définitivement (888). Il y eut alors **7 royaumes** 1° La France, — 2° l'Italie du Nord, — 3° l'Allemagne, — 4° la Navarre possédée par les chrétiens d'Espagne, au pied des Pyrénées, — 5° la **Lotharingie** (pays de Lothaire), — 6° la Bourgogne Transjurane, — 7° la Bourgogne cisjurane, trois pays situés entre Meuse et Rhin et entre Rhône et Alpes, qui avaient appartenus à Lothaire.

177. Destinée de ces royaumes — De ces royaumes trois seulement devinrent : France, Navarre et Allemagne Le royaume d'Italie fut depuis 962 possédé par les rois d'Allemagne. Les deux royaumes de Bourgogne fondus en un seul qu'on appelait **royaume d'Arles** (carte p. 53), furent réunis au royaume de Germanie (1033), au moins nominalement. La Lotharingie se brisa en **deux duchés**, **Haute Lorraine**[1] et **Basse-Lorraine** (Brabant (carte p. 54). Tous ces pays qui avaient formé l'ancien royaume de Lothaire ont été depuis dix siècles **toujours disputés** entre la France et l'Allemagne.

1. *Lorraine* n'est qu'une contraction de *Lotharingie*.

QUESTIONS D'EXAMEN. — 1. Qu'est-ce que Charlemagne? — 2. Comment fut conquis le royaume des Lombards? — 3. Énumerez les peuples contre lesquels a lutté Charlemagne. — 4. Indiquez ses conquêtes. — 5. Racontez la soumission des Saxons. — 6. Indiquez l'étendue de l'empire de Charlemagne. — 7. Comment fut rétabli l'empire d'Occident? — 8. Décrivez l'organisation de la cour de l'empereur. — 9. Comment les provinces étaient-elles gouvernées? — 10. Comment étaient surveillés les gouverneurs? — 11. Qu'appelait-on *missi dominici*? — 12. Racontez les luttes entre les descendants de Charlemagne. — 13. Dites la raison de ces luttes. — 14. Qu'est-ce que le traité de Verdun? — 15. Comment l'empire fut-il partagé? — 16. Indiquez les royaumes issus du démembrement. — 17. Que devinrent ces royaumes?

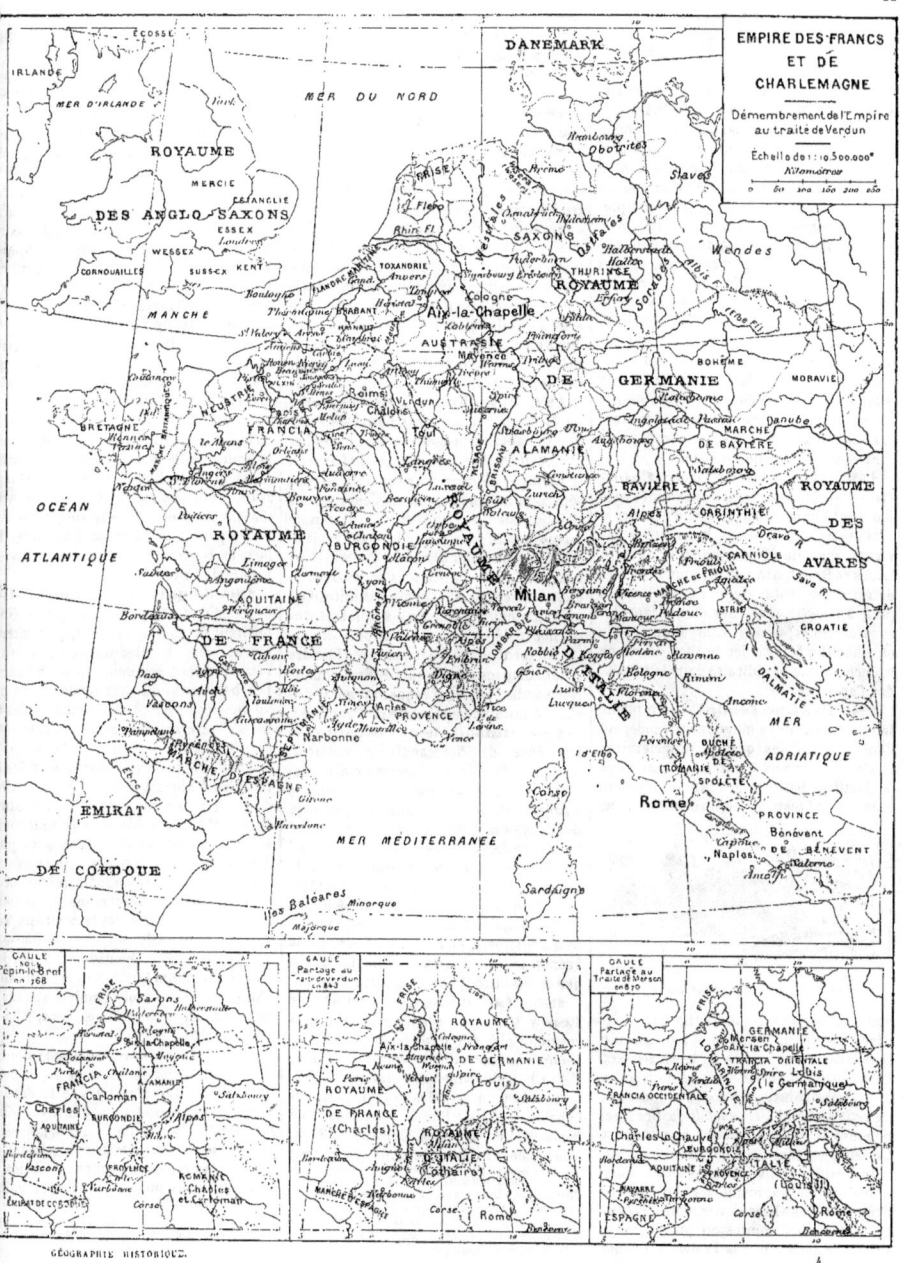

QUINZIÈME LEÇON
LA FRANCE FÉODALE

178. Les derniers Carolingiens. — Dès le temps où Charles le Chauve recevait en partage le **royaume de France** (843), les gouverneurs des provinces, **ducs** et **comtes**, commençaient à **ne plus obéir au roi** qui les nommait et à gouverner pour leur propre compte. Ils s'habituèrent *à léguer leur titre et leur pouvoir* à leurs enfants **comme un domaine** dont ils eussent été propriétaires, si bien qu'à la fin du xe siècle, chaque **comté**, chaque **duché** était devenu une sorte de petit royaume **héréditaire**. — Les rois de la famille de Charlemagne peu à peu *dépouillés et abandonnés* n'ont bientôt plus aucun moyen de se faire obéir. Charles le Simple est forcé de céder au *chef des pirates normands* la Neustrie qui devient la **Normandie**. Au xe siècle, les rois carolingiens sont réduits à la ville de Laon.

179. Avènement des Capétiens. — La famille des **ducs de France** qui avait l'immense avantage d'occuper le vrai centre de la France, **Paris et les environs**, convoitait la couronne. Deux ducs, Eudes et Raoul, avaient déjà porté le titre de roi. Enfin le duc **Hugues Capet** parvint (987) *à se faire élire*. Ses descendants lui succédèrent et, dans le cours du xie siècle on s'habitua à regarder le titre de roi de France comme **héréditaire dans la famille des Capétiens**.

180. Régime féodal. — En même temps, les comtes s'étant rendus indépendants du roi, les **grands propriétaires** *cessent d'obéir* aux comtes. Chacun d'eux se **fortifie**, bâtit une **tour** ou **donjon**, puis un **château**, s'entoure enfin d'une

Fig. 21. — Guerriers du xie siècle.

petite armée de **chevaliers** (fig. 21), et les paye en terres ou **fiefs** dont il leur garantit la possession en salaire de leurs *services*. Le *seigneur* ou *baron* (c'est le nom qu'on lui donne) vit ainsi sur son domaine comme *un petit souverain, rendant la justice* à ses hommes et *faisant la guerre* à ses voisins. Les simples chevaliers ont aussi leur **manoir fortifié** où ils vivent presque aussi libres que les seigneurs. De leur côté, les **évêques** et les **abbés** deviennent des princes égaux aux comtes en puissance. — Ce régime sous lequel la France a, comme tous les autres pays de l'Europe occidentale, vécu du ixe au xive siècle, s'appelle **régime féodal**, parce que tous les gouvernements et presque tous les domaines étaient considérés alors comme des **fiefs**.

181. Grands fiefs. — Les *anciens gouvernements*, devenus des duchés et des comtés, de petits États indépendants, s'appelaient les **grands fiefs**. Le comte ou le duc devait à son avènement se reconnaître l'**homme**, c'est-à-dire le *serviteur* **du roi** et déclarer qu'il tenait **du roi** son comté **en fief**, en *salaire* de ses services. Mais ce n'était plus là qu'une **cérémonie** ; les comtes et ducs, *trop puissants* pour craindre le roi, ne se faisaient aucun scrupule non seulement de lui refuser obéissance mais encore de *prendre les armes* contre lui, de même qu'ils se combattaient entre eux, de là des *guerres civiles* continuelles.

182. Principaux grands fiefs. — La France était alors morcelée entre une soixantaine de souverains. Le nombre n'en était pas fixe, car un grand fief pouvait se partager en deux (par exemple l'Artois séparé de la Flandre), ou plusieurs grands fiefs pouvaient se réunir en un seul sous un même maître (par exemple, l'Albigeois et le Quercy joints au comté de Toulouse). — Les grands fiefs étaient très **inégaux**, quelques-uns ne dépassant guère les limites d'un arrondissement, d'autres s'étendant sur plusieurs départements. Les plus importants étaient au nord, les comtés de **Flandre** et de **Champagne**, les duchés de **Bretagne**, de **Normandie** et de **Bourgogne**; au sud le duché d'**Aquitaine** ou le **comté de Toulouse**[1].

183. Maison de Normandie. — Les ducs de Normandie possédaient, outre leur duché : — le **royaume d'Angleterre**, conquis en 1066 ; — les comtés d'**Anjou, Maine, Touraine**, propriété de **Geoffroy-Plantagenet** qui avait épousé l'héritière de Normandie (1127) ; — le duché de **Poitou**, le duché d'**Aquitaine** et la vicomté de **Limoges**, propriétés d'Éléonore d'Aquitaine, qui avait épousé le duc de Normandie (1152). Ces ducs, maîtres de l'**Angleterre** et de **tout l'ouest de la France** étaient beaucoup plus puissants que le roi et toujours en guerre avec lui.

184. Le domaine royal et Louis VI. — Le roi de France n'était vraiment obéi que dans les pays qu'il *possédait lui-même* à titre de comte ou de duc ; c'était là le **domaine royal** qui ne comprenait encore au xie siècle qu'une partie de l'ancien duché de France : les comtés de **Paris, Melun, Étampes, Orléans** et **Sens**, et la **vicomté de Bourges**. Mais ce domaine

---
[1]. Les possesseurs des six grands fiefs, Flandre, Champagne, Bourgogne, Normandie, Aquitaine, Toulouse, s'appellent depuis le xiie siècle les *pairs laïques* du roi. Ils servaient le roi dans la cérémonie du sacre en compagnie des six évêques appelés les *pairs ecclésiastiques*.

établi au cœur du bassin parisien devait se développant dans toutes les directions suivant les grandes voies historiques, fin par englober la France entière (voir introduction, page 8). Jusqu'à la fin du Moyen âge, les rois de France ont travaillé, com des paysans, à **agrandir leur domain** profitant de toutes les occasions pour ach ter, acquérir par mariage, confisquer conquérir. Louis VI n'acquit presque rie mais il eut à combattre les *seigneurs demi brigands* qui, de leurs châteaux e clavés dans le domaine royal, coupaie les communications entre les villes du r les seigneurs de **Montlhéry** entre Paris Étampes, du **Puiset** entre Paris et Orléa de **Montmorency**, de **Coucy**.

185. Acquisitions de Philipp Auguste. — Philippe-Auguste acq les comtés d'**Amiens, Vermandois, Val** (1191). Puis, profitant des embarras Jean sans Terre, duc de Normandie et d'Angleterre, il lui enleva la **Normandi** la **Touraine**, le **Maine**, l'**Anjou**, le **Poit** (1203-1205). La ligue formée contre lui p Jean, roi d'Angleterre, Othon, empere d'Allemagne et le comte de Flandre brisée par la **victoire de Bouvines**. dès lors le roi fut le **plus puissant** des s gneurs de France.

186. Acquisitions dans le Mi — Le Midi resté plus latin que le Nor différent de climat, de langue, de mœu tourné vers la Méditerranée, vivait l'écart, tendait à se détacher de la Fran Les habitants du **Languedoc**[1] avaie au xiie siècle, adopté les doctrines des C thares[2] *et cessé de reconnaître l'autorité de l'Église*. Pour les ramener à l'obéissance le Pape prêcha la **croisade contre les h rétiques Albigeois** (1208). Les chevalie du Nord de la France, conduits par Sim de **Montfort**, envahirent le Languedoc, saccagèrent et **s'y établirent** à la pl des seigneurs hérétiques massacrés. roi recueillit cette conquête qui forma sénéchaussées de **Carcassonne** et de **Bea caire**. Il y joignit bientôt le **comté de To louse**, à la mort de son frère Alphonse Poitiers, qui avait épousé la fille du de nier comte. Saint Louis avait conquis aus l'Aquitaine, sur le roi d'Angleterre (124 mais, par scrupule de conscience, il la rendit (1259).

187. Administration royale. — Sous saint Louis le domaine royal co prenait déjà **plus d'un tiers de la Franc** Pour l'administrer le roi envoyait da les villes les plus importantes des *homm de confiance* chargés de **faire rentrer l'a gent** dû au roi et de **rendre la justice** son nom. Ces officiers, nommés bail

---
[1]. On appela au Moyen âge *Languedoc* les pa du midi où l'on parlait une langue différente de langue du nord, ou langue d'oïl.

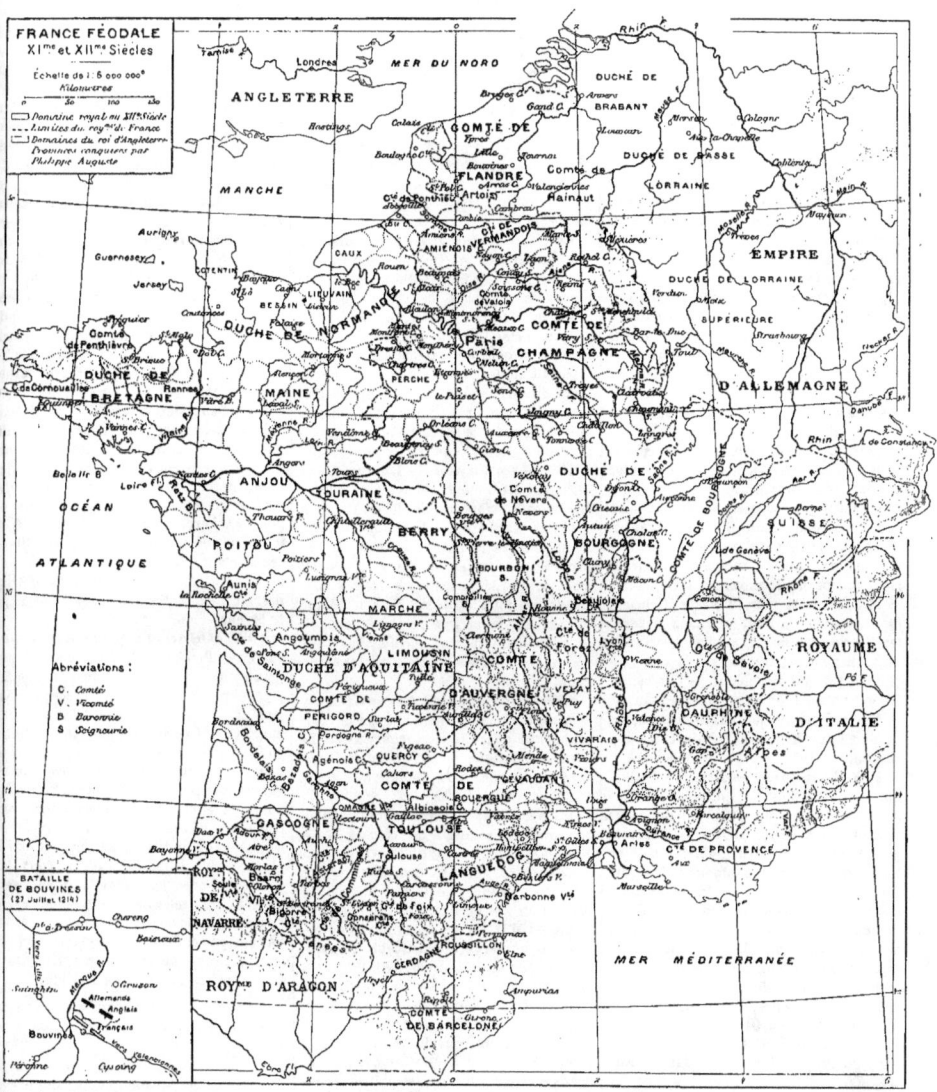

dans le nord, sénéchaux dans le midi, n'avaient à gouverner chacun qu'une petite province. C'étaient, non des grands seigneurs, mais de simples chevaliers ; chaque année ils devaient venir rendre leurs comptes et on ne les laissait pas prendre racine dans leur gouvernement. Le roi restait seul maître et gouvernait avec l'aide de sa cour composée de quelques grands seigneurs et d'un nombre toujours plus grand de légistes, hommes sûrs et dévoués, instruits dans le droit.

QUESTIONS D'EXAMEN. — 1. Quel était l'état du royaume de France au neuvième siècle ? — 2. Quel fut le sort des rois carolingiens ? — 3. Par quelle famille furent-ils remplacés ? — 4. Qu'appelle-t-on régime féodal ? — 5. A qui appartenait le pouvoir sous ce régime ? — 6. Qu'appelait-on grands fiefs ? — 7. Citez les principaux grands fiefs. — 8. Indiquez le domaine de la maison de Normandie. — 9. Comment s'était-il formé ? — 10. Qu'appelait-on domaine royal ? — 11. Quelle étendue avait-il ? — 12. Quelle fut l'œuvre des premiers Capétiens ? — 13. Énumérez les acquisitions de Philippe-Auguste. — 14. A quel sujet eut lieu la bataille de Bouvines ? — 15. Dans quel état se trouvait le Languedoc ? — 16. Comment passa-t-il au pouvoir des rois de France ? — 17. Comment le domaine royal était-il administré ?

SEIZIÈME LEÇON
L'ALLEMAGNE ET L'ITALIE DU X⁰ AU XIII⁰ SIÈCLE

188. Royaume de Germanie. — De tous les royaumes démembrés de l'Empire de Charlemagne, le *plus puissant* était le **royaume de Germanie** (carte p. 49), où les guerriers avaient conservé l'habitude d'obéir à leur roi. Après la mort du dernier Carolingien, **Louis IV (912)**, la royauté ne fut *plus héréditaire*. Les **principaux seigneurs** et les **évêques** se réunissaient pour **élire** le roi ; ils choisissaient quelque prince puissant, d'ordinaire **le fils du roi précédent**. C'est ainsi que l'Allemagne fut successivement gouvernée par trois familles : **maison de Saxe** au x⁰ siècle, **maison de Franconie** au xi⁰, **maison de Souabe** aux xii⁰ et xiii⁰.

189. Duchés, comtés, évêchés. — Il y avait eu en Allemagne **six peuples** correspondant aux grandes régions naturelles du pays : **Souabes** et **Bavarois** au sud (plateau du haut Danube) ; **Franconiens** et **Thuringiens** au centre (double versant de la zone montagneuse intérieure) ; **Frisons** et **Saxons** au nord (plaines et rivages de la mer du Nord). Chacune de ces régions formait un **duché** (excepté les Thuringiens soumis au duché de Saxe). La **Lotharingie** (Lorraine) sur la rive gauche du Rhin fut le 6⁰ duché. — Ces duchés étaient partagés en *pays* (gau) ou **comtés**. — Les **évêques** et les **abbés** possesseurs de **domaines immenses**, étaient comme les comtes, des souverains indépendants.

190. Marches. — Derrière l'Elbe, qui formait à l'est la limite de la Germanie, habitaient des peuples d'une *autre race* et d'une *autre religion* ; les Slaves, païens, divisés en plusieurs tribus. Pour les convertir et les soumettre, les rois établirent le long de la frontière plusieurs armées, commandées chacune par un **markgraf**. Le territoire du markgraf se nommait une **marche** ; et il s'agrandissait par la conquête. Les trois principales marches furent : le **Brandebourg** au nord ; la **Misnie** au centre ; l'**Ostmark** (marche d'Autriche) au sud. De ces trois marches sont sortis les trois *plus puissants royaumes* d'Allemagne, la **Prusse**, la **Saxe**, l'**Autriche**.

191. Royaumes vassaux. — Les peuples barbares de l'est ne furent pas tous soumis par la force. Plusieurs se convertirent et gardèrent leurs **anciens chefs**, qui prirent le titre de rois ou de ducs et se reconnurent les **vassaux** de l'empereur. Ainsi furent formés les royaumes de **Pologne**, de **Bohème**, de **Hongrie** (carte p. 63) ; les duchés de **Mecklembourg** (carte p. 63), de **Poméranie** et de **Silésie**.

192. Rétablissement de l'Empire. — Les rois d'Italie avaient d'abord porté le titre d'empereur ; mais depuis 924 ils y avaient renoncé, et d'ailleurs ils n'avaient plus de pouvoir réel en Italie, ni les villes ni les seigneurs ne leur *obéissaient plus*. Le roi de Germanie, **Othon**, passa les Alpes *avec une armée* et se fit couronner **roi d'Italie (961)**, puis empereur (962).

193. Le Saint Empire romain germanique. — Dès lors et jusqu'au xii⁰ siècle, quiconque devenait roi de Germanie acquérait le droit de devenir aussi roi d'Italie et empereur. Mais il *ne pouvait l'être en fait qu'après être allé chercher* la **couronne impériale à Rome**. Il partait donc à la tête *d'une armée* pour l'**expédition romaine**. Les Italiens voyaient avec colère passer ces bandes d'Allemands qui ravageaient le pays, et d'ordinaire l'expédition n'allait pas sans quelque émeute.

194. Les Papes. — L'autorité pontificale était bien déchue au x⁰ siècle ; de simples *seigneurs de Rome* faisaient nommer les Papes à leur fantaisie. Au xi⁰ siècle, les *chrétiens s'émurent* de ces scandales. L'empereur Henri III choisit alors des papes parmi les *évêques allemands* les plus estimés. Mais le clergé romain s'indigna que le Pape dépendît ainsi de l'empereur et décida (1059), que désormais le **Pape serait élu par les cardinaux**.

195. Querelle des Investitures. — Alors commença entre le Pape et l'empereur la **querelle des investitures**. Le pape voulait du clergé *un indépendant du monde ;* il défendait aux ecclésiastiques de *recevoir leur dignité des mains d'un laïque*. — L'empereur voulait continuer à *nommer les évêques et les abbés* d'Allemagne et d'Italie, parce qu'ils *possédaient* de grands territoires et des pouvoirs politiques qu'ils avaient reçus de l'empereur. — Le Pape était soutenu par le **clergé d'Italie et de France**, l'empereur par le **clergé allemand et lombard**. L'empereur avait *une armée*, le Pape eut *des alliés*, la comtesse Mathilde de Toscane et le chef des Normands d'Italie, à qui il avait donné le titre de roi. La querelle finit par le **concordat de Worms (1122)** ; l'empereur accorda que les **évêques et abbés seraient élus par les prêtres ou les moines**, mais il garda le pouvoir de les **investir des droits qui appartenaient au roi**.

196. Révolte des villes lombardes. — La lutte recommença trente ans après. La famille des Hohenstaufen régnait alors en Allemagne. **Frédéric Barberousse**, le plus puissant des empereurs allemands, voulut forcer les Italiens à lui obéir. Les villes de Lombardie étaient devenues **indépendantes** ; chacune était gouvernée par un *conseil* formé de nobles et des principaux habitants, et défendue par une petite armée, où les nobles formaient la cavalerie et les bourgeois l'infanterie. Quelques villes prirent parti pour l'empereur, mais la plupart lui résistèrent. On appela **Gibelins** les partisans de l'empereur, **Guelfes**, ses adversaires.

197. Lutte du Sacerdoce et de l'Empire. — Le Pape *se déclara pour les Lombards* et excommunia Frédéric. L'empereur, d'abord vainqueur, *détruisit Milan* (1162) et chassa le Pape Alexandre en France. Mais les villes lombardes formèrent une ligue et battirent les Allemands à Legnano (1176). Frédéric céda et reconnut aux villes lombardes le droit de se gouverner (1183). — Le petit-fils de Barberousse, Frédéric II, recommença la guerre. **Roi des Deux-Siciles** par sa mère, il avait été élu empereur par la protection du Pape, qui lui avait fait promettre de renoncer à son royaume des Deux-Siciles et de partir pour la croisade. — Frédéric ne tint pas sa promesse. Le Pape Grégoire IX l'excommunia, s'allia à la ligue lombarde et souleva contre lui son fils et ses sujets d'Allemagne. Frédéric vainquit les Lombards et les révoltés d'Allemagne ; mais après sa mort (1250) le Pape triompha.

198. Ruine du pouvoir impérial. — Pendant plusieurs années les princes allemands *ne purent s'accorder pour* élire un successeur à Frédéric, l'Allemagne resta sans **roi** et l'Empire sans empereur. Cet **interrègne** se termina enfin parce qu'on avait besoin d'un chef pour maintenir la paix. Mais les princes eurent soin, pendant longtemps, de n'élire pour empereurs que des seigneurs *sans pouvoir personnel*. Dès lors l'empereur n'eut plus qu'un **titre sans force** et ne fut plus capable de se faire obéir. Tous les princes, toutes les villes, tous les seigneurs qui relevaient directement de l'empereur **devinrent indépendants**. Ainsi l'**Allemagne** et l'**Italie** se trouvèrent depuis le xiii⁰ siècle, **partagées en petits États** et le sont **restées jusqu'à nos jours**.

QUESTIONS D'EXAMEN. — 1. Comment était gouverné le royaume de Germanie ? — 2. Énumérez les familles impériales. — 3. Qu'était-ce que les duchés ? — 4. Comment étaient-ils divisés ? — 5. Qu'était-ce que les marches ? 6. Citez les principales. — 7. Quelle a été la destinée de ces marches ? — 8. Indiquez les pays vassaux. — 9. Comment a-t-on rétabli l'Empire ? — 10. Qu'était-ce que l'*expédition romaine* ? — 11. Quelle était la situation des Papes au dixième siècle ? — 12. Quel changement s'opéra au onzième ? — 13. En quoi consistait la querelle des investitures ? — 14. Comment finit-elle ? — 15. Comment étaient gouvernées les villes de Lombardie ? — 16. Racontez leurs luttes avec l'empereur. — 17. Racontez la lutte du Pape avec l'empereur. — 18. Comment finit-elle ? — 19. Dans quel état se trouvèrent l'Allemagne et l'Italie ?

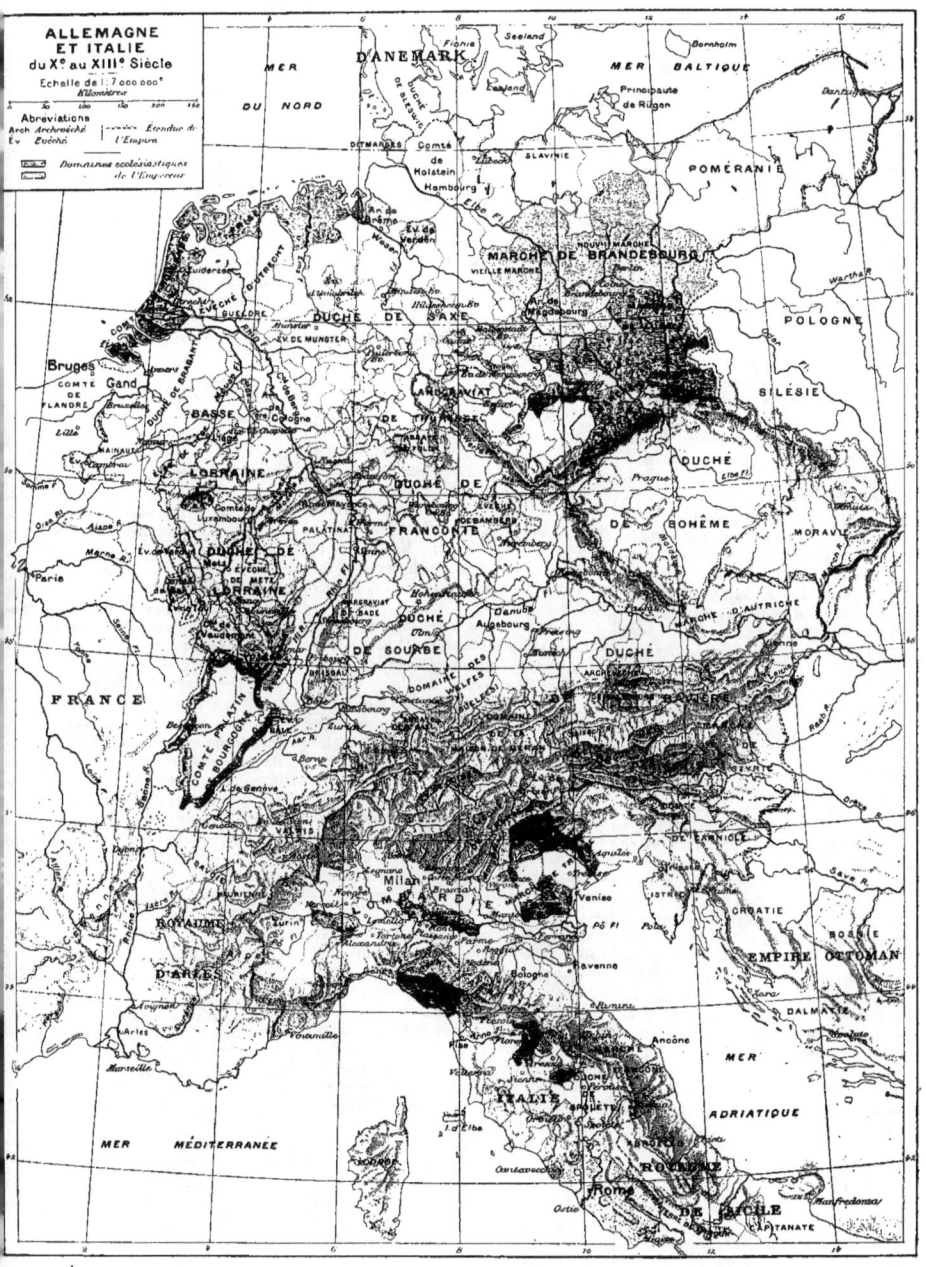

L'ALLEMAGNE ET L'ITALIE DU Xe AU XIIIe SIÈCLE.

LA GRANDE-BRETAGNE AU MOYEN AGE

DIX-SEPTIÈME LEÇON
LA GRANDE-BRETAGNE AU MOYEN AGE

199. La Grande-Bretagne. — Les peuples qui habitaient la **Grande-Bretagne** à l'époque romaine parlaient une **langue celtique** et appartenaient à la race des **Celtes**, comme les anciens Gaulois. Les Romains ne réduisirent en province que la partie qui forme aujourd'hui l'Angleterre. L'Irlande resta indépendante, les **Pictes** et les **Scots**, tribus montagnardes qui habitaient l'Écosse, continuèrent à faire aux provinces romaines une *guerre de brigands*.

200. Fondation des royaumes Anglo-Saxons. — Quand l'empereur *retira les troupes* romaines de Bretagne au vᵉ siècle, les habitants, *pour se défendre* contre les montagnards, prirent à leur service des guerriers germains **Angles** ou **Saxons**. Ces Germains s'établirent dans le pays *avec leurs familles* et *exterminèrent* la plupart des anciens habitants. Comme ils ne formaient pas une nation unique, chaque chef de bande fonda un royaume indépendant. Il y eut **quatre royaumes de Saxons** au sud (**Kent, Essex, Sussex, Wessex**); **trois royaumes d'Angles** au nord, (**Estanglie, Mercie, Northumberland**); en tout sept, d'où le nom d'**heptarchie** (*les sept royaumes*).

201. Germains et Celtes. — Dans ces royaumes les guerriers germains formaient la grande majorité de la population; mais ils n'occupèrent ni l'Écosse, ni l'Irlande, ni même tout le pays jadis soumis aux Romains; ils ne s'établirent que dans la **plaine**. Les montagnards celtiques de l'ouest les repoussèrent et fondèrent le royaume indépendant de **Cambrie** ou de **Galles** où l'on continue jusqu'à nos jours à *parler celte*. D'autres tribus celtes se soumirent, mais en gardant leur langue et leurs usages. La population celtique se conserva ainsi, *mélangée* dans le royaume de Mercie, *presque pure* dans la presqu'île montueuse de Cornouailles où la langue celtique a duré jusqu'au xvɪɪɪᵉ siècle. Le sud et l'est devinrent **saxons**, le nord et l'ouest restèrent en partie **celtiques**.

202. Les Danois. — Les Angles et les Saxons, arrivés païens, se laissèrent **convertir au Christianisme**. Après de longues guerres les sept royaumes finirent par se fondre en un seul, le **royaume d'Angleterre**, il n'y eut plus qu'un *seul roi* et une *seule assemblée* de guerriers. Le roi le plus puissant, **Alfred le Grand** (871-900), créa des écoles latines pour son clergé et rédigea des lois pour son peuple comme Charlemagne en Gaule. — Puis commença le temps des **pirates du Nord**. De Norvège et de Danemark, arrivaient des flottilles de grandes barques montées par des cadets de famille et des aventuriers partis pour chercher fortune. Comme en France ils pillaient les villages, massacraient les clercs et enlevaient les habitants. On les appelait en Angleterre les **Danois**. Ils s'établirent en grand nombre surtout dans le nord de l'Angleterre, le Northumberland, et peu à peu forcèrent tout le pays à leur obéir. Au début du xɪᵉ siècle, quatre rois de Danemark furent rois d'Angleterre.

203. Conquête de l'Angleterre. — Le dernier roi saxon d'Angleterre, étant mort sans enfants, **Guillaume, duc de Normandie**, prétendit être son héritier. Le Pape le soutint; Guillaume débarqua en Angleterre avec une armée de 60000 aventuriers français, battit les guerriers saxons qui voulaient de l'arrêter à Hastings (1066) et se fit reconnaître **roi d'Angleterre**. Puis il *laissa* les soldats et les clercs venus avec lui *s'emparer des domaines* des guerriers et des couvents saxons. Alors se formèrent en Angleterre, une *noblesse nouvelle* et un *clergé nouveau* composés surtout de **Français**, tandis que le peuple restait saxon. Le roi, la cour, les nobles, le clergé *parlaient français*, le saxon ne fut plus que la langue des paysans et des artisans.

204. Les rois normands. — Les nouveaux rois établirent dans leur royaume d'Angleterre *le même régime* que dans leur duché de Normandie. Ils firent dresser une liste détaillée de toutes les terres que chacun possédait dans leur royaume, (le *Doomsday book*). Ils obligèrent tous les chevaliers à jurer d'être fidèles au roi et de servir dans son armée et ils leur interdirent de se faire la guerre les uns aux autres suivant l'usage des nobles de ce temps. Il n'y avait en Angleterre d'autre armée et d'autre justice que l'*armée* et la *justice du roi*. Aucun prince en Europe n'avait un *pouvoir aussi grand* sur ses sujets.

205. La Grande Charte. — Les rois, se sentant très puissants, abusèrent de leur pouvoir pour dépouiller et emprisonner leurs sujets injustement. Personne en Angleterre n'était de force à résister au roi, car il n'y avait là *ni ducs ni comtes souverains* comme en France et en Allemagne, mais seulement de grands propriétaires (*lords*). Les **lords** et les **évêques**, trop faibles pour lutter isolés, **s'unirent** et, profitant des embarras de Jean-sans-Terre, l'obligèrent à signer la **Grande Charte** : le roi s'engagea à *ne plus lever d'argent sans le consentement* des lords et à *ne condamner personne sans le faire juger*; de ces promesses sont nées les deux grandes institutions anglaises, le **Parlement** et le **jury**.

206. L'Écosse. — Les montagnards sauvages de l'Écosse, **convertis** par des missionnaires venus d'Irlande, restèrent pauvres, rudes et belliqueux. Depuis le ɪxᵉ siècle, l'**Écosse** formait un seul royaume et au xɪɪɪᵉ siècle elle avait acquis les **Hébrides**. Quand la famille royale d'Écosse s'éteignit (1286) le roi d'Angleterre en profita pour conquérir le pays; mais les armées anglaises furent chassées par Bruce (1306) et l'Écosse resta un *royaume indépendant*. *Deux sortes de populations* l'habitaient : dans les montagnes du nord les **Highlanders** (*hommes des hautes terres*), de race **celtique**, restés plus sauvages; dans les vallées du sud les *hommes des basses terres* (Lowlanders), **de race saxonne** et qui parlaient une langue semblable à l'anglais. Tous étaient organisés en **clans**, c'est-à-dire en tribus dont les membres portaient le même nom et se regardaient comme *une seule famille*. Les clans se faisaient l'un à l'autre une guerre incessante.

207. L'Irlande. — L'Irlande devenue chrétienne dès le vᵉ siècle avait été, au vɪɪᵉ siècle, le pays le plus civilisé d'Europe; elle avait des couvents nombreux où vivaient des moines instruits; on l'appelait l'*île des Saints*. Elle se divisait en quatre grandes provinces, souvent en guerre l'une contre l'autre. Le roi d'Angleterre profita de ces divisions, il se fit donner l'Irlande par le Pape et conquit sans peine la *partie occidentale* de l'île (1171). Des Anglais y prirent de force de grands domaines et continuèrent la conquête qui dura jusqu'au xvɪᵉ siècle. L'Irlande devint une dépendance de l'Angleterre, et elle eut côte à côte deux populations qui se haïssaient, les anciens *habitants celtes* et les *colons saxons*.

208. Royaume de Galles. — Le royaume de Galles se défendit longtemps contre les Anglais. Quand le roi fut parvenu à le soumettre, il *ne se fondit pas* dans le royaume d'Angleterre [1], les **Gallois** gardèrent *leur langue et leurs usages celtiques*.

---

1. De ce temps date la coutume de faire porter au fils aîné du roi d'Angleterre le titre de *prince de Galles*.

QUESTIONS D'EXAMEN. — 1. Quels peuples habitaient la Grande-Bretagne ? — 2. Quelle partie avaient soumise les Romains ? — 3. Comment les Angles et les Saxons vinrent-ils en Grande-Bretagne ? — 4. Énumérez les royaumes qu'ils fondèrent. — 5. Que devint l'ancienne population ? — 6. Comment fut formé le royaume d'Angleterre ? — 7. Racontez les invasions des pirates du Nord. — 8. Racontez la conquête de l'Angleterre par Guillaume de Normandie. — 9. Quelle conséquence eut cette conquête ? — 10. Décrivez le régime établi par les rois normands. — 11. Qu'est-ce que la Grande Charte ? — 12. Quelles conséquences a-t-elle eues ? — 13. Qu'étaient les habitants de l'Écosse ? — 14. Comment étaient-ils organisés ? — 15. Qu'avait été l'Irlande au septième siècle ? — 16. Comment fut-elle conquise ? — 17. Par qui fut-elle peuplée ? — 18. Quel fut le sort du royaume de Galles ?

DIX-HUITIÈME LEÇON
LES ÉTATS CHRÉTIENS EN ORIENT

209. La Palestine au XIe siècle. — Musulmans et chrétiens *séparés par la Méditerranée* ne pouvaient guère se rencontrer qu'à ses deux extrémités. En Occident Charlemagne avait repoussé les Arabes au delà des Pyrénées. Trois siècles après, les chevaliers chrétiens attaquèrent les Turcs en Orient. Ceux-ci ayant remplacé les Arabes en Palestine, les *pèlerins* chrétiens d'Occident qui allaient visiter le **tombeau du Christ** à Jérusalem commencèrent à se plaindre d'être maltraités. Ce fut l'origine des Croisades.

210. La croisade. — Des moines et des papes eurent l'idée d'envoyer les chevaliers chrétiens d'Occident **délivrer le Saint Sépulcre.** Une expédition fut décidée au concile de Clermont (1096); tous ceux qui partaient prirent **la croix** sur leurs vêtements, d'où le nom de **croisade**. La première croisade se composait de trois bandes. La première, formée surtout de *gens du peuple, mal armés* et sans discipline, descendit la vallée du Danube et fut *exterminée*. Les deux autres, formées de *chevaliers*, partirent l'une par terre, l'autre par mer, et se rejoignirent à Constantinople. Ils passèrent en Asie, ils prirent Antioche et enfin Jérusalem où ils massacrèrent presque tous les habitants.

211. Les principautés chrétiennes. — Il y avait parmi les croisés des chevaliers de plusieurs pays, Français Allemands, Normands, des Deux-Siciles (carte p. 63). La plupart, satisfaits d'avoir reconquis le Saint Sépulcre, *retournèrent chez eux*. Les autres se partagèrent le pays conquis : ils y fondèrent **trois principautés,** celles **d'Antioche, d'Édesse** et de **Tripoli,** et un **royaume de Jérusalem.**

Les chevaliers chrétiens transportèrent dans leur royaume les usages d'Occident. Le **régime féodal de Syrie** fut même **plus régulier** que dans aucun pays chrétien. Chaque principauté avait été divisée en *baronnies* : les barons prêtaient hommage au roi ou au prince, mais chacun était à peu près souverain dans son domaine, et la *cour des barons* réunis avait le droit d'imposer ses décisions au roi par les armes.

212. Royaume de Jérusalem. — Le royaume de Jérusalem fut donné à un chevalier lorrain, **Godefroy de Bouillon,** célèbre par sa piété et sa bravoure. Il avait la *suzeraineté* sur les autres principautés. Pourtant il était le plus pauvre et le plus faible. La victoire d'Ascalon l'agrandit vers le sud jusqu'à la mer, mais il avait peu de villes et la campagne aux alentours restait aux mains des Infidèles.

213. Ordres militaires. — Dans ce royaume tout consacré à la défense du tombeau du Christ furent fondés **trois ordres militaires** dont les membres étaient à la fois **moines et chevaliers.**

1º Les chevaliers de l'hôpital de **Saint-Jean de Jérusalem,** créés d'abord pour recueillir les pèlerins malades;

2º Les chevaliers du **Temple,** destinés à *combattre les infidèles;*

3º Les chevaliers de l'**Ordre teutonique** chargés d'entretenir l'hôpital allemand de Jérusalem.

Les Templiers et les chevaliers de Saint-Jean acquirent de *grands domaines* et bâtirent les *châteaux* les plus forts du pays.

214. Décadence des principautés. — Les chrétiens établis en Palestine adoptèrent les mœurs de l'Orient; amollis par le luxe et la chaleur ils ne furent bientôt plus assez énergiques pour résister aux attaques incessantes des Turcs Musulmans conduits par des chefs habiles, Malek-Adel et Saladin. Les Turcs prirent Edesse en 1144, Jérusalem en 1187. Il ne resta plus que des lambeaux des principautés d'Antioche et de Tripoli ; le royaume de Jérusalem fut réduit à quelques villes dont la principale était Saint-Jean d'Acre.

215. Les croisades de secours. — Les chrétiens d'Orient menacés *appelèrent* les chrétiens d'Occident qui leur envoyèrent plusieurs expéditions de secours : — après la perte d'Edesse, la 2e croisade (1147) conduite par le roi de France Louis VII et l'empereur d'Allemagne Conrad; la plupart des croisés périrent en chemin, les survivants échouèrent au siège de Damas; — après la perte de Jérusalem, la 3e croisade (1191) conduite par le roi de France Philippe et le roi d'Angleterre Richard : elle n'aboutit qu'à reprendre Saint-Jean d'Acre.

216. La 4e croisade. — En 1202 une 4e croisade s'était formée pour aller délivrer la Terre sainte ; les croisés, la plupart français, se réunirent à Venise pour s'embarquer. Là, l'empereur d'Orient qui venait d'être chassé par un usurpateur, leur persuada de *passer par Constantinople* pour le rétablir sur le trône. La république de Venise leur fournit les vaisseaux.

217. Fondation de l'Empire latin. — L'empire de Constantinople durait toujours, bien qu'*amoindri* par les conquêtes des Turcs qui lui avaient pris presque toute l'Asie Mineure. Les croisés n'eurent pas de peine à s'emparer de Constantinople et à rétablir l'empereur ; mais cette ville pleine de monuments et de richesses leur avait fait envie et ils méprisaient les Byzantins parce qu'ils n'étaient pas catholiques. Une nouvelle émeute ayant chassé l'empereur, les croisés reprirent Constantinople la saccagèrent et cette fois la gardèrent. Baudouin de Flandre fut élu **empereur de Constantinople** : les autres seigneurs se partagèrent les provinces d'Europe où ils fondèrent un **royaume de Macédoine** et une **principauté d'Achaïe.** Ainsi naquit l'empire appelé **latin** par opposition à l'empire **grec.** — Ce que les Byzantins conservèrent en Asie forma deux empires : **empire de Nicée, empire de Trébizonde.**

218. Dernières croisades. — Il y eut encore quatre croisades. Les chrétiens cherchèrent à conquérir l'**Égypte** qui envoyait des secours aux Musulmans de Jérusalem. La 5e croisade conduite par le roi de Hongrie n'aboutit qu'à prendre Damiette (1217). Dans la 7e le roi de France saint Louis fut fait prisonnier en Égypte avec toute son armée; la 8e fut dirigée encore par saint Louis, qui débarqua à Tunis et y mourut de la peste [1].

219. Fin des principautés d'Orient. — Les chrétiens d'Occident découragés cessant d'envoyer des renforts, les principautés d'Orient livrées à elles-mêmes ne pouvaient se soutenir. Les Turcs leur **reprirent toute la Palestine;** les empereurs de Nicée **détruisirent l'empire latin** (1261). Les **rois de Jérusalem** se réfugièrent dans l'île de **Chypre** que leur dernière héritière finit par léguer à la république de Venise. Les **chevaliers de Saint-Jean** se retirèrent dans l'île de **Rhodes** qu'ils conservèrent jusqu'en 1522 et de là dans l'île de **Malte** qu'ils ont gardée jusqu'en 1798. Les **Templiers** qui avaient de grands domaines en Europe s'établirent à Paris (au Temple) jusqu'à ce que Philippe le Bel abolit leur ordre. Les **chevaliers teutoniques** se transportèrent en **Prusse.**

220. Résultats des croisades. — De toutes ces croisades et de tous ces établissements les chrétiens d'Occident retirèrent du moins cet avantage d'**avoir fait connaissance avec les Orientaux** alors plus cultivés, plus riches, plus industrieux. Ainsi commença le grand **commerce avec le Levant** par Venise, Gênes et Marseille.

---

1. La 6e croisade ne mérite pas le nom de croisade. L'empereur Frédéric II qui la faisait par force partit excommunié par le pape et se rendit à Jérusalem accompagné d'un prince musulman qui lui avait cédé la ville pour un traité.

QUESTIONS D'EXAMEN. — 1. Que devint le tombeau du Christ à Jérusalem ? — 2. Pourquoi fut entreprise la croisade ? — 3. Combien y eut-il de croisades fondées par les croisés. — 7. Comment furent-elles organisées ? — 8. Que savez-vous du royaume de Jérusalem ? — 9. Qu'était-ce que les ordres militaires ? — 10. Nommez-les. — 11. Quel fut le sort des principautés chrétiennes ? — 12. A quoi aboutirent les croisades ? — 13. Comment fut fondé l'empire latin ? — 14. Dans quels pays furent conduites les dernières croisades ? — 15. Comment périrent les principautés ? — 16. Que devinrent les ordres militaires ? — 17. Dites les résultats des croisades.

LES ÉTATS CHRÉTIENS EN ORIENT.

DIX-NEUVIÈME LEÇON
L'ÉGLISE DE FRANCE AU MOYEN AGE

221. L'Église et le Pape. — On appelle **Église** l'ensemble des chrétiens, *sans distinction de nations*. L'Église de France n'était donc qu'une **portion de l'Église catholique**, c'est-à-dire *universelle*; elle avait la *même organisation* que les autres pays catholiques. Son chef était le **Pape**, *évêque de Rome, successeur de saint Pierre*, choisi d'ordinaire parmi les *prélats italiens*. Rome, qu'on appelait le **Saint-Siège apostolique**, était la *capitale de la chrétienté* et la *résidence du Pape*. Cependant, en 1309, le pape Clément VIII, ancien évêque français, vint s'établir à **Avignon**; les Papes y restèrent pendant presque tout le XIVᵉ siècle (1309-1378); et même après qu'ils furent retournés à Rome, il y eut encore pendant cinquante ans, deux papes, l'un à Rome, l'autre à Avignon.

222. Les diocèses. — Le pays était divisé en **diocèses**, chacun gouverné par un **évêque**, qui résidait dans la ville chef-lieu et commandait à tous les prêtres et à tous les fidèles de son diocèse. L'évêque était élu par les prêtres de la ville chef-lieu, les **chanoines**, qui vivaient réunis, organisés en une congrégation appelée le **chapitre**. L'évêque et la plupart des chanoines sortaient de familles nobles. — Les diocèses étaient d'étendue très inégale, car ils correspondaient aux territoires des anciennes cités romaines[1]. Dans le midi, où les cités étaient rapprochées et n'avaient qu'un petit territoire, les diocèses étaient nombreux et petits, (Agde n'avait que 20 paroisses). Dans le nord, où il y avait eu peu de cités romaines, les diocèses étaient grands, Rouen avait 1370 paroisses. — La division resta telle qu'elle avait été fixée à l'époque romaine; les villes nouvelles (Montpellier, Dijon), n'avaient pas d'évêché, de petites villes déchues gardaient le leur. Au XIVᵉ siècle, les papes d'Avignon créèrent plusieurs évêchés nouveaux, mais seulement dans le midi.

223. Provinces. — L'évêque de la ville capitale d'une province était le supérieur des évêques des villes voisines; on l'appelait depuis le IXᵉ siècle, **archevêque** (jusque-là *métropolitain*). — Son autorité s'étendait sur la **province** ecclésiastique, l'ancienne province romaine. Les évêques de sa province se réunissaient sous sa présidence pour décider les affaires communes, leur assemblée était le **concile**

[1]. Excepté en Bretagne où les anciennes cités avaient disparu; il fallut et créer des évêchés nouveaux.

provincial. Il y avait en France 15 provinces d'étendue inégale, comme les provinces romaines; il suffit de comparer la province d'Embrun à celle de Bourges. Au XIVᵉ siècle, le Pape créa une province nouvelle, soumise à l'archevêque de Toulouse.

224. Paroisses. — Il n'y avait d'abord d'églises que dans les villes. Peu à peu (du Vᵉ au IXᵉ siècle), les évêques, les moines et les grands propriétaires construisirent des églises *dans les campagnes*, à portée de leurs paysans. A chaque église fut attaché un **prêtre** chargé d'administrer les sacrements aux fidèles; le territoire dépendant d'une église s'appelait une **paroisse**. L'organisation des paroisses de France n'a presque pas changé depuis le Moyen âge.

225. Couvents. — Les moines qui avaient d'abord été des solitaires retirés au désert, formaient, dès le IVᵉ siècle, des congrégations; ils vivaient dans des **couvents** établis d'ordinaire dans quelque vallon tranquille en dehors des routes battues. Ils étaient soumis à une **règle** et obéissaient à un **abbé** élu par eux, d'où le nom d'**abbaye** donné aussi à leur demeure. En France, tous les couvents suivaient la règle créée au VIᵉ siècle par saint Benoît; ils étaient **bénédictins**. Tous avaient été fondés **à la campagne** sur des domaines que leur avaient donnés les rois ou les seigneurs. Chaque abbaye était indépendante: elle était gouvernée par l'abbé et le *chapitre*, ou l'assemblée des moines. Mais la plupart possédaient des domaines où elles envoyaient quelques moines gouvernés par un *prieur*, qui formaient un petit couvent subalterne nommé *prieuré*.

226. Les ordres. — Au XIᵉ siècle le désordre s'était glissé dans la plupart des couvents, et les moines avaient cessé de pratiquer la règle. De pieux ecclésiastiques, parmi lesquels l'Église compte des saints, fondèrent ou réformèrent des couvents où la règle fut rétablie sévèrement. Ces abbayes dont les plus célèbres sont Cluny, Citeaux, Clairvaux, Prémontré, servirent de modèle aux autres, et, dans le courant du XIIᵉ siècle, tous les couvents **se réformèrent**. Comme on avait vu le danger de laisser les couvents complètement indépendants, beaucoup d'abbayes se réunirent pour former un seul **ordre** sous le gouvernement d'un seul abbé. L'abbaye maîtresse s'appelait *chef d'ordre*; les principales furent **Cluny** et **Citeaux**.

Au XIIIᵉ siècle, furent fondés deux ordres d'une espèce nouvelle; les frères prêcheurs ou **Dominicains**, les frères mineurs ou **Franciscains**, destinés à prêcher et à confesser, et à vivre au milieu des fidèles des villes. Comme les couvents dominicains et franciscains n'avaient pas besoin d'un domaine pour vivre, il s'en fonda bientôt dans la plupart des **villes** de France.

227. Domaines d'Église. — Les évêchés et les abbayes avaient reçu d'**immenses domaines** en *don* ou en *legs*. Les évêques, les abbés et même les chapitres de chanoines, devinrent ainsi de **grands seigneurs**; ils avaient leur cour, leur escorte de chevaliers, leurs tribunaux et tout le pouvoir d'un chef d'État.

228. Églises. — Jusqu'au IXᵉ siècle les églises des villes et des villages, comme celles des couvents ressemblaient aux *basiliques* romaines c'est-à-dire aux salles où les magistrats romains rendaient la justice. Elles prirent, au Moyen âge, une forme nouvelle. On distingue deux **styles**, c'est-à-dire deux systèmes différents de construction: le **style roman** (fig. 22)

Fig. 22. — Église romane (Worms).

inventé dans le midi, qui dura du IXᵉ au XIIᵉ siècle, le **style ogival** (ou *gothique*, fig. 31, page 70) inventé dans la région de Paris, qui dura du XIIIᵉ au XVIᵉ siècle. Les églises romanes et ogivales devinrent des monuments artistiques, et la France se remplit, jusque dans les villages, de chefs-d'œuvre que nous admirons encore.

229. Fondations ecclésiastiques. — Tous les chapitres et la plupart des abbayes avaient leur **école** dirigée par des ecclésiastiques, où les enfants destinés à entrer dans le clergé apprenaient à lire et à écrire le latin. Quelques-unes devinrent célèbres; c'est de la réunion des écoles de l'évêché et des abbayes de Paris que fut formée, au XIIIᵉ siècle, l'**Université**, c'est-à-dire la *corporation des maîtres et écoliers de Paris*; elle a servi de *modèle aux universités de toute l'Europe*. — Les congrégations avaient aussi leur **bibliothèque** composée de *livres latins* que les moines copiaient sur du parchemin. — Elles avaient leurs *hospices* où les *voyageurs* et les *malades* étaient reçus et soignés gratuitement. Il n'y avait guère, au Moyen âge, d'écoles, de bibliothèques

L'ÉGLISE DE FRANCE AU MOYEN AGE.

et d'hôpitaux que dans les couvents.

230. Cours d'Églises. — Au Moyen âge, beaucoup de procès ne relevaient que de la juridiction ecclésiastique : c'étaient les *causes d'Église*. L'Église seule jugeait les *ecclésiastiques* accusés d'un crime ; elle jugeait aussi les laïques accusés d'un *crime contre la religion*, hérétiques, sacrilèges, usuriers ; tous les procès en matière de *mariage* étaient de sa compétence. Chaque évêque eut son tribunal présidé (depuis le XIIIe siècle) par un délégué ecclésiastique, l'*official*. Ces tribunaux, nommés *cours d'Église* ou *officialités*, étaient beaucoup plus occupés que les tribunaux des princes, ou *cours laïques*. — Au XIIIe siècle, après la croisade des Albigeois, le Pape créa à Toulouse et à Carcassonne une nouvelle espèce de tribunal, l'**Inquisition** (l'enquête). Ces tribunaux que les rois d'Espagne ne tardèrent pas à introduire dans leurs États, avaient le droit de rechercher les *personnes de toute condition suspectes d'hérésie*, de les faire emprisonner et de les *condamner* même à être brûlées.

QUESTIONS D'EXAMEN. — **1.** Qu'appelle-t-on l'Église ? — **2.** Qu'est-ce que le Pape ? — **3.** Où résidait-il ? — **4.** Qu'est-ce qu'un évêque ? — **5.** Qu'appelle-t-on chanoines et chapitres ? — **6.** Comment s'étaient formés les diocèses ? — **7.** Qu'est-ce qu'une province ? — **8.** Qu'est-ce qu'une paroisse ? — **9.** Comment ont été créées les paroisses ? — **10.** Comment étaient organisés les couvents ? — **11.** Qu'appelait-on abbé ? — **12.** Prieur ? — **13.** Comment furent réformés les couvents ? — **14.** Qu'est-ce qu'un ordre ? — **15.** Citez les principaux ordres. — **16.** Qu'était-ce que les domaines d'Église ? — **17.** Que savez-vous des églises construites au Moyen âge ? — **18.** Quelles ont été les fondations de l'Église ? — **19.** Comment est née l'Université de Paris ? — **20.** Quel rôle jouait le clergé au Moyen âge ? — **21.** Comment étaient organisées les cours d'église ?

VINGTIÈME LEÇON
LA FRANCE AVANT ET PENDANT LA GUERRE DE CENT ANS

231. Acquisitions de Philippe le Bel. — Philippe le Bel (1285-1314) fit la guerre au roi d'Angleterre et au comte de Flandre. Par son mariage, il acquit la **Champagne** et la **Navarre** que ses successeurs ne conservèrent pas.

232. Créations de Philippe le Bel. — Philippe fut un roi despote. Il voulait *être obéi* et amasser *beaucoup d'argent* pour ses guerres contre les Anglais et les Flamands. Il ne se laissait arrêter ni par le respect de la coutume, ni par le sentiment de la justice. Avec l'aide des légistes, ses conseillers, il adopta plusieurs innovations graves :

Il ordonna à tous les habitants du royaume de s'équiper à leurs frais pour la guerre : ce fut l'**arrière-ban** ;

Il établit un impôt sur les marchandises vendues, **la maltôte**, et d'autres sur les propriétés ;

Il altéra les *monnaies* si fortement que la livre tomba de 16 fr. à 6 fr. ;

Il convoqua les **États**, c'est-à-dire les personnages considérables et les représentants des villes de France ;

Il sépara les membres de son Conseil en plusieurs corps : le *Parlement de Paris* pour la justice, la *Cour des Comptes* pour les finances, le *Grand Conseil* pour le gouvernement.

Le dernier des fils de Philippe mourut sans laisser de fils pour lui succéder (1328). Philippe de Valois, descendant de Philippe III, hérita du royaume de France.

233. Début et causes de la guerre de Cent Ans. — Le roi d'Angleterre, Édouard III, *petit-fils de Philippe le Bel par sa mère*, prétendit avoir plus de droits au royaume que Philippe VI. Ainsi commença, entre les rois de France et d'Angleterre, une querelle qui aboutit à la **guerre de Cent Ans**. La guerre avait un autre motif : Les ducs de Normandie, en devenant rois d'Angleterre, n'avaient pas abandonné leurs possessions françaises ; ils avaient à la fois leur *royaume d'Angleterre* et leur *domaine de France*. Pour ces provinces, le roi d'Angleterre restait vassal du roi de France et devait prêter serment d'hommage à ce prince, moins puissant que lui ; mais cette obligation lui pesait et il voulut s'en affranchir.

234. La Flandre. — Le comte de Flandre reconnaissait à peine la suzeraineté du roi de France, et les villes de Flandre n'obéissaient guère à leur comte. Les plus importantes : **Gand, Bruges, Ypres**, qu'on appelait les *trois membres de Flandre*, étaient au nombre des *plus riches villes* d'Occident. Les *tisserands* et les *teinturiers* flamands fabriquaient des *draps* qui se vendaient dans toute l'Europe. La Flandre était en outre à la tête de la grande voie commerciale qui par le Rhin, Francfort, le Tyrol et Venise aboutissait en Orient ; Bruges était la grande place de commerce où les marchands d'Allemagne et d'Italie venaient échanger leurs denrées. Chacune de ces villes avait son *conseil*, sa *milice*, ses corporations, sa politique indépendante. Les cités flamandes *s'allièrent au roi d'Angleterre* ; elles y avaient intérêt, car les Anglais n'ayant pas encore appris à tisser la laine de leurs troupeaux, c'était d'Angleterre que venait la laine dont les Flamands avaient besoin pour fabriquer leurs draps.

235. Succès du roi d'Angleterre. — Le roi d'Angleterre commença, avec l'aide des Flamands, par *détruire la flotte du roi de France* à l'Écluse (1340). Il possédait en France deux pays où il pouvait débarquer, chacun à la tête d'une des grandes voies naturelles aboutissant à Paris : le Ponthieu, au nord-ouest ; la Guyenne, au sud-ouest. Il débarqua d'abord dans le Ponthieu et par les plaines du Nord marcha sur Paris ; la *bataille de Crécy* (1346) le rendit maître de la Picardie et de Calais. Quelques années après, le prince de Galles débarqua en Guyenne et se dirigea sur Paris par la trouée du Poitou ; la *bataille de Poitiers* (1356), où le roi de France fut pris, rendit le roi d'Angleterre maître de tout le pays au sud de la Loire. Ces deux batailles furent la *victoire de l'infanterie sur la chevalerie*, des *archers* anglais recrutés parmi les *gens du peuple* sur les *chevaliers nobles* armés de la lance et couverts d'une armure, mais qui ne pouvaient manœuvrer en masses. Pour recouvrer sa liberté le roi de France, céda au roi d'Angleterre, par le *traité de Brétigny* (1360), Calais et toutes les provinces au sud de la Loire.

236. Succès du roi de France. — Les compagnies d'aventuriers, que les rois avaient eus à leur service pendant la guerre, continuèrent, *même après la paix*, à courir le pays, rançonnant les villes et mettant les paysans à la torture. Presque toute la France fut *ravagée* ; la Bretagne était alors disputée entre deux prétendants, et le *roi de Navarre*, comte d'Évreux, guerroyait aux environs de Paris, contre les bandes du roi de France. Charles V parvint à enrôler presque toutes les *grandes compagnies* sous le commandement d'un chef de bandes breton, Duguesclin, qui, après avoir battu le roi de Navarre à Cocherel (1364), les emmena hors du royaume, en Espagne. Puis, *sans livrer aucune bataille*, Charles enleva peu à peu au roi d'Angleterre tout ce que celui-ci possédait en France, ne lui laissant guère que Calais, Bordeaux et Bayonne.

237. Conquête du royaume de France. — Le roi Charles VI étant fou, les princes de sa famille gouvernèrent à sa place et gaspillèrent le trésor. La discorde se mit parmi eux ; il se forma deux partis : **Bourguignons**, parti du duc de Bourgogne ; **Armagnacs**, parti du duc d'Orléans, gendre du comte d'Armagnac, qui se firent la guerre dans Paris et dans le royaume. Le roi d'Angleterre, Henri V, en profita pour débarquer à Calais ; il battit les chevaliers français à Azincourt (1415) puis conquit la Normandie. Le fils de Charles VI, partisan des Armagnacs, ayant fait assassiner le duc de Bourgogne (1419), le nouveau duc fit alliance avec Henri V. Par le traité de Troyes (1420), le roi d'Angleterre épousa la fille de Charles VI et fut déclaré héritier du royaume. Les deux rois étant morts, Henri VI, encore tout enfant, fut reconnu à la fois *roi d'Angleterre* et *roi de France* à Paris et dans presque tout le royaume (1422). Le fils de Charles VI, Charles VII, prit aussi le titre de roi de France ; mais il ne fut accepté que des *provinces du centre* : on l'appelait, par dérision, *le roi de Bourges*.

238. Expulsion des Anglais. — Les armées du roi d'Angleterre et du duc de Bourgogne travaillèrent pendant quelques années à réduire un à un tous les pays qui restaient à Charles VII. Mais, après que **Jeanne Darc** eut fait lever le siège d'Orléans et emmené Charles VII à Reims, où il fut sacré roi de France suivant la vieille coutume, Charles, aidé du breton Richmond, son connétable, n'eut plus que des succès. Il obtint que le duc de Bourgogne signât la paix et retirât ses troupes (traité d'Arras, 1435). Il rentra dans Paris (1436) et reconquit peu à peu presque tout le royaume. Le roi d'Angleterre conservait encore la Normandie et la Guyenne. Charles VII lui reprit la **Normandie** par la bataille de Formigny (1451) et la **Guyenne** par la victoire de Castillon (1453). Il ne resta que Calais aux mains des Anglais. La guerre de Cent Ans, qui, deux fois, avait semblé tourner à l'avantage du roi d'Angleterre, eut pour résultat dernier de lui enlever tout ce qu'il possédait en France, et d'accroître le domaine royal.

QUESTIONS D'EXAMEN. — 1. Énumérez les institutions créées par Philippe le Bel. — 2. Qu'est-ce que l'arrière-ban ? — 3. La maltôte ? — 4. Les États ? — 5. Comment fut partagé le Conseil du roi ? — 6. Comment les Valois devinrent-ils rois de France ? — 7. Dites les causes de la guerre de Cent Ans. — 8. Comment étaient gouvernées les villes de Flandre ?

LA FRANCE AVANT ET PENDANT LA GUERRE DE CENT ANS.

— 9. Nommez les principales. — 10. Quelle fut leur politique? — 11. Racontez les succès du roi d'Angleterre. — 12. Pourquoi fut-il vainqueur? — 13. Qu'est-ce que le traité de Brétigny? — 14. Comment le roi de France reprit-il au roi d'Angleterre ses conquêtes? — 15. Comment la France fut-elle gouvernée sous Charles VI? — 16. Qu'appelait on Armagnacs et Bourguignons? — 17. Racontez les succès du roi de France. — 18. Dans quelle situation se trouva Charles VII? — 19. Comment parvint-il à reconquérir le royaume? — 20. Que resta-t-il aux Anglais? — 21. Quel fut le résultat dernier de la guerre de Cent Ans?

VINGT-UNIÈME LEÇON
L'ALLEMAGNE AUX XIV° ET XV° SIÈCLES

239. Affaiblissement de l'Empire. — Les empereurs d'Allemagne perdent au XIII° siècle tous leurs pouvoirs. 1° Les rois de Pologne et les seigneurs du royaume d'Arles (carte p. 53), *vassaux de l'Empire*, ne se reconnaissent plus comme liés à l'Empire; 2° Les *princes* allemands se sont emparés des domaines de l'empereur et deviennent de véritables souverains; 3° Les *villes* de l'empereur ne lui obéissent plus et s'érigent en républiques; 4° Les *chevaliers* au service de l'empereur se transforment en seigneurs indépendants. L'empereur n'a plus ni armée, ni revenus, ni domaines, plus rien qu'un titre.

240. L'anarchie. — Aucun pouvoir central ne maintient plus la paix; tout seigneur est libre de se faire *justice à soi-même* en guerroyant contre son voisin; il ne reste plus de droit que « *le droit du poing,* » c'est-à-dire le droit du plus fort et la guerre. Dans l'Allemagne du Sud naturellement morcelée, les petits seigneurs sont très nombreux, beaucoup de chevaliers vivent de *brigandage*, pillant les voyageurs et enlevant les bestiaux : on les appelle **chevaliers-brigands**.

241. Seigneurs laïques. — Les anciens duchés s'étaient démembrés. Les **comtes** s'étaient rendus *indépendants*, et comme les fils d'un comte prenaient chacun une part de son domaine et son titre, les comtés étaient réduits à de *très petits territoires* et formés de petits domaines *disséminés* à de grandes distances. Les *burgraves* (*comtes de château*) ne possédaient guère qu'une forteresse. Il n'y avait que quelques grands domaines dans les limites de l'ancienne Allemagne; ceux du *landgrave de Thuringe* (carte p. 53), du *comte de Wurtemberg*, et du *comte palatin du Rhin*. — Au contraire, hors des frontières anciennes, les **marches** de Brandebourg, de Misnie (carte p. 53), l'archiduché d'Autriche, pouvant s'agrandir librement, étaient devenus *de puissants États*.

242. Princes d'Église. — Les évêques et abbés d'Allemagne possédaient des territoires immenses, beaucoup plus grands que les comtés, sur lesquels ils exerçaient le pouvoir de comtes; ils avaient un trésor, des armées, des tribunaux souverains. Les plus puissants étaient les évêques du **Rhin**, (Cologne, Mayence, Trèves), de Franconie (carte p. 53) et de Saxe.

243. Constitution impériale. — Sept princes seulement, appelés *princes-électeurs*, avaient le droit de se réunir à Francfort pour **élire** l'empereur : trois ecclésiastiques, l'archevêque de Cologne, l'archevêque de Mayence, l'évêque de Trèves : quatre laïques, le margrave de Brandebourg, le prince de Saxe, le comte Palatin, et le roi de Bohême. Mais tous les princes, les comtes et les villes libres envoyaient leurs représentants à la diète d'Empire (*Reichstag*) qui se réunissait chaque année.

244. Les villes libres. — En Allemagne la plupart des villes appartenaient à quelque prince sur le domaine duquel elles avaient été fondées; telles étaient Berlin, Vienne, Dresde. Mais les *villes anciennes où siégeait un évêque* (c'étaient alors les plus importantes), n'avaient jamais obéi qu'à leur *évêque* et à l'*empereur*. Chacune avait son conseil, formé des habitants les plus riches et des serviteurs de l'évêque. Au XIII° siècle, quand le *conseil devint souverain*, ces villes furent autant de petites républiques. Elles s'appelaient **libres villes d'Empire**; il y en avait surtout au bord du Rhin (Cologne, Spire, Worms) et dans le nord (Brême, Hambourg, Lubeck). Les villes qui avaient appartenu à l'empereur (*villes d'Empire*), devinrent aussi villes libres; elles étaient d'ordinaire en Franconie (Nuremberg, Francfort), et en Souabe (Augsbourg, Ulm). — Ces villes indépendantes étaient les plus riches d'Allemagne; la grande route du commerce avec l'Orient passait alors par Venise, Augsbourg et les bords du Rhin.

245. Villes de la Hanse. — Pour protéger leurs marchands contre les chevaliers brigands, les villes du Rhin avaient formé au XIII° siècle une ligue de défense. De leur côté les villes du nord de l'Allemagne formèrent une *ligue de commerce* appelée la **Hanse**. Elles s'entendirent pour posséder en commun dans les principaux ports des pays voisins une maison fortifiée, des magasins, un tribunal et des employés; chaque ville de la Hanse avait le droit d'envoyer ses navires et ses marchands faire le commerce dans ces ports. La Hanse avait ses comptoirs d'un côté à Bergen en Norvège, à Wisby, à Riga, à Novgorod, où les marchands allaient prendre les peaux, les fourrures, le suif et les harengs; de l'autre à Londres et à Bruges, où ils allaient chercher les draps, les laines et les denrées venues d'Italie. La Hanse réunit au XV° siècle au moins 80 villes, réparties en quatre *quartiers*, qui avaient pour chefs-lieux **Lubeck, Brunswick, Cologne** et **Dantzig**; elle avait une flotte de guerre et combattit souvent le roi de Danemark.

246. Conquête et colonisation allemande. — Les Allemands continuaient à avancer vers l'est aux dépens des peuples barbares. Au nord les margraves de Brandebourg avaient porté leur territoire jusqu'à l'Oder; les **chevaliers de l'ordre teutonique**, transférés en 1226 sur les bords de la Vistule, conquéraient peu à peu la Prusse; les *Porte-Glaives*, établis à Riga, soumettaient la **Livonie**.— Au centre et au sud il n'y eut *pas de conquête violente* parce que les païens slaves s'étaient convertis; mais les pays slaves où avaient régné des princes indigènes, le royaume de Bohême, les duchés de Silésie et Moravie, devinrent la propriété de princes allemands. Pour défricher leurs territoires ces princes appelèrent des colons allemands qui vinrent fonder *des villes et des villages*, transportant avec eux la langue et les usages de l'Allemagne. Par cette colonisation le Brandebourg, la Prusse, la Styrie furent germanisés complètement. La Poméranie, le Mecklembourg, la Silésie, la Moravie, la Carinthie en partie; en Bohême, en Hongrie, en Transylvanie. Cette extension du *peuple allemand vers l'est* affaiblit les anciens duchés de l'ouest, mais elle fortifia les *marches de l'est*.

247. Confédération des 13 cantons. — Dans les *montagnes*, autour du lac de Lucerne (lac des 4 cantons), habitaient des paysans guerriers qui s'étaient mis directement sous la protection de l'empereur. Pour se défendre contre l'archiduc d'Autriche, ils jurèrent de *se secourir mutuellement*. Leur ligue ne comprenait d'abord que trois petits pays, **Uri, Unterwalden, Schwytz** (Schwytz, le principal a donné son nom à **toute la Suisse**). Mais toute la région des Alpes, pleine de villes libres qui, peu à peu, entrèrent dans la ligue. A la fin du XIV° siècle celle-ci comptait déjà huit confédérés, au XVI° siècle elle en eut treize; on l'appela la **Ligue des treize cantons**. Tous ces pays étaient liés entre eux par le *serment* de se défendre, mais chacun restait libre de se gouverner à sa guise. Les treize cantons avaient en outre des *pays sujets* qu'ils gouvernaient en maîtres, et des *alliés* (Genève, Saint-Gall, les Ligues grises).

248. Maison de Habsbourg. — Après la chute des Hohenstaufen, il n'y eut plus en Allemagne de famille impériale. Mais l'empereur Rodolphe de Habsbourg qui ne possédait, a-t-on dit, que des domaines épars en Suisse et en Alsace, enleva au roi de Bohême révolté l'archiduché d'Autriche et les duchés qui en dépendaient et les donna à sa famille. Ainsi fut fondée la **maison de Habsbourg**, la plus puissante de l'Allemagne, qui, avec la Bohême, devint à son tour une famille impériale, car depuis 1438 les électeurs s'habituèrent à élire empereur le chef de cette famille.

QUESTIONS D'EXAMEN. — 1. Comment l'empereur d'Allemagne perdit-il ses pouvoirs? — 2. Qu'appelait-on le *droit du poing* ? — 3. Qu'etait-ce que les chevaliers-brigands ? — 4. Décrivez l'état de l'Allemagne au XIV° siècle. — 5. Indiquez les différentes espèces de princes qui se partageaient le pays. — 6. Qu'était-ce que les princes-élec-

L'ALLEMAGNE AUX XIVᵉ ET XVᵉ SIÈCLES.

tours? — 7. Nommez-les. — 8. Qu'était-ce que les villes libres? — 9. Comment étaient-elles gouvernées? — 10. Nommez les principales. — 11. Qu'est-ce que la Hanse? — 12. Indiquez ses chefs-lieux et ses principaux comptoirs. — 13. Indiquez l'organisation de son commerce. — 14. Décrivez la marche des Allemands vers l'est. — 15. Indiquez les pays germanisés. — 16. Les pays qui ont reçu des colons allemands. — 17. Comment s'est formée la ligue des 13 cantons? — 18. Nommez les 3 premiers cantons — 19. Comment s'est formée la famille impériale des Habsbourg?

VINGT-DEUXIÈME LEÇON
L'ITALIE AU MOYEN AGE

249. Relations de l'Italie avec l'Empire. — L'Italie au XIV⁰ siècle ne s'était pas détachée formellement du Saint-Empire romain germanique. Le parti gibelin appela plusieurs fois l'empereur à son secours, et même quelques empereurs passèrent encore en Italie pour se faire couronner. Mais l'empereur n'avait plus d'autorité sur aucune partie de l'Italie. L'Italie était partagée entre des **princes**, tous également **indépendants**.

250. Royaume de Sicile. — Une bande de *chevaliers normands* était venue au XI⁰ siècle chercher fortune dans l'Italie du Sud où il ne restait plus d'autre autorité que quelques gouverneurs byzantins. Un de leurs chefs avait conquis la Pouille et la Calabre et avait pris le titre de duc; un autre avait enlevé la Sicile aux Arabes et s'était fait comte de Sicile. Les deux pays, réunis en 1130, formèrent **le royaume de Sicile** qui fut le plus grand État de toute l'Italie. L'empereur Frédéric II, qui en avait hérité, l'organisa, y créa des tribunaux et des impôts réguliers. A sa mort (1250) un *prince français*, le *comte d'Anjou*, appelé par le Pape, conquit le royaume sur les héritiers de Frédéric et se déclara *vassal du Pape*. Ses sujets de Sicile, mécontents, se révoltèrent, massacrèrent les Français et se donnèrent au roi d'Aragon. Il y eut alors deux **royaumes de Sicile**; l'un formé de l'Italie du Sud, appartenait à la maison d'Anjou; l'autre, formé de la Sicile, à la maison d'Aragon. Ils ne furent réunis qu'en 1442 sous le nom de **royaume des Deux-Siciles.**

251. États de l'Église. — Le Pape possédait Rome et la campagne romaine comme *évêque de Rome;* il avait *reçu de Pépin* le duché de Spolète, la Romagne et la marche d'Ancône et *de la comtesse Mathilde* le sud de la Toscane. Bien que maître d'un des plus grands États de l'Italie, n'ayant pas d'armée, il était mal obéi des seigneurs de la campagne et des conseils de villes. Surtout pendant le temps que les Papes demeurèrent à Avignon, leur autorité fut très faible en Italie, et même la ville de Rome leur échappa quelques années pour obéir à Rienzi qui avait pris le titre de tribun.

252. Les villes. — Au sud de l'Italie, les pays étaient groupés en grands États. Dans le nord au contraire il n'y avait qu'un seigneur puissant, le comte de Savoie, qui était plutôt français qu'italien. **Chaque ville** avec son territoire formait une *république indépendante*. Les plus considérables étaient : en Lombardie **Milan**, qui possédait un assez vaste territoire ; **Parme, Plaisance, Vérone, Bologne**, célèbre par son *école de droit*, la plus importante d'Europe où se réunissaient par milliers les étudiants de tous pays ; en Toscane **Pise**, ville maritime, et **Florence** enrichie par ses banques et ses fabriques de drap. Chaque ville avait son **conseil souverain** (*credenza*), et sa **milice** qui marchait autour de l'étendard (*gonfanon*) de la ville. A l'origine les *familles nobles* des environs établies dans la ville composaient le conseil et commandaient la milice. Mais pendant la lutte entre l'empereur et le Pape il se forma dans chaque ville deux partis, **Gibelins** et **Guelfes** qui continuèrent pendant deux siècles à se persécuter et à se massacrer. Les villes, fatiguées de cette anarchie, prirent, au XIII⁰ siècle, l'habitude de confier le gouvernement à un *étranger* qu'on nommait un *podestat*. Les nobles à force de s'entretuer et de s'exiler les uns les autres, ne furent plus bientôt assez forts pour résister aux autres habitants qui réclamaient leur part du pouvoir. Le gouvernement passa aux *bourgeois riches* (banquiers, médecins, marchands, orfèvres), qui formaient les *arts majeurs* (c'est-à-dire les professions supérieures); puis les *artisans* (tisserands, teinturiers, forgerons, etc.), qui formaient les *arts mineurs*, s'organisèrent à leur tour avec un *conseil* et un *capitaine du peuple*, et firent des émeutes. Il y eut en ce temps des *milliers de révolutions* et des *centaines de massacres*.

253. Républiques maritimes. — Deux villes, **Venise** (fig. 23), et **Gênes** échappèrent à ces révolutions ; toutes deux conservèrent leur ancien **conseil de nobles**, Venise gardait son chef le **doge** (duc) qui n'avait aucun pouvoir réel. Gênes et Venise, *villes maritimes*, situées l'une et l'autre aux deux points les plus rapprochés des Alpes et des défilés conduisant dans les pays du nord, avaient les **plus grandes flottes** et faisaient le **plus grand commerce** de la Méditerranée. Elles ne supportaient de concurrence de la part d'aucune ville. Gênes avait comblé le port de Pise (1284) et détruit son commerce. Gênes et Venise cherchèrent à se ruiner l'une l'autre et n'y renoncèrent qu'après de sanglantes batailles et des pertes cruelles des deux parts.

254. Commerce italien. — Les habitants de l'Europe au Moyen âge ne connaissaient pas encore l'Inde, la Chine et l'Arabie, ils ne pouvaient donc se procurer directement les marchandises qui viennent de ces pays, la *soie*, les *épices*, le *sucre*, l'*ivoire*, l'*encens*. Il leur fallait les demander soit aux Grecs de Constantinople, soit aux Musulmans de Syrie et d'Égypte. Ce furent les villes italiennes qui entreprirent ce **commerce** avec

Fig. 23. — Place Saint-Marc à Venise.

l'Orient. Venise était restée en rapport avec Constantinople, et trafiquait avec les Byzantins. Mais le principal commerce s'établit *à la suite des croisades* dans les *pays musulmans*: Pise d'abord, puis Venise et Gênes signèrent des traités avec les princes musulmans et envoyèrent leurs navires dans les *ports de Syrie et d'Égypte*. **Alexandrie** fut le grand centre de ce commerce ; on y apportait les denrées de l'Inde et de l'Arabie, les Vénitiens et Génois venaient les prendre et les transportaient en Allemagne, en France, en Angleterre où ils tiraient d'**énormes bénéfices**. C'est ainsi que Venise et Gênes devinrent les villes les *plus riches* du Moyen âge.

255. Possessions des Vénitiens et des Génois. — Dans les villes où commerçaient leurs marchands, les républiques italiennes établirent d'abord des comptoirs. Puis elles cherchèrent dans toute la Méditerranée à se rendre maîtresses des ports qui pouvaient servir à leur commerce. Il n'y avait alors aucune marine capable de défendre contre elles les îles et les côtes ; elles en profitèrent pour conquérir ce qui était à leur convenance. Gênes enleva la **Corse** à Pise et, dans la mer Noire, elle s'empara du port de **Caffa**, où les marchands génois venaient acheter aux habitants du Caucase des *esclaves* qu'ils revendaient en Égypte. Venise, après la conquête de Constantinople par les croisés (1204), se fit céder les îles **Ioniennes**, la plupart des **îles de l'Archipel**, les côtes du **Péloponèse** (Morée) ; elle soumit aussi toute la **côte de Dalmatie** ; et le doge prit le titre de seigneur du quart et demi de l'empire grec. Pendant le XIV⁰ et le XV⁰ siècle elle conquit les grandes îles de **Candie** (*Crète*) et **Négrepont**; elle possédait presque toutes les côtes et les îles de l'empire grec quand elle commença à soumettre aussi les villes d'Italie ses voisines. Elle était alors le seul État d'Europe qui eût une *marine de guerre* puissante et un *empire colonial*.

L'ITALIE AU MOYEN AGE.

QUESTIONS D'EXAMEN. — **1.** Comment était organisée l'Italie depuis le XIIIe siècle? — **2.** Comment fut fondé le royaume de Sicile? — **3.** Par quelles mains a-t-il passé? — **4.** Quels étaient les États du Pape? — **5.** Quel était son pouvoir? — **6.** Comment était organisée l'Italie du Nord? — **7.** Nommez les principales villes. — **8.** Décrivez leur organisation intérieure. — **9.** Qu'est-ce que les Guelfes et les Gibelins? — **10.** Qu'est-ce que les podestats? — **11.** Par quelles révolutions passèrent les villes — **12.** Quelles étaient les grandes villes maritimes? — **13.** Comment était gouvernée Venise? — **14.** En quoi consistait le commerce des villes d'Italie? — **15.** Comment Gênes et Venise acquirent-elles des colonies? — **16.** Énumérez les principales.

GÉOGRAPHIE HISTORIQUE

VINGT-TROISIÈME LEÇON

L'ESPAGNE AU MOYEN AGE

256. Conquête de l'Espagne par les Musulmans. — Les Musulmans, venus d'Afrique par le détroit de Gibraltar, avaient conquis l'Espagne sur les Wisigoths (711). Leur armée se composait d'**Arabes** de Syrie et de **Berbères** d'Afrique : les Arabes prirent la meilleure part, les riches pays du sud; les Berbères eurent les plateaux et les montagnes du centre.

257. Khalifat de Cordoue. — Les Arabes et les Berbères ne tardèrent pas à se battre, et l'armée musulmane, partie d'Espagne pour envahir la Gaule, fut rappelée (732), après avoir conquis le Languedoc et ravagé le pays du Rhône. Quand les khalifes Ommiades de Syrie furent remplacés par les Abbassides, les Arabes de Syrie, établis à Cordoue, accueillirent un Ommiade échappé au massacre, Abderrhaman, que tous les musulmans d'Espagne reconnurent pour khalife. Ainsi commença le **Khalifat de Cordoue** (753).

258. Civilisation des Mores. — Les Musulmans d'Espagne, qu'on appelait **les Mores**, et qui étaient formés d'un mélange de Berbères, d'Arabes et d'Espagnols, furent le peuple le *plus civilisé* de l'Europe au Moyen âge. **Cordoue** fut une des grandes *capitales du monde;* elle avait 200 000 maisons, 600 mosquées et 900 bains publics. Il vint à l'école de Cordoue jusqu'à 20 000 étudiants musulmans; **Tolède, Séville, Almeria, Valence**, étaient industrieuses et riches comme des villes orientales (*cuirs de Cordoue, épées de Tolède*). Les Mores introduisirent en Espagne l'art d'arroser la campagne avec l'eau des puits et des canaux, et firent des environs de Valence un véritable jardin.

259. Petits États chrétiens. — Une bande de guerriers chrétiens s'était réfugiée au nord dans la région la plus européenne de l'Espagne, dans les *montagnes des Asturies*. Leurs chefs se firent appeler **rois des Asturies**. Puis, quand les Berbères, en lutte contre les Arabes, abandonnèrent le nord de l'Espagne, les chrétiens y fondèrent les royaumes de Galice (816) et de Léon (914), en avant desquels se forma le *comté de Castille*.

Du côté des Pyrénées existaient, depuis Charlemagne, deux marches : la **Navarre**, au fond des montagnes, le **comté de Barcelone**, au bord de la mer. Entre les deux grandit lentement dans la plaine un troisième État, qui s'appela le **royaume d'Aragon**. Un moment, au XIe siècle, tous ces États furent réunis sous *un seul roi*. Mais ils se partagèrent en trois royaumes : **Navarre, Aragon, Castille et Léon**.

260. Guerres contre les Musulmans. — Tous ces petits royaumes étaient organisés *pour la guerre*. Les chevaliers chrétiens, au lieu de se battre entre eux comme en France, formaient une petite armée qui obéissait au roi. Ces montagnards, pauvres et fanatiques, étaient toujours prêts à se jeter sur les riches provinces des Infidèles. Du VIIIe au XVe siècle, la *guerre* fut l'état habituel de l'Espagne. Pendant longtemps, les chrétiens n'avancèrent que *très lentement*. Le général musulman, Almanzor, les rejeta même, à la fin du Xe siècle, jusque derrière l'Èbre et le Douro.

261. Conquêtes des chrétiens. — Au XIe siècle, les chrétiens l'emportent. Le khalifat de Cordoue *se démembre* (1031); autant de gouverneurs de villes, autant de rois et de royaumes : **Grenade, Tolède, Jaen, Murcie**, etc. Vers ce temps, les chevaliers chrétiens d'Europe commencent à venir combattre pour leurs frères d'Espagne contre les infidèles.

Deux nouveaux États chrétiens surgissent vers l'ouest : le **royaume de Castille** (1033), et le **comté de Portugal** érigé en royaume en 1143, fondés l'un et l'autre par des princes français. A l'est, le comté de Barcelone s'absorbe dans le royaume d'Aragon (1137). Les trois nouveaux royaumes (**Castille, Portugal, Aragon**) continuent la conquête contre les Musulmans affaiblis. Mais, à trois reprises, les **Musulmans d'Afrique** font reculer les chrétiens.

1º Les **Almoravides**, arrivent jusqu'à Tolède (1108);

2º Les **Almohades**, s'avancent jusqu'au milieu de la Castille (1212);

3º Les **Mérinides**, débarqués en Espagne en 1275, sont chassés en 1340.

Le flot passé, les chrétiens reprennent leur marche vers le sud. Déjà chacun des trois États a conquis sa capitale : la Castille a pris **Tolède** (1085); l'Aragon, **Saragosse** (1118); le Portugal, **Lisbonne** (1147). Puis chaque royaume a conquis les États musulmans les plus voisins : au Portugal le royaume des Algarves; à la Castille l'Estramadure, Cordoue (1236), Séville, Cadix et le royaume de Murcie; l'Aragon a pris le royaume de Valence et les Baléares.

262. Royaume de Grenade. — Le seul État musulman survivant, le **royaume de Grenade**, *tributaire* de la Castille, devient le refuge de la *civilisation musulmane*. La **cour de Grenade** est célèbre du XIIIe au XVe siècle par son luxe et sa politesse; de ce temps datent les plus beaux monuments de l'art arabe : le **Généralife** et l'**Alhambra** de Grenade (fig. 24).

263. Formation de l'unité espagnole. — Dès le XIVe siècle, les royaumes espagnols sont fixés et correspondent aux grandes régions naturelles de la péninsule : sur le versant méridional du plateau, le royaume musulman de *Grenade* puis quatre royaumes chrétiens : sur le versant de l'Atlantique, *Portugal;* sur le plateau intérieur, *Castille;* dans les Pyrénées (occidentales), *Navarre*, et dans le bassin de l'Èbre et sur le versant méditerranéen, *Aragon*. Après de longues luttes entre les grands et le roi, le mariage de

Fig. 24. — Alhambra de Grenade.

Ferdinand d'Aragon et d'Isabelle de Castille réunit les *deux principaux royaumes* d'Espagne. Puis s'achève l'expulsion des Musulmans : le **royaume de Grenade** est conquis ville par ville; Grenade est prise en 1492. Au nord, le roi profite de la guerre contre le roi de France, allié du roi de Navarre, pour conquérir **toute la partie de la Navarre** située au sud des Pyrénées; le roi de Navarre ne garde que la Navarre française (1521). Alors tous les pays ibériques, **excepté le Portugal**, sont réunis sous *un seul roi*, qui devient le **roi des Espagnes** et réside au centre de la péninsule, à Tolède, remplacée plus tard (1560) par sa voisine Madrid.

264. Puissance du roi. — Jusque là le roi n'avait gouverné que de nom tandis que le pouvoir réel appartenait aux *grands seigneurs* et aux *villes*. Il ne pouvait lever d'impôts qu'après avoir réuni les **Cortès**, c'est-à-dire les cours ou assemblée des députés des villes, il ne pouvait condamner personne en Aragon sans la permission du grand justicier. Désormais il voulut *régner en maître*. Il défendit aux grands seigneurs d'entretenir des soldats, afin qu'il ne restât plus d'autre armée que la sienne. Il réorganisa à son profit le tribunal d'**Inquisition**, établi pour condamner les Juifs et les Mores qui conservaient en secret leur ancienne religion. Il se fit donner, par le Pape, le droit de *nommer les juges* et de *confisquer les biens* des condamnés. Il devint ainsi tout puissant.

QUESTIONS D'EXAMEN. — 1. Qui enleva l'Espagne aux Wisigoths? — 2. Comment les Musulmans se partagèrent-ils le pays? — 3. Comment fut fondé le Khalifat de Cordoue? — 4. Qu'appelait-on les Mores? — 5. Que firent-ils en Espa-

L'ESPAGNE AU MOYEN AGE.

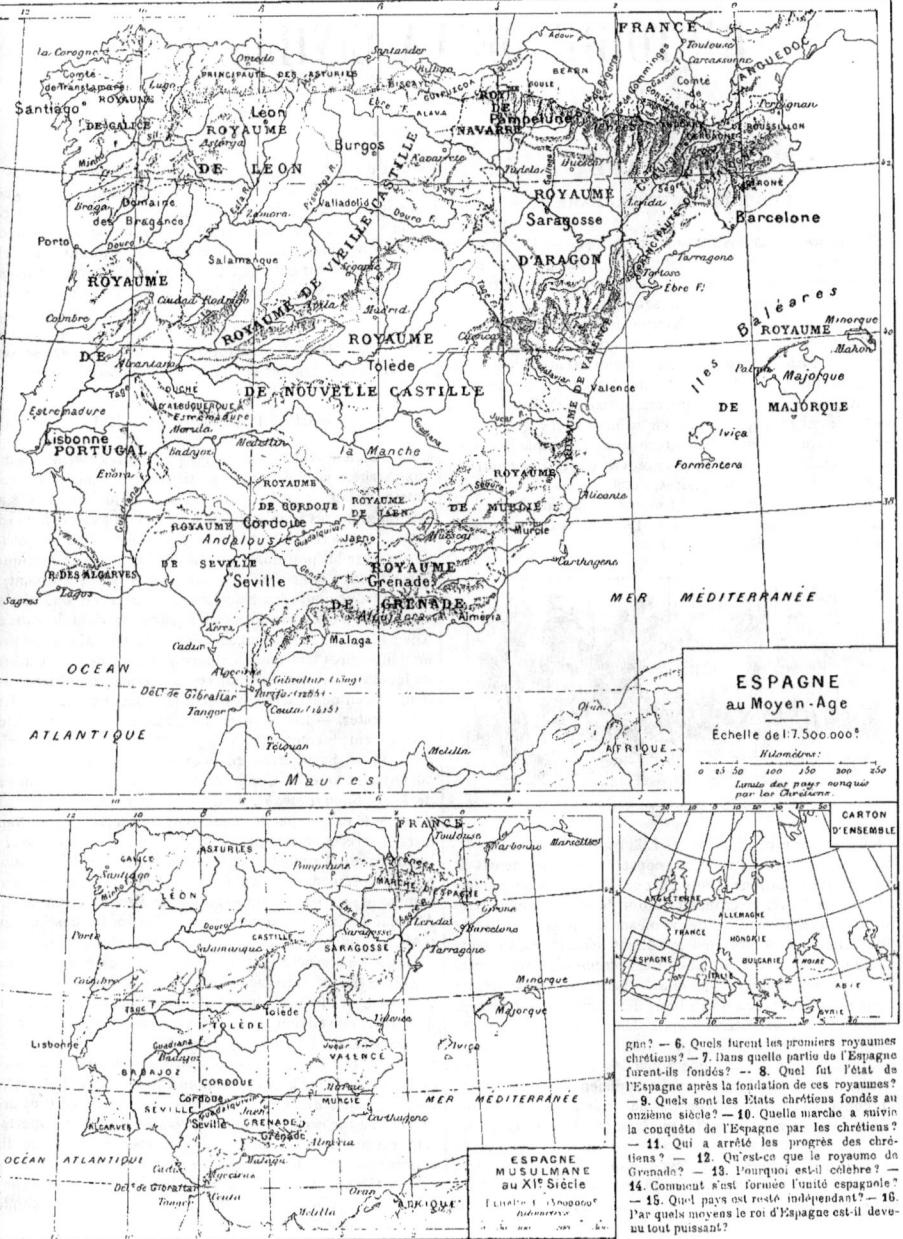

gne? — **6.** Quels furent les premiers royaumes chrétiens? — **7.** Dans quelle partie de l'Espagne furent-ils fondés? — **8.** Quel fut l'état de l'Espagne après la fondation de ces royaumes? — **9.** Quels sont les États chrétiens fondés au onzième siècle? — **10.** Quelle marche a suivie la conquête de l'Espagne par les chrétiens? — **11.** Qui a arrêté les progrès des chrétiens? — **12.** Qu'est-ce que le royaume de Grenade? — **13.** Pourquoi est-il célèbre? — **14.** Comment s'est formée l'unité espagnole? — **15.** Quel pays est resté indépendant? — **16.** Par quels moyens le roi d'Espagne est-il devenu tout puissant?

HISTOIRE DE LA CIVILISATION

MOYEN AGE

LES ROYAUMES BARBARES

Décadence de la civilisation en Europe. — Les peuples germaniques qui envahirent l'Empire romain au ve siècle étaient encore des **Barbares** : ils menaient une vie rude et grossière, n'avaient ni art, ni sciences, ni industrie, et ne savaient pas même lire. Ils habitaient des villages bâtis en bois et n'avaient ni villes ni monuments. Quand ils s'établirent dans l'Empire romain, ils y apportèrent avec eux la *barbarie*. Beaucoup de villes furent détruites et ne se relevèrent pas. Tous les monuments romains, théâtres, bains, routes, tombèrent peu à peu en ruines. Il n'y eut plus ni écoles, ni spectacles, ni littérature; il ne resta que des artisans incapables de faire aucune œuvre d'art. Les guerriers germains, devenus propriétaires, s'établirent à la campagne; les villes, si prospères sous l'Empire, ne furent plus que de méchantes bourgades fortifiées. **La civilisation antique se perdit presque entièrement en Europe.**

Fig. 25. — Guerriers francs.

L'Église et la civilisation. — L'Église seule, pendant les siècles qui suivirent l'invasion, conserva quelques débris de la civilisation antique. Dans chaque ville, l'évêque gouvernait la population et groupait autour de lui quelque prêtres qui continuaient à écrire des manuscrits, quelques artisans qui continuaient à fabriquer les objets nécessaires au culte et à l'ornement des églises. Les cérémonies religieuses étaient les seules fêtes du peuple. — Dans les campagnes, les évêques faisaient peu à peu bâtir des *chapelles*. Les **moines** bâtissaient des **monastères** où ils demeuraient en commun, des greniers, des moulins, des fours. Ils défrichaient la terre et introduisaient des cultures nouvelles. Ils fabriquaient des vêtements, des meubles et même copiaient des manuscrits. Un couvent était à la fois une ferme modèle, un atelier, une bibliothèque, une hôtellerie, un hospice. Les serfs et les fermiers de leur domaine formaient un grand village; beaucoup de ces villages sont devenus des villes, qui souvent ont pris le nom de Villeneuve, Villenouvelle, ou le nom du saint sous l'invocation duquel l'église de la paroisse était placée.

Les écoles carolingiennes. — Pendant les guerres incessantes du viiie siècle, beaucoup d'églises étaient tombées en ruines, les biens des couvents avaient été donnés à des guerriers grossiers, l'ignorance était devenue générale. Charlemagne s'occupa activement de relever l'instruction. Il ordonna que chaque évêché et chaque couvent eût son **école** où l'on apprenait à lire le latin (qui était et est resté la langue de l'Église), et à chanter les offices. Il avait établi une école dans son palais et assistait quelquefois aux leçons. Quelques-unes de ces écoles ont duré pendant tout le Moyen âge. Dans les bibliothèques des couvents, se sont conservées les œuvres des principaux *écrivains latins*.

LA CIVILISATION ORIENTALE

La religion arabe. — Dans les pays qui s'étaient soumis aux Arabes, la plus grande partie des habitants avait embrassé l'islam, c'est-à-dire la religion de Mahomet. C'était une religion très simple : le musulman devait croire à *un seul Dieu*, reconnaître Mahomet pour le *plus grand des Prophètes* et observer les pratiques qu'il avait établies. Ces pratiques consistaient à **prier** cinq fois par jour en se prosternant, à faire chaque jour des **ablutions** avec de l'eau ou, si l'on n'avait pas d'eau, avec du sable, à **jeûner** pendant le mois de Rhamadan et à faire l'aumône. A ses fidèles, Mahomet promettait, après leur mort, un **paradis** planté de beaux arbres où les élus vivraient dans un repos éternel; aux incrédules, il annonçait qu'ils seraient précipités dans un **enfer de feu**.

Les sectes. — Les peuples qui s'étaient faits musulmans divergèrent bientôt sur la façon de comprendre la religion; ils se partagèrent en deux grandes sectes. Les uns admettaient que le Coran doit être complété au moyen de la *tradition (sunnah)*, c'est-à-dire des récits faits après la mort de Mahomet par ses compagnons; on les appelait **Sunnites**. Ils reconnaissaient les khalifes pour les successeurs légitimes du Prophète. Les autres rejetaient la tradition arabe et prétendaient s'en tenir au Coran. Ils regardaient comme le seul successeur légitime du Prophète son gendre Ali (qui avait été le quatrième khalife), et les descendants d'Ali, les *imans*; on les appela **chiites** (c'est-à-dire schismatiques). — En général, les Sunnites furent les Arabes d'Arabie, de Syrie et d'Espagne; les Chiites se recrutèrent surtout parmi les Perses; ils ont mélangé l'islam avec les débris de l'ancienne religion perse et l'ont altéré profondément.

Agriculture, industrie et commerce. — L'Empire arabe s'étendait sur les pays habités par les **agriculteurs** les plus anciens et **les plus habiles** du monde : l'Égypte et la Babylonie. Les sujets de l'Empire y apprirent l'art de creuser des *puits* et de diriger les *canaux d'irrigation*, et ils transportèrent cet art dans les autres pays, surtout en Espagne. Ils apportèrent en Europe plusieurs plantes de l'Asie et les y acclimatèrent : le *riz*, le *safran*, le *chanvre*, l'*abricotier*, l'*oranger*, le *palmier*, l'*asperge*, le *melon*, le *raisin muscat*, le *jasmin*, le *coton*, le *café* et la *canne à sucre*.

Les Arabes trouvèrent, en Syrie et en Perse, des indus-

HISTOIRE DE LA CIVILISATION.

tries très anciennes, qui se perfectionnèrent pendant le règne des khalifes et qui plus tard ont fourni des modèles à nos industries européennes naissantes. Les plus célèbres étaient les fabriques d'*épées* de Damas et de Tolède; les *toiles* fines de Damas, les *mousselines* de Mossoul, les *tapis de laine* de l'Asie Mineure, les étoffes d'or et de soie de Perse; les fabriques de papier de Samarkand et de Sicile; les fabriques de *cuir* de Cordoue et de Maroc (les *maroquins*); les fabriques de *sucre*, de *sirops* et de *conserves*, l'*essence de rose*.

La circulation de ces produits allait *d'un bout à l'autre* du monde arabe. Les grands centres de commerce étaient en Asie : **Bagdad** (fig. 26), avec son port de **Bassorah**; en Afrique, le **Caire** et son port d'**Alexandrie**; en Europe, **Cordoue**. A Bagdad arrivaient par mer les épices de l'Inde, la soie de la Chine; par terre les marchandises de la Perse; ses caravanes desservaient la Syrie, Constantinople et la Russie. Alexandrie recevait par caravanes les denrées du centre de l'Afrique et les envoyait, par mer, en Italie, à dos de chameau, à Tanger, où aboutissait le commerce de Cordoue.

Fig. 26. — Bagdad.

Sciences et arts. — Les Arabes recueillirent l'héritage des sciences de l'antiquité. Ils trouvèrent à Damas et à Alexandrie des écoles grecques; ils s'y instruisirent et propagèrent ce qu'ils y avaient appris dans tout leur Empire. Il y eut, dans tous les pays musulmans jusqu'au XIVᵉ siècle, des *savants* et des *écrivains*. Les savants arabes s'occupèrent surtout de **grammaire**, d'**astronomie**, de **géographie**, de **médecine** (pendant tout le Moyen âge, les médecins les plus renommés furent des Arabes); ils retirèrent même de l'étude de l'**alchimie** quelques résultats utiles pour la science.

Fig. 27. — Intérieur arabe.

Les Arabes apprirent les **arts** à l'école des Grecs et des Perses. Ils créèrent un art nouveau remarquable d'*élégance* et de *légèreté*, l'art **arabe**, dont les chefs-d'œuvre furent des mosquées et des palais (fig. 27). Un très petit nombre seulement a survécu. Les Arabes n'ont eu ni peinture ni sculpture, leur religion leur interdisant de représenter des figures humaines; mais ils imaginèrent un système d'ornements qui consiste en figures géométriques entrelacées et qui a gardé leur nom, les **arabesques**.

Civilisation byzantine. — L'Empire byzantin avait conservé aussi le dépôt des *sciences* et des *arts* de l'antiquité grecque. Les Byzantins inventèrent un système nouveau d'architecture, caractérisé par les *dômes* (fig. 29), et à l'intérieur par les peintures sur fond d'or. Il y eut à Constantinople des *écoles* où l'on instruisait les fonctionnaires de l'État, et des savants, presque tous des ecclésiastiques, qui compilèrent, dans des recueils, les extraits d'un grand nombre d'ouvrages de l'antiquité. Ce sont les Byzantins qui nous ont conservé les manuscrits des écrivains grecs.

Fig. 28. — Justinien et ses fonctionnaires.

— Les Byzantins étaient chrétiens; mais, à la suite des démêlés entre le patriarche de Constantinople et le Pape, ils se sont séparés des catholiques au XIᵉ siècle. L'Église grecque d'Orient a pris le nom d'Église **orthodoxe**.

La civilisation orientale en Occident. — Au Moyen âge, les pays d'Orient étaient plus riches, plus instruits, mieux gouvernés, en un mot, **plus civilisés** que ceux de l'Occident. La civilisation arabe et byzantine a été le modèle que les habitants de l'Europe ont essayé d'imiter. Les industries,

Fig. 29. — Église Sainte-Sophie à Constantinople.

les cultures, les sciences, les arts de l'Orient se sont ainsi répandus dans l'Occident barbare.

La civilisation arabe a pénétré en Europe par trois voies :
1º Par l'Espagne et la Sicile où s'étaient établis les musulmans;
2º Par les principautés franques de Syrie qu'avaient fondées les croisés;
3º Par le commerce entre les villes chrétiennes de la Méditerranée (Gênes, Venise, Marseille, Barcelone) et les ports arabes (Alexandrie, Tunis).

La civilisation byzantine a été introduite dans l'Europe orientale par les missionnaires grecs qui sont allés convertir les Slaves de Russie et des Balkans. La plupart des peuples slaves sont entrés dans l'Église dite **orthodoxe**, qui comprend aujourd'hui près de 80 millions de fidèles.

LA CIVILISATION FÉODALE

La chevalerie. — L'usage général dans les pays de l'Occident, au Moyen âge, est que tous les propriétaires sont **hommes de guerre**. Ils sont armés de la **lance** et de l'**épée**; ils sont protégés par une chemise en mailles de fer (le *haubert*), un casque (le *heaume*), et un bouclier (l'*écu*). Ils combattent à cheval. Aussi, les appelle-t-on **chevaliers** (fig. 32). Pour porter leur bouclier et les aider à se revêtir de leur équipement, ils ont un serviteur, l'*écuyer*. — Les chevaliers sont la *classe supérieure*, on les appelle **nobles** ou **gentilshommes**, et leur noblesse, à partir du XIIᵉ siècle, est **héréditaire**. — Les plus riches parmi eux sont appelés **seigneurs** ou **barons** ils ont à leur service d'autres chevaliers.

Les chevaliers, et surtout les seigneurs, habitent une maison fortifiée, qu'on appelle **château** (c'est-à-dire forteresse). Un château se compose du **donjon** (fig. 30), grande tour où loge le seigneur, et d'une enceinte flanquée de tours plus petites. Il est bâti sur une hauteur ou sur un tertre arti-

Fig. 30. — Château avec donjon.

ficiel entouré de *fossés* qu'on ne peut franchir qu'en passant sur un *pont-levis*.

Guerres et duels. — C'est l'usage parmi les chevaliers que tout noble a le **droit de guerre**, c'est-à-dire de se faire justice à lui-même par les armes. Quand un noble se croit insulté ou lésé par un autre, il lui *déclare la guerre* en lui envoyant un *défi*; chacun convoque ses parents et ses amis, et les deux bandes se mettent à ravager les domaines de leurs adversaires. La guerre est l'*état habituel* de presque tous les pays d'Europe (excepté l'Angleterre où le roi est assez puissant pour l'interdire). — Même, lorsque deux nobles consentent à demander justice au tribunal d'un seigneur, l'affaire se décide entre eux par une *bataille*, c'est-à-dire un duel; celui qui est vainqueur, gagne le procès.

Puissance du clergé. — L'**Église** avait conservé son organisation et devenait de plus en plus puissante. Les évêchés et les abbayes avaient reçu des rois ou des particuliers des **domaines** immenses (près du tiers des terres), ce qui assurait aux évêques et aux abbés plus de richesse et d'influence qu'aux plus grands seigneurs.

Les **clercs** (ecclésiastiques) formaient une classe à part, la première dans la société; ils ne pouvaient être jugés que par les **tribunaux d'Église** où les juges étaient eux-mêmes des clercs; aucun pouvoir laïque n'avait le droit de les arrêter ni de leur faire payer une taxe sur leurs biens.

Non seulement le clergé administrait les sacrements et recevait la confession des fidèles, ce qui est son office propre, mais il avait sur la société laïque des moyens d'action alors tout puissants, tels que l'*excommunication* ou refus des sacrements; l'homme excommunié ne pouvait plus ni entrer à l'église, ni être baptisé, ni se marier, ni être enterré au cimetière; les autres fidèles ne devaient plus communiquer avec lui. Le clergé pouvait aussi imposer à ceux qui avaient commis une faute, une **pénitence** publique ou secrète avant de les admettre à rentrer dans la communion. Il avait la garde des églises et des chapelles où étaient déposées les **reliques** des saints et où les fidèles venaient en **pèlerinage** chercher la guérison des maladies ou le pardon de leurs péchés. Il jugeait dans ses tribunaux les laïques accusés de blasphème ou d'*hérésie*. Au XIIIe siècle, on établit même des tribunaux spéciaux d'*inquisition* chargés de punir les laïques qui professaient des croyances contraires à la foi. (Voir p. 59.)

La papauté et les ordres religieux. — Le chef suprême de l'Église catholique était le **Pape**, qui résidait à Rome. Pour soustraire le choix du Pape à l'influence des seigneurs ro-

mains ou de l'empereur d'Allemagne, on établit, au XIe siècle la règle que le Pape serait *élu* par le collège des **cardinaux** Après le triomphe des Papes sur les empereurs, au XIIIe siècle, le Pape gouverna, non seulement l'Église, mais tout le monde chrétien; les rois même devaient lui obéir, sous peine d'être déposés. Les *décrets* des Papes étaient obligatoires dans tous les pays chrétiens; on les réunit au XIIe et au XIIIe siècle pour former le **droit canon** qui servait de règle aux tribunaux d'église. — Les auxiliaires du Pape furent les ordres religieux. Les plus anciens des ordres, ceux de Cluny et de Cîteaux, remontaient à la fin du XIe siècle; ils avaient été fondés pour les couvents de Bénédictins, jusque-là isolés, qu'ils avaient réunis sous une même direction commune. Au XIIIe siècle, furent créés les deux *ordres mendiants*; un Espagnol, saint Dominique, fonda les **Dominicains**, un Italien, saint François-d'Assise, les **Franciscains** Les couvents des ordres mendiants n'avaient pas de domaines (les aumônes devaient leur suffire); les moines devaient vivre au milieu des fidèles, comme les prêtres séculiers, et s'occuper de prêcher, de confesser, d'enseigner.

La science au Moyen âge. — Dans la société du Moyen âge le clergé seul avait quelque instruction; la science se réduisait d'ordinaire à apprendre la théologie, à commenter les Pères de l'Église, les livres de droit romain et quelques-uns des écrits d'Aristote. Les professeurs et les étudiants d'une même ville étaient réunis en une Université, c'est-à-dire en une corporation qui avait ses chefs et ses tribunaux; les plus célèbres furent celles de **Bologne** et de **Paris**.

Les arts. — Malgré la grossièreté des mœurs, le Moyen âge a été, depuis le XIIe siècle, **surtout en France**, une période de **création artistique**.

En **littérature**, les *trouvères* dans le nord de la France, les *troubadours* dans le midi ont composé, au XIIe siècle, des *chansons*, des poésies lyriques et surtout des poèmes épiques, les **chansons de gestes**, qui racontent les exploits légendaires des guerriers de la cour de Charlemagne et du roi Arthus. Ces poèmes ont été traduits ou imités en Angleterre et en Allemagne.

En **architecture**, le Moyen âge a produit deux **styles** : du Xe siècle à la fin du XIIe, le **style roman** (fig. 22, page 58) : les églises en *forme de croix*, ont des galeries et des fenêtres en *plein-cintre*, et des *contreforts* droits et sans ornements. — Le **style gothique** ou **ogival** (fig. 31) : les voûtes sont en *ogive* et les fenêtres très grandes, les colonnes sont disposées en faisceaux, l'édifice est soutenu extérieurement par une rangée d'*arcs-boutants* et couvert de sculptures qui représentent des plantes ou des animaux.

La **sculpture** s'est développée, surtout à partir du XIIIe siècle. Elle a produit par milliers des statues destinées à orner la façade des *églises* et les tombeaux.

La **musique** a commencé dans les églises; les mélodies que l'on chantait ont donné naissance au *plain-chant*, plus tard les *orgues* servirent d'accompagnement. Un moine italien, Guy d'Arezzo, au XIe siècle

Fig. 31. — Église gothique.

enseigna une nouvelle méthode pour *noter* la musique et donna leurs noms aux *notes;* enfin, au xiii**e** siècle, on s'habitua peu à peu au chant à plusieurs parties ou *déchant,* origine de l'*harmonie.*

Affranchissement des serfs. — Au x**e** siècle, il ne restait plus guère d'hommes libres que les propriétaires, chevaliers et ecclésiastiques. La plupart des paysans qui cultivaient la terre étaient **serfs,** la terre ne leur appartenait pas, et ils devaient à leurs maîtres des *redevances* et des *corvées,* d'ordinaire *à la volonté* du maître. Du xi**e** au xiv**e** siècle, leur condition s'améliora. Le plus grand nombre des serfs furent *affranchis,* c'est-à-dire que le maître consentit à fixer ce qui lui était dû. Les paysans devinrent ainsi, peu à peu, propriétaires du sol qu'ils cultivaient, n'ayant plus qu'à payer des redevances au seigneur.

Formation de la bourgeoisie. — Les habitants des villes étaient, au x**e** siècle, soumis à un seigneur, à peu près comme les paysans. Quand les villes commencèrent à devenir *riches* et *peuplées,* vers le xii**e** siècle, les habitants obtinrent que le seigneur leur permît de *s'administrer eux-mêmes.* La plupart des villes avaient des magi-

Fig. 32. — Chevaliers du xiv**e** siècle.

strats (appelés *échevins* ou *consuls*) pour gouverner et rendre la justice, un *conseil* ou *corps de ville* pour délibérer sur les affaires, un *hôtel de ville* où se réunissait le conseil, une *milice* formée des habitants en armes, un *beffroi* avec une cloche pour appeler à l'assemblée et aux armes. — Les habitants s'appe-

Fig. 33. — Suisses armés de la pique.

laient **bourgeois.** — Les plus importants étaient les riches qui ne travaillaient pas (quelques-uns étaient même chevaliers); puis venaient les *marchands,* au dernier rang, les *artisans.* Les marchands et les artisans étaient réunis en corporations, qu'on appelait des *métiers.* Chaque métier avait ses chefs et ses règlements, qui décidaient de quelle façon on devait travailler. Il y avait dans un métier trois espèces de personnes : les *maîtres,* c'est-à-dire les patrons; les *compagnons,* c'est-à-dire les ouvriers, et les *apprentis.*

Le commerce au Moyen âge. — Le commerce avait repris, dans les pays chrétiens, vers le temps des croisades. Les principales villes de commerce étaient les villes maritimes situées au débouché des plaines fertiles et des grandes voies naturelles : Gênes, Venise, Pise, en Italie; Barcelone, en Espagne; Marseille et Bordeaux, en France; Bruges, en Flandre; Hambourg, Brême et Lubeck, en Allemagne. Les produits de l'Orient étaient les **épices** et les **étoffes;** de la Flandre, les *draps;* des pays de la mer Baltique, les *fourrures,* les *peaux,* la cire, les *bois* du Nord. — Pour protéger ses marchands, chacune des grandes villes de commerce avait, dans les ports les plus importants, des **consuls** qui les représentaient et rendaient la justice à ses nationaux. — A l'intérieur des pays, l'échange des produits avait lieu chaque année à époques fixes dans des **foires;** le seigneur de la ville où se tenait la foire s'engageait à protéger les marchands, à les laisser étaler et vendre leurs denrées.

Fig. 34. — Chevaliers du xv**e** siècle.

Les foires les plus célèbres étaient celles de France : — de Beaucaire et de Champagne, sur l'ancienne voie romaine du midi au nord, sur la grande route naturelle du Rhône aux plaines flamandes.

Le commerce donna naissance au *change* ou échange de monnaies des différents pays et à la **banque,** ou prêt d'argent à intérêt, et à la *lettre de change.*

Transformation dans l'armement. — La fin du Moyen âge est marquée par un changement profond dans la façon de combattre. Au

Fig. 35. — Hôtel Jacques-Cœur à Bourges.

xiv**e** siècle, les chevaliers remplacèrent la cotte de mailles par une armure de *plaques de fer* (fig. 32 et 34). — A côté des chevaliers, qui jusque-là avaient seuls composé les armées, il se forma, dans chaque pays, une **infanterie** régulière. Les *archers* d'Angleterre étaient armés d'un grand *arc* en bois d'if et d'un *couteau;* les *Suisses* et les *lansquenets* allemands portaient une *pique* longue de six mètres (fig. 33); les *janissaires* turcs (fig. 36) combattaient avec le *yatagan* (épée recourbée). Ces infanteries nouvelles furent d'ordinaire *supérieures* à l'ancienne chevalerie (les archers anglais à Crécy, Poitiers, Azincourt ; les Suisses, à Sempach, Granson, Morat; les Janissaires, à Nicopolis et Varna).

La chevalerie de cour. — Les nobles, au xiv**e** et au xv**e** siècle, changèrent de genre de vie. Ils cessèrent de se faire la guerre les uns aux autres. La plupart restaient chez eux à chasser ou s'engageaient au service d'un prince comme soldats. Les plus riches se réunissaient à la cour des princes où l'on menait une vie de *fêtes.* Les divertissements favoris de ces cours étaient les entrées de villes, les *banquets* et les *tournois,* c'est-à-dire des batailles où l'on combattait avec des lances de bois et des épées émoussées. Les princes et les seigneurs mettaient leur amour-propre à étaler un *luxe* extravagant dans leurs vêtements, leurs armes, leur mobilier.

TROISIÈME PARTIE. — HISTOIRE MODERNE

VINGT-QUATRIÈME LEÇON
L'EMPIRE OTTOMAN

265. Les peuples mongoliques. — On appelle d'ordinaire peuples mongoliques les hordes de cavaliers nomades, *Tatars*, *Mongols*, etc., qui parcourent les steppes* de l'Asie moyenne. Au XIII⁰ siècle, les **Mongols** conquirent une moitié de l'Asie et toute la Russie et s'avancèrent à travers les libres et vastes plaines jusqu'en Allemagne, *ravageant tout sur leur passage*. Leur chef, **Gengis-khan** avait créé un immense empire qui, à sa mort (1227), se démembra. A la fin du XIV⁰ siècle, Timour-Lenk (**Tamerlan**) reforma un nouvel empire et se rendit fameux en massacrant des peuples entiers. Ces empires géants édifiés à la hâte s'effondraient plus vite encore.

266. Turcs Ottomans. — Les conquêtes des Turcs furent plus lentes mais *plus solides*. Déjà, au XI⁰ siècle, les Turcs Seldjoucides, venus du Turkestan, avaient établi en Asie plusieurs États. Une tribu turque, restée en arrière, celle des **Ottomans**, fonda au XIV⁰ siècle un petit royaume. Son chef, Orkhan, prit le titre de **sultan**, et conquit toute l'Asie Mineure.

267. L'armée turque. — Les sultans disaient que Dieu leur avait promis le monde et ils se préparèrent à la conquête par l'organisation d'une solide armée. Les soldats n'étaient que cavaliers; pour se donner une *infanterie*, ils créèrent le corps des **janissaires** (fig. 36), jeunes gens vigoureux que des recruteurs enlevaient *par force* dans les familles *chrétiennes* et qu'on élevait dans des *casernes* où on en faisait des *musulmans* et des *soldats*. Les sultans eurent soin aussi d'avoir de bons **canons** et de bons **ingénieurs**. L'armée turque devint **la meilleure de l'Europe**.

268. La presqu'île des Balkans. — Le pays des Balkans, que les Turcs prenaient à revers, était incapable de leur résister; il n'y avait pas dans toute l'Europe de pays aussi *divisé*. L'Empire grec ne conservait que la Roumélie et la côte de Thrace. Au nord du Danube habitait le peuple roumain, partagé en deux groupes, **Valaques** et **Moldaves**, qui parlaient le roumain, langue sortie du latin, et qui disaient descendre des anciens Romains. Le pays au sud du Danube appartenait à deux peuples slaves, tous deux chrétiens grecs, mais rivaux, les **Serbes** et les **Bulgares**[1]. Dans les montagnes de l'ouest,

en Épire, se conservait un très ancien peuple, les **Albanais**. Les îles et les côtes étaient la propriété de **Venise**. Les duchés d'Athènes et la Morée habités par des **Grecs** appartenaient à des seigneurs vénitiens.

269. Conquête de la Turquie d'Europe. — Tous ces peuples étaient belliqueux et braves, mais mal organisés. Plusieurs fois les chrétiens s'unirent pour se défendre et même furent secondés par des chevaliers d'Occident venus en croisade contre les Turcs; ils furent vaincus dans toutes les batailles, à Kossovo (1389), Nicopolis (1396), Varna (1444), Kossovo (1449). Les Ottomans les soumirent un par un: la Roumélie, les Bulgares et les Serbes au XIV⁰ siècle; puis les principautés grecques, les îles, l'Albanie (où le prince Scanderbeg leur résista longtemps), enfin Négrepont, la Valachie et la Moldavie. Les Hongrois seuls, commandés par Jean Hunyade parvinrent à les repousser, mais les Turcs enlevèrent à leur royaume la province croate de Bosnie. Tous les pays conquis, des Karpathes à la mer, prirent alors pour la première fois un nom commun, celui des conquérants; ce fut la **Turquie d'Europe**.

270. Conquête de Constantinople. — Constantinople avait perdu tous ses territoires, mais elle avait résisté. Mahomet II qui tenait à la posséder, la prit d'assaut (1453). Constantinople, après avoir été la capitale de l'empire chrétien devint la capitale de l'empire ottoman et l'est restée.

271. Les sujets. — Les Turcs **musulmans** tenaient plus à *soumettre* les chrétiens qu'à les convertir. Le sultan laissait donc chaque peuple chrétien conserver son *culte*, ses *églises*, ses *évêques*, ses *lois* civiles et souvent même ses *chefs*. Mais les chrétiens, qu'on appelait *raïas* (troupeaux) devaient payer un lourd *tribut* et ils étaient administrés par des *pachas* turcs envoyés de Constantinople.

272. Conquêtes en Asie et en Afrique. — Les Sultans augmentèrent leur empire des *deux côtés* à la fois: en même temps qu'ils s'agrandissaient en Europe ils achevaient de conquérir l'Asie Mineure. Ils touchèrent alors à deux empires, à l'est au **royaume de Perse**, habité par des musulmans hérétiques, au sud au royaume des **Mameloucks**. Les Mameloucks simple cavalerie d'esclaves circassiens et turcs au service de l'Égypte, étaient depuis le XIV⁰ siècle une noblesse militaire dont le chef gouvernait l'*Égypte* et la *Syrie*. Le sultan, Sélim le féroce, enleva à l'empire perse (1514), les provinces qui bordent le Tigre; il prit aux Mameloucks la Syrie

(1516) et les poursuivit en Égypte où il les força à l'obéissance (1517). Il reçut la soumission des chefs arabes. Maître des trois villes saintes, La Mecque, Médine, Jérusalem, il devenait le **chef de la religion musulmane** et il l'est resté.

273. Conquêtes en Europe. — Le sultan Soliman (1520) se retourna contre l'Europe. Il prit d'assaut Belgrade (1521), détruisit l'armée hongroise à Mohacz (1526) et conquit presque toute la Hongrie. La Hongrie se partagea alors en deux royaumes: à l'est la Hongrie tributaire des Turcs avec Pest pour capitale, à l'ouest, la Hongrie indépendante avec Presbourg pour capitale. — Les Turcs envahirent même l'Autriche (1532) où ils furent arrêtés par l'armée de Charles-Quint.

274. États vassaux. — Un aventurier grec, Kaïreddin Barberousse, après s'être emparé d'Alger, avait réuni des bandes de marins musulmans et renégats* et fondé un État de **pirates**. Leurs navires couraient la Méditerranée, capturant les navires des chrétiens et pillant les villages des côtes d'Espagne et d'Italie. Les captifs chrétiens, hommes, femmes ou enfants étaient vendus comme *esclaves* ou gardés en prison jusqu'à ce qu'on payât leur rançon. Ces pirates, menacés par le roi d'Espagne, recherchèrent l'alliance du sultan des Turcs et se déclarèrent ses vassaux.

275. Puissance du sultan. — Le sultan avait à son service une puissante armée d'esclaves comme une marine de pirates. Il réunissait en un seul empire l'ancien empire byzantin et l'ancien empire arabe (carte, p. 47). En Europe on le regardait comme l'ennemi le plus dangereux de la chrétienté. Mais, comme il était l'adversaire naturel de l'Autriche, *le roi de France devint son allié*. En échange, le sultan lui accorda les **capitulations**, qui donnaient aux sujets du roi de France seul, le droit d'avoir des comptoirs dans les ports de l'empire turc (*les échelles du Levant*). Désormais on ne put faire de commerce avec l'Orient que *sous pavillon français*.

QUESTIONS D'EXAMEN. — 1. Qu'est-ce que les peuples mongoliques? — 2. Que savez-vous de Gengis-khan et de Tamerlan? — 3. D'où venaient les Turcs Ottomans? — 4. Où a commencé leur domination? — 5. Décrivez l'organisation de l'armée turque. — 6. Qu'est-ce que les janissaires? — 7. Indiquez l'état de la presqu'île des Balkans au XII⁰ siècle. — 8. Énumérez les peuples du Balkan. — 9. Racontez la soumission de ces peuples. — 10. Que devint Constantinople? — 11. Quelle fut la condition des chrétiens? — 12. Quelles furent les conquêtes des sultans en Asie et en Afrique. — 14. Quel fut le sort de la Hongrie? — 15. Décrivez l'organisation des pirates d'Alger. — 16. Indiquez les relations entre le sultan et le roi de France.

---

[1] Les Bulgares qui ont donné leur nom à ce peuple étaient une tribu tatare qui se fondit avec ses sujets slaves.

L'EMPIRE OTTOMAN.

Fig. 36. — Janissaires turcs.

VINGT-CINQUIÈME LEÇON
DÉCOUVERTES ET ÉTABLISSEMENTS
DES
PORTUGAIS ET DES ESPAGNOLS
AU XVIᵉ SIÈCLE.

276. Les marines nouvelles. — Au Moyen âge, les marines de commerce importantes appartenaient à des **villes** organisées en républiques; le *commerce de la Méditerranée* se faisait par les **villes d'Italie**, le *commerce de la mer Baltique* par les **villes d'Allemagne**. Il n'y avait pas de commerce sur l'Océan qui ne menait encore à rien. — Au XVᵉ siècle, des marines commencent à se former sur l'Océan et au **service des princes**. Les deux premières sont celles du **roi de Portugal** et du **roi de Castille**.

277. La route des Indes. — Le commerce le plus lucratif était celui **des Indes**; de là venaient des denrées que l'Europe ne produit pas et dont elle ne saurait se passer: l'ivoire, l'encens et surtout les **épices**. Pendant le Moyen âge, c'est surtout à Alexandrie, en Égypte, que les marchands, Vénitiens et Génois, allaient les prendre. A mesure que les Turcs conquirent l'Orient, ce commerce devint plus difficile, il cessa vers la fin du XVᵉ siècle. Aussi désirait-on vivement trouver une route par mer pour aller **aux Indes**.

278. Découverte de la route par l'est. — Les marins portugais avaient fait, au XVᵉ siècle, plusieurs expéditions le long des *côtes d'Afrique* et découvert **Madère**, les îles **Açores** et du **Cap Vert**, et *toute la côte occidentale d'Afrique*; arrivés à la pointe sud, ils n'osèrent pas s'aventurer plus loin. Enfin une flottille, commandée par **Vasco de Gama**, tourna le **cap de Bonne-Espérance**, découvrit la **côte est de l'Afrique** et, guidée par des marins arabes, **atteignit l'Inde**. Ainsi fut découverte la **route des Indes par l'est**, qui est restée jusqu'à ces derniers temps le grand chemin de l'Inde.

279. La route des Indes par l'ouest. — Dès le XVᵉ siècle, les hommes instruits savaient que la terre est ronde. Deux Italiens eurent l'idée qu'on pouvait arriver aux Indes en partant par l'ouest et en faisant le *tour de la terre*. L'un d'eux, **Sébastien Cabot**, se mit au service du *roi d'Angleterre;* l'autre, **Christophe Colomb**, au service de la reine de Castille. Cabot, partant d'Angleterre, cherchait la route *par le nord-ouest,* il rencontra sur son chemin le Labrador. Colomb, partant d'Espagne, cherchait la route *par le sud-ouest,* il rencontra les Antilles.

280. Découverte de l'Amérique. — L'expédition de Colomb fut la première et la plus importante. Il partit de Palos avec trois *petits navires*, atteignit d'abord une des petites Antilles (îles Caraïbes), puis découvrit les grandes îles, Haïti (Hispaniola) et Cuba. Colomb croyait que ces pays faisaient *partie de l'Inde* et appela les habitants *Indiens*. Plus tard, il toucha à l'embouchure de l'Orénoque et visita la Colombie sur la côte nord de l'Amérique du Sud. Le continent nouveau fut appelé **Amérique**, du nom d'un Florentin, Amerigo Vespucci, qui le premier en publia une description. Un Portugais, qui allait aux Indes, découvrit par hasard le Brésil (1500). Puis un Espagnol, Balboa, traversa l'isthme de Panama et découvrit *l'océan Pacifique* (1513).

281. Le tour du monde. — L'Amérique barrait le chemin des Indes par l'ouest. Une expédition espagnole, conduite par **Magellan**, longea la côte orientale de l'Amérique du Sud, et, de même que les Portugais avaient tourné l'Afrique, tourna l'Amérique par le détroit de Magellan; puis elle traversa tout l'océan Pacifique, découvrit les Philippines et aborda dans les possessions des Portugais qui ne pouvaient comprendre comment des Européens arrivaient de ce côté. L'expédition revint en Espagne, ayant fait pour la première fois le **tour du monde**. Les deux *routes de l'Inde* étaient trouvées.

282. Établissements des Portugais. — Les Portugais, qui avaient découvert la route des Indes, s'organisèrent de façon à *la garder pour eux*. Ils s'établirent dans les îles des **Açores** et du **Cap Vert**, garnirent d'une ligne de forteresses **les deux côtes de l'Afrique méridionale**, prirent plusieurs **ports de l'Inde**, et en Chine, **Macao**; ils s'emparèrent des **îles de la Sonde**. Comme ils voulaient être seuls à faire le commerce de l'Inde, ils détruisirent la flotte du Soudan d'Égypte et défendirent à tout navire européen de naviguer dans l'océan Indien. Ils envoyèrent un général, avec le titre de *vice-roi des Indes*, pour gouverner leurs possessions. Les Portugais occupèrent aussi les côtes du Brésil.

283. Établissements des Espagnols. — Les Espagnols, à mesure qu'ils découvraient un pays, en prenaient possession au nom du roi de Castille. Ils occupèrent ainsi toutes les grandes **Antilles** et toute l'**Amérique du Sud et du Centre**, excepté le Brésil. Presque partout ils ne trouvèrent que des sauvages qui se soumettaient sans combat. Il existait deux empires indigènes: les *Aztèques* au **Mexique** (Nouvelle-Espagne), les *Incas* au **Pérou**, qui avaient un riche trésor et une armée nombreuse; mais les guerriers, étonnés à la vue des chevaux, prenaient les Espagnols pour des *fils du soleil* et n'osaient leur résister. **Fernand Cortez** conquit le Mexique, **Pizarre** le Pérou, tous deux avec une petite troupe d'aventuriers. Les Espagnols occupèrent encore, en Océanie, les **Philippines**, en Afrique, les îles **Canaries**.

284. Commerce du XVIᵉ siècle. — Ces découvertes firent une révolution dans le commerce. Le commerce de l'Europe avec l'Orient, qui pendant le Moyen âge passait par l'Italie et l'Allemagne, se fit au XVIᵉ siècle **par le Portugal**; Lisbonne remplaça Venise. Les Portugais, maîtres de la **route de l'est**, allaient prendre dans leurs comptoirs de l'Inde et de la Chine, l'ivoire, la soie, les perles, et dans leurs possessions de la Sonde, les épices. Ces denrées précieuses chargées sur de gros vaisseaux de guerre, les *carraques*, débarquaient à **Lisbonne** où les marchands européens venaient le prendre.

Les Espagnols, maîtres de la **route de l'Ouest** et conquérants de l'Amérique, après s'être approprié les trésors des rois d'Amérique, exploitaient les **mines d'argent** du Mexique et du Pérou. Chaque année, un gros navire, **le galion**, chargé d'argent et d'or, partait sous l'escorte d'une flotte de guerre et arrivait à **Séville**.

L'or et l'argent, qui devenaient de plus en plus rares en Europe au Moyen âge parce qu'on les exportait en Orient pour acheter les épices, furent désormais plus abondants qu'ils n'avaient jamais été.

285. Connaissances géographiques des Européens à la fin du XVIᵉ siècle. — Les *découvreurs* du XVIᵉ siècle ne s'occupaient que des pays où ils pouvaient *tirer un profit immédiat*; leurs expéditions ne ressemblaient point aux explorations savantes et méthodiques des voyageurs de nos jours. Aussi les Européens ne connaissaient-ils encore, à la fin du XVIᵉ siècle, que l'Afrique, l'Amérique du Sud, le Mexique, la côte orientale de l'Amérique du Nord et les îles de la Sonde. De tous ces pays on n'avait guère vu que les rivages. Il restait à découvrir l'Amérique du Nord, l'Océanie et à explorer l'intérieur de tous les continents. Pour séparer les possessions des deux couronnes, le Pape traça du nord au sud, à travers l'océan Atlantique, la *ligne de démarcation*: le pays à l'est de la ligne appartenait au roi de Portugal, le pays à l'ouest au roi de Castille; après le voyage de Magellan, on traça, à travers l'océan Pacifique, la *ligne de démarcation*.

QUESTIONS D'EXAMEN. — **1.** Quelles étaient les grandes marines du Moyen âge? — **2.** Quel changement s'opère dans la marine au XVᵉ siècle? — **3.** Indiquez les principales marines du XVIᵉ siècle. — **4.** Quelle était au Moyen âge la route du commerce des Indes? — **5.** Par qui fut découverte la route par l'est? — **6.** Qui chercha la route des Indes par l'ouest? — **7.** Comment fut découverte l'Amérique? — **8.** Comment fut trouvée la route par l'ouest? —

DÉCOUVERTES DES PORTUGAIS ET DES ESPAGNOLS.

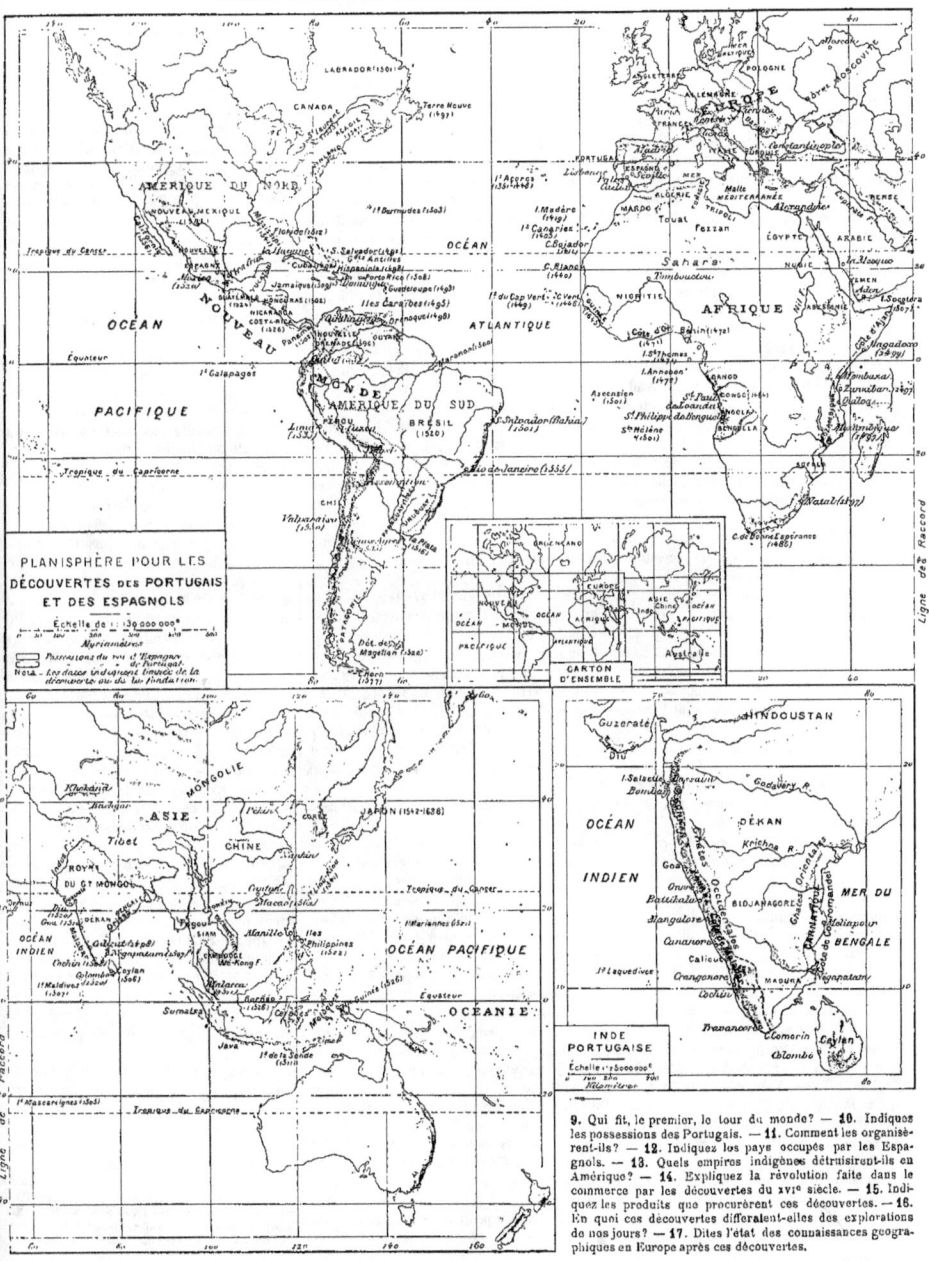

9. Qui fit, le premier, le tour du monde? — 10. Indiquez les possessions des Portugais. — 11. Comment les organisèrent-ils? — 12. Indiquez les pays occupés par les Espagnols. — 13. Quels empires indigènes détruisirent-ils en Amérique? — 14. Expliquez la révolution faite dans le commerce par les découvertes du XVIᵉ siècle. — 15. Indiquez les produits que procurèrent ces découvertes. — 16. En quoi ces découvertes différaient-elles des explorations de nos jours? — 17. Dites l'état des connaissances géographiques en Europe après ces découvertes.

VINGT-SIXIÈME LEÇON

L'ITALIE AU XVIe SIÈCLE

286. États d'Italie à la fin du XVe siècle. — La plupart des villes italiennes, affaiblies par leurs querelles intérieures, avaient fini par tomber au pouvoir d'un seigneur ou d'une ville plus puissante. A la fin du xve siècle l'Italie, presque tout entière, se partageait entre cinq États.

1° Le **royaume de Naples**, était célèbre alors par sa richesse et par le goût de ses rois pour les arts et la littérature; la Sicile, qui y avait été réunie un moment, en avait été détachée de nouveau et appartenait au roi d'Aragon.

2° Les **États du pape** comprenaient tout le centre de l'Italie. César Borgia avait, à la fin du xve siècle, détruit un à un les seigneurs de la Romagne (carte p. 65) et avait soumis le pays au Saint-Siège.

3° La **République de Venise**, déjà maîtresse des côtes orientales de l'Adriatique, avait soumis par la force toutes les villes de son voisinage et conquis du côté de l'ouest tout le pays, jusqu'à l'Adige d'abord, et plus tard jusqu'à l'Adda. Tout ce territoire, qui obéissait à des gouverneurs vénitiens, prit le nom de **Vénétie**.

4° La ville de **Milan** avait soumis aussi ses voisines de Lombardie (carte p. 65), mais elle avait cessé d'être une république. Les **Visconti** y étaient devenus maîtres absolus et avaient pris le titre de *ducs;* ils avaient conquis presque tout le territoire qui formait autrefois la Lombardie et en avaient fait le **duché de Milan**. Quand leur famille s'éteignit, leur duché se démembra, mais il fut reconstitué par un chef de mercenaires, **Sforza**, qui fonda une nouvelle famille ducale.

5° La ville de **Florence** avait conquis ses voisines de Toscane; elle conservait encore la forme d'une république, mais elle obéissait à une famille de riches banquiers, les **Médicis**, qui devaient, au xvie siècle, prendre le titre de ducs de Toscane.

Il ne restait en dehors que le **duché de Savoie**, à cette époque confiné dans le Piémont, les petits marquisats de **Montferrat** et de **Mantoue** et la république de **Gênes**, dont le commerce était ruiné. Les cinq *grandes puissances* d'Italie, le **roi de Naples**, le **Pape**, **Venise**, le **duc de Milan** et les **Médicis de Florence** s'entendaient d'ordinaire pour ne pas s'attaquer les unes les autres et *maintenir la paix* en Italie.

287. Les condottieri. — Les anciennes familles de chevaliers s'étant épuisées dans les guerres civiles, les armées italiennes depuis le xive siècle n'étaient guère formées que d'*aventuriers mercenaires* (**condottieri**), réunis en *compagnies* qui se mettaient à la solde des puissances qui voulaient les payer. Les condottieri, se battant toujours entre eux pour des maîtres qui ne les intéressaient guère, avaient pris l'habitude de s'épargner les uns les autres et de réduire les batailles à une sorte de parade. Aucun État italien n'avait *d'armée capable de le défendre* contre un ennemi sérieux.

288. Les étrangers en Italie. — Il y avait alors en Europe deux rois pourvus d'une bonne armée, le *roi de France* et le *roi d'Espagne*. Tous deux avaient des *prétentions* sur une partie de l'Italie. Charles VIII, comme héritier des comtes d'Anjou, prétendait être propriétaire légitime du *royaume de Naples;* Louis XII, outre les droits du roi de France sur Naples, se disait héritier du *duché de Milan* par sa grand'mère, qui était une Visconti. — Le roi d'Espagne, Ferdinand, réclamait aussi le royaume de Naples et Charles-Quint prétendait au Milanais. Alors les **étrangers**, *Français* et *Espagnols* envahirent l'Italie pour s'y *établir*, et bientôt pour s'y *battre*, au grand désespoir des Italiens qui les avaient appelés d'abord, mais bientôt ne les traitèrent plus que de *barbares*.

289. Guerres d'Italie. — Les guerres d'Italie commencent avec l'expédition de Charles VIII (1494) et durent plus d'un demi-siècle, jusqu'à la mort de François Ier. Ce fut d'abord le *roi de France,* Charles VIII, qui, avec la *permission des autres États italiens,* traversa toute l'Italie et occupa sans combat tout le *royaume de Naples;* mais il fut forcé de se retirer quand les États italiens se coalisèrent contre lui. Puis Louis XII, après avoir conquis *le Milanais* sans combat, partagea le *royaume de Naples* avec le *roi d'Aragon;* mais le roi d'Aragon lui enleva sa part du royaume de Naples. Les États italiens et l'empereur Maximilien, après s'être entendus avec Louis XII pour dépouiller en commun la république de Venise, finirent par s'allier contre Louis XII et chassèrent du Milanais.

290. Lutte de François Ier et de Charles-Quint. — La guerre d'Italie se compliqua alors d'une guerre générale. Le roi de France, François Ier, et le roi d'Espagne, Charles-Quint, étaient rivaux de gloire et de puissance. Tous deux avaient voulu se faire élire empereur d'Allemagne; Charles-Quint l'avait emporté. Ils passèrent leur vie *à se combattre* partout où ils pouvaient s'atteindre; *en Navarre*, où Charles dépouilla le roi de Navarre, allié du roi de France; *en Allemagne*, où François Ier excita contre Charles les princes protestants; *en Orient*, où François s'allia contre Charles avec les Turcs; mais leur *champ de bataille* habituel fut l'Italie. François Ier après avoir *conquis le Milanais* (1515), par sa victoire de Marignan (1515), essaya de reconquérir le royaume de Naples. Il en fut chassé par Charles-Quint, puis battu et pris à Pavie, il dut *renoncer même au Milanais.* C'est en vain que, pendant vingt années, il fit campagne pour le recouvrer: il n'y parvint jamais; et deux fois il fut poursuivi par l'armée de Charles jusqu'en Provence. Il tenta de se dédommager en occupant les domaines du duc de Savoie, allié de son ennemi, mais il dut les rendre à la conclusion de la paix (1534).

291. Domination espagnole en Italie. — Ainsi le roi de France, après s'être *établi trois fois* en Italie, en avait été trois fois chassé. Mais sans profit pour l'Italie; car la place qu'il laissait un autre souverain **étranger** la prit et la garda. Le roi d'Espagne était depuis 1504, **maître du royaume de Naples**, depuis 1526, **maître du Milanais**. Les cinq grands États italiens, il en possédait deux qui furent ainsi réduits à la condition de **domaines** espagnols, gouvernés par des *seigneurs espagnols*, occupés par des *garnisons espagnoles*. — Les autres États de l'Italie ne furent pas plus heureux. Sous Henri II, successeur de François Ier, et même au début du règne de Philippe II, héritier de Charles-Quint, pendant quinze années encore, jusqu'en 1559, la guerre et les passages de troupes continuèrent. *Rome fut saccagée* par l'armée de Charles-Quint, *la côte de Toscane fut dévastée* si complètement par les troupes espagnoles (1554), qu'elle est restée un désert malsain, la Maremme. — Même après la fin des guerres, les États indépendants, Venise, le Pape, la Toscane, tremblaient de mécontenter le roi d'Espagne qui avait ses armées au cœur du pays. L'Italie vécut *dans la dépendance d'un souverain étranger.*

292. Renaissance. — Ces guerres et ces calamités surprirent l'Italie au moment de sa *plus grande gloire artistique*. On appela **Renaissance** ce temps où l'art antique semblait renaître. La Renaissance *avait déjà commencé* à Florence dès le xive siècle. Mais ce fut surtout au début du xvie siècle, que parurent les plus grands *peintres* et les plus grands *sculpteurs* italiens.

Les Français et les Espagnols qui envahissaient l'Italie apprirent à *admirer* ses *chefs-d'œuvre* et désirèrent les *imiter*. François Ier appela en France des artistes italiens. Venus barbares, les étrangers s'en retournèrent à demi-civilisés.

QUESTIONS D'EXAMEN. — 1. Comment était organisée l'Italie à la fin du quinzième siècle? — 2. Nommez les États de l'Italie. — 3. Quelles étaient les principales puissances de l'Italie? — 4. Comment

L'ITALIE AU XVIe SIÈCLE.

s'étaient-elles formées? — 5. Qu'était-ce que les Visconti? — 6. Qu'était-ce que les Sforza? — 7. Qu'était-ce que les Médicis? — 8. Qu'était-ce que les condottieri? — 9. Quels étaient les rois étrangers qui avaient des prétentions en Italie et sur quels pays? — 10. Comment les étrangers pénétrèrent-ils en Italie? — 11. Comment les Italiens les nommaient-ils? — 12. Énumérez les expéditions des rois de France en Italie. — 13. Comment François Ier et Charles-Quint entrèrent-ils en lutte? — 14. Dans quels pays luttèrent-ils? — 15. Quel fut le résultat de la guerre? Quel fut le roi qui domina en Italie? — 16. En quel état se trouva l'Italie? — 17. Qu'appela-t-on Renaissance? — 18. Qu'apprirent les envahisseurs de l'Italie?

VINGT-SEPTIÈME LEÇON

FORMATION DE L'UNITÉ FRANÇAISE

293. Le domaine royal au XVᵉ siècle. — A la fin de la guerre de Cent ans, le roi de France avait ajouté à son domaine toutes les provinces prises au roi d'Angleterre : **Guyenne**, **Aunis et Saintonge**, **Limousin**, **Poitou**, **comté d'Angoulême**, **vicomté de Bayonne**, c'est-à-dire tout le sud-ouest de la France. Il avait acheté la **seigneurie de Montpellier** au roi de Majorque (1349) et avait acquis le **Dauphiné** (1349); le dernier seigneur l'avait cédé à condition que le fils aîné du roi de France le posséderait toujours et en porterait le titre ; de là est venu le nom de *Dauphin*.

294. Les apanages. — Presque toutes les provinces de France avaient été, à une époque ou à une autre, réunies au domaine royal ; mais plusieurs en avaient été *détachées* de nouveau. Chaque fois en effet qu'un roi de France avait plusieurs fils, il laissait le **royaume à l'aîné**, mais, suivant l'usage des seigneurs du Moyen âge, il donnait à chacun de ses autres fils une province **en apanage***. Ces princes de la **maison de France** étaient devenus de petits souverains aussi indépendants que les anciens seigneurs féodaux et ils avaient réuni à leur apanage de grands domaines.

A l'avènement de Louis XI, il y avait en France cinq de ces princes :

1º Le **duc de Bourbon**, descendant d'un fils de saint Louis, qui possédait le Bourbonnais, l'Auvergne, la Marche, le Forez;

2º Le **duc d'Alençon**, descendant d'un autre fils de saint Louis ;

3º Le **duc de Bourgogne**, descendant d'un fils du roi Jean ;

4º Le **duc d'Orléans** et le **comte d'Orléans-Angoulême**, descendants d'un fils de Charles V ;

5º Le **comte d'Anjou**, descendant d'un fils de Jean, qui possédait l'Anjou, le Maine et la Provence.

Des anciens seigneurs féodaux, il restait encore : le **duc de Bretagne**, le **comte de Foix**, qui possédait le Béarn, le **sire d'Albret**, le **comte d'Armagnac**, qui possédait le Rouergue.

295. Le duc de Bourgogne. — Le plus puissant de tous était le **duc de Bourgogne**. Au duché de Bourgogne, son apanage*, il avait réuni au sud, par mariage, les comtés de **Charolais** et de **Mâcon** et la **Franche-Comté de Bourgogne**; au nord tous les **Pays-Bas**, c'est-à-dire les provinces qui forment aujourd'hui la Belgique et la Hollande, et en outre la **Flandre**, l'**Artois**, le **Ponthieu**, les **villes de la Somme**. Par le traité d'Arras, il s'était *affranchi de l'hommage* qu'il devait au roi de France. C'était donc un véritable roi dont les États se composaient au nord des **Pays-Bas**, au sud des **Bourgognes**.

296. Acquisitions de Louis XI. — Louis XI, à son avènement, avait vu tous les princes former contre lui la **Ligue du bien public** (1465). Trop faible pour leur résister, il avait dû leur accorder ce qu'ils demandaient et même céder à son frère une province de plus, la Normandie, puis la Guyenne. Dénouer la coalition des princes, susciter des ennemis à leur chef, le duc de Bourgogne, telle fut l'œuvre capitale de son règne.

Charles le Téméraire, duc de Bourgogne, cherchait à se créer, entre l'Allemagne et la France, un royaume formé des pays qui jadis, au IXᵉ siècle, avaient formé la part de Lothaire. Ses États étaient divisés en deux tronçons ; pour les réunir, il entreprit de conquérir l'Alsace, la Lorraine et la Suisse. Une ligue se forma contre lui de tous ceux qu'il menaçait, le duc de Lorraine, l'archiduc d'Autriche, les Suisses : il fut vaincu par les fantassins suisses armés de la longue pique (à Granson, puis à Morat) et tué devant Nancy ; il ne laissait qu'une fille (1477).

Louis XI, délivré de son principal ennemi, fit emprisonner ou exécuter plusieurs seigneurs et *confisqua leurs biens*. D'autres moururent sans laisser de fils et le roi *hérita* de leur fief. En quelques années plusieurs maisons redoutables disparurent et le domaine royal s'accrut de plusieurs provinces : 1º du duché d'**Alençon**, 2º de l'**Armagnac**, 3º de l'**Anjou**, du Maine, de la Provence (par l'extinction de la maison d'Anjou), 4º du **duché de Bourgogne**, du **comté d'Auxerre**, des **villes de la Somme** (par la mort de Charles le Téméraire). Louis XI avait acquis aussi le Roussillon, l'Artois et la Franche-Comté, mais son fils les abandonna.

297. Les impôts. — Jusqu'au XIVᵉ siècle le roi tirait tous ses revenus de ses domaines. Pendant les guerres contre les Anglais, ces ressources ne lui suffisant plus, il demanda de l'argent aux principaux propriétaires de son royaume réunis en **États**. Les États l'autorisèrent à *lever des impôts* qui devaient être *provisoires*, mais qui devinrent perpétuels. Les deux principaux furent les **aides**, impôt *indirect sur les boissons*, établi par les États *de Paris* (1356) ; la **taille**, *impôt direct* sur les cultivateurs et les artisans, créé par les États d'Orléans (1439). Sous Louis XI, ils dépassèrent 4 millions de livres. Les nobles ne payaient aucun impôt, le clergé ne payait qu'un don annuel réglé par ses représentants réunis en assemblée.

298. L'armée royale. — L'argent des impôts permit au roi d'entretenir une *armée permanente*. Elle se recrutait de gens qui faisaient de la guerre un *métier* et servaient pour recevoir une *solde* (d'où le nom de *soldat*). La cavalerie était formée depuis Charles VII de 1500 chevaliers nobles armés de la lance (*gendarmes*), accompagnés chacun de quelques cavaliers armés plus légèrement et répartis en 15 compagnies ; l'infanterie se composait de mercenaires suisses armés de la longue pique et d'aventuriers gascons. On essaya bien d'organiser une infanterie nationale, les *francs archers* sous Charles VII, les *légions provinciales* sous François Iᵉʳ ; il ne resta de cet essai que quatre *régiments* formés d'engagés français. Les rois de France s'appliquèrent aussi à avoir une **bonne artillerie**.

299. Justice royale. — Chacun des princes qui se partageaient la France avait dans son domaine ses *baillis* et sa *cour de justice*. Le roi, en réunissant les états féodaux à la couronne, laissa subsister ces tribunaux. Il y eut donc en France non pas un seul Parlement, mais **plusieurs Parlements**, égaux en droits, tous situés au chef-lieu de la province (Toulouse, Aix, Bordeaux, Dijon, Grenoble, Rouen, Paris). Pour être juge il fallut désormais être *gradué*, c'est-à-dire avoir étudié le droit dans une école ; il n'y eut plus d'autres juges que des *juristes de profession*. Avec les juges, les greffiers, procureurs, notaires avaient pris l'habitude et au XVᵉ siècle eurent le droit de choisir leur successeur : leur charge devint une *propriété* qu'ils pouvaient léguer ou vendre. Le roi lui-même au XVᵉ siècle encouragea la **vénalité*** des charges pour se procurer de l'argent : il créa un grand nombre de charges nouvelles et les vendit. Ainsi se forma une *nouvelle noblesse* dite *de robe* issue de la bourgeoisie et armée du pouvoir judiciaire.

300. Le domaine royal au XVIᵉ siècle. — Les provinces restées indépendantes entraient peu à peu dans le domaine royal. Louis XII et François Iᵉʳ en devenant rois apportèrent, l'un son duché d'Orléans, l'autre son comté d'Angoulême. Par une coïncidence remarquable avec le relief du sol, les seules *terres non royales* formaient des **îlots épars** aux Alpes (Savoie), des Pyrénées (Béarn, Foix, etc.), du Jura (Franche-Comté), des Vosges (Lorraine, Alsace), ainsi que sur le Plateau central et en Bretagne, la frontière restait indécise dans les grandes plaines du nord. Le **duché de Bretagne** fut réuni par le mariage de la dernière héritière au roi de France. Le domaine du duc de Bourbon, **Auvergne, Forez, Bourbonnais**, fut confisqué (1526) sur le *connétable de Bourbon* qui avait passé dans l'armée espagnole. Il fallut près de

FORMATION DE L'UNITÉ FRANÇAISE.

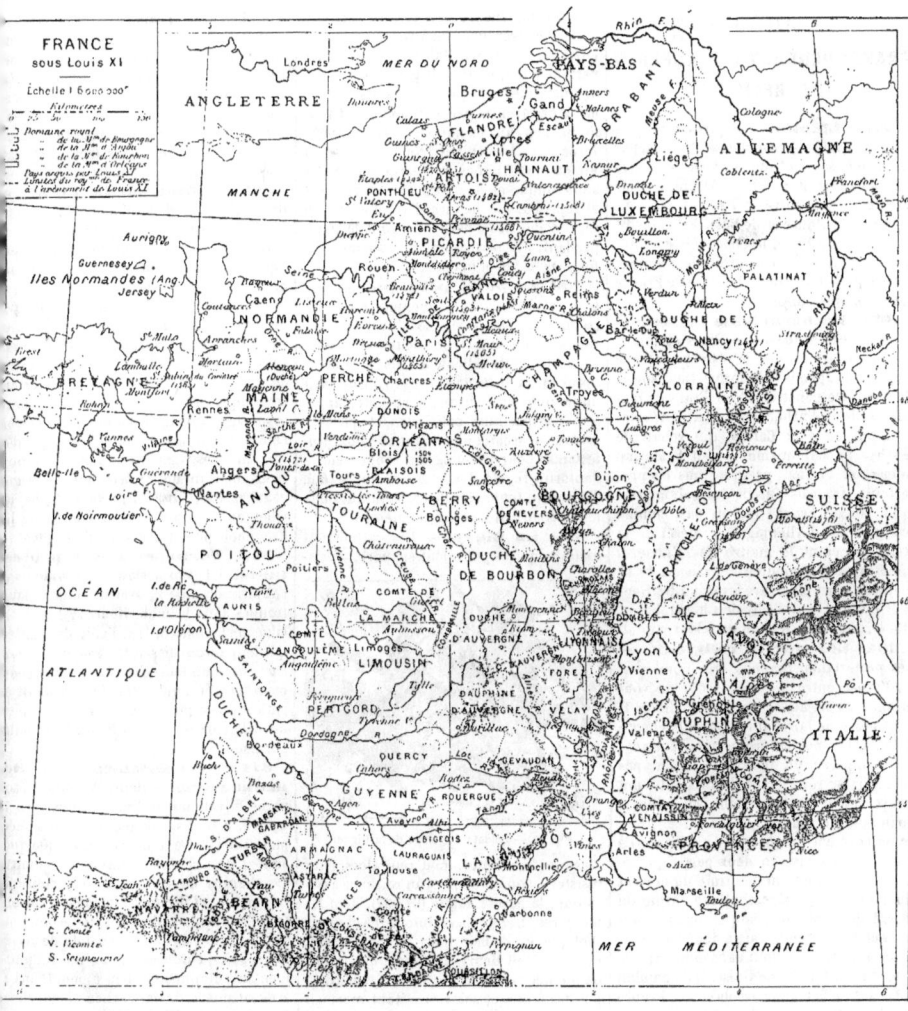

rois siècles pour achever l'unité française. François Ier groupa ses provinces en 12 grands gouvernements militaires, commandés chacun par un *lieutenant général*: Île de France, Normandie, Picardie, Champagne, Bretagne, Bourgogne, Lyonnais, Dauphiné, Provence, Auvergne, Languedoc, Guyenne.

304. Toute-puissance du roi. — Au temps de François Ier, il ne restait plus en France qu'un *seul prince souverain*, le roi. Aucun seigneur ne lui disputait plus le pouvoir; il avait *cessé de convoquer* les États généraux (la dernière réunion avait été celle de Tours (1484) et il levait l'impôt à son gré. Il *décidait seul*, avec son conseil privé, *de toutes les affaires du royaume*. Il faisait des *ordonnances*, c'est-à-dire des lois, sans consulter les parlements chargés de les appliquer, et il refusait d'écouter leurs remontrances. Il exerçait partout l'*autorité absolue*.

QUESTIONS D'EXAMEN. — 1. Indiquez les agrandissements du domaine royal pendant la guerre de Cent ans. — 2. Comment s'étaient formés les apanages? — 3. Nommez les princes de la maison de France. — 4. Énumérez les possessions du duc de Bourgogne. — 5. Quel fut le but de la politique de Louis XI? — 6. Que voulait Charles le Téméraire? — 7. Comment finit-il? — 8. Comment se conduisit Louis XI? — 9. Quels pays réunit-il au domaine? — 10. Comment fut organisé l'impôt? — 11. Qu'est-ce que les *aides* et la *taille*? — 12. Indiquez le recrutement et l'organisation de l'armée. — 13. Exposez l'organisation de la justice royale. — 14. Qu'est-ce que les Parlements? — 15. Comment se forma la vénalité des charges? — 16. Indiquez les accroissements du domaine royal au seizième siècle. — 17. Comment fut-il organisé? — 18. Énumérez les pouvoirs du roi.

VINGT-HUITIÈME LEÇON

FRANCE PENDANT LES GUERRES DE RELIGION

302. L'Église de France. — L'Église avait été troublée, en France, par le *grand schisme* du XIV° siècle, entre les papes de Rome et d'Avignon, puis par les luttes entre le Pape et les conciles de Constance et de Bâle. François Ier signa, avec le Pape, le *Concordat de* 1516, qui donnait au roi le droit de nommer les évêques et les abbés. L'Église de France fut mise ainsi au *pouvoir du roi*.

303. Luthéranisme et calvinisme en France. — Vers ce temps éclata, en Allemagne, la révolte contre le Pape qu'on appelle la **Réforme**. Deux sortes de doctrines pénétrèrent en France : d'abord celle de **Luther**, qui venait d'*Allemagne*, puis celle de **Calvin**, qui venait de *Genève*. Le **calvinisme** réussit beaucoup mieux en France; presque tous les protestants français furent des **calvinistes**.

Le roi de France n'avait pas, comme les princes d'Allemagne, intérêt à la Réforme; étant le maître de l'Église, il aima mieux la maintenir. François Ier fit mettre à mort plusieurs protestants; Henri II déclara, par l'édit de Châteaubriant (1551), que l'hérésie était un crime capital.

304. Les partis religieux. — Les protestants, devenus très nombreux en France entre 1550 et 1560, ne voulurent plus se laisser persécuter. Henri II était mort ne laissant que des fils encore enfants. Les nobles protestants tentèrent de s'emparer du pouvoir, n'ayant pas réussi ils se révoltèrent. Les régents, qui gouvernaient au nom du roi mineur, voulurent les réduire par la force. Alors commencèrent les guerres de religion. Le royaume se divisa en deux partis qui réveillèrent le vieil antagonisme du nord et du midi. Le **parti catholique** formé du clergé, de la cour, et de presque tous les paysans et d'une grande partie des bourgeois, avait ses forces surtout dans le nord; à sa tête était la famille de Guise. Il demandait qu'il fût défendu de célébrer en France d'autre culte que le culte catholique.

Le **parti protestant**, beaucoup moins nombreux, se composait surtout des nobles du Midi (Languedoc, Gascogne, Poitou). Ses chefs furent les princes de Condé et, plus tard, le roi de Navarre; il réclamait pour les calvinistes le droit d'avoir des pasteurs et de célébrer leur culte.

305. Guerres de religion. — La guerre dura plus de trente ans (1562-1594). Sept fois elle fut suspendue par une paix entre les deux partis, qui prenait la forme d'un *édit du roi*; sept fois elle recommença, parce que les partis se haïssaient trop pour observer loyalement le traité. La guerre était féroce, elle était partout à la fois. Peu de grands combats; des batailles acharnées toujours livrées entre des armées peu nombreuses et profitant peu au vainqueur (Dreux, 1562; Jarnac et Moncontour, 1569; Coutras et Vimory, 1587). Les moindres bourgades alors entourées de murs, assiégées, prises et reprises; des bandes d'aventuriers, au service des deux partis, courant le pays, pendant les prisonniers, massacrant les femmes et les enfants.

306. Le parti politique. — Dès le début de la guerre, quelques hommes, comme le chancelier de l'Hospital, auraient voulu décider les deux partis à se supporter mutuellement. Ils formèrent après la Saint-Barthélemy (1572), un parti nouveau que les autres, par mépris, appelèrent le parti des **politiques**, et qui consentait à accorder la tolérance aux protestants, pourvu qu'ils se soumissent à l'autorité royale. Le frère du roi, le duc d'Alençon, fut le chef de ces politiques que le roi Henri III favorisa longtemps.

307. La Ligue. — Les catholiques exaltés, qui ne pouvaient supporter l'exis-

Fig. 37. — Soldats du temps de la Ligue.

tence des hérétiques, fondèrent alors, pour résister aux politiques et au roi, une association, la **Sainte Ligue** (fig. 37), dont les membres jurèrent de maintenir l'Église catholique et d'obéir tous au même chef. Ce chef était **Henri de Guise**, qui rêvait de monter sur le trône; Henri III n'ayant pas d'enfants, et son frère étant mort en 1584, la couronne devait, après la mort du roi, passer à Henri de Navarre, chef du parti protestant. Cette perspective effraya les Ligueurs qui demandèrent secours au roi d'Espagne. L'assassinat de leur chef, Henri de Guise, achevant de les exaspérer, ils *soulevèrent* contre le roi, auteur de ce meurtre, Paris et tout le nord de la France.

308. Affaiblissement du pouvoir royal. — Quand le roi de Navarre, Henri IV, succéda à Henri III assassiné (1589), le roi de France avait perdu toute l'autorité acquise par ses prédécesseurs. Les chefs de bandes s'étaient habitués à ne plus lui obéir; les gouverneurs, nommés par lui, s'étaient rendus aussi indépendants que jadis les princes féodaux. On distinguait les villes en *ligueuses*, *protestantes*, *royalistes*. Le royaume se partageait entre trois pouvoirs : les protestants, dans le midi; les ligueurs, dans le nord et l'est; le roi, au centre et à l'ouest.

309. Défaite de la Ligue. — Henri IV n'eut d'abord pour lui que le parti protestant et un petit nombre de royalistes; car les royalistes, tous catholiques, ne voulaient pas servir un roi hérétique. Il eut beaucoup de peine à se maintenir en Normandie et ne put prendre Paris. Les Ligueurs, soutenus par une armée espagnole, convoquèrent les États à Paris (1593) pour élire un roi de France. Mais Henri IV, en se faisant catholique, ramena à lui tout le parti royaliste; et, quand le Pape se fut décidé à l'absoudre, le parti ligueur, plutôt que d'avoir un roi espagnol, se soumit à son tour. Pourtant le roi dut *racheter* une à une, *aux gouverneurs et aux chefs de la Ligue*, les villes qu'ils occupaient et combattre les Espagnols pour les chasser de France.

310. Soumission des protestants. — Les protestants, mécontents de l'abjuration du roi, avaient rameuté leurs troupes dans le midi. Henri IV les réconcilia en leur accordant l'**édit de Nantes** qui leur reconnaissait le *droit de célébrer leur culte* dans leurs châteaux et dans beaucoup de villes, qui même leur donnait en garantie des *places de sûreté*, c'est-à-dire des villes où ils avaient le droit de mettre garnison.

311. Accroissement du domaine royal. — Henri IV employa son règne à restaurer la France ruinée par la guerre. Il refit ses finances et son armée, maintint l'ordre, qui permit, en quelque années, de réparer les maisons, de remettre les champs en culture, de reprendre le commerce, et il rétablit le **pouvoir absolu** tel qu'au temps de François Ier. Le domaine s'était encore agrandi; les îlots de *terre non royales*, entourés par un flot toujours montant, diminuaient peu à peu. Henri IV avait acquis les **trois évêchés**, (Toul, Metz, Verdun); Henri IV avait réuni tous ses domaines des Pyrénées : **Béarn, Foix, Navarre française** (c'est depuis ce temps que le roi prit le titre de *roi de France et de Navarre*); puis il avait forcé le duc de Savoie à lui céder, en échange du marquisat de Saluces, qu'il possédait en Italie, deux pays français, la **Bresse** et le **Bugey**. Il allait entreprendre une guerre en Allemagne quand il fut assassiné.

312. Défaite du parti protestant. — Les protestants du Midi continuaient à tenir des assemblées, à avoir

FRANCE PENDANT LES GUERRES DE RELIGION.

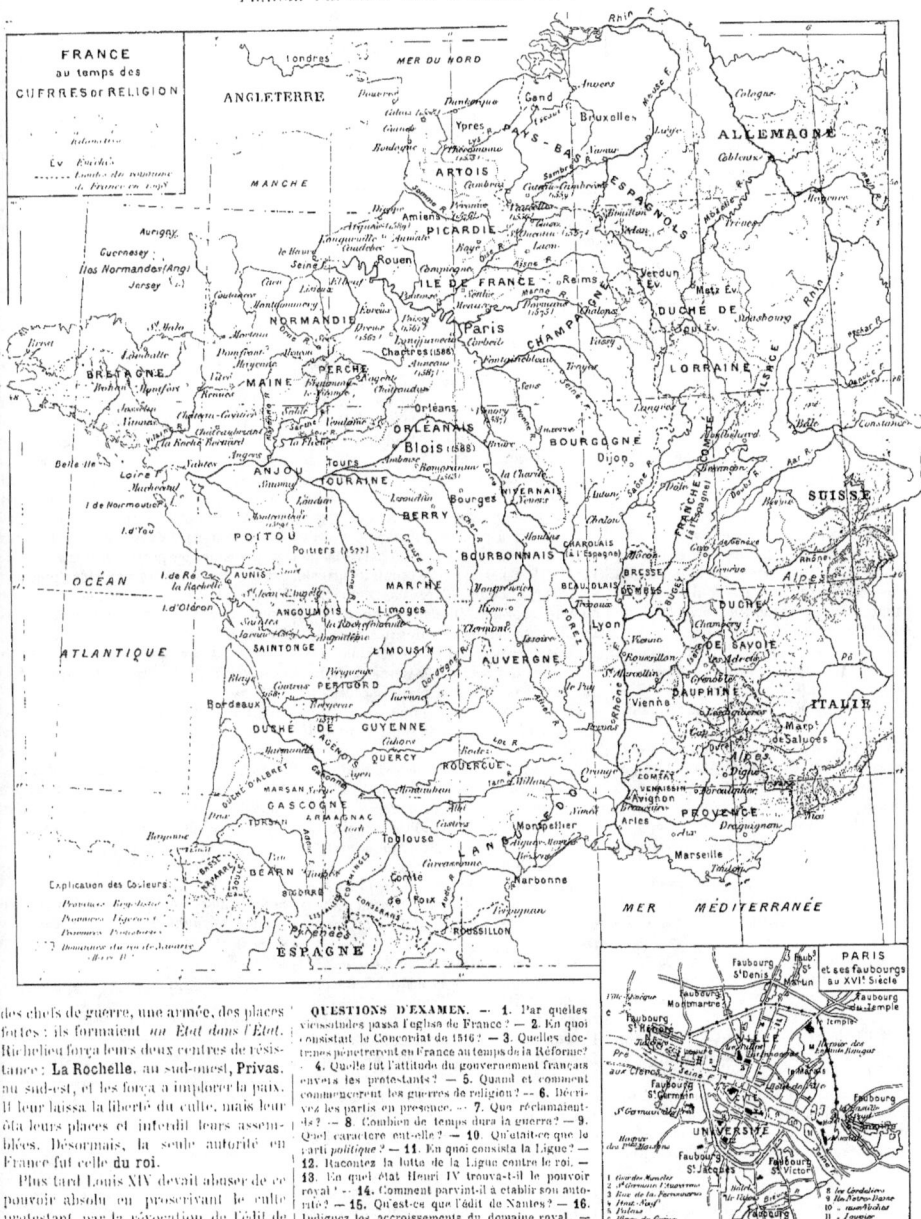

des chefs de guerre, une armée, des places fortes : ils formaient *un État dans l'État*. Richelieu força leurs deux centres de résistance : **La Rochelle**, au sud-ouest, **Privas**, au sud-est, et les força à implorer la paix. Il leur laissa la liberté du culte, mais leur ôta leurs places et interdit leurs assemblées. Désormais, la seule autorité en France fut celle du roi.

Plus tard Louis XIV devait abuser de ce pouvoir absolu en proscrivant le culte protestant par la révocation de l'édit de Nantes (1685).

QUESTIONS D'EXAMEN. — 1. Par quelles vicissitudes passa l'église de France ? — 2. En quoi consistait le Concordat de 1516? — 3. Quelles doctrines pénétrèrent en France au temps de la Réforme? — 4. Quelle fut l'attitude du gouvernement français envers les protestants? — 5. Quand et comment commencèrent les guerres de religion? — 6. Décrivez les partis en présence. — 7. Que réclamaient-ils? — 8. Combien de temps dura la guerre? — 9. Quel caractère eut-elle? — 10. Qu'était-ce que le *parti politique*? — 11. En quoi consista la Ligue? — 12. Racontez la lutte de la Ligue contre le roi. — 13. En quel état Henri IV trouva-t-il le pouvoir royal? — 14. Comment parvint-il à établir son autorité? — 15. Qu'est-ce que l'édit de Nantes? — 16. Indiquez les accroissements du domaine royal. — 17. Racontez l'histoire du parti protestant.

VINGT-NEUVIÈME LEÇON

LA FRANCE MONARCHIQUE

313. L'œuvre de Richelieu et de Mazarin. — La maison de Habsbourg avait été, au XVIe siècle, la plus puissante d'Europe ; mais de ses deux branches, l'une, la maison d'Espagne, ruinée par les guerres contre les protestants, n'avait plus ni argent ni soldats ; l'autre, la maison d'Autriche, fut battue dans la guerre de Trente ans par Richelieu et Mazarin. **Le roi de France**, après avoir résisté à l'Europe et vaincu l'Empereur, devint au XVIIe siècle le **plus puissant souverain d'Europe**. Richelieu ayant écrasé les rebellions des grands seigneurs et brisé l'organisation politique des protestants, Mazarin ayant triomphé de la double opposition de la noblesse et du parlement, le roi de France se trouva le maître d'un *royaume compact* où il exerçait un pouvoir absolu ; il possédait des *revenus assurés* par l'impôt, une *forte armée* de soldats mercenaires et l'État le plus peuplé de l'Europe.

314. Acquisitions de Louis XIV. — Dès le XVIe siècle, les rois désiraient s'agrandir à l'est, en acquérant soit les provinces bourguignonnes dont le roi d'Espagne avait hérité, soit les pays du Rhin qui appartenaient de nom à l'empire d'Allemagne. Les politiques français disaient que *les limites naturelles* du royaume devaient être les Pyrénées, les Alpes et le Rhin. Coligny déjà avait voulu conquérir les Pays-Bas.

A la suite de la guerre de Trente ans, par le *traité de Westphalie* (1648), l'Empereur céda à Louis XIV (outre les trois évêchés déjà conquis) tout ce qu'il possédait en **Alsace** ; le roi en profita pour s'approprier peu à peu tout le reste ; **Strasbourg** se donna à lui en 1681.

Toutes les autres acquisitions eurent lieu **aux dépens du roi d'Espagne**. Louis XIV lui fit trois guerres et acquit successivement :

1° Par le *traité des Pyrénées* (1659), au sud, le **Roussillon** et la **Cerdagne** qui donnaient pour limites au royaume les Pyrénées ; au nord, l'**Artois** ;

2° Par le *traité d'Aix-la-Chapelle* (1668), le **sud de la Flandre et du Hainaut** ;

3° Par le *traité de Nimègue* (1678), la **Franche-Comté**. Ce traité lui donna aussi plusieurs villes des Pays-Bas qu'il rendit presque toutes vingt ans après.

Ainsi les îlots de *terres non royales* situés au pied des Pyrénées, du Jura et en grande partie des Vosges, avaient disparu, et dans les plaines du nord la frontière avait gagné du terrain.

315. Les coalitions. — Louis XIV fut entravé dans ses desseins par **cinq coalitions** des autres États.

1° En 1668, Hollande, Angleterre, Suède, unies par la *triple alliance*, l'obligèrent à faire la paix avec le roi d'Espagne ;

2° Pour se venger des Hollandais, il envahit la Hollande (1672) ; une coalition nouvelle (Hollande, Espagne, Empereur, Brandebourg), le contraignit à évacuer la Hollande et à signer la paix à Nimègue ;

3° Il avait établi des tribunaux, les *chambres de réunion*, qui, sous prétexte d'interpréter les traités et sans consulter les autres États, lui adjugeaient les villes à sa convenance ; une coalition s'était formée, mais elle accepta une trêve (1685) ;

4° Le roi d'Angleterre ayant mécontenté ses sujets, **Guillaume**, stathouder de Hollande, se fit reconnaître roi par les Anglais ; Louis XIV lui déclara la guerre. Guillaume forma contre lui une *coalition générale* où entrèrent, outre les puissances de la seconde coalition, l'Angleterre et la Savoie (1690). Louis XIV, après sept ans de guerre, vainqueur mais ruiné, accepta le *traité de Ryswick* (1697) par lequel il restituait ses plus récentes conquêtes ;

5° Le **roi d'Espagne** étant mort sans héritier, légua ses États à un **petit-fils de Louis XIV**. En essayant de réunir l'Espagne à la France, Louis XIV provoqua une cinquième coalition (Hollande, Angleterre, Savoie, Empereur et presque tous les princes allemands). Cette fois, Louis XIV fut vaincu partout, en Bavière, en Italie, aux Pays-Bas. L'Angleterre lui accorda la *paix d'Utrecht* (1713) ; l'Empereur, resté seul, fut battu et signa le *traité de Rastadt* (1714).

Louis XIV d'abord fidèle aux traditions d'une *politique nationale* s'était efforcé d'agrandir la France dans des *directions naturelles*, il avait réussi. Plus tard il rêva, comme Charles-Quint, la domination universelle et entreprit, malgré les Pyrénées, la réunion de la France et de l'Espagne, il échoua. Le perdit ainsi l'occasion d'acquérir les Pays-Bas et *laissa la France ruinée*.

316. Acquisitions de Louis XV. — Sous Louis XV, le ministre Fleury profita des embarras de l'Empereur pour faire céder à l'ancien roi de Pologne, Stanislas Leckzinski, père de la reine, le **duché de Lorraine** qui fut érigé en royaume et qui, à la mort de Stanislas (1768), revint au roi de France. Louis XV acquit aussi la **Corse**, abandonnée par les Génois. Le royaume de France atteignit dès lors les limites qu'il avait en 1789.

317. Administration. — Le royaume comprenait alors **32 gouvernements** dont la plupart étaient d'*anciennes provinces*, car on n'avait pas cherché à créer une division nouvelle ; en outre, 7 ou 8 villes militaires formaient chacune un petit gouvernement. Le roi nommait gouverneurs des seigneurs de haute noblesse qu'il traitait avec de grands honneurs, mais auxquels il ne laissait aucun pouvoir ; dans chaque gouvernement il envoyait un magistrat qui, sous le titre modeste d'**intendant de police, de justice et de finances**, exerçait toute l'autorité ; l'intendant, pris dans la bourgeoisie ou dans la petite noblesse, avait la confiance du roi ; il lui *adressait des rapports* sur l'état de sa province, recevait ses ordres, était chargé de les exécuter. Au XVIIIe siècle, les intendants, *devenus les seuls maîtres* des provinces, organisèrent l'**administration** et donnèrent aux Français l'habitude de tout laisser faire par le gouvernement.

318. Organisation judiciaire. — Le roi avait conservé à chacune des provinces nouvelles entrées dans son domaine son tribunal suprême indépendant. Il y avait ainsi en France **13 parlements** (Paris, Toulouse, Grenoble, Bordeaux, Dijon, Rouen, Aix, Pau, Metz, Besançon, Douai, Nancy) et **4 cours souveraines** (Colmar, Perpignan, Arras, Bastia), tous indépendants les uns des autres, qui jugeaient les procès civils et criminels.

En outre, **5 cours des aides** jugeaient les procès entre les particuliers et les agents du roi ; **11 cours des comptes** vérifiaient les comptes des employés du roi.

319. Organisation financière. — L'impôt était organisé suivant deux systèmes différents :

1° Dans la plupart des provinces, les impôts étaient fixés par le roi, et des agents spéciaux, les **élus**[1], décidaient la part que chaque sujet devait payer, sans consulter les habitants. Ces provinces, où l'on avait cessé de convoquer les États, s'appelaient **pays d'élection**.

2° Quelques provinces : Languedoc, Bretagne, Provence, Dauphiné, Artois, Hainaut, Flandre et les pays des Pyrénées, avaient conservé le droit de voter et de répartir leurs impôts par leurs députés réunis en *États* ; on les appelait **pays d'États**.

[1]. Le nom d'*élus* venait de ce qu'ils avaient été élus à l'origine, en 1355 ; mais dès 1360 le roi s'était arrogé le droit de les nommer.

QUESTIONS D'EXAMEN. — **1.** Exposez l'œuvre de Richelieu et de Mazarin. — **2.** D'où venait la force du roi de France ? — **3.** De quel côté les rois cherchaient-ils à s'agrandir ? — **4.** Qu'appelait-on limites naturelles de la France ? — **5.** Indiquez les guerres faites sous Louis XIV. — **6.** Énumérez les acquisitions faites sous Louis XIV. — **7.** Énumérez les coalitions contre Louis XIV. — **8.** Dites les causes et les résultats de chacune. — **9.** Indiquez les acquisitions de Louis XV. — **10.** Décrivez l'administration de la France. — **11.** Qu'était-ce que les intendants ? — **12.** Quelle fut leur œuvre ? — **13.** Décrivez l'organisation des tribunaux. — **14.** L'organisation des finances. — **15.** Quelle différence y avait-il entre les pays d'États et les pays d'élection.

LA FRANCE MONARCHIQUE.

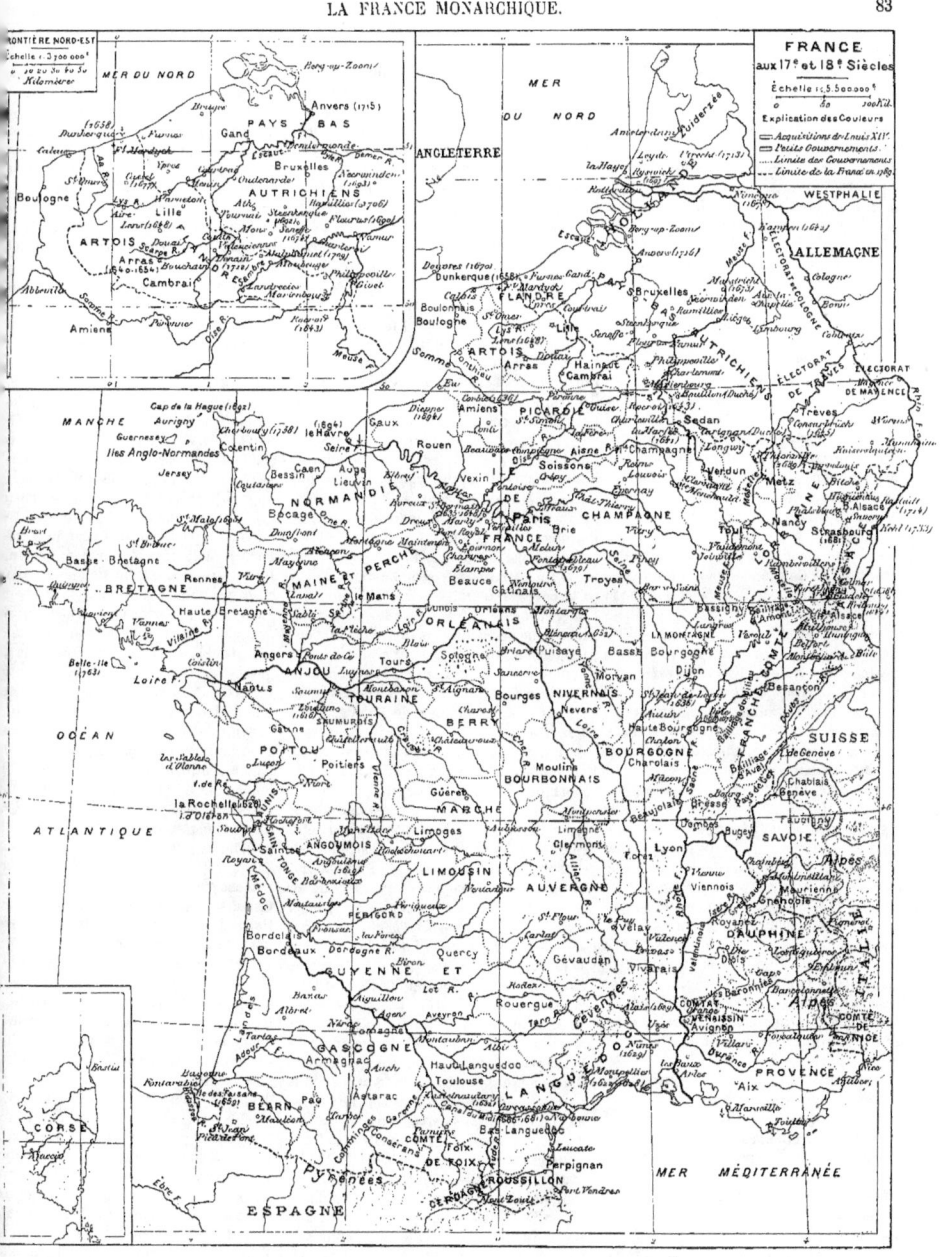

TRENTIÈME LEÇON
LA MAISON D'AUTRICHE
AU XVIᵉ SIÈCLE.

320. Institutions de Maximilien. — L'Allemagne avait été, à la diète de Worms, sous l'empereur Maximilien (1495), partagée en dix **cercles**. Pour mettre un terme à l'anarchie*, la diète avait interdit les guerres de prince à prince, elle avait institué un *impôt d'empire*, un *tribunal d'empire* et une *armée des cercles* chargée de faire respecter les décisions du tribunal. Mais aucune de ces institutions ne fonctionna jamais régulièrement.

321. Domaine de la maison d'Autriche. — La famille des archiducs d'Autriche était dès le xvᵉ siècle la *plus puissante d'Allemagne*. C'est **par des mariages** qu'elle augmentait ses domaines. Elle réunit au xvᵉ siècle tous les pays allemands du sud, **Autriche, Tyrol, Styrie, Carinthie, Carniole, Istrie.** — Par le mariage de Maximilien avec la fille unique de Charles le Téméraire elle acquit les *domaines du duc de Bourgogne*, c'est-à-dire les **Pays-Bas** et la **Franche-Comté.** — Par le mariage de l'archiduc Philippe le Beau avec Jeanne la Folle, fille unique de Ferdinand et d'Isabelle, elle recueillit les *domaines du roi d'Espagne*, **Castille, Aragon, Sicile, royaume de Naples.** Enfin en 1526, elle hérita de tous les *États du roi de Hongrie et de Bohême*; **royaumes de Hongrie** et de **Croatie** (carte p. 63), **royaume de Bohême**, avec ses dépendances, **Silésie et Moravie.**

322. Charles-Quint. — Le fils de l'archiduc d'Autriche et de l'héritière des Espagnes, Charles, se fit élire **empereur d'Allemagne**. Son héritage comprenait quatre *groupes* de pays : 1° les *domaines allemands* (qu'on appelait domaines héréditaires d'Autriche), 2° les *domaines de Hongrie et Bohême*, 3° les *domaines espagnols*, 4° les *domaines bourguignons* (Franche-Comté). Il y ajouta les *domaines italiens* (Naples et le Milanais) et la *moitié de l'Amérique*. Il était le souverain le *plus riche* et le *plus puissant* du monde, il aspirait à la *monarchie universelle*, mais son empire factice n'avait *aucune unité géographique*.

323. Entreprises de Charles-Quint. — Les quarante années du règne de Charles-Quint ne furent qu'une lutte sans relâche, un perpétuel effort contre l'impossible. En Espagne il lutta contre les *Cortès de Castille* et profita de leur révolte pour leur ôter le droit de contrôler ses actes. En Afrique, il fit la guerre aux *corsaires de Tunis et d'Alger*. En Italie il enleva au roi de France le Milanais et voulut forcer le Pape à lui obéir. En Allemagne il tenta de soumettre les princes allemands à son autorité d'Empereur.

Charles-Quint avait de nombreuses armées et de gros revenus. Mais ses entreprises lui attirèrent de *nombreux ennemis* et de *tous les côtés* à la fois ; le **roi de France**, le **sultan des Turcs**, les **pirates d'Alger**, les **protestants d'Allemagne** et même le **Pape**. Tous ces ennemis se coalisèrent : François Iᵉʳ s'allia aux princes protestants d'Allemagne et aux Turcs musulmans. — Charles-Quint fut longtemps vainqueur. Il chassa François Iᵉʳ d'Italie ; il prit Tunis aux pirates barbaresques (1535) et les força à rendre leurs captifs ; son armée saccagea Rome (1527) ; il battit les princes protestants d'Allemagne et fit prisonnier leur chef l'électeur de Saxe (1547) ; il repoussa deux fois les Turcs qui assiégeaient Vienne. — Mais à la fin de son règne la coalition s'étant reformée, Charles-Quint fut obligé de s'enfuir devant l'armée des princes allemands, et bientôt après de signer avec eux la **paix d'Augsbourg** (1555), qui leur accordait le droit d'établir la religion protestante dans leurs domaines. En même temps Henri II lui prenait Metz et les deux autres évêchés de Lorraine.

324. Partage de l'empire de Charles-Quint. — En 1555 une première *coupure* s'opéra entre les deux moitiés, l'une occidentale et méridionale, l'autre germanique de l'Empire. Charles-Quint abdiqua et partagea ses États. A son frère **Ferdinand** il laissa les **domaines allemands** et les **royaumes de Bohême** et de **Hongrie** ; à son fils **Philippe II**, ses **royaumes d'Espagne**, les **Pays-Bas** et la **Franche-Comté**, les possessions d'**Italie** et d'**Amérique**. La maison de Habsbourg fut ainsi divisée en deux branches : **Espagne** et **Autriche** qui devaient l'une après l'autre reprendre les projets de Charles-Quint.

325. Philippe II. — Philippe fut avant tout un **Espagnol** et un **catholique**. Il chercha surtout à *maintenir la religion catholique* et à *extirper l'hérésie*. Comme son père il engagea des luttes de *tous côtés*. 1° En Aragon il détruisit les libertés des Cortès et devint **roi absolu**. 2° En Castille il poussa les **Mores** à la révolte et plus tard les **expulsa** du royaume parce qu'ils restaient musulmans. 3° Il conquit le **royaume de Portugal** et les immenses possessions des Portugais aux Indes et en Afrique. 4° Il essaya de maintenir l'**Inquisition aux Pays-Bas**, et quand ses sujets se furent révoltés, il leur fit la guerre. 5° Il combattit les Turcs et détruisit leur marine à *Lépante* (1571) (carte p. 75). 6° Il voulut **aider le parti catholique** dans les autres royaumes d'Europe : En Angleterre, il épousa la reine Marie Tudor qui chercha à *rétablir par force* le catholicisme ; en France il envoya une armée pour aider les Ligueurs contre Henri IV ; il essaya même de convertir le roi de Suède.

Il ne réussit à extirper l'hérésie d'aucun de ces trois pays ni même de ses domaines des Pays-Bas. Il mourut après avoir fait banqueroute, laissant l'Espagne ruinée. Quant au Portugal, épuisé aussi finit par *se révolter* contre le roi d'Espagne (1640) et forma de nouveau un royaume séparé.

326. Fondation de la république de Hollande. — De toutes les possessions extérieures de Philippe en Europe, les Pays-Bas étaient la plus *excentrique*, la première, elle chercha à se séparer de l'Espagne. La plupart des habitants des *Pays-Bas* s'étaient faits *calvinistes*. Philippe, qui ne voulait que des sujets catholiques, envoya aux Pays-Bas, pour gouverneur, un général, le duc d'Albe, qui fit exécuter des milliers d'habitants. Les Pays-Bas se révoltèrent en 1570) et chassèrent les troupes espagnoles. Après 20 ans de guerres sanglantes, Philippe II parvint à rétablir son autorité et le catholicisme dans les 10 provinces du Sud, mais non dans les 7 provinces du Nord qui formèrent la **république des Provinces Unies** (carte p. 87) ou **Hollande** (du nom de la principale province (1579). — Les Pays-Bas se partagèrent ainsi en deux groupes : au sud une région agricole industrielle, les **Pays-Bas espagnols** (Belgique) (carte p. 81), **catholiques** et gouvernés par le roi d'Espagne, — au nord une région maritime et commerçante, **Provinces-Unies** (Hollande), calvinistes et organisées en république. Le roi d'Espagne continua la guerre contre les Hollandais ; ils en profitèrent pour lui enlever une partie des *provinces belges* et les colonies portugaises des îles de la Sonde (carte p. 77). Les *villes industrieuses et riches de Belgique* (Gand, Bruges, Ypres), furent ruinées par l'émigration des ouvriers protestants et remplacées par les villes de Hollande. Amsterdam devint le plus grand port de commerce de l'Europe.

327. La maison d'Autriche. — La branche autrichienne de la maison de Habsbourg, la **maison d'Autriche**, très faible jusqu'à la fin du xvıᵉ siècle ; Turcs lui avaient enlevé presque tout royaume de Hongrie ; l'empereur n'avait *plus aucun pouvoir en Allemagne*, et même dans ses domaines les seigneurs et villes lui *obéissaient mal.* — La *paix d'Augsbourg* (1555) permit à chaque prince de régler à sa guise la religion de ses sujets. Mais après le concile de Trente, les Jésuites parvinrent à *regagner au catholicisme* presque tout le sud de l'Allemagne. Ferdinand Iᵉʳ, leur élève, chef de la maison d'Autriche, nouveau Philippe II, consacra sa vie à restaurer le catholicisme. Presque

LA MAISON D'AUTRICHE.

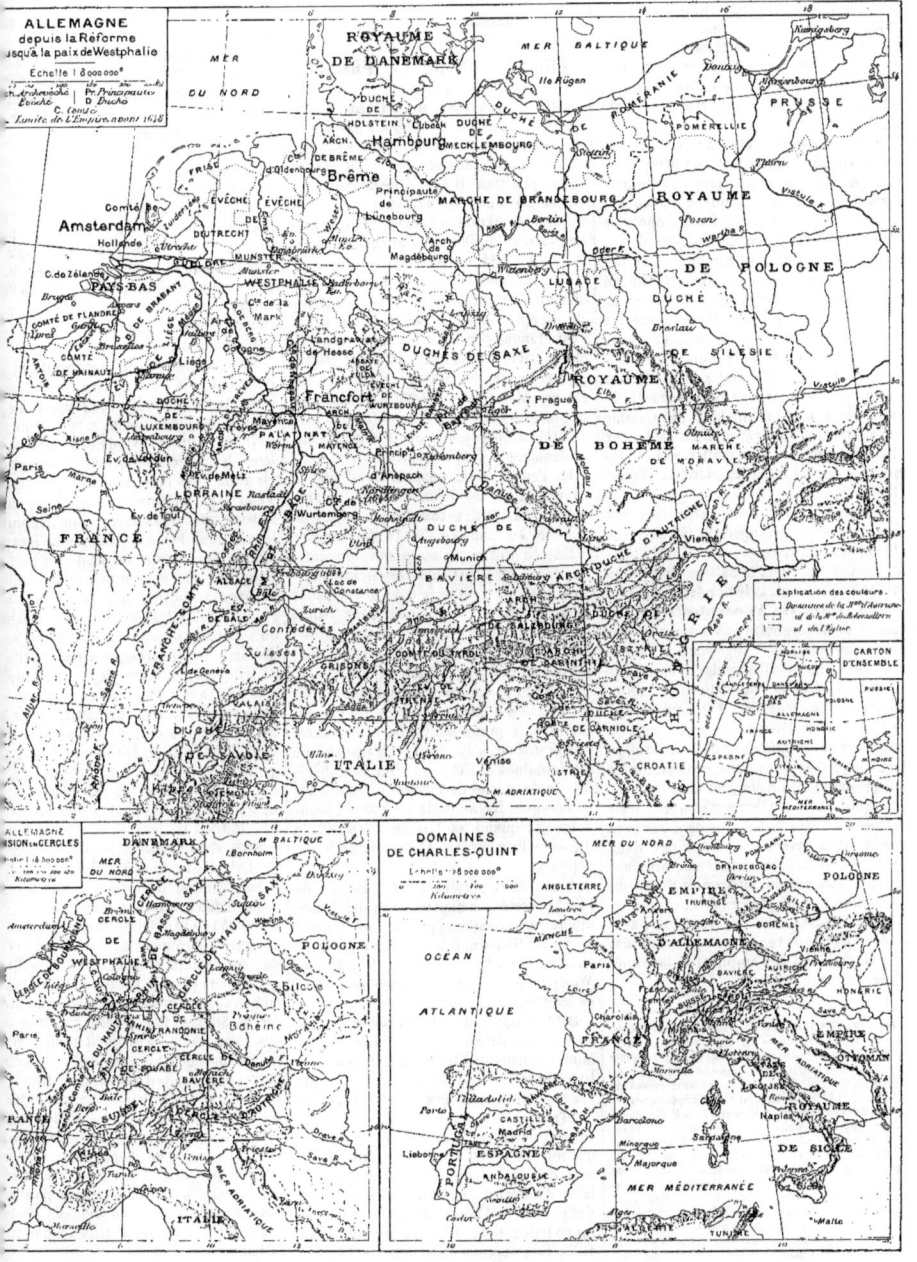

tous ses sujets s'étaient faits protestants, il les ramena de force à leur ancien culte. Les seigneurs de Bohême se révoltèrent : Ferdinand commença contre eux une guerre qui s'étendit à toute l'Allemagne et à l'Europe; ce fut la guerre de Trente ans.

328. Guerre de Trente ans. — On vit alors nettement aux prises l'Allemagne du Nord combattant pour le protestantisme et pour l'indépendance des princes, l'Allemagne du Sud, catholique et monarchiste. L'empereur triompha de la Bohême et l'obligea à redevenir catholique. Il entreprit alors de rétablir en Allemagne le *catholicisme* et l'*autorité de l'empereur*. Il forma une ligue contre les princes protestants allemands et s'allia avec l'autre branche de la maison de Habsbourg, la branche d'*Espagne*. Il fut d'abord vainqueur, défit les *princes protestants* divisés entre eux, incapables de résister seuls, triompha du *roi de Danemark*, leur allié, les força à reconnaître son autorité et à abandonner les biens de l'Église (1629).

Mais les princes protestants reçurent des secours de l'étranger, du *roi de Suède* (1630), puis du *roi de France* (1635), attaquèrent l'empereur, le battirent plusieurs fois et le forcèrent à demander la paix.

329. Paix de Westphalie. — Les traités de Westphalie conclus *après huit ans de négociations*, réglèrent la situation des princes allemands. L'empereur renonça à rétablir l'autorité impériale et l'unité de la religion. Il reconnut aux princes leur **indépendance** et le droit de **décider de la religion** que devraient suivre leurs sujets. Il permit aux protestants de ses propres États d'émigrer chez les princes protestants. L'Allemagne, après avoir été pendant 30 ans horriblement **ravagée par les aventuriers** au service des deux partis, fut définitivement **démembrée** entre 300 souverains environ (princes ou villes libres), et **divisée en deux religions**. Les rois de Suède et de France se payèrent de leur intervention en prenant chacun un morceau de l'empire, l'un la Poméranie, l'autre l'Alsace.

QUESTIONS D'EXAMEN. — 1. Parlez des institutions de Maximilien. — 2. Comment s'est formé le domaine de la maison d'Autriche? — 3. De quels pays? — 4. De quoi se composait l'héritage de Charles-Quint? — 5. Racontez les entreprises de Charles-Quint. — 6. Indiquez ses adversaires. — 7. Comment se termina son règne? — 8. Comment fut partagé son empire? — 9. Exposez le but et les entreprises de Philippe II. — 10. En quel état laissa-t-il l'Espagne? — 11. Quel fut le succès de son œuvre? — 12. Comment fut fondée la république de Hollande? — 13. Comment se partagèrent les Pays-Bas? — 14. Quel fut le sort des villes de Belgique? — 15. Que se proposa l'empereur Ferdinand?,—16. Exposez les causes et la marche générale de la guerre de Trente ans. — 17. Comment se termina la guerre? — 18. Que décidèrent les traités de Westphalie?

TRENTE-UNIÈME LEÇON

FORMATION DE LA PRUSSE

330. Origines de l'État prussien. — Dans l'Allemagne, *affaiblie et morcelée*, parait vers la fin du XVIIe siècle, un État jusque-là *pauvre et obscur*, l'État prussien. Il est formé de deux provinces du nord, *Brandebourg* et *Prusse*, réunies en un même domaine qui appartient à une famille de seigneurs de l'Allemagne du Sud, les Hohenzollern.

Le **Brandebourg** est une *marche*, c'est-à-dire une *province frontière* créée au Xe siècle *pour combattre les Slaves* païens et qui s'est étendue *par la conquête* sur toute la plaine sablonneuse entre l'Elbe et l'Oder; dans ce pays, les Slaves exterminés ont été remplacés *par des colons allemands*. Le margrave de Brandebourg (depuis 1417 un Hohenzollern), est un des princes de l'Allemagne et *l'un des sept électeurs*.

La **Prusse** a été *conquise* aussi sur un peuple païen, les *Prussiens*, par les **chevaliers de l'Ordre teutonique** venus de terre sainte. Établis d'abord à Marienbourg (1226), ils ont organisé *la croisade contre les païens*, et, avec l'aide des chevaliers allemands, ont conquis le pays des bouches de la Vistule et du Niémen, dans lequel ils ont soumis les anciens habitants et introduit des *colons allemands*. Au XVe siècle, l'Ordre teutonique, tombé en décadence, a été battu par les rois de Pologne qui ne lui ont laissé que la province de Prusse. En 1526, le grand maître de l'Ordre s'est *fait protestant*, s'est marié et a transformé les domaines de l'Ordre en un État héréditaire, **le duché de Prusse**, vassal du roi de Pologne. Il était de la maison de Brandebourg; quand sa famille s'éteignit, le duché de Prusse passa à l'électeur de Brandebourg.

A ces deux provinces constitutives de l'État prussien, la maison de Brandebourg ajouta un troisième groupe de possessions, les **domaines de Clèves et La Mark** *au bord du Rhin*. Enfin, par le traité de Westphalie elle acquit les anciens évêchés de Magdebourg et Minden.

331. Royaume de Prusse. — L'électeur de Brandebourg, Frédéric-Guillaume, surnommé le **Grand-Électeur**, sut tirer parti de son domaine. Ses États étaient mal cultivés et ravagés par la guerre de Trente ans. Il y attira *des étrangers*, surtout des *protestants émigrés de France*, qui mirent le sol en culture, introduisirent des industries et commencèrent à faire de **Berlin** une ville importante. Il s'affranchit de l'hommage qu'il prêtait au roi de Pologne et battit l'armée suédoise en 1675. Son successeur acheta de l'empereur le **titre de roi**; on l'appela roi Prusse.

332. L'État prussien. — Les É du roi de Prusse ne formaient pas royaume compact comme le royaume France : ce n'était qu'un assemblage parate de **provinces**, grandes ou pet (quelques-unes réduites à une ville), séminées d'un bout à l'autre de l'A magne du Nord, la plupart pauvres, pl et difficiles à défendre. Les trois pri paux groupes de possessions prussien **Prusse**, à l'est; **Brandebourg**, au cen **domaines du Rhin**, à l'ouest; étaient is entre eux; le roi ne pouvait aller de l' autre, sans le consentement des pui sances dont le domaine était inter entre les siens.

Mais la **famille de Hohenzollern**, possédait cet État pauvre et mal orga nisé, était **ambitieuse** et **économe**. Au l de dépenser leur argent à entretenir cour, à bâtir des palais et à donner fêtes, les princes prussiens menaient vie rude, sans luxe, sans plaisirs coûte Vêtus d'un *uniforme*, entourés seulem de leurs officiers et de leurs fonctionnai leur unique but était d'agrandir leur maine, d'en former un État compact, conquérir le pays qui le coupaient plusieurs tronçons, de créer à leur pr l'unité de l'*Allemagne du nord*. Sacha qu'à cette époque surtout la force se décidait de tout, ils eurent pour politiq de tenir toujours sur pied une **bonne** mée et d'avoir toujours en réserve u grosse somme d'**argent comptant** pour ê toujours prêts à entrer en campagne. F déric-Guillaume Ier surnommé **le roi s gent**, laissa en mourant (1740) une arm de 80 000 hommes et un trésor de sieurs millions. Ses États n'avaient enc que 120 000 kil. carrés et 2 500 000 ha

333. Frédéric II. — Son successe Frédéric II, **le Grand Frédéric**, le pl habile général du temps, employa ce armée à **faire des conquêtes**. L'empere Charles VI n'ayant laissé qu'une fille, Mar Thérèse, les troupes du roi de France et duc de Bavière avaient envahi les Éta autrichiens (1740). Frédéric II profita de embarras de Marie-Thérèse pour lui en ver la **Silésie** (1741); cette province un fois conquise, il la défendit contre tou les attaques de l'Autriche, enfin il en res maitre par le traité d'Aix-la-Chapelle (1748 — En vain Marie-Thérèse arma contre roi de Prusse, les rois de Suède, de Franc de Russie et la plupart des princes all mands (guerre de Sept ans); Frédér attaqué de quatre côtés à la fois, cour d'une armée à l'autre, et après plusieu victoires éclatantes et quelques défaite il parvint à obtenir la paix et **garda** Silésie.

FORMATION DE LA PRUSSE.

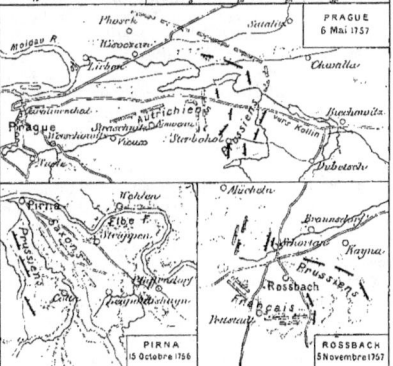

Il entreprit alors d'acquérir la **Prusse polonaise**, peuplée en partie d'Allemands, que le roi de Pologne avait conquise autrefois sur l'Ordre teutonique, et qui séparait le Brandebourg de la Prusse. Il lui fallut décider Catherine de Russie, qui déjà se regardait comme maîtresse de toute la Pologne à consentir à un **partage**. Puis son armée jointe à l'armée russe envahit la Pologne et le traité de 1772 lui assura la possession de la Prusse polonaise.

Frédéric s'occupa aussi de *repeupler ses États* dévastés par la guerre, il y fit venir des paysans et y établit des manufactures. Il mourut en 1786 en laissant un État de 190 000 kil. carrés et 5 500 000 habitants. Le royaume de Prusse était devenu une des **grandes puissances de l'Europe**.

QUESTIONS D'EXAMEN. — **1.** Sous quels princes s'est formé l'État prussien ? — **2.** Racontez les origines du Brandebourg. — **3.** De la Prusse. — **4.** Où était le reste des domaines de la maison de Hohenzollern ? — **5.** Que fit le Grand-Électeur ? — **6.** Comment l'Électeur devint-il roi ? — **7.** Comment étaient disposés les États du roi de Prusse ? — **8.** Quel fut le genre de vie des rois de Prusse ? — **9.** D'où vint leur force ? — **10.** En quel état Frédéric-Guillaume I*er* laissa-t-il la Prusse ? — **11.** Racontez le règne de Frédéric II. — **12.** Énumérez ses acquisitions. — **13.** En quel état laissa-t-il la Prusse ?

TRENTE-DEUXIÈME LEÇON

LES ROYAUMES SCANDINAVES

334. Les Scandinaves. — Les peuples Scandinaves, de même race que les Germains, farouches adorateurs du dieu Odin, habitaient les pays du nord de l'Europe; de là étaient sortis, du xɪᵉ au xɪɪᵉ siècle, les pirates hardis qu'on appelait en France Normands (hommes du Nord). Montés sur de simples barques, ils traversaient l'Océan en quête d'aventures. Ils pillèrent les côtes de l'Europe occidentale, allèrent jusqu'en Espagne et même jusqu'en Italie. Une partie d'entre eux se décida enfin à embrasser le Christianisme et à s'établir en Normandie. Ce furent leurs descendants qui, au xɪᵉ siècle, conquirent l'Angleterre et fondèrent le Royaume de Sicile. D'autres se lancèrent sur les mers inconnues du nord, et du ɪxᵉ au xɪɪᵉ siècle, découvrirent les îles Fær-Œr, l'Islande, le Groenland, qu'ils peuplèrent et qui sont restées des *dépendances du Danemark*. Ils avaient même découvert et colonisé la *côte de l'Amérique du Nord*, qu'ils appelaient Vinland.

335. Royaumes scandinaves. — Peu à peu ces peuples renoncèrent à leur religion, non sans résistance, et se *firent chrétiens*. Leurs chefs prirent le titre de rois. Au xɪᵉ siècle, il y avait trois royaumes : **Norvège, Danemark, Suède**. Le Danemark et la Norvège furent réunis, sous un seul roi, **Kanut le Grand**, qui régnait aussi sur l'Angleterre. La Suède comptait à peine. Longtemps chacun des trois royaumes eut son roi; en 1397, ils signèrent l'**Union de Calmar**, qui devait les unir perpétuellement sous le même roi; mais elle ne dura pas. L'antagonisme entre ces trois pays se manifeste: la Norvège a une situation indépendante des deux autres et regarde l'Océan; le Danemark tient la clef de la Baltique dont la Suède occupe le centre, tous deux sont naturellement rivaux.

336. Le Danemark. — Pendant tout le Moyen âge, le roi de Danemark fut le plus puissant. Il avait hérité du *duché de Holstein* habité par des Allemands; après l'Union de Calmar, il fut roi de Norvège et de Suède. Il avait une *flotte de guerre*, il était le portier de la Baltique et il combattit plusieurs fois le Hanse qui tentait d'accaparer le commerce des pays du nord.

337. Le royaume de Suède. — Le royaume de Suède était resté païen et barbare jusqu'au xɪɪᵉ siècle, sa capitale **Stockholm** ne fut fondée qu'en 1254. Depuis l'Union de Calmar, il était gouverné par un régent qui représentait le roi de Danemark. Les Suédois opprimés se soulevèrent. **Gustave Vasa**, à la tête des paysans de Dalécarlie, chassa les soldats danois, et se fit proclamer roi de Suède, 1523; puis il établit en Suède la **religion luthérienne**.

338. L'armée suédoise. — Son cinquième successeur, **Gustave-Adolphe** (1611-1632), fit de la Suède un des États *les plus puissants de l'Europe*. Les armées se composaient alors de *soldats mercenaires*, réunis par bandes inégales, sans uniformes, sans discipline, sans approvisionnements réguliers. Comme ils ne recevaient pas de vivres et souvent pas de solde, ils *vivaient sur le pays*, c'est-à-dire qu'ils le pillaient. On ne pouvait les mettre en mouvement qu'au printemps, et dès la fin de l'automne ils se retiraient en *quartiers d'hiver*. Prompts à se mutiner*, parfois ils se laissaient vaincre exprès et après une défaite, se débandaient. Gustave-Adolphe créa en Suède une armée toute différente. Il astreignit paysans et bourgeois au *service militaire*, et recruta ainsi une **infanterie nationale** de 40000 hommes, tous Suédois. A ces fantassins il donna un *uniforme de laine* rembourré, assez chaud pour leur permettre de faire campagne en hiver; au lieu de lourds mousquets à mèche et à fourche, des *mousquets légers* à pierre. Il établit une *discipline sévère*, défendit toute maraude, maintint dans les camps le prêche, les cantiques et toutes les pratiques luthériennes. L'armée suédoise fut alors la mieux organisée de toute l'Europe.

339. Formation de l'empire suédois. — Les pays qui entourent la mer Baltique au sud et à l'est étaient anciennement habités par de petits peuples païens qui furent convertis et soumis par deux *ordres religieux militaires*, l'**Ordre teutonique** de Prusse et les **Chevaliers Porte-glaives** de Riga. Ces deux ordres, tombés en décadence, avaient été vaincus par la Pologne et la Russie qui s'étaient approprié leurs possessions. Mais aucun de ces deux États au xvɪɪᵉ siècle n'était capable de les défendre contre une bonne armée. Les rois de Suède, déjà maîtres de la **Finlande**, enlevèrent à la Russie l'**Ingrie** et la **Carélie** (1617), au roi de Pologne la **Livonie** et l'**Esthonie**. Gustave-Adolphe, allié de la France, intervint dans la guerre de Trente ans pour secourir les princes protestants d'Allemagne et battit l'empereur. Après sa mort (1632), l'armée suédoise continua la guerre avec succès. La paix de Westphalie (1648), donna à la Suède la **Poméranie**, l'île de **Rugen** et trois évêchés allemands. Un autre roi guerrier, Charles X Gustave, imposa au Danemark la *paix de Copenhague*, à la Pologne la *paix d'Oliva*

(1660). Le roi de Suède se fit céder tout ce que le roi de Danemark possédait dans la région suédoise, les provinces du sud, les provinces à l'est des montagnes, et les îles de Gotland et d'Ösel. La Baltique fut alors un *lac suédois* où **Stockholm** occupait une situation centrale et maîtresse.

340. Charles XII. — Les conquêtes des rois de Suède leur avaient valu trois ennemis, les trois souverains de Danemark, Russie, Pologne, qui tous avaient perdu quelque province. Charles XII étant devenu roi à l'âge de 15 ans, ils pensèrent profiter de sa jeunesse, se coalisèrent et attaquèrent ses États de trois côtés (1700). Charles XII avait les goûts et les talents d'un *général*; il battit l'armée danoise, l'armée russe (à Narva) (1700), et le roi de Pologne. Puis il poursuivit le roi de Pologne dans ses États de Saxe, lui ôta la couronne de Pologne et la donna à un noble polonais, Stanislas Leckzinsky (1707). Il se retourna alors contre le czar; mais au lieu de lui reprendre les provinces baltiques, il se laissa persuader par Mazeppa d'envahir la Russie par les déserts du sud. Son armée, fatiguée et dépourvue de tout, fut battue à Poltava (1709) et *faite prisonnière*. N'ayant plus d'armée, Charles XII ne pouvait plus défendre ses provinces de la Baltique, elles lui furent toutes ravies; lui-même fut tué en essayant de conquérir la Norvège (1718).

341. Destruction de l'empire suédois. — L'empire suédois ne survécut pas à Charles XII. Le roi de Suède céda à l'empereur de Russie les provinces baltiques, (Ingrie, Esthonie, Livonie); au roi de Prusse la moitié de la Poméranie. Pendant le xvɪɪᵉ siècle il perdit encore une partie de la Finlande (1743). Les seigneurs forcèrent le roi à renoncer à son pouvoir absolu, et l'autorité passa à la Diète, dans laquelle les nobles dominaient: Elle était divisée entre deux partis, le parti français surnommé les *Chapeaux* et le parti russe surnommé les *Bonnets*. La Suède avait cessé d'être une grande puissance. La **Prusse** d'une part, la **Russie** de l'autre allaient *dominer sur la Baltique*.

QUESTIONS D'EXAMEN. — 1. Racontez les expéditions des Scandinaves. — 2. Où s'établirent-ils? — 3. Quels pays découvrirent-ils? — 4. Quels furent les royaumes scandinaves? — 5. Qu'est-ce que l'Union de Calmar? — 6. Quelle fut la situation du roi de Danemark au Moyen âge? — 7. Racontez l'histoire du royaume de Suède. — 8. Décrivez les réformes de Gustave-Adolphe. — 9. Expliquez de quelle façon se faisait la guerre jusqu'au dix-septième siècle. — 10. Dites ce qui fit la force de l'armée suédoise. — 11. A qui appartenaient les pays de la Baltique? — 12. Comment fut formé l'empire de Suède? — 13. Quels étaient les ennemis des rois de Suède? — 14. Racontez la carrière de Charles XII. — 15. En quel état laissa-t-il la Suède? — 16. A quels États la domination sur la Baltique?

LES ROYAUMES SCANDINAVES.

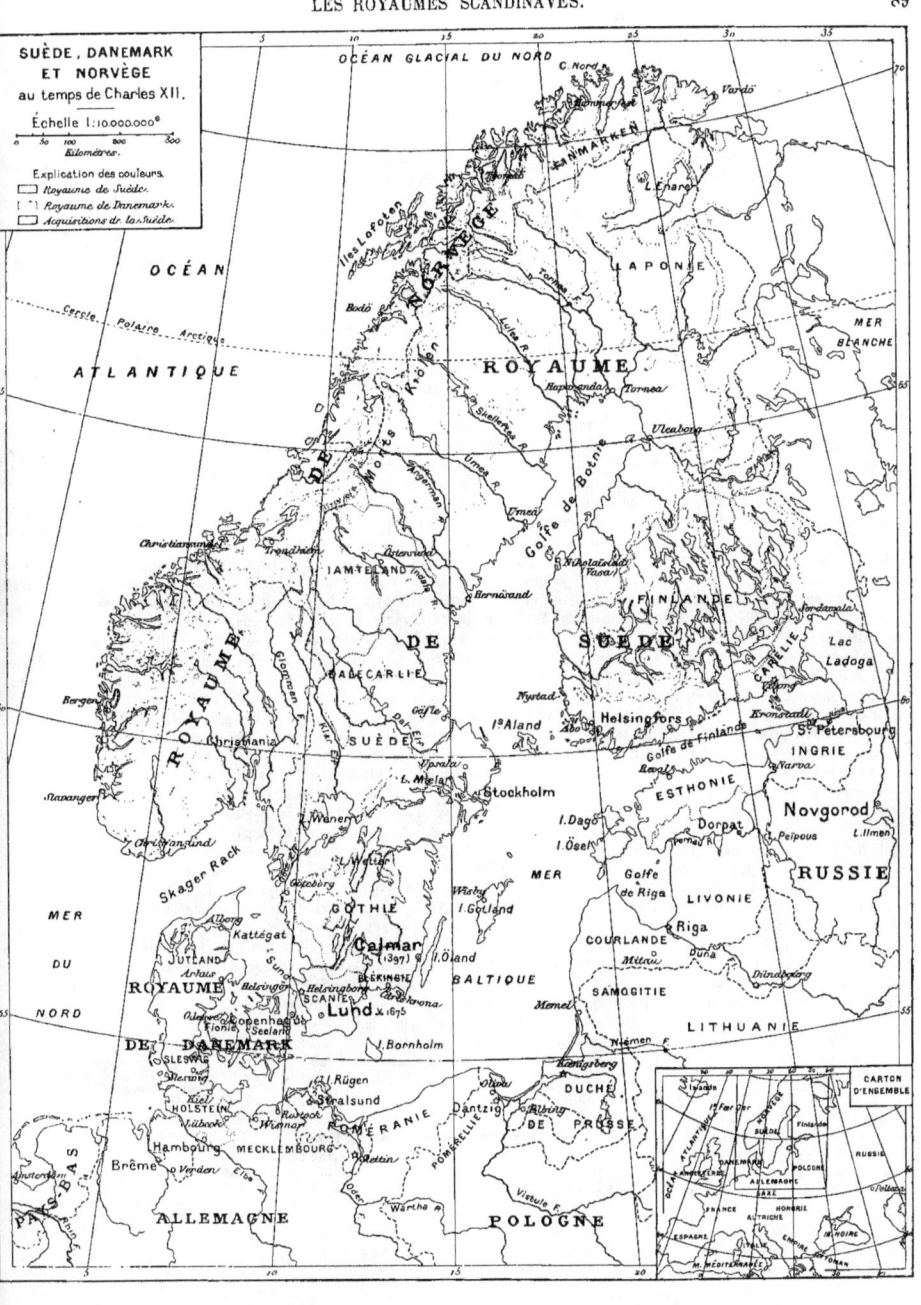

SUÈDE, DANEMARK ET NORVÈGE au temps de Charles XII.

TRENTE-TROISIÈME LEÇON

LA RUSSIE ET LA POLOGNE
AU XVIIIᵉ SIÈCLE.

342. Les peuples slaves. — On appelle **slaves** les peuples qui habitent l'est de l'Europe ; ils parlent des langues presque identiques et se ressemblent de mœurs et de figure. Dès le VIIᵉ siècle, les Slaves s'établirent dans le bassin du Danube, où ils ont été soumis par les Hongrois et les Turcs ; ils occupèrent aussi l'Allemagne du Nord jusqu'à l'Elbe, où ils ont été détruits ou absorbés par les Allemands. Mais le pays à l'*est de la Vistule* est *resté slave* et a formé deux grands États, **Pologne** et **Russie**.

343. La Pologne. — Dès le XIᵉ siècle le pays de la Vistule et de la Wartha formait un État, gouverné par un prince, qui, depuis 1025, portait le titre de **roi de Pologne**. La capitale fut d'abord Posen, plus tard Cracovie. En 1386 Jagiel ou Jagellon, grand duc encore païen de Lithuanie (Haut Niémen), épousa Hedwige, héritière de Pologne, se convertit et devint *roi de Pologne et de Lithuanie* sous le nom de Wladislas V. Le nouveau royaume embrassa avec ferveur le **catholicisme**, puis s'agrandit en conquérant au nord la Russie blanche et au sud l'Ukraine. Au XVIᵉ siècle il allait jusqu'à la **mer Noire** d'un côté, jusqu'à la **Baltique** de l'autre, mais il ne correspondait à aucune région précise et manquait de limites naturelles.

344. La Russie. — Il y avait dès le IXᵉ siècle, sur le Dniéper et l'Ilmen des principautés slaves fondées par des guerriers venus de Suède, les **Russes**. Elles formèrent, au début du Xᵉ siècle, un seul État, la **Russie**, qui eut d'abord pour capitale **Novgorod**, puis **Kiev**, la *ville sainte*. Au XIIIᵉ siècle, tout le pays fut soumis par la terrible *invasion des Mongols* païens. Cependant une nouvelle principauté russe fut fondée à Moscou, au centre de la grande plaine de l'Europe orientale, au nœud des sources des grands fleuves qui vont à la Baltique, à la mer Noire, à la Caspienne, ce fut la **Moscovie** ou *grande Russie*. Ses princes, d'abord sujets des Mongols, parvinrent à s'affranchir et à conquérir peu à peu les pays de Kiev (petite Russie) et de Novgorod. Ils prirent le titre de **tzars de Russie** (1547). Les Russes étaient chrétiens, mais ils appartenaient à l'**Église grecque**. Depuis le XVIᵉ siècle ils avaient un patriarche institué par le tzar ; leurs prêtres ou *popes* sont mariés. — Entre Polonais et Russes il y avait presque communauté de race, mais différence profonde de religion et de tendances : les Polonais regardant vers Rome et l'Occident féodal ; les Russes, par le Dniéper et la Volga tournés vers l'Orient despotique.

345. Pierre le Grand. — La Russie, à la fin du XVIIᵉ siècle, était déjà un État vaste ; mais elle était habitée par des peuples *barbares*, vêtus de longues robes comme les Orientaux, qui cultivaient mal, n'avaient aucune industrie et habitaient de misérables villes en bois. Elle n'avait presque *pas de communication avec l'Occident* civilisé : des provinces suédoises la séparaient de la Baltique ; les pays turcs du Don et du Dniéper la séparaient de la mer Noire. Elle n'avait d'autre mer que l'océan Glacial, d'autre port qu'Arkhangel. Un despote de génie, **Pierre le Grand**, s'efforça de la civiliser et de l'agrandir.

Grand admirateur de la civilisation occidentale, il appela en grand nombre des marins, des charpentiers, des ingénieurs de tous les pays d'Europe, il ordonna à ses sujets de prendre le costume européen et de raser leurs longues barbes. Il organisa une administration et il fit de ses nobles des fonctionnaires. Il fit périr son fils qui voulait rétablir les anciennes mœurs, il supprima le patriarche et s'empara de l'autorité religieuse.

Il profita de la faiblesse de la Suède pour lui enlever toutes les provinces baltiques, **Esthonie, Ingrie, Livonie**, et avant même de les avoir acquises par un traité, il fonda sur les bords de la Néva une nouvelle capitale pour son empire, **Saint-Pétersbourg**. Il avait aussi conquis divers pays sur les Turcs, mais la campagne de 1712 le força à les restituer.

346. Décadence de la Pologne. — Le royaume de Pologne était resté très vaste mais devenu *très faible*. Les seigneurs avaient cessé d'obéir au roi, et depuis 1572 ils avaient obtenu que la royauté serait élective. Les nobles étaient très nombreux, car en Pologne tout guerrier était noble ; ils se réunissaient à cheval dans une grande plaine pour délibérer, et la coutume était que dans ces assemblées aucune décision ne pouvait être prise qu'à l'*unanimité*, tout noble ayant le droit de *veto* ; aussi presque toujours les différents partis se réunissaient-ils en *confédérations* et se livraient-ils bataille. Il n'y avait ni armée, ni trésor national. Les puissances étrangères entretenaient en Pologne des ambassadeurs qui achetaient l'appui des grands seigneurs et empêchaient toute réforme.

347. Démembrement de la Pologne. — La tzarine de Russie, Catherine (1762-1796), avait fait élire roi de Pologne, en 1763, un seigneur polonais Poniatovski qui lui obéissait. Frédéric, roi de Prusse, qui convoitait la Prusse polonaise, obtint le consentement de Catherine au **partage de la Pologne** entre les trois grandes puissances de l'est : Autriche, Prusse, Russie. Sous prétexte de réprimer les persécutions exercées par les Polonais contre les protestants et les chrétiens grecs, les armées russe et prussienne entrèrent en Pologne. Au **1ᵉʳ partage (1772)**, le roi de Prusse eut la **Prusse polonaise** ; — l'impératrice d'Autriche, la **Galicie** ; la tzarine de Russie, la **Russie blanche**. Le roi et une partie des nobles polonais cherchèrent à fortifier le royaume en changeant la Constitution (1791). Ce fut une nouvelle occasion pour les souverains étrangers d'envahir et de démembrer le pays. Au **2ᵉ partage (1793)**, le roi de Prusse s'empara de la **Posnanie**, la tzarine des provinces de la **Petite Russie**. Enfin les Polonais indignés s'insurgèrent avec **Kosciusko** : les armées russes, beaucoup plus nombreuses les écrasèrent. Au **3ᵉ partage (1795)**, la Prusse prit la **Pologne orientale** avec Varsovie, l'Autriche la **Petite Pologne** avec Cracovie, la Russie, la **Lithuanie**. Ainsi se consomma la ruine de la Pologne, facilitée malheureusement par l'anarchie de la noblesse polonaise et par une sorte de fatalité géographique.

348. Conquêtes de la Russie. — Pendant le XVIIIᵉ siècle la Russie avait pour voisins trois États en décadence : Pologne, Suède et Turquie.

A la Pologne elle avait pris la **Russie blanche**, la **Petite Russie** et la **Lithuanie** ;

A la Suède elle enleva une partie de la **Finlande** (1743) ;

A la Turquie elle fit trois fois la guerre. La 1ʳᵉ guerre (1735-38), n'aboutit à aucune conquête ; la 2ᵉ (1769-1774), obligea la Turquie à abandonner *la Crimée* et tout le pays cosaque, *entre Don et Dniester* ; la 3ᵉ (1787-92) faite en commun avec l'Autriche, donna à Catherine le territoire compris entre le *Bug* et le *Dniester*.

A la fin du XVIIIᵉ siècle la Russie avait acquis le littoral de la *Baltique* et de la *mer Noire*, et elle touchait aux deux puissances allemandes qui l'avaient aidée à détruire la Pologne. Elle était le seul État slave indépendant. Elle occupait déjà à elle seule toute l'immense **plaine de l'Europe orientale**.

QUESTIONS D'EXAMEN. — **1.** Qu'est-ce que les slaves ? — **2.** Quels pays ont-ils occupés ? — **3.** Comment fut fondé le royaume de Pologne ? — **4.** Quels accroissements reçut-il ? — **5.** Quelles sont les origines du peuple russe ? — **6.** Comment s'est formé l'empire des tzars de Russie ? — **7.** Qu'appelle-t-on Grande Russie ? — **8.** Décrivez l'état de la Russie et du peuple russe à la fin du dix-septième siècle. — **9.** Exposez l'œuvre de Pierre le Grand. — **10.** Exposez l'état de la Pologne au dix-huitième siècle. — **11.** Parlez de la noblesse polonaise. — **12.** Racontez les partages de la Pologne. — **13.** Indiquez la part de chacune des puissances à chaque partage. — **14.** Énumérez les acquisitions de la Russie au dix-huitième siècle. — **15.** Combien y eut-il de guerres avec la Turquie ? — **16.** Indiquez l'étendue de la Russie à la fin du dix-huitième siècle.

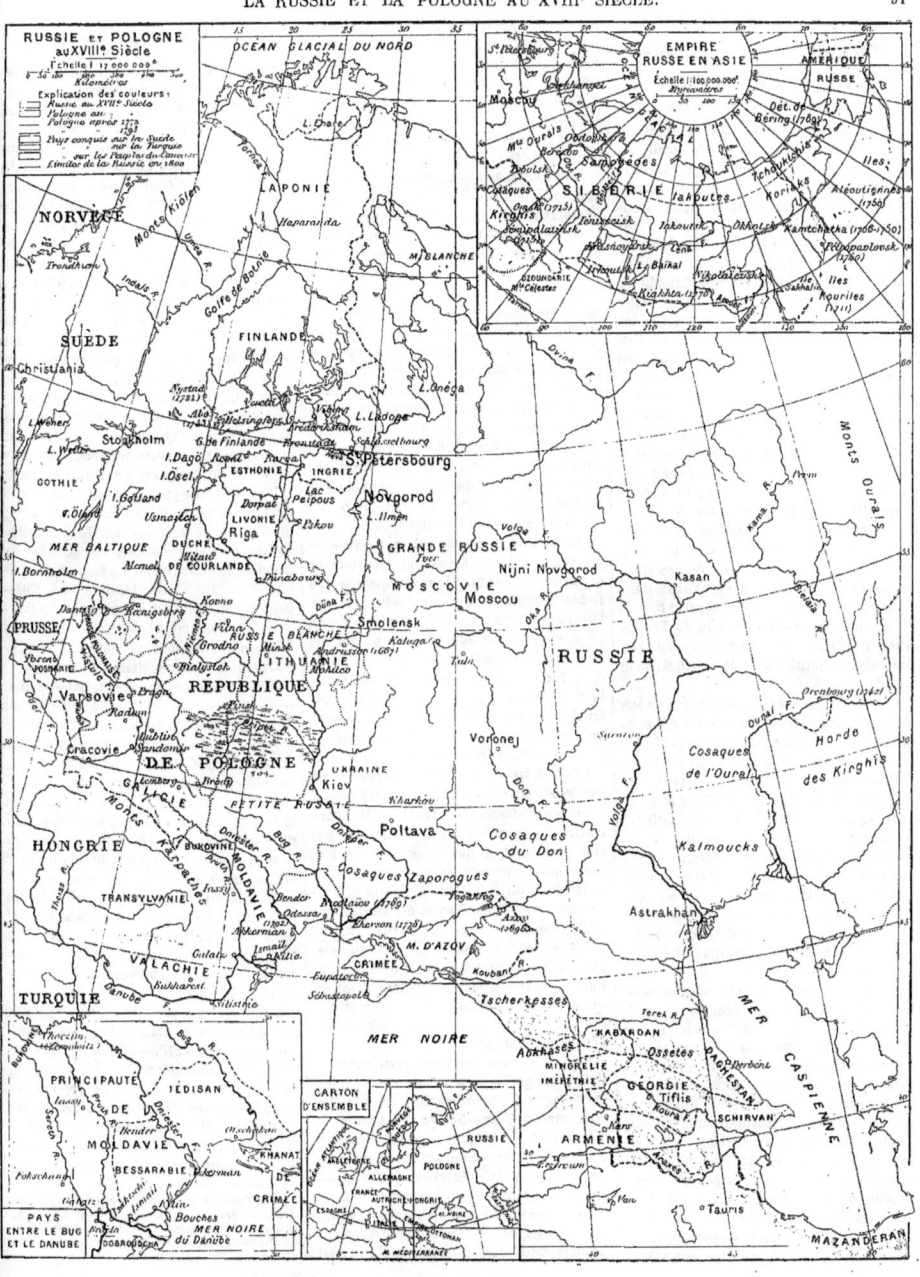

LA RUSSIE ET LA POLOGNE AU XVIIIe SIÈCLE.

TRENTE-QUATRIÈME LEÇON
COLONIES DE LA FRANCE ET DE L'ANGLETERRE
AUX XVIIᵉ ET XVIIIᵉ SIÈCLES

349. Établissements français. — Les rois de France, au XVIᵉ siècle, essayèrent en vain d'occuper le Brésil et la Floride. C'est au XVIIᵉ siècle que se fondèrent les **établissements français**. Dans l'Amérique du Nord les Français s'établirent sur les *bords du Saint-Laurent*, Champlain y bâtit Québec (1608), qui fut la capitale de la colonie appelée **Canada ou Nouvelle-France**, à laquelle on rattacha l'*Acadie* et l'*île de Terre-Neuve*. De là les Français passèrent dans le *bassin du Mississipi*, descendirent le fleuve jusqu'à son embouchure et fondèrent sur ses bords plusieurs établissements qui formèrent la colonie de **Louisiane**, avec la **Nouvelle-Orléans** pour capitale (1678-83). — Aux Antilles, les Français prirent possession de petites îles négligées par les Espagnols, la *Martinique*, la *Dominique*, la *Guadeloupe*. Des aventuriers français, *les flibustiers*, enlevèrent à l'Espagne la grande île de **Saint-Domingue** (carte p. 119), qui devint *la plus riche des colonies françaises*. Les Français occupèrent aussi dans l'Amérique du Sud la **Guyane** (carte p. 119) en Afrique *l'île Bourbon* et *l'île de France* (carte p. 121), et sur les côtes occidentales ils fondèrent **Saint Louis de Sénégal** (carte p. 121).

Les colons français étaient *peu nombreux*, on ne regardait encore les colonies que comme des *comptoirs* pour exploiter le commerce avec les indigènes, ou comme des *plantations* de canne à sucre et de café que pouvaient seuls cultiver des nègres esclaves. Sous Louis XIV, **Colbert** donna tous ces établissements à de grandes **Compagnies de commerce** qui obtinrent le *monopole d'y acheter ou d'y vendre*. La Compagnie *des Indes occidentales* avait l'Amérique, la Compagnie *des Indes orientales* avait les îles d'Afrique et les comptoirs de l'Inde, la Compagnie *du Sénégal* Saint-Louis.

350. Établissements anglais. — Les Anglais, qui avaient découvert l'Amérique du Nord dès le XVᵉ siècle, ne s'y établirent que vers la fin du XVIᵉ siècle. Le roi concédait à de grands *seigneurs* ou à des *compagnies* une grande étendue de terres à prendre sur la côte d'Amérique; chaque concession formait une *colonie distincte*. Il s'en fonda **treize**. Celles du sud, à climat chaud (*Virginie*, *Maryland*, *Caroline*, *Géorgie*), avaient *peu de colons anglais*, on y employait aux plantations des esclaves nègres. Celles du nord (*Massachusets*, etc.), à climat tempéré, avaient été peuplées surtout par des protestants *puritains* anglais qui fuyaient les persécutions religieuses et qui cultivaient eux-mêmes le sol; ils appelèrent leur patrie nouvelle la **Nouvelle-Angleterre**.

Pendant la guerre entre la France et l'Espagne, l'Angleterre enleva au roi d'Espagne dans les Antilles la grande île de la **Jamaïque** (1633) (carte p. 119).

351. L'Inde. — Le pays immense au sud de l'Himalaya qu'on appelait les **Indes orientales**, avait été, au XVIᵉ siècle, conquis par des Mogols venus du nord; ils avaient fondé l'**empire du Grand Mogol**, avec **Delhi** pour capitale. Mais à la fin du XVIIᵉ siècle cet empire s'était *démembré*; les gouverneurs et les chefs de bande s'y étaient taillé un grand nombre de petits royaumes qui ne dépendaient plus que pour la forme du Grand Mogol; la partie méridionale, le **Dékan**, était même redevenue complètement indépendante. — Les nations européennes, qui se disputaient le commerce avec l'Inde, cherchaient à conclure des *traités* avec les princes du pays et à s'établir dans *les ports* de la côte; les Portugais avaient fondé des comptoirs à Diu, Goa et dans l'île de Ceylan.

352. Compagnies des Indes. — Au XVIIᵉ siècle, la France et l'Angleterre organisèrent chacune leur **Compagnie des Indes orientales** qui reçurent l'une et l'autre le **monopole du commerce** en ce pays, eurent leur administration particulière, leurs soldats et leur flotte. Toutes deux fondèrent plusieurs établissements: la Compagnie française avait son principal comptoir à **Pondichéry**, la Compagnie anglaise avait les siens à **Bombay**, pour l'ouest, à **Madras** pour l'est.

353. Luttes de l'Angleterre et de la France. — La France et l'Angleterre se trouvèrent en *rivalité de commerce*. La France avait d'abord une marine plus forte et des colonies plus importantes; c'étaient surtout les *navires hollandais* qui faisaient le commerce de l'Angleterre. Mais l'acte de navigation (1655), en décidant que les navires anglais seuls seraient reçus dans les ports anglais, obligea les Anglais à se créer une marine. Puis commencèrent de longues guerres qui durèrent pendant tout le XVIIIᵉ siècle. L'Angleterre en profita pour *enlever à la France ses meilleures colonies*.

354. Conquêtes des Anglais. — 1° Après la guerre de succession d'Espagne, par le *traité d'Utrecht* (carte p. 83), l'Angleterre conquit **Terre-Neuve** et l'**Acadie**.

2° Pendant la guerre de succession d'Autriche, la France ayant pris parti contre l'Autriche, l'Angleterre se déclara pour elle. Il y eut des combats sur mer et dans l'Inde entre les deux compagnies. La Compagnie française, qui avait pour directeur **Dupleix**, battit la Compagnie anglaise, prit Madras, et se fit céder par des princes indigènes deux provinces, l'une au nord, l'autre au sud de l'Inde. Le traité d'Aix-la-Chapelle rendit à l'Angleterre ses possessions.

3° Pendant la guerre de Sept ans, la France s'étant alliée à l'Autriche, l'Angleterre adopta le parti contraire. La lutte recommença partout. Les colons français du Canada eurent d'abord l'avantage et *envahirent la Nouvelle-Angleterre*. Dans l'Inde la Compagnie française était plus puissante que sa rivale anglaise. Mais *le gouvernement anglais seul comprit l'importance des colonies*. Il envoya des troupes de renfort aux colons anglais et à la Compagnie anglaise; le gouvernement français, absorbé par la guerre contre le roi de Prusse, **refusa ses secours** aux colons français et à la Compagnie française. Les Anglais d'Amérique prirent Québec et conquirent le Canada; la Compagnie anglaise battit sa rivale et prit Pondichéry; en même temps elle conquit sur le prince indigène l'immense **royaume du Bengale**. Au traité de Paris (1763), la France perdit la **Louisiane** qu'elle céda à l'Espagne en échange de la Floride; toutes ses possessions **de la Nouvelle-France** et quelques-unes *des Antilles* (la Dominique); elle renonça à acquérir aucun territoire dans l'Inde, tandis que la Compagnie anglaise restait maîtresse du Bengale et commençait la conquête de la Péninsule. L'Angleterre devenait la **première puissance maritime du monde**.

355. Fondation des États-Unis. — Les *colons anglais* de l'Amérique du Nord *se révoltèrent* bientôt (1770) contre leur mère patrie qui prétendait lever sur eux *des impôts sans leur consentement*; ils jetèrent à l'eau des cargaisons de marchandises anglaises. Les treize colonies se liguèrent pour former la Confédération des **États-Unis de l'Amérique du Nord** et le **congrès** de leurs députés proclama leur *indépendance* en 1776. Le gouvernement anglais envoya des troupes qui *battirent* les insurgés encore *mal organisés* et mal disciplinés. Mais *la France*, qui venait de refaire sa marine, *envoya au secours* des colons une petite armée qui finit par chasser les soldats anglais. Les autres puissances maritimes, mécontentes de la prétention des Anglais à être seuls maîtres des mers, s'allièrent à la France ou formèrent la **ligue des neutres**. L'Angleterre, battue partout, fut obligée de *reconnaître la république des États-Unis*, et de rendre à l'Espagne Minorque (carte p. 69), à la France quelques colonies des Antilles. Mais elle *garda le Canada et l'Inde*.

QUESTIONS D'EXAMEN. — 1. Quel pays occupèrent les Français en Amérique? — 2. Énumérez les établissements français au dix-septième siècle. — 3. De quelle nature étaient-ils? — 4. Qu'était-ce que les Compagnies de commerce. — 5. Comment les

COLONIES DE LA FRANCE ET DE L'ANGLETERRE.

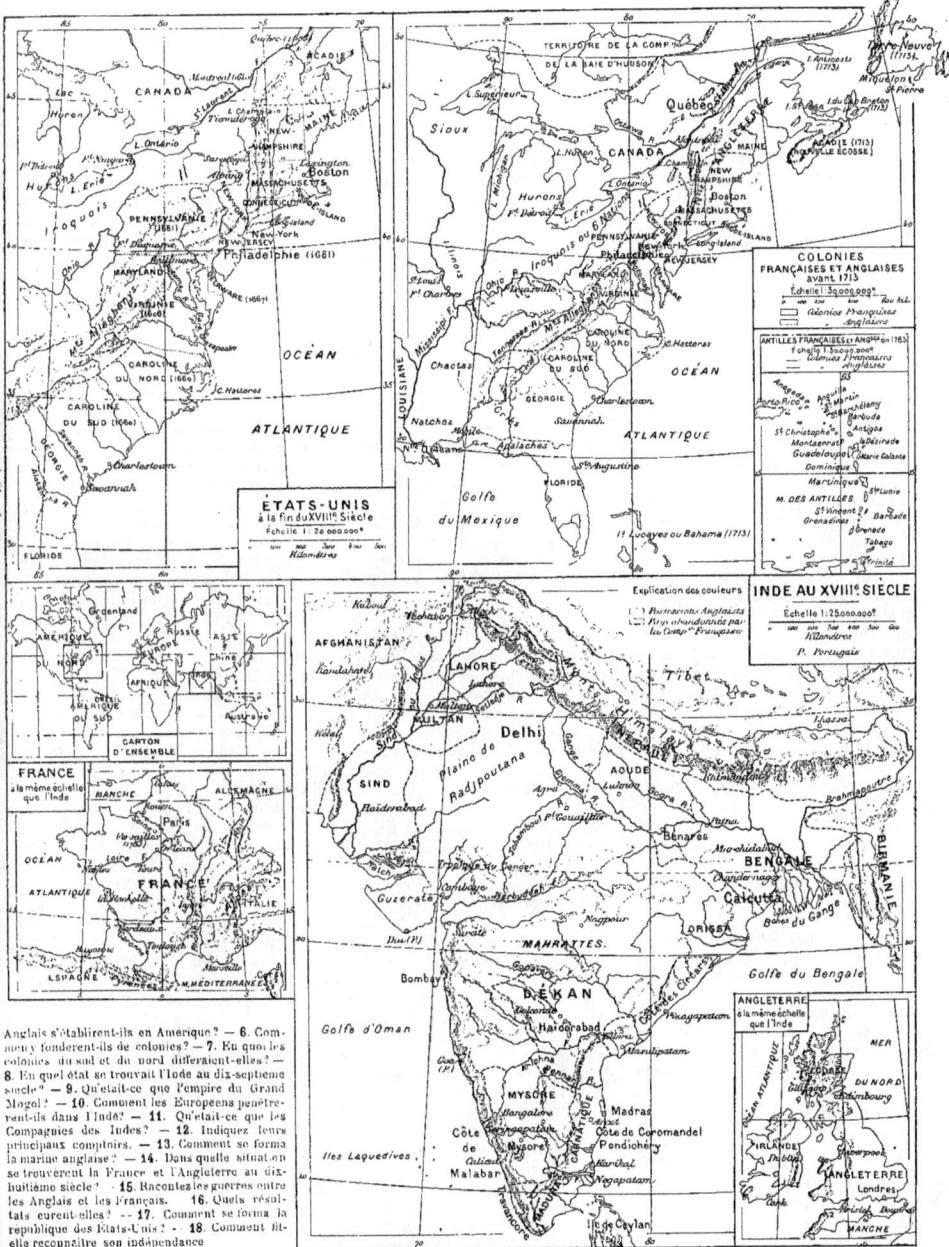

Anglais s'établirent-ils en Amérique ? — 6. Comment y fondèrent-ils de colonies ? — 7. En quoi les colonies du sud et du nord différaient-elles ? — 8. En quel état se trouvait l'Inde au dix-septième siècle ? — 9. Qu'était-ce que l'empire du Grand Mogol ? — 10. Comment les Européens pénétrèrent-ils dans l'Inde ? — 11. Qu'était-ce que les Compagnies des Indes ? — 12. Indiquez leurs principaux comptoirs. — 13. Comment se forma la marine anglaise ? — 14. Dans quelle situation se trouvèrent la France et l'Angleterre au dix-huitième siècle ? — 15. Racontez les guerres entre les Anglais et les Français. — 16. Quels résultats eurent-elles ? — 17. Comment se forma la république des États-Unis ? — 18. Comment fit-elle reconnaître son indépendance ?

TRENTE-CINQUIÈME LEÇON

L'EUROPE EN 1789

356. Les puissances en décadence. — De grands changements se sont produits en Europe au XVIII° siècle. Quelques-uns des États les plus puissants au XVII° siècle sont tombés en décadence.

L'**Espagne**, ruinée déjà par les guerres du XVII° siècle et dépouillée par Louis XIV du *Roussillon*, de l'*Artois*, d'une partie de la *Flandre*, de la *Franche-Comté*, a perdu à la paix d'Utrecht (carte, p. 83) presque toutes ses possessions d'Europe ; elle a cédé à l'Autriche la *Belgique*, le *Milanais*, le *royaume de Naples*, au duc de Savoie la *Sardaigne*, aux Anglais *Gibraltar* et le droit de commercer avec les colonies espagnoles.

La **Suède** est dépouillée de *ses provinces de la Baltique*. La Diète qui dispute le pouvoir au roi est partagée en deux partis ennemis, payés l'un par la France, l'autre par la Russie.

La **Pologne**, déchirée par les discordes, a été forcée d'élire le roi que lui imposait la tzarine ; les trois puissances voisines lui ont enlevé une partie de ses provinces, elles vont la démembrer tout entière.

La **Turquie**, qui, en 1683, avait pu envoyer une armée assiéger Vienne, est complètement désorganisée ; les janissaires se révoltent et se battent mal, le trésor est vide, les gouverneurs n'obéissent plus. L'Autriche profitant de cet affaiblissement des Ottomans, les a chassés de la *Croatie* et de la *Hongrie*, leur a repris tous les pays conquis jadis par Soliman. La Russie leur a enlevé le littoral de la mer Noire, et en 1787 a conclu avec l'Autriche un traité pour conquérir et partager l'empire turc.

La **Hollande** n'a perdu aucun territoire, mais depuis qu'en 1688 Guillaume de Hollande est devenu roi d'Angleterre, elle obéit au gouvernement anglais ; on la compare à une chaloupe à la remorque de l'Angleterre.

357. Guerres et négociations. — Il y eut au XVIII° siècle des guerres européennes auxquelles prirent part plusieurs puissances.

1° Guerre de la **Succession d'Espagne** (1701-1713). Elle commença après la mort du roi d'Espagne, Charles II, qui avait légué ses États à un petit-fils de Louis XIV, Philippe V. Louis XIV ayant voulu gouverner lui-même les États de son petit-fils, une coalition se forma contre lui et le vainquit. La guerre aboutit au démembrement de la monarchie espagnole dont les possessions d'Europe, la Belgique, le Milanais et le royaume de Naples passèrent à la maison d'Autriche (voir p. 82) ;

2° Guerre de la **Succession de Pologne** (1733-1738). L'ancien roi de Pologne Stanislas Leckzinski et l'Électeur de Saxe se disputaient la couronne de Pologne ; la France, qui protégeait Stanislas, le soutint mal, mais elle profita de la guerre pour forcer la maison d'Autriche à céder — le *duché de Lorraine* à Stanislas, en échange du duché de Toscane dont le dernier prince venait de mourir, et — le *royaume des Deux-Siciles* à un prince d'Espagne qui fonda la maison des Bourbons de Naples ;

3° Guerre de la **Succession d'Autriche** (1740-1741). Concertée entre la France, la Prusse, la Bavière, pour dépouiller Marie-Thérèse d'Autriche de son héritage, elle n'aboutit qu'à mettre la Prusse en possession de la *Silésie* et à donner le *duché de Parme* à un fils du roi d'Espagne ;

4° Guerre de **Sept ans** (1756-63). Entreprise pour reprendre la Silésie à Frédéric, elle fut la lutte la plus sanglante du siècle. Elle laissa la Prusse épuisée, mais entière. Elle dépouilla la France de ses colonies au profit de l'Angleterre. Vers la fin de cette guerre, le ministre de France, Choiseul, conclut entre tous les princes de la maison de Bourbon le **Pacte de famille (1761)** qui unissait les rois de France, d'Espagne, des Deux-Siciles et le duc de Parme.

5° Affaire de la **Succession de Bavière** (1779). Le duc de Bavière n'ayant laissé pour héritier que l'électeur palatin du Rhin, Joseph II d'Autriche proposa à celui-ci de lui céder la Belgique en échange de la Bavière. L'Électeur avait accepté ; mais le roi de Prusse, qui ne voulait pas que l'empereur s'étendît dans l'Allemagne du Sud, forma une ligue avec les princes allemands du Nord et entra en campagne. Ce fut une guerre sans combats : Joseph II renonça à son projet par le traité de Teschen (1779).

358. Les puissances en progrès. — D'autres États se sont fortifiés au XVIII° siècle et ont pris rang parmi les grandes puissances de l'Europe.

L'**Angleterre** a enlevé à l'Espagne Gibraltar (1704-1713), qui lui permet de commander l'entrée de la Méditerranée, à la France tout le nord de l'Amérique ; elle a commencé la conquête de l'Inde. Elle a alors la meilleure flotte du monde et oblige les navires des autres nations à saluer son pavillon. Elle avait enlevé l'île de Minorque au roi d'Espagne et l'a gardée de 1713 à 1783, elle l'a rendue après les défaites de la Guerre d'indépendance.

La **Prusse**, qui n'était au XVII° siècle qu'une principauté allemande est devenue un grand État qui s'étend de l'Elbe jusqu'à la Russie et de la mer jusqu'aux montagnes. L'armée prussienne passe pour la mieux organisée de l'Europe et les autres pays adoptent l'exercice *à la prussienne*.

La **Russie** encore à demi-asiatique au XVII° siècle, est désormais une *puissance européenne*. Elle s'étend de la Baltique à la mer Noire et sa nouvelle capitale la met en communication directe avec l'Europe. Elle domine la Pologne. Elle menace la Turquie, et les tzars russes forment déjà le projet d'aller conquérir Constantinople et rétablir l'empire grec.

Le *duc de Savoie* avait profité de toutes les guerres d'Italie pour accroître ses possessions au pied des Alpes. Pendant la guerre de succession d'Espagne il se déclara contre Louis XIV, en faveur des coalisés qui le récompensèrent en lui faisant céder par le roi d'Espagne l'île de Sicile (bientôt échangée contre la Sardaigne), et en lui accordant le titre de **roi**. Il s'agrandit pendant tout le XVIII° siècle de nouveaux territoires. Ainsi se constitua le **Royaume de Sardaigne** qui, d'ailleurs, n'était encore qu'un *petit royaume*.

359. Princes et ministres réformateurs. — Tous les États de l'Europe au XVIII° siècle (excepté la Hollande, l'Angleterre, la Suisse, la Pologne, Venise et Gênes), sont des **monarchies absolues**. Les souverains décident de toutes les affaires ou les abandonnent à leurs ministres, mais ne consultent pas la nation. Ils s'occupent beaucoup plus de l'agrandissement de leurs domaines, de l'éclat et du luxe de leur cour que du bonheur de leurs sujets. Dans la plupart des États, justice, administration, finances, sont dans un grand désordre.

Il y eut pourtant pendant la deuxième moitié du XVIII° siècle plusieurs princes ou ministres réformateurs. Ce furent : en Prusse **Frédéric II**, en Russie **Catherine II**, en Autriche **Joseph II**, en Espagne **Charles III**, en Toscane **Léopold**, et parmi les ministres, Turgot en France, Pombal en Portugal, Beccaria à Parme, Aranda à Naples. La plupart étaient disciples des philosophes français dont les livres étaient lus dans toute l'Europe. Mais leurs bienfaits mêmes, tout précieux qu'ils étaient, furent presque toujours *imposés*. Leurs réformes rendirent le gouvernement plus régulier, l'ordre plus sûr, le pays plus riche ; elles n'augmentèrent pas la liberté des peuples.

QUESTIONS D'EXAMEN. — 1. Quels changements se sont produits au XVIII° siècle dans l'état de l'Europe ? — 2. Quelles sont les puissances en décadence ? — 3. Indiquez la situation de l'Espagne. — 4. De la Suède. — 5. De la Pologne. — 6. De la Turquie. — 7. Énumérez les guerres du XVIII° siècle. — 8. Quels ont été les résultats de chacune ? — 9. Quelles sont les puissances en progrès au XVIII° siècle ? — 10. Quelle est la situation de l'Angleterre ? — 11. De la Prusse ? — 12. De la Russie ? — 13. Comment s'est formé le royaume de Sardaigne ? — 14. Sous quel régime sont les États de l'Europe ? — 15. Quel mouvement se produit dans la deuxième moitié du XVIII° siècle ? — 16. Indiquez les princes et les ministres réformateurs.

L'EUROPE EN 1789.

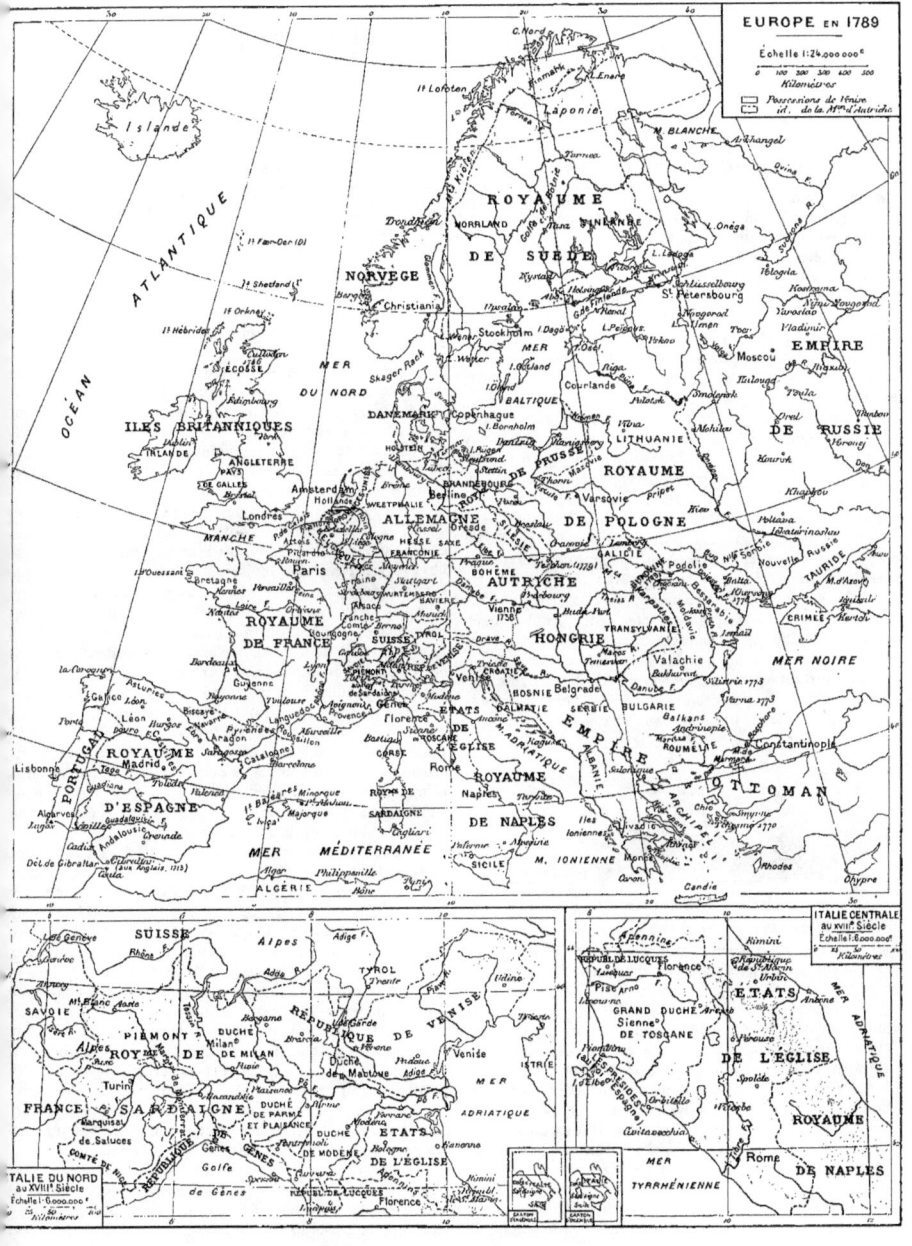

HISTOIRE DE LA CIVILISATION

TEMPS MODERNES

Les inventions. — Le commencement des temps modernes est marqué par des **inventions** qui ont **renouvelé** l'organisation de la vie matérielle et intellectuelle :

1º **La poudre à canon.** — La poudre à canon connue des Chinois qui l'avaient transmise aux Arabes, n'était à l'origine qu'un mélange inoffensif ; on a commencé au xivᵉ siècle à s'en servir pour les armes à feu, on a inventé d'abord le canon, puis l'arquebuse et le mousquet auxquels on mettait le feu avec une mèche. Ainsi a été créée l'**artillerie** qui, au xviᵉ siècle, est devenue assez forte pour détruire les remparts des châteaux ;

2º **La boussole.** — Elle était usitée dans la Méditerranée dès les premières croisades et son nom indique qu'elle y fut introduite par les Arabes. On la perfectionna au xiiiᵉ siècle. Elle guida sur l'Océan les grands navigateurs du xvᵉ siècle.

3º **L'imprimerie.** — Elle a été inventée peu à peu. On avait eu l'idée pour produire des livres en grand nombre de se servir de planches gravées, puis de lettres en bois. Enfin, en 1455, Gutenberg et ses deux compagnons imaginèrent des lettres de métal. L'invention se répandit si vite, qu'à la fin du xvᵉ siècle, 54 villes d'Italie avaient leur imprimerie.

Les découvertes. — Les **découvertes** faites en Asie et en Amérique (v. page 74), amenèrent aussi des **transformations** profondes dans la vie des peuples européens : 1º les denrées de l'Inde, surtout les **épices**, arrivèrent désormais en abondance, le sucre et le café commencèrent à entrer dans la consommation même des gens sans fortune ; 2º les métaux

Fig. 38. — Caravelle espagnole.

précieux, l'**or** et l'**argent**, qui devenaient de plus en plus rares affluèrent en Europe : l'argent baissa des trois quarts de sa valeur ; 3º plusieurs **plantes** inconnues furent découvertes en Amérique ; le maïs, le tabac, la pomme de terre (qui ont depuis été acclimatées en Europe), le cacao, la vanille, l'ananas, le topinambour, le dahlia, la capucine. D'autres plantes venues d'Asie ont été au contraire transportées en Amérique, le coton, le café, la canne à sucre, et y ont si bien réussi que c'est là que nous les allons chercher.

Établissement de la centralisation en Europe. — Pendant le Moyen âge, tous les pays d'Europe étaient **partagés** entre des milliers de petits souverains ; chaque seigneurie, chaque ville formait comme un petit État qui avait son armée, son gouvernement, ses coutumes. Il n'y avait pas de gouvernement commun à tous les pays. — A partir du xivᵉ siècle, les princes les plus puissants dans chaque pays travaillèrent à réunir sous leur autorité toutes les provinces de ce pays, soit par des mariages, soit par conquête. Il ne resta plus dans chaque pays qu'un seul souverain et une seule armée. Ils purent créer alors un **centre** unique, c'est-à-dire une autorité commune, à laquelle obéissaient tous les habitants. C'est cette opération qu'on appelle la **centralisation**. Elle s'est faite plus complètement en France et en Espagne où le pays a été réuni en **un seul royaume**, moins complètement en Allemagne et en Italie où le pays resta divisé en **plusieurs principautés**.

Création des impôts. — Au Moyen âge, il n'y avait pas d'impôt régulier. Le roi ou les princes possédaient de grands **domaines**, dont les revenus leur suffisaient pour entretenir leur maison et leurs serviteurs. Au xivᵉ siècle les rois prirent l'habitude des guerres coûteuses, du luxe et d'un train de vie somptueux, ils se trouvèrent alors à court d'argent et furent obligés d'en demander à leurs sujets. Ils réunissaient les chefs de la noblesse et du clergé et les députés des villes et obtenaient d'eux un subside ou une **aide**, c'est-à-dire le droit de lever une taxe. Ces impôts furent d'abord regardés comme provisoires, on ne devait les lever que pendant quelques années. Mais peu à peu le peuple s'habitua à les payer, les taxes provisoires se trouvèrent transformées en **impôts** et l'impôt forma désormais le principal revenu des États. Les rois ou les princes n'avaient d'abord levé l'impôt qu'après l'avoir fait voter par une assemblée formée des principaux habitants du pays (en France, les États ; en Espagne, les Cortès ; en Allemagne, les Landtag). Au xviᵉ siècle, ils en vinrent presque partout à se passer du consentement de ces assemblées ou à le réduire à une formalité. Les Anglais seuls conservèrent le droit de ne payer au roi que des taxes accordées par le Parlement. Dans les autres pays, le gouvernement s'arrogea le droit de lever les impôts à sa volonté et de disposer de l'argent **sans contrôle**.

Les monarchies absolues. — Au xviᵉ siècle, les rois et les princes, ayant à leur disposition les revenus de l'impôt, purent entretenir une force armée qui les rendit **maîtres absolus** dans leurs États. Ils s'habituèrent à gouverner sans tenir compte des désirs ni même des réclamations de leurs sujets, et à ne plus prendre conseil que de leurs serviteurs et de leurs favoris. Ils cessèrent de se conformer à la coutume et se mirent à rendre eux-mêmes des **ordonnances** ou **édits** qu'ils imposaient à leur peuple.

Ce furent les princes italiens qui donnèrent l'exemple du **gouvernement absolu**. Ils furent imités à la fin du xvᵉ siècle par le roi de France (Louis XI), le roi d'Espagne (Ferdinand) ; puis au xviᵉ siècle, par les petits princes allemands. Tous prirent pour modèle le pouvoir de l'empereur romain, adoptèrent cette maxime du droit romain : **ce qui plaît au prince a force de loi**. Les rois de France terminaient leurs ordonnances par la formule : *car tel est notre plaisir*. — Tous les pays d'Europe furent des **monarchies absolues** où toutes les affaires étaient décidées par le **prince** et ses **ministres**, sans que la nation fût consultée.

La Renaissance des lettres et des arts. — On appelle Renaissance le grand mouvement qui se propagea à la fin du moyen âge parmi les écrivains et les artistes pour essayer de produire des œuvres d'art aussi parfaites que celles des Grecs et des Romains. La Renaissance a commencé en Italie dès le xiv° siècle, et a été complète à la fin du xv°. Elle s'est montrée ensuite en Allemagne et en France au xvi° siècle, en Espagne, en Angleterre et en Belgique seulement au commencement du xvii°, et en Hollande au milieu du xvii°. C'est en Italie surtout qu'elle a été brillante.

Dans les **lettres** elle a commencé par les **humanistes** qui ont travaillé à recueillir les manuscrits des auteurs anciens et à composer eux-mêmes des ouvrages en latin (le plus célèbre est le hollandais Érasme). Puis sont venus les écrivains **originaux** qui ont fait usage de leur langue maternelle, en Italie, Machiavel, Arioste, Tasse, — en France, Rabelais, Ronsard, Montaigne, — en Espagne Cervantès, auteur du *Don Quichotte*, — en Angleterre *Shakespeare*. Ceux-là se sont inspirés des anciens sans les imiter servilement; aussi leurs œuvres sont-elles encore lues et admirées, tandis qu'on a oublié les écrits latins des érudits humanistes.

Dans les **beaux-arts** la Renaissance a été éclatante surtout en peinture. Le procédé de la **peinture à l'huile** a été inventé en Flandre au milieu du xv° siècle; mais c'est l'Italie qui a produit les plus grands peintres. Il y a cinq écoles italiennes **florentine** (Michel Ange), **lombarde** (Léonard de Vinci), **romaine** (Raphaël), **vénitienne** (Titien, Veronèse), **bolonaise**. L'Allemagne a eu au xvi°

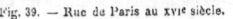

Fig. 39. — Rue de Paris au xvi° siècle.

siècle deux grands peintres, Durer et Holbein. Dans les autres pays, les grands peintres ont paru au commencement du xvii° siècle, en Espagne, Velasquez, Murillo, — en France, Poussin, Lesueur, Lorrain, — en Belgique, Rubens, — en Hollande, Rembrandt et Ruysdael. — La sculpture a eu sa Renaissance, surtout en Italie (Michel-Ange) et en France (Goujon, Pilon).

En architecture la Renaissance s'est efforcée surtout de reproduire les formes des **monuments romains** (fig. 40).

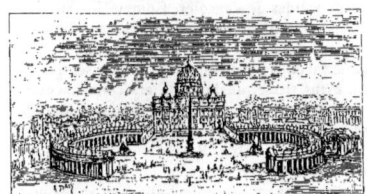

Fig. 40. — Saint-Pierre de Rome.

La Réforme. — Depuis le xvi° siècle, on se plaignait, surtout dans les pays du Nord, de la corruption d'une partie du clergé et du luxe de la cour des Papes. Deux Conciles généraux avaient été réunis à Constance en 1416, à Bâle en 1431 pour réformer l'**Église** dans son chef et dans ses membres. Mais les Conciles n'avaient pu s'entendre avec le Pape et s'étaient séparés sans avoir accompli la réforme. Au xvi° siècle, une partie des fidèles se décidèrent à se révolter contre le clergé. C'est cette révolte qu'on appelle la **Réforme**. Elle éclate d'abord en Allemagne et en Suisse. Les chefs sont un moine, **Luther**, à Wittemberg en Saxe, un prêtre de campagne, **Zwingle**, à Zurich, un bourgeois picard, **Calvin**, à Genève. Ils déclarent que l'homme ne peut être sauvé que **par la foi** et qu'il n'y a d'autre règle de la foi que l'**Écriture Sainte**. Ils rejettent tout ce que l'Église a établi et ne conservent plus que deux sacrements, la prédication, la prière et la lecture de la Bible dans la langue du pays. Ils s'appellent eux-mêmes **réformés** ou **protestants**, les chrétiens restés fidèles à la cour de Rome ont gardé le nom de **catholiques** (universels). La Réforme a été établie dans presque tous les pays du Nord, en Suède et en Danemark, en Angleterre, en Allemagne, en Suisse et en Hollande, partout avec l'appui des princes et des nobles qui avaient intérêt à diminuer le pouvoir de l'Église et à s'approprier les biens du clergé.

Les protestants n'ont pu se mettre d'accord entre eux et se sont séparés en **sectes**. Les principales sont le **luthéranisme**, en Allemagne; le **calvinisme**, en Suisse, en France, en Hollande; en Angleterre l'**anglicanisme** et les sectes des indépendants et des quakers*. Le nombre des sectes a toujours été en augmentant.

La contre-réforme. — La réforme que le clergé avait tentée en vain au xv° siècle aboutit enfin vers le milieu du xvi°. Pour arrêter les progrès du protestantisme, le Pape supprima les abus et réunit le **Concile de Trente** (1545-1563) qui condamna les protestants et réorganisa l'Église. Un espagnol, Ignace de Loyola, fonda un nouvel ordre religieux, la **Compagnie de Jésus**, destiné à restaurer et à répandre la foi catholique. Les **Jésuites** fondèrent des **collèges** où les jeunes gens de familles riches étaient élevés dans l'obéissance à l'Église, envoyèrent des **missions** convertir les protestants et les sauvages païens, prirent la **direction** des consciences des princes, afin de les décider à rétablir partout la foi catholique.

Le Pape et les jésuites parvinrent ainsi à reconquérir l'Autriche et une partie de l'Allemagne. Au xvii° siècle, la majorité de l'Europe était redevenue catholique.

Religions d'État. — Les pays européens se trouvèrent alors divisés **en deux partis**, convaincus l'un et l'autre, mais implacables et considérant leurs adversaires comme des criminels. On s'était habitué pendant le Moyen âge à l'idée que l'État doit avoir une religion et l'**imposer** à ses sujets; qu'il n'a pas même le droit de tolérer qu'on en pratique une autre. Tous, protestants et catholiques, regardaient l'**intolérance** comme un devoir. Partout le parti le plus fort employa tous les moyens en son pouvoir pour exterminer le parti adverse. Au sud, les catholiques persécutaient les protestants et les brûlaient comme hérétiques; au nord, les protestants persécutaient les catholiques et les décapitaient comme rebelles. En France, en Hollande, en Allemagne les deux partis se firent la guerre. — Lorsque dans chaque pays l'un des deux partis l'eût emporté, l'Europe se trouva définitivement divisée en deux camps; au nord, les États protestants (Angleterre, Suède, Danemark, Hollande, Allemagne du Nord); au sud et au centre, les États catholiques (Espagne, France, Italie, Autriche, Pologne, Belgique). — Chaque État avait sa religion que les habitants devaient pratiquer. La tolérance ne s'introduisit que lentement.

Changements dans les mœurs. — Les grands ébranlements du xvɪᵉ siècle transformèrent profondément les habitudes des nobles et des bourgeois. — Les nobles renoncèrent aux lourdes armures, aux tournois et aux sombres forteresses du Moyen âge; ils ne portèrent plus que l'épée (fig. 41), remplacèrent les tournois par l'escrime et la danse, et se firent construire des maisons de plaisance avec des parcs. — Ils prirent goût aux tableaux, aux livres, aux objets d'art, aux meubles élégants et commencèrent à rassembler des collections et des bibliothèques. — Ils prirent l'habitude de se réunir dans les **salons**; peu à peu se reformèrent la **politesse** et l'art de la **conversation**. Ils voulurent que leurs enfants fussent instruits et commencèrent à leur donner des précepteurs ou à les envoyer dans des collèges pour leur apprendre le latin, l'art de parler avec élégance et les belles manières.

Fig. 41. — Costumes de cour sous François Iᵉʳ.

Les bourgeois imitèrent les nobles; ils mirent leurs enfants dans les collèges et prirent le goût de la lecture. L'instruction ne fut plus le privilège des ecclésiastiques; les livres, que l'imprimerie publiait désormais à bon marché, se répandirent dans la société laïque. Alors au-dessus des paysans, des artisans et des commerçants, se forma en Europe une classe inconnue au Moyen âge, celle des **lettrés**.

Les cours. — Au xvɪɪᵉ siècle, les souverains absolus qui gouvernaient l'Europe adoptèrent un genre de vie particulier qui marquait la différence entre le prince et les sujets. Ce fut le roi d'Espagne qui commença à établir dans sa cour un cérémonial rigoureux, une **étiquette**, c'est-à-dire des formes invariables pour tous les actes de la vie. **Louis XIV** introduisit l'étiquette en France (fig. 42) et les autres souverains l'imitèrent. Chaque prince se fit bâtir un palais où il vivait loin de son peuple, entouré de ses domestiques et de ses courtisans. Le solennel château de **Versailles**, qui depuis Louis XIV servait de résidence au roi fut le modèle qu'on s'efforça de copier à l'étranger. Autour du roi demeurait la foule des serviteurs qu'on appelait la **maison du roi**; ils étaient organisés en **services** sous les ordres des **grands officiers**. Le palais était plein de **seigneurs** venus pour **faire leur cour**, c'est-à-dire pour rendre visite au roi et lui demander des titres, des places ou des pensions. Le prince, entouré de cette foule de domestiques et de courtisans, vivait toujours **en public**; chacun des actes de sa vie, son lever, ses repas, son coucher tout était réglé comme une cérémonie et les courtisans regardaient comme un honneur d'être admis aux offices de ce nouveau culte.

La diplomatie. — Quand les États d'Europe furent définitivement constitués, les gouvernements furent amenés naturellement à entretenir des relations régulières les uns avec les autres. Ce fut un État italien, la république de **Venise**, qui donna l'exemple d'envoyer des **ambassadeurs** aux souverains des autres États. Depuis le xvɪɪᵉ siècle tous les princes eurent des ambassadeurs à poste fixe auprès des autres princes, et ainsi se forma un corps nouveau de fonctionnaires, celui des **diplomates**. L'ambassadeur était chargé de **représenter** le souverain qui l'envoyait, d'assister aux cérémonies et aux fêtes; mais il devait aussi s'informer de ce qui se passait dans le pays où il résidait, et le faire savoir à son gouvernement. Souvent, il avait mission de négocier une affaire ou de conclure un traité et il recevait en partant ses **instructions**. Ainsi se traitaient les affaires les plus importantes. Les souverains ayant le droit de disposer de leurs provinces comme d'un domaine personnel, les diplomates, qui représentaient les souverains, réglaient le sort des peuples, les cédaient à des princes étrangers ou les partageaient entre plusieurs princes, sans **jamais les consulter**. L'unique règle de conduite des diplomates était la **raison d'État**, c'est-à-dire l'intérêt de la famille régnante; aucun monarque ne se faisait scrupule pour agrandir ses possessions, d'engager quelque guerre sanglante ou de disposer d'une nation contre son gré, comme d'un bétail que l'on achète ou que l'on vend au marché.

Fig. 41. — Costumes de cour sous Louis XIV.

En dehors de l'intérêt direct, les diplomates ne suivirent guère d'autre principe que celui de l'**équilibre* européen** : ils avaient soin d'empêcher qu'aucun État ne devînt beaucoup plus fort que les autres, afin de maintenir l'équilibre entre les puissances.

Les armées permanentes. — Jusqu'au xvɪɪᵉ siècle, les États qui avaient besoin de soldats engageaient des bandes de mercenaires pour la durée de la guerre seulement : une fois la guerre terminée, ils licenciaient leur armée. Après la guerre de Trente ans, tous les gouvernements de l'Europe adoptèrent le système des **armées permanentes**. Les soldats furent désormais engagés, non pour la durée de la guerre, mais pour un certain nombre d'années; les officiers restaient au service de l'État pendant toute leur carrière. Chaque gouvernement eut ainsi des **régiments** qu'il entretenait même en temps de paix, et qui portaient l'uniforme du prince. — Pour recruter des soldats, le gouvernement envoyait des racoleurs qui tâchaient de persuader aux jeunes gens valides de s'enrôler. Comme les soldats étaient mal payés, mal nourris, battus par leurs officiers et sans espoir d'avancement, il était souvent difficile de se procurer autant d'engagés volontaires que le service en réclamait. Au xvɪɪɪᵉ siècle, quelques États commencèrent à imposer un service *obligatoire* à leurs sujets, Louis XIV créa la **milice** qui se recrutait par *tirage au sort* entre les jeunes gens pauvres. Le roi de Prusse complétait ses régiments par des *enrôlements forcés*.

De grands changements étaient apportés en même temps à la manière de combattre. — Les gendarmes, c'est-à-dire les cavaliers bardés de fer, furent remplacés au xvɪɪᵉ siècle par des troupes plus légères (carabiniers, dragons, hussards), armées de l'épée et du pistolet. — L'infanterie était formée de deux espèces de soldats, les uns armés de la pique, les autres du mousquet à mèche, qui ne pouvaient manœuvrer qu'en se prêtant appui. On remplaça le mousquet par le **fusil à pierre**, la pique par la **baïonnette** qui s'enfonçait dans le canon; le soldat put combattre à volonté de près ou de loin. L'infanterie prit dès lors et garda la supériorité sur la cavalerie. C'est avec l'infanterie que le roi de Prusse Frédéric II remporta ses victoires.

Le système de fortifications changea aussi. Les hauts remparts de pierre qui ne pouvaient plus résister au canon firent place à des remparts bas et épais couverts d'un tertre de gazon et cachés par le talus du fossé, qu'on appelle **fortifications rasantes** parce qu'elles sont ras du sol.

Naissance du régime parlementaire. — Pendant que tous les États d'Europe devenaient des monarchies absolues, la nation anglaise avait conservé son **Parlement**, formé des lords (grands seigneurs) et des députés des comtés et des villes.

Le roi d'Angleterre n'en n'avait pas moins été tout-puissant au XVIᵉ siècle et les rois de la famille de Stuart qui régnèrent en Angleterre pendant le XVIIᵉ siècle (1603-1688), essayèrent d'établir dans leur royaume la monarchie absolue en se délivrant du contrôle du Parlement. Mais, comme ils voulurent en même temps changer la religion du pays, ils se heurtèrent à une résistance à la fois politique et religieuse. Charles Iᵉʳ fut renversé par la **Révolution de 1648**, Jacques II, par la **Révolution de 1688**. Les rois nouveaux, étrangers au pays, laissèrent gouverner le pays par les **ministres**; ils s'habituèrent à ne prendre pour ministres que des membres du Parlement et à ne les conserver qu'autant qu'ils plaisaient à la majorité de la Chambre. Le pouvoir appartenait ainsi au parti qui avait obtenu la majorité aux élections et qui dominait au Parlement. Ainsi est né le **régime parlementaire**, dont la maxime est : **le roi règne et ne gouverne pas**.

Le régime colonial. — Les États de l'Europe qui avaient acquis des **colonies** dans les autres parties du monde les considéraient comme des domaines que le gouvernement doit **exploiter** à son profit. C'était un principe reconnu que l'État seul a le droit de tirer un bénéfice de sa colonie et qu'il y a le **monopole** c'est-à-dire la propriété exclusive du commerce. En Espagne et en Portugal, l'État exerçait lui-même son privilège, il envoyait des flottes porter les produits du pays et chercher les produits de la colonie. Dans les autres États, le gouvernement cédait son droit à des **Compagnies de commerce** créés avec son autorisation. La Compagnie des Indes, fondée en Hollande en 1602, servit de type aux Compagnies française et anglaise. — Sous le régime du monopole, les colons n'avaient droit ni de **fabriquer** eux-mêmes les objets qui leur étaient nécessaires ni de **vendre** à leur gré les produits de leurs plantations (fig. 43). Ils devaient acheter les objets d'industrie aux marchands de la Compagnie, qui les leur vendaient très cher, et leur vendre leurs denrées qu'on leur payait à bas prix. —

Fig. 43. — Plantations et nègres.

Dans les colonies d'Espagne, de Portugal et de France, ils étaient surveillés de très près et administrés arbitrairement par les gouverneurs d'Europe. Les colons anglais au contraire étaient libres de s'administrer eux-mêmes.

Progrès des sciences. — Les sciences, stationnaires au Moyen âge, accomplissent en Europe, du XVIᵉ au XVIIIᵉ siècle, des **progrès** considérables. On comprend alors que la science doit être cherchée non dans les livres des anciens, mais dans l'**observation** de la nature. Les savants travaillent non seulement à connaître ce qu'on a su avant eux, mais à **découvrir** des vérités nouvelles. Ils se servent des **instruments** nouvellement inventés (microscope, télescope, baromètre, thermomètre, machine électrique). Ils sont en relations les uns avec les autres et même se réunissent pour fonder des **sociétés** savantes.

L'**astronomie** est renouvelée par Copernic, Kepler, Galilée et Newton. Les **mathématiques** par Descartes et Leibnitz, la **physique** par Galilée et Newton. L'anatomie est créée par Vesale, la physiologie par Harvey; la botanique par Linné et Jussieu.

Les lettres. — Le mouvement de la Renaissance est terminé au milieu du XVIIᵉ siècle. Alors commence la littérature **classique**. C'est en **France** qu'elle se forme ; les plus grands écrivains du XVIIᵉ et du XVIIIᵉ siècles sont les **écrivains français**; ce sont eux qui donnent le ton aux autres pays de l'Europe. Le genre classique est né dans les **salons**, les œuvres classiques s'adressent aux gens du monde (qu'on appelle les honnêtes gens). Le plus beau moment de cette littérature, est le XVIIᵉ siècle, c'est le temps de Corneille, Molière, Racine, Bossuet, Boileau, La Fontaine.

Au XVIIIᵉ siècle, les écrivains sont surtout des prosateurs et des philosophes (Montesquieu, Voltaire, Rousseau, Diderot). La littérature française devient la littérature de toute l'Europe, le français est la langue de toute la bonne société. En Russie, en Allemagne, les seigneurs en viennent à ne parler que le français à leurs enfants et à leur laisser ignorer leur langue naturelle. — C'est alors que commencent les **journaux**; mais le gouvernement les surveille et ne leur laisse imprimer que ce qui lui plaît.

Économistes et philosophes. — A la fin du XVIIᵉ siècle, quelques hommes entreprirent de rechercher les moyens d'augmenter la richesse des États, on appela cette étude l'*économie politique*, et ceux qui s'y livraient des **économistes**. Ils déclarèrent mauvaises les règles suivies par les gouvernements de leur temps en matière d'impôts, de commerce et d'industrie; ils enseignèrent que le meilleur régime est la **liberté**, qu'il faut laisser les industriels fabriquer et les commerçants trafiquer comme ils l'entendent, ils demandèrent qu'on supprimât les règlements et les corporations des métiers, les monopoles, les douanes, qu'on cessât d'entraver le commerce des blés. Leur maxime était : **laissez faire, laissez passer.**

Les **philosophes** du XVIIIᵉ siècle (c'est le nom qu'ils se donnaient eux-mêmes), Montesquieu, Voltaire, Rousseau, entreprirent la critique des institutions, des usages, des croyances de leur temps. Ils arrivèrent à cette conclusion que la société, le gouvernement, la religion étaient mal organisés, et qu'il fallait les transformer en les fondant sur la **raison**. Ils s'imaginaient presque tous qu'il suffit, pour changer la face du monde, d'un ordre du gouvernement. Leurs idées, exposées sous forme de lettres, de pamphlets, de romans, se répandirent dans toute l'Europe parmi les nobles et les bourgeois. Elles produisirent dans beaucoup de pays des **réformes**; en France, elles **préparèrent la Révolution.**

QUATRIÈME PARTIE. — HISTOIRE CONTEMPORAINE

TRENTE-SIXIÈME LEÇON
LA RÉVOLUTION FRANÇAISE

360. La Révolution. — La France était, au XVIIIe siècle, comme les autres États de l'Europe, une **monarchie absolue**. En 1789, les finances se trouvaient en si mauvais état que le gouvernement, pour se procurer de l'argent, se décida à convoquer les **États généraux**; c'était la première fois depuis 1614. Les États généraux se composaient en majorité de bourgeois et de curés de campagne, mécontents des abus de « l'ancien régime ». Se sentant soutenus par la nation, ils se formèrent en **Assemblée nationale**, accomplirent une **Révolution**, non seulement politique, mais sociale. L'Assemblée exposa ses intentions et ses principes (les **principes de 89**), dans la fameuse *déclaration des droits de l'homme*. Elle réorganisa sur un plan nouveau l'administration, la justice, les finances et créa la division de la France en départements. L'Assemblée *Législative*, qui succéda à la Constituante par application de la Constitution de 1791, ne fit pas un long essai de la monarchie constitutionnelle. Elle ne voulait plus de royauté; le roi, accusé de correspondance secrète avec les souverains étrangers, fut détrôné et emprisonné. On proclama la **République** à Paris et on convoqua une nouvelle assemblée, la **Convention** (21 septembre 1792).

361. La coalition. — La Révolution avait fait beaucoup de mécontents, surtout parmi les nobles, ils émigrèrent. La Législative confisqua leurs biens; les **émigrés** se répandirent en Europe et demandèrent du secours aux cours d'Europe pour les aider à rentrer en France. Les souverains, effrayés d'une révolution qui pouvait servir d'exemple à leurs sujets, s'entendirent pour arrêter la révolution et rendre au roi de France son ancien pouvoir. Il y eut **deux coalitions** et deux guerres. — La 1re coalition ne comprenait que l'Empereur, le roi de Prusse et le roi de Sardaigne. La Législative déclara la guerre à l'Empereur; mais, comme l'armée française était désorganisée, l'ennemi envahit la France. Les Prussiens prirent Verdun et arrivèrent jusqu'en Champagne: les Autrichiens assiégèrent Lille. Mais bientôt les armées françaises rapidement entraînées chassent les Prussiens (au combat de Valmy), puis les Autrichiens, occupent la Belgique (bataille de Jemmapes), et les bords du Rhin.

La 2e coalition se forma en 1793 quand la Convention eut fait décapiter Louis XVI. Elle comprenait presque toutes les puissances de l'Europe: outre l'**Autriche**, la **Prusse** et la Sardaigne, l'Angleterre, la **Hollande**, l'Espagne, le roi de Naples et les **princes allemands**. Les armées des coalisés envahirent la France de cinq côtés, et sur cinq terrains à la fois commença la guerre: *en Alsace* contre l'armée prussienne, du *côté de la Belgique* contre l'armée autrichienne, *près de Dunkerque* contre l'armée anglaise, *sur les Alpes* contre l'armée sarde, *aux Pyrénées* contre l'armée espagnole. En même temps la Convention dut envoyer des armées contre les insurgés *en Vendée*, en *Normandie* et à *Lyon*.

362. Victoire des Français. — Les armées françaises manquaient encore de discipline, de cohésion, d'organisation matérielle. Elles furent d'abord forcées de *reculer*. Mais les généraux de la coalition, au lieu de marcher sur Paris, s'acharnèrent à assiéger et à bombarder les places de la frontière. Le Quesnoy arrêta l'armée autrichienne plusieurs semaines. Mayence fit une résistance héroïque. La Convention eut le temps de créer de nouvelles armées par une *levée en masse* de 300 000 hommes. A la fin de 1793, les armées françaises, commandées par de jeunes officiers improvisés généraux, reprirent partout l'avantage et *chassèrent les ennemis*; puis elles envahirent à leur tour les pays voisins, en 1794, la Belgique, les bords du Rhin, la Savoie, en 1795, la Hollande.

363. Campagne d'Italie. — En 1795 la coalition se disloqua; le roi de Prusse, la plupart des princes allemands et le roi d'Espagne signèrent la paix à *Bâle* et reconnurent la République française. L'Empereur et le roi de Sardaigne qui avaient perdu l'un la Belgique, l'autre la Savoie, continuaient la guerre. Pour les forcer à demander la paix, le **Directoire** qui venait de remplacer la Convention envoya en 1796, deux armées en *Allemagne*, une armée en *Italie*. Jourdan par la vallée du Main, Moreau par la vallée du Danube, marchèrent sur Vienne, mais ne purent opérer leur jonction et *battirent en retraite*. — En Italie, **Bonaparte** conquit le Piémont puis le Milanais, après de nombreuses victoires, et força tous les princes italiens à reconnaître la République. En 1797, il traversa la Vénétie, franchit les Alpes, envahit l'Autriche. S'il avait combiné ses efforts avec Hoche qui s'avançait victorieux en Allemagne, Vienne était prise. Il préféra s'arrêter et offrir de sa propre autorité la paix à l'Autriche. L'empereur céda la **Belgique** et le **Milanais** et reçut en échange les *possessions de la république de Venise*, que Bonaparte déclara supprimée. (Paix de *Campo-Formio*, 1797.)

364. Agrandissements de la France. — Le Directoire fit deux parts de ses conquêtes: l'une fut **réunie** à la France, l'autre **organisée en républiques** alliées de la France. — La France s'annexa la **Belgique** conquise sur l'Empereur, les pays de la **rive gauche du Rhin** enlevés aux princes d'Église allemands, la Savoie et le **comté de Nice** pris au roi de Sardaigne, et toutes les enclaves (qui subsistaient encore en territoire français: le **comtat Venaissin** (au pape) (carte p. 83), **Montbéliard** (au duc de Wurtemberg), la ville libre de **Mulhouse**. Ces annexions n'eurent lieu qu'après un vote des habitants qui déclaraient consentir à devenir Français. Ainsi s'accomplissait le rêve des hommes d'États du XVIIe siècle: la France reprenait ses *frontières naturelles*, celles de l'ancienne Gaule, *Alpes, Rhin, Pyrénées*.

365. Républiques alliées. — Les armées françaises, partout où elles arrivaient, proclamaient *la Révolution*, abolissaient les privilèges, les droits des seigneurs, les coutumes. Elles supprimèrent tous les gouvernements établis, en 1795 le prince de Hollande, en 1796 les petits princes italiens, en 1798 le roi de Naples, le gouvernement du pape et le gouvernement aristocratique de Suisse. Elles les remplacèrent par des *gouvernements républicains* créés à l'image du gouvernement français. Ainsi furent constituées six petites **républiques**: république **batave** en Hollande, **helvétique** en Suisse, **cisalpine** dans le bassin du Pô, **ligurienne** sur la côte de Gênes, **romaine** dans les États de l'Église, **parthénopéenne** à Naples, toutes **alliées** dociles de la République française.

366. Campagne de 1799. — Un grand congrès s'était réuni à Rastadt pour régler les affaires de l'Allemagne (1798); Mais l'Angleterre et l'Autriche s'allièrent à la *Russie*, les envoyés français furent massacrés par les hussards autrichiens et la guerre recommença. Les Russes unis aux Autrichiens réussirent à chasser les Français d'Italie et détruisirent toutes les républiques italiennes. Ils essayèrent de les chasser aussi de Hollande et de Suisse; mais l'armée anglo-russe débarquée en Hollande, fut battue par Brune à *Bergen*, les deux armées russes qui avaient envahi la Suisse, furent battues à *Zurich* par Masséna (1799) et presque détruites dans les défilés des Alpes. Les frontières étaient intactes. La coalition encore une fois était vaincue.

LA RÉVOLUTION FRANÇAISE.

QUESTIONS D'EXAMEN. — **1**. Sous quel régime vivait la France au XVIIIe siècle? — **2**. Pourquoi furent convoqués les États généraux de 1789? — **3**. Que fit l'Assemblée nationale? — **4**. Comment se fit la Révolution? — **5**. Qu'est-ce que les émigrés? — **6**. Combien y eut-il de coalitions? — **7**. Racontez la guerre de 1792. — **8**. Où se fit la guerre en 1793? — **9**. Comment commença-t-elle? — **10**. Comment finit-elle? — **11**. Comment se termina la coalition? — **12**. Que firent les armées françaises en Allemagne? — **13**. En Italie? — **14**. Dites les conditions de la paix de Campo-Formio. — **15**. Comment furent organisées les conquêtes de la France? — **16**. Indiquez les pays annexés à la France. — **17**. Indiquez les républiques alliées. — **18**. A quelle occasion la guerre recommença-t-elle? — **19**. Racontez la guerre de 1799.

TRENTE-SEPTIÈME LEÇON
L'EUROPE PENDANT L'EMPIRE

367. L'Empire français. — Le général **Bonaparte** devenu célèbre par ses victoires en Italie et en Égypte, abandonna son armée en détresse sur les bords du Nil, revint en France, puis, le 18 *brumaire*, fit envahir les Assemblées par ses soldats et détruisit le régime républicain. Il n'eut d'abord (1799), que le titre de **Premier Consul**, mais en 1804, il prit celui d'**Empereur**. Il *réorganisa* tout en France sur un plan emprunté en partie à l'ancien régime, administration, tribunaux, impôts, lois, enseignement ; il signa le Concordat avec le Pape et réglementa le culte ; il créa même une *nouvelle noblesse*. Il fixait les impôts, levait des armées, faisait des lois, déclarait la guerre *sans consulter la nation*, exigeait qu'on lui obéit *militairement*.

368. Napoléon et l'Angleterre. — Vainqueur à Marengo (1800), il commença par chasser les Autrichiens d'Italie et força l'Empire à abandonner la Vénétie (1801). L'Angleterre qui faisait la guerre à la France depuis 1793, se voyant seule, se décida à conclure la **paix d'Amiens** (1802). Mais l'Europe ne resta en repos que deux ans. Les Anglais craignant que la France, devenue la première puissance du continent, ne cherchât à dominer aussi sur la mer, rouvrirent les hostilités en 1804, entamèrent un duel à mort avec Napoléon. Ils ne cessèrent d'armer les autres États contre lui, envoyèrent de l'argent et des troupes à tous ses ennemis et ne s'arrêtèrent que lorsqu'il fut tombé.

369. Les coalitions. — L'Angleterre réussit à former **trois coalitions** :
1° En 1805, avec l'**Autriche** et la **Russie**. — Napoléon avait préparé à Boulogne sa **grande armée** pour descendre en Angleterre, sa flotte fut détruite à Trafalgar sur la côte d'Espagne (1805). Renonçant alors à la descente, il se retourne contre l'Autriche, cerne l'armée autrichienne dans Ulm entre à Vienne, gagne sur les Autrichiens et les Russes la bataille d'**Austerlitz**, force l'empereur à demander la paix et lui ravit plusieurs provinces (paix de Presbourg, 1805).

2° En 1806, avec la **Prusse** et la **Russie**. — Le roi de Prusse comptait sur ses troupes fameuses organisées par le Grand Frédéric. Le même jour, à **Auerstaedt** et à **Iéna** (1806), les deux armées prussiennes sont détruites ; Napoléon envahit tout le pays, bat l'armée russe (Eylau, Friedland), et conclut la *paix de Tilsitt* qui enlève au roi de Prusse la moitié de son royaume.

3° En 1809, avec l'**Autriche** et les **Espagnols**. — Les Autrichiens n'avaient accepté la paix que pour se préparer à une nouvelle lutte. Napoléon ayant *envahi l'Espagne* pour établir son frère comme roi à la place du roi national, les Espagnols se soulèvent. L'empereur d'Autriche en profite pour entrer en guerre, et pour la première fois il fait appel à son peuple. Mais Napoléon envahit l'Autriche, est vainqueur à Wagram (1809) et dépouille l'Autriche des **provinces illyriennes** à qui il impose des administrateurs français.

370. Napoléon en Allemagne. — Après Iéna, Napoléon avait *gardé sa grande armée en Allemagne* et y avait tout réglé à sa volonté. Il réunit deux assemblées de princes (diètes), en 1805 et 1806, et remania complètement la division du pays. Il supprima les *principautés ecclésiastiques*, presque toutes les *villes libres*, beaucoup de *petites principautés* et distribua tous ces territoires aux princes les plus puissants. L'Allemagne du Sud, divisée jusque-là en deux cents États, n'en forma plus que trois, royaume de **Bavière**, royaume de **Wurtemberg**, grand-duché de **Bade**. Le royaume de Prusse avait reçu de grands territoires en Westphalie ; mais après sa défaite, Napoléon lui enleva tout le pays à l'ouest de l'Elbe, dont il forma le **royaume de Westphalie**, ainsi que les provinces polonaises qu'il érigea en **grand-duché de Varsovie** et qu'il donna au roi de Saxe. Tous les États allemands entre l'Elbe et le Rhin, furent réunis en une **Confédération** dont l'Autriche et la Prusse furent exclues et dont Napoléon fut le **Protecteur**. Désormais il n'y eut plus d'empereur d'Allemagne, l'ancien empereur prit le titre d'empereur d'Autriche (1806). Les Allemands souffrirent cruellement de ces guerres et des passages des armées ; ils conçurent *contre Napoléon* une haine mortelle qui se transforma bientôt en haine contre la France.

371. Les royaumes dépendants. — Napoléon ne respectait pas plus la volonté des peuples étrangers que celle des Français. Il voulut entourer son empire de royaumes qui lui obéissent. Avec les républiques alliées de la France et les pays qu'il avait conquis, il créa des royaumes qu'il distribua à ses parents comme s'il s'était agi de domaines privés :
Le **royaume de Hollande** (ancienne république batave), à son frère Louis.
Le **royaume d'Italie** (ancienne république cisalpine), à son beau-fils Eugène Beauharnais.
Le **royaume d'Étrurie** (grand-duché de Toscane), à un prince espagnol.
Le **royaume de Naples** (ancienne république parthénopéenne), à son beau-frère Murat (1806).
Le **royaume d'Espagne**, à son frère Joseph.
Le **royaume de Westphalie**, à son frère Jérôme.
Le grand duché de Berg, à Murat, puis à un fils de Louis.

372. Les annexions. — Napoléon ne se contenta plus pour son Empire des frontières naturelles de la France. Il prit à la Suisse Genève et le Valais ; à l'Italie, le **Piémont**, la **Toscane**, les **États du pape** (1808) ; en 1810, la **Hollande** après l'abdication de Louis ; à l'Autriche, les **provinces illyriennes** (1809) ; à l'Allemagne, toute la côte de la mer du Nord jusqu'au Danemark (1810).

L'Empire en 1810 avait **130 départements** et **7 provinces** (103 seulement dans les limites naturelles de la France). Napoléon gouvernait la moitié de l'Europe (France, Italie, Espagne, Allemagne).

373. Le blocus continental. — Napoléon n'ayant pu vaincre l'Angleterre sur mer, essaya de la ruiner. En 1806, il imagina le **blocus continental**. Il défendit à tous les peuples placés dans sa dépendance, tous clients de l'Angleterre, de recevoir *aucun navire anglais, aucun produit anglais* ; toute marchandise anglaise, sucre, café, cotons, draps, devait être confisquée et brûlée. Ce régime, qui *privait* l'Europe occidentale de quelques-unes des *denrées nécessaires à la vie*, parut bientôt insupportable. Aussi, malgré les plus expresses défenses, les Hollandais, les Belges et les Allemands continuèrent-ils à commercer avec l'Angleterre : ils introduisaient les marchandises anglaises en contrebande ou achetaient les fonctionnaires chargés de les arrêter.

374. Campagne de Russie. — Depuis 1807, l'**Empereur de Russie** était devenu l'allié et l'ami de Napoléon qui lui laissa enlever la Finlande au roi de Suède (1808) (carte p. 99). A eux deux ils étaient maîtres de l'Europe. Mais Alexandre ne put tolérer le blocus continental que Napoléon prétendait imposer même à la Russie. Ils se brouillèrent et la guerre éclata entre les deux césars. — L'Empereur de Russie eut pour alliées l'**Angleterre**, l'**Espagne** et la **Suède**. Napoléon *força* la Confédération du Rhin, le roi de Prusse et l'Empereur d'Autriche à s'unir à lui. Il *envahit la Russie* avec une armée de 450 000 hommes, composée de Français, d'Italiens, d'Allemands et de Polonais et arriva jusqu'à Moscou. Mais, pour n'être pas coupé de sa base d'opération, il dut battre en **retraite** après *l'incendie de Moscou*, au milieu de l'hiver. La plupart de ses soldats *périrent de froid*, beaucoup se noyèrent dans la Bérésina. Il ne ramena que des débris de son armée sur l'Elbe. Les Prussiens et les Autrichiens qui ne marchaient qu'à contre-cœur se retournèrent contre lui. La force lui échappait ; son empire qui n'avait d'autre fondement que la force allait s'écrouler.

(Voir les **Questions d'examen** à la page 105).

L'EUROPE PENDANT L'EMPIRE.

TRENTE-HUITIÈME LEÇON
L'EUROPE EN 1815

375. Coalition contre Napoléon. — Les peuples opprimés par Napoléon se soulevèrent dès qu'ils le virent abattu. La Prusse, qui ne se résignait pas à son sort, avait déjà créé *la landwehr*, composée d'hommes qui s'exerçaient aux armes pour entrer en campagne au premier appel. En mars 1813 le roi de Prusse levait une armée de 250 000 hommes, parmi lesquels beaucoup d'engagés volontaires. **La coalition** réunit *toutes les puissances* d'Europe, **Angleterre, Russie, Suède, Espagne, Autriche, Prusse, États allemands.** Il ne nous resta pour alliés que les rois de Saxe et de Danemark. Napoléon parvint d'abord, avec une armée de conscrits, à battre les coalisés à Dresde, mais après la **bataille de Leipzig** qui dura trois jours (16-18 oct. 1813), il fut contraint de reculer et d'abandonner l'Allemagne.

376. Invasions de la France. — Les alliés poursuivirent Napoléon et envahirent la France de tous côtés à la fois : Prussiens, Russes, Autrichiens, par le *Rhin*, le *Nord*, le *Jura*, les *Alpes*; Anglais, Espagnols *par les Pyrénées*. La France n'avait plus d'armée; malgré l'admirable *campagne de France* faite avec des conscrits de dix-huit ans, les alliés arrivèrent jusqu'à Paris, forcèrent Napoléon à *abdiquer* et à se retirer à l'île d'Elbe, puis ils proclamèrent roi Louis XVIII (1814).

Napoléon revint de l'île d'Elbe et chassa Louis XVIII (1815). Les alliés recommencèrent la guerre; après le *désastre de Waterloo* leurs armées inondèrent de nouveau la France et cette fois s'y *établirent*. Pendant deux ans le pays fut *occupé par des troupes ennemies*; l'armée française avait été licenciée.

377. Congrès de Vienne. — Les puissances coalisées contre Napoléon réunirent un **congrès général à Vienne** (1814) pour régler l'état de l'Europe. Ce congrès où tous les États européens étaient représentés, dura sept mois, il se donna pour mission de *détruire l'œuvre de Napoléon*, de *restaurer* les anciens États et d'organiser *la paix* entre les puissances. Les gouvernements avaient reproché à Napoléon ses procédés arbitraires, mais ils n'agirent pas autrement que lui, se partagèrent les pays à leur convenance comme des domaines privés, **sans consulter les peuples**, et refaisant à leur fantaisie la carte d'Europe.

378. L'œuvre du congrès. — Pour empêcher la France de recommencer la guerre, on lui enleva *toutes les conquêtes de la Révolution*, la **Belgique**, les **pays du Rhin**, la **Savoie**; on la réduisit aux frontières de 1789, en lui prenant même quelques places fortes qu'elle possédait avant la Révolution; on éleva contre elle des *forteresses fédérales* entretenues par la Confédération germanique.

Les **pays du Rhin** furent partagés entre la Prusse et la Bavière, — la **Belgique** réunie à la Hollande forma le **royaume des Pays-Bas**.

En Allemagne le congrès rétablit quelques-uns des princes dépossédés par Napoléon et organisa une Confédération germanique. Les rois de *Bavière* et de *Wurtemberg* et le grand duc de *Bade*, qui avaient abandonné Napoléon, *gardèrent* ce qu'ils avaient reçu de lui; le roi de Saxe, qui lui était resté fidèle, perdit la **province de Saxe** que la Prusse s'annexa. L'Autriche obtint des agrandissements en Italie.

La **Norvège**, enlevée au roi de Danemark, fut attribuée au *roi de Suède*. Le **grand duché de Varsovie** ne fut pas supprimé, mais on le donna à l'*Empereur de Russie*. L'Angleterre garda le **Cap** (carte p. 121) conquis sur les Hollandais, l'Ile de France (île Maurice, carte p. 121) prise aux Français. Ainsi la Russie, la Prusse, l'Autriche, la Bavière, la Sardaigne s'agrandissaient, la France restait aussi petite, plus petite même qu'avant 1789.

379. La Restauration. — Les souverains qui avaient combattu Napoléon au nom de l'indépendance des peuples ne songèrent plus qu'à leurs intérêts personnels dès qu'ils furent victorieux; ils s'efforcèrent tous de revenir à l'ancien ordre de choses et de *restaurer* la **monarchie absolue**. De là le nom de **Restauration** qui a été donné à cette période de notre his-

Fig. 44. — Costumes de la Restauration.

toire et peut s'appliquer aussi au reste de l'Europe. Mais la Restauration dut tenir partiellement compte des *réformes* accomplies sous le régime français. Elle conserva l'*égalité devant la loi*; l'Italie du Nord, la Belgique et la province du Rhin gardèrent même le *Code civil français*.

380. Les partis. — Il y eut partout dès lors *deux partis opposés* : les **absolutistes** ou **légitimistes**, partisans de la *monarchie absolue*, reconnaissant au roi le droit de gouverner seul en vertu du *droit divin*; — les *constitutionnels*, *parlementaires* ou *libéraux*, partisans du *droit de la nation*, demandant que le pouvoir du roi fut limité par une *constitution* écrite et par un Parlement électif, réclamaient la *liberté de la presse*, la *liberté de réunion et d'association*. Ces deux partis entrèrent en lutte dans toute l'Europe. Le régime parlementaire n'existait qu'en *Angleterre* où il était établi depuis le XVIIIe siècle, et en *France*, en vertu de la *charte octroyée* par Louis XVIII en 1814 et imitée de la constitution anglaise. *Tous les autres pays étaient soumis à la monarchie absolue.*

381. La Sainte-Alliance et les Congrès. — Les hommes d'État du congrès de Vienne pensaient que les souverains ont intérêt à se soutenir les uns les autres contre les tentatives d'insurrection de leurs sujets et que tous forment comme une famille dont les membres doivent se maintenir en bon accord. De cette idée naquit le traité de la **Sainte-Alliance** entre les empereurs de Russie et d'Autriche et le roi de Prusse. Il fut décidé que des congrès seraient tenus fréquemment pour régler les contestations qui s'élèveraient entre les puissances et qu'on y prendrait en commun les mesures nécessaires pour maintenir le pouvoir absolu des rois contre les tentatives de révolution. Le prince de Metternich, premier ministre d'Autriche, organisa ce régime qu'on appela le *système Metternich*.

Il se tint en effet *cinq congrès*, dont quatre sur le territoire de l'Autriche. Le congrès de Carlsbad (1819) prit des mesures contre les étudiants allemands qu'on accusait de conspirer contre les gouvernements. Le congrès de Laibach (1821) chargea l'empereur d'Autriche de châtier les Italiens soulevés contre les rois de Naples et de Sardaigne. Le congrès de Vérone (1822) confia à la France le soin de détruire le régime libéral en Espagne, ce fut le dernier. Les souverains ne furent plus assez unis pour pratiquer le système Metternich, mais pendant quarante ans la carte d'Europe resta à peu près telle que l'avait dessinée le congrès de Vienne, pendant quarante ans il n'y eut *pas de grande guerre* en Europe.

QUESTIONS D'EXAMEN. — **1.** Comment fut formée la coalition de 1813 et de quels peuples se composait-elle ? — **2.** Quel fut le résultat de la coalition ? — **3.** Racontez l'invasion de 1814. — **4.** Comment se termina l'invasion ? — **5.** Qu'est-ce que le congrès de Vienne ? — **6.** Comment procéda-t-il ? — **7.** Exposez l'œuvre du congrès. — **8.** Quelle fut la situation de la France ? — **9.** Que devinrent les pays du Rhin, la Belgique ? — **10.** l'Allemagne ? — **11.** la Norvège, le duché de Varsovie ? — **12.** Qu'est-ce que la Restauration ? — **13.** Indiquez les partis qui se formèrent dans les États d'Europe. — **14.** En quoi consista la Sainte-Alliance ? — **15.** Qu'appelle-t-on le système Metternich ? — **16.** Combien y eut-il de congrès ? — **17.** Quel fut le résultat du système Metternich ?

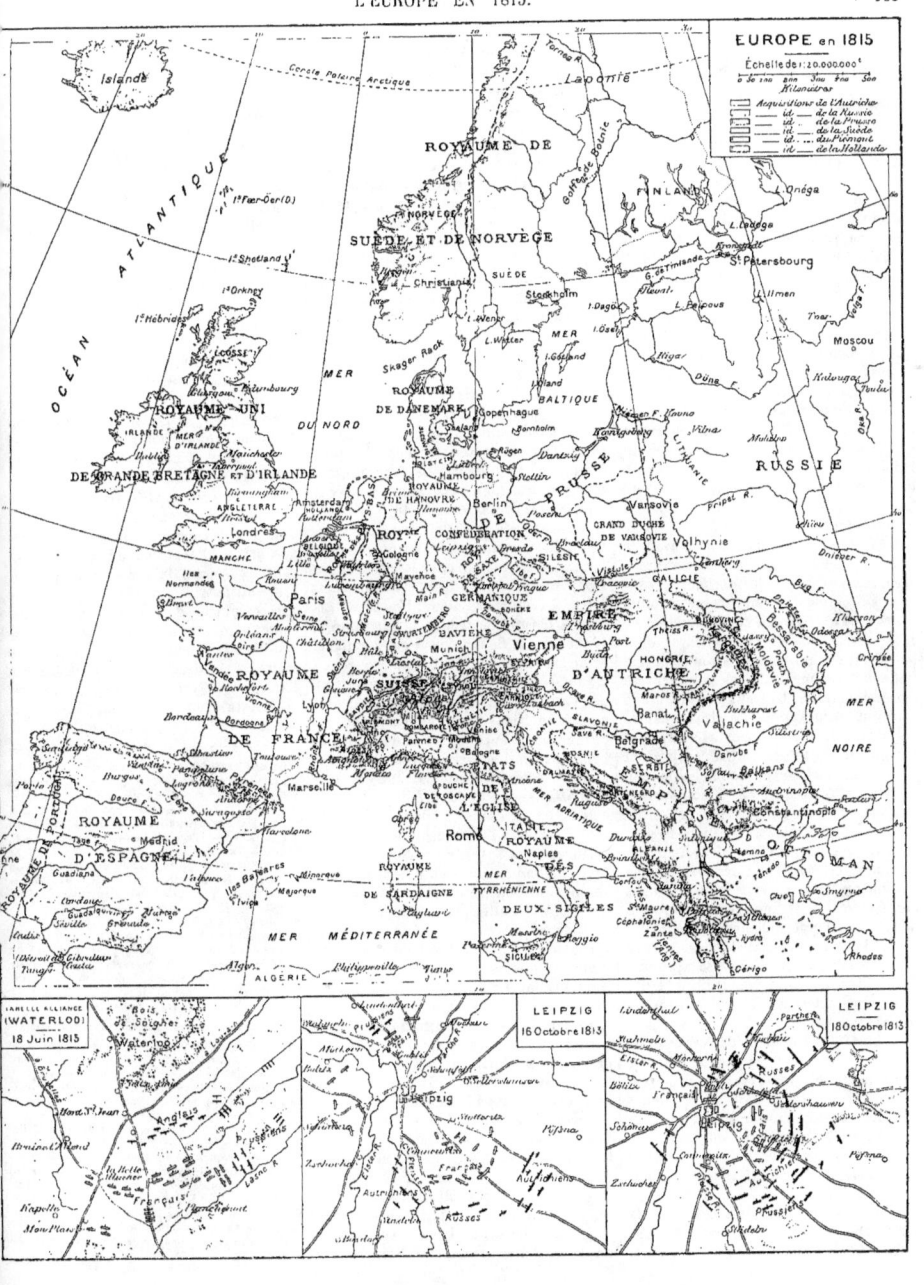

TRENTE-NEUVIÈME LEÇON

L'ITALIE DE 1815 A 1870

382. L'Italie en 1815. — Le royaume d'Italie, fondé par Napoléon, le suivit dans sa chute. Le congrès de Vienne *restaura* la plupart des États qu'avait détruits la Révolution française :

Au sud le **royaume des Deux-Siciles**; au centre les **États de l'Église** et le grand duché de **Toscane**; au nord le **royaume de Sardaigne** et les duchés de **Parme** et de **Modène**. Seules les deux républiques de Gênes et de Venise ne furent pas rétablies; le territoire de **Gênes** fut donné au roi de Sardaigne; la **Vénétie** à l'Autriche, qui la réunit au Milanais son ancienne possession pour former le **royaume lombard-vénitien**.

Partout furent abolies les institutions introduites par les Français; partout régna de nouveau le privilège, l'inégalité devant la loi, le gouvernement de la cour. Le roi de Sardaigne songea même à détruire la route de la Corniche (de Nice à Gênes) comme étant l'œuvre des Français.

L'Italie se trouva donc, comme avant la Révolution, morcelée entre plusieurs États, occupée en partie par des **étrangers** et soumise au régime de la **monarchie absolue**.

383. Agitations nationales. — Les **patriotes** italiens voyaient avec douleur l'état de leur pays; ils voulaient une Italie unie en une seule nation, et délivrée des étrangers. Les **libéraux** désiraient une constitution qui garantît les citoyens contre l'arbitraire du gouvernement. Ils s'unirent et commencèrent dès 1815 à conspirer et à s'agiter; ils avaient fondé la société secrète des *Carbonari*, qui tenait ses réunions la nuit dans les bois. Les gouvernements répondirent à ces agitations en persécutant les libéraux, en interdisant les journaux et les livres; les Autrichiens enfermèrent les patriotes lombards dans des forteresses. Le plus célèbre de ces martyrs de l'indépendance italienne fut Silvio Pellico, qui écrivit sous le titre de « *Mes Prisons* », le récit de sa captivité. Cette situation dura de 1815 à 1860. Durant cet intervalle il y eut *trois insurrections* :

1° En 1820 les libéraux de Naples et de Sardaigne forcèrent les rois à accorder une constitution; mais ceux-ci appelèrent à leur secours les armées autrichiennes qui rétablirent le pouvoir absolu (1821).

2° En 1830 les libéraux du centre de l'Italie se soulevèrent à l'exemple de la France et furent soumis encore une fois par l'Autriche.

3° En 1848 toute l'Italie s'insurgea à la fois : Venise et Rome s'érigèrent en républiques; Milan chassa les Autrichiens, et le roi de Sardaigne prêta main-forte aux Milanais. Mais les Autrichiens vainqueurs de Charles-Albert et de l'armée sarde à Novare (1849) reprirent la **Lombardie**, forcèrent Venise à capituler et rétablirent les choses comme avant l'insurrection.

384. Le royaume de Sardaigne. — De tous les États d'Italie le mieux gouverné était alors le **royaume de Sardaigne**. Son roi Charles-Albert avait adopté en 1848 le régime constitutionnel. Victor-Emmanuel II, successeur de Charles-Albert, conseillé par le premier ministre Cavour, favorisa les patriotes qui réclamaient l'**unité de l'Italie**. Il conquit ainsi de chauds partisans dans toute la péninsule et l'*association nationale* seconda sa politique. Mais l'Autriche tenait à conserver son royaume lombard-vénitien et *rendait l'unité de l'Italie impossible*.

385. Guerre d'Italie. — Ni le roi de Sardaigne ni les patriotes n'étaient assez forts pour chasser l'armée autrichienne de Lombardie. **La France vint à leur secours**. L'Autriche ayant déclaré la guerre au roi de Sardaigne (1859), l'armée française passa en Italie, et après les victoires de Magenta et de Solferino, repoussa l'armée autrichienne dans le *quadrilatère*, camp retranché formé par les quatre places fortes de Vérone, Mantoue, Peschiera, Legnago. L'Autriche céda la **Lombardie** à la France qui la donna au roi de Sardaigne, et ne garda que la Vénétie. La France, en récompense de son aide, reçut à la paix de Villafranca (1860), la **Savoie** et le **comté de Nice** dont l'annexion ne fut prononcée qu'après le **consentement des habitants** exprimé par un vote régulier.

386. Fondation du royaume d'Italie. — Après la défaite des Autrichiens, les partisans de l'unité se soulevèrent dans toute l'Italie centrale, à **Parme**, à **Modène**, en **Toscane**, en **Romagne**; ils proclamèrent la déchéance de leurs souverains et installèrent des gouvernements provisoires dont le premier soin fut d'annexer leurs pays au royaume de Sardaigne. Un patriote italien, Garibaldi, suivi de *mille* volontaires souleva la **Sicile**, puis **Naples**, dont il chassa le roi François II. Victor-Emmanuel acheva la conquête et entra en possession du **royaume des Deux-Siciles**. Devenu seul prince des Alpes et de l'Adige à la Sicile et à l'Adriatique, il se fit proclamer **roi d'Italie** (1861) et établit sa capitale à **Florence**.

Pendant ce temps, les volontaires de Garibaldi avaient essayé de s'emparer de Rome. Mais les grands États catholiques d'Europe tenant à conserver au chef de la chrétienté un **pouvoir temporel** qui le rendît indépendant du roi d'Italie, avaient exigé qu'on laissât au Pape le **patrimoine de saint Pierre**, c'est-à-dire Rome et les environs. Une petite armée française en *garnison à Rome* tenait en respect les Italiens.

387. Agrandissements du royaume d'Italie. — L'unité de l'Italie n'était pas complète : la Vénétie restait aux Autrichiens, Rome au Pape. En 1866 les Italiens profitèrent de la guerre entre l'Autriche et la Prusse pour s'allier à la Prusse et entrer en Vénétie; leur armée fut battue à Custozza, pendant que leur flotte était détruite dans l'Adriatique par la flotte autrichienne. Mais l'Autriche vaincue par la Prusse, céda la **Vénétie** à Napoléon III qui la donna à l'Italie. En 1870 les Italiens profitèrent de la guerre entre la France et la Prusse pour entrer à Rome, dès que la garnison française eut été rappelée. Le patrimoine de saint Pierre fut annexé à l'Italie et le gouvernement se transporta à **Rome** qui devint la **capitale du royaume**; le Pape dépouillé de ses États se retira dans son palais du Vatican.

388. Réclamations des Italiens. — L'unité italienne, que les patriotes osaient à peine espérer, a été faite en once ans, grâce à l'appui de la France. Cependant beaucoup d'Italiens ne sont pas encore satisfaits; ils disent que l'unité ne sera complète que lorsque le royaume comprendra tous les pays *où l'on parle italien*. Ils voudraient enlever à l'Angleterre **Malte**, à la France la **Corse** et Nice, à l'Autriche le **Tyrol italien** et le grand port de **Trieste**. C'est ce qu'ils appellent l'*Italia irredenta* (l'Italie non rachetée).

QUESTIONS D'EXAMEN. — **1.** Comment l'Italie fut-elle organisée en 1815 ? — **2.** Que firent les souverains restaurés ? — **3.** En quel état se trouva l'Italie ? — **4.** Parlez des agitations en Italie. — **5.** Que réclamaient les libéraux ? — **6.** Que demandaient les libéraux ? — **7.** Qu'appelait-on *Carbonari* ? — **8.** Combien d'années dura l'agitation ? — **9.** Exposez les soulèvements qui se produisirent pendant cette période. — **10.** Racontez l'insurrection de 1848. — **11.** Comment était gouverné le royaume de Sardaigne ? — **12.** Comment profita-t-il de l'agitation nationale ? — **13.** Racontez la guerre d'Italie. — **14.** Quels résultats eut-elle ? — **15.** Comment fut fondé le royaume d'Italie ? Comment se composa-t-il ? — **16.** Comment le Pape conserva-t-il son pouvoir temporel ? — **17.** Comment s'acheva l'unité de l'Italie ? — **18.** Que devint la ville de Rome ? — **19.** Qu'appelle-t-on *Italia irredenta* ?

QUESTIONS D'EXAMEN de la trente-septième leçon (V. page 102). — **1.** Comment fut fondé l'Empire français ? — **2.** Quel pouvoir avait Napoléon ? — **3.** Quels furent les rapports de Napoléon avec l'Angleterre ? — **4.** Qu'est-ce que la paix d'Amiens ? — **5.** Combien y eut-il de coalitions contre Napoléon ? — **6.** Racontez la guerre de 1805. — **7.** Celle de 1806. — **8.** Celle de 1809. — **9.** Que fit Napoléon en Allemagne ? — **10.** En quoi consista la réorganisation de l'Allemagne ? — **11.** Exposez le système des royaumes fondés par Napoléon. — **12.** Énumérez-les. — **13.** Indiquez les pays annexés à la France. — **14.** Combien l'Empire eut-il de départements ? — **15.** Qu'est-ce que le blocus continental ? — **16.** Racontez la campagne de Russie. — **17.** Comment se termina-t-elle ?

L'ITALIE DE 1815 A 1870.

QUARANTIÈME LEÇON

L'ALLEMAGNE DE 1815 A 1871

389. La Confédération germanique. — Le congrès de Vienne (1814-1815), ne rétablit pas la vieille organisation de l'Allemagne détruite par Napoléon; il ne releva ni les États ecclésiastiques, ni les villes libres, ni les seigneuries. Il se contenta de restaurer 35 **États** parmi lesquels 4 villes libres seulement. Il ne rétablit pas non plus l'ancien Empire d'Allemagne; il organisa une **Confédération germanique** sans empereur, mais avec une *Diète* où chaque État était représenté. La plupart des États n'étaient que de petites principautés; les seuls importants, outre la **Prusse** et l'**Autriche**, étaient les royaumes de **Bavière**, de **Wurtemberg**, de **Hanovre**, de **Saxe** et le grand-duché de **Bade**. La Confédération ne formait pas une nation, la Diète n'était qu'un *congrès de diplomates* envoyés par les princes pour représenter leurs intérêts. Chaque souverain gardait son indépendance, ce qui rendait presque impossible une action commune. Presque tous ces États étaient des *monarchies absolues* où les ministres gouvernaient arbitrairement. L'Allemagne était donc morcelée et soumise à un régime despotique.

390. Les agitations nationales. — Il s'était formé un parti qui réclamait deux choses : l'unité de la nation allemande et un régime constitutionnel. Ce parti se composait surtout de professeurs et d'*étudiants des universités*. Les souverains étaient à la fois hostiles à l'unité nationale et à toute constitution.

Ce qui rendait l'unité impossible, c'était la rivalité entre les deux grands souverains, l'empereur d'**Autriche** et le roi de **Prusse**, qui prétendaient l'un et l'autre diriger l'Allemagne. L'Autriche catholique dominait dans le sud, la Prusse protestante dans le nord. Le gouvernement prussien n'était *pas plus libéral* que celui de l'Autriche; il interdisait les journaux et emprisonnait les étudiants soupçonnés d'opinions contraires au régime établi. Cependant un premier pas fut fait vers l'unité. Les États s'entendirent pour former une *Union douanière* (Zollverein); ils supprimèrent les douanes entre États et établirent à la frontière de l'Allemagne une douane unique, dont ils se partageaient le produit.

391. Le Parlement de 1848. — La Révolution de 1848 encouragea les libéraux d'Allemagne. Ils se soulevèrent et forcèrent les princes à *accorder des constitutions*. Puis ils résolurent de rétablir l'ancien empire. Ils appelèrent les habitants de tous les pays allemands, y compris l'**Autriche**, à élire des représentants. Les députés, nommés au suffrage universel formèrent le **Parlement de Francfort** et proclamèrent l'**Empire d'Allemagne**. Ils allaient réaliser l'unité de l'Allemagne sous forme d'un empire **pacifique et libéral**. Mais cette organisation déplut aux souverains allemands qui s'efforcèrent de décourager et d'effrayer le Parlement. L'empereur d'Autriche ordonna aux députés autrichiens de revenir; le roi de Prusse refusa la couronne d'empereur, puis il envoya une armée disperser le Parlement (1849) et *fusiller les libéraux* de Bade. L'Allemagne retombait dans le régime despotique et les discordes entre États.

392. Conquêtes de la Prusse. — Parmi les États de la Confédération germanique étaient les duchés de **Sleswig** et de **Holstein** peuplés en partie d'Allemands, mais qui avaient pour duc le **roi de Danemark**. A la suite de conflits entre les deux races, le roi de Danemark voulut détacher les duchés de la Confédération (1863). La Prusse, l'Autriche et les États allemands s'y opposèrent, envoyèrent une armée qui chassa les Danois et les força à céder le Sleswig et le Holstein. Mais la Prusse et l'Autriche au lieu de laisser ces pays indépendants, se les adjugèrent à elles-mêmes (1864). Restait à les partager : sur ce point, impossible de s'entendre. Le roi de Prusse dirigé par M. de Bismarck, se retira de la Confédération et déclara la guerre à l'Autriche. Tous les **États de l'Allemagne prirent parti contre la Prusse**. Mais la Prusse eut pour alliée l'Italie qui attira sur elle une partie des forces de l'Autriche; l'armée prussienne, munie *des fusils à aiguille* qu'on venait d'inventer, battit l'armée autrichienne en Bohême à **Sadowa** (1866). L'Autriche vaincue reconnut par le traité de Prague que la Confédération était dissoute. Les Prussiens restés maîtres de l'Allemagne s'annexèrent tous les pays à leur convenance, le duché de **Nassau**, la **Hesse**, le **Hanovre**, la ville de **Francfort**, **sans consulter les habitants** et malgré leur volonté.

393. Formation de l'Empire d'Allemagne. — Les autres États de l'Allemagne du Nord furent réunis en *Confédération du Nord sous la direction du roi de Prusse*. Les quatre États du sud, Bavière, Wurtemberg, Bade, Hesse-Darmstadt, formèrent la *Confédération du Sud*, qui devait mettre ses troupes *au service du roi de Prusse* en cas de guerre. On créa un Parlement général, le *Reichstag*, formé de députés élus au suffrage universel par tous les pays des deux Confédérations; il tenait ses séances à Berlin.

Quand le gouvernement français, en 1870, déclara la guerre à la Prusse, les États du sud, qui commençaient à se séparer de la Prusse, se rapprochèrent d'elle et les deux Confédérations marchèrent ensemble contre la France. Pendant le siège de Paris le roi de Prusse, Guillaume, qui s'était logé dans le château de Versailles, réunit les autres princes allemands et le 13 janvier 1871 se fit proclamer empereur **d'Allemagne**, M. de Bismarck fut nommé *chancelier de l'empire*. Ainsi l'**unité de l'Allemagne** a été faite par le roi de Prusse **mais à son profit** et par la force. Les Allemands sont unis en un seul État; mais c'est un État *militaire* et *despotique*; le Parlement est impuissant contre l'empereur appuyé sur l'*armée prussienne*.

L'unité ne s'est pas faite comme la désiraient les patriotes allemands. La Prusse a laissé en dehors de l'empire 8 millions d'*Allemands d'Autriche*. Elle y a fait entrer de force 1 500 000 *Polonais* sujets du roi de Prusse, 100 000 *Danois* du Sleswig et 1 500 000 *Français* d'Alsace-Lorraine, qui ne sont pas Allemands et qui ne veulent pas le devenir. Ces pays annexés malgré eux envoient au Reichstag des députés chargés de revendiquer leur indépendance violée; mais la Prusse ne tient aucun compte de leurs revendications.

394. L'Alsace-Lorraine. — Par le **traité de Francfort** imposé à la France après la capitulation de Paris, l'Empire d'Allemagne nous a pris l'**Alsace** excepté Belfort, presque tout le département de la Moselle et une partie du département de la Meurthe. Il en a formé l'**Alsace-Lorraine** qui est appelée *pays d'Empire*, mais est gouvernée despotiquement par des *fonctionnaires envoyés de Prusse* et occupée par des *soldats prussiens*. Les Alsaciens-Lorrains arrachés à la France, étaient les plus dévoués de ses enfants; la Prusse les a annexés non seulement sans les consulter, mais **contre leur volonté formelle**. On ne leur a laissé que le droit *d'opter* pour la nationalité française, mais en menaçant d'expulser de leur pays ceux qui opteraient. 250 000 Alsaciens-Lorrains ont opté et *se sont expatriés* pour rester Français; les jeunes gens ne voulaient pas servir dans l'armée allemande. Ceux qui restent dans le pays n'ont cessé d'élire pour le Reichstag des députés chargés de protester contre le gouvernement prussien qui interdit le français dans les écoles et les tribunaux et tyrannise la population.

QUESTIONS D'EXAMEN. — **1.** Comment le congrès de Vienne régla-t-il l'état de l'Allemagne ? — **2.** Quel fut le principe de la Confédération germanique ? — **3.** Comment était formé le parti national ? — **4.** Que réclamait-il ? — **5.** Quels étaient les obstacles à l'unité ? — **6.** Qu'est-ce que le Zollverein ? — **7.** Qu'est-ce que le Parlement de Francfort ? — **8.** Que fit-il ? — **9.** Racontez l'affaire du Sleswig-Holstein. — **10.** Racontez la guerre de 1866. — **11.** Indiquez les conquêtes de la Prusse. — **12.** Comment est né l'Empire d'Allemagne ? — **13.** Quel est le caractère de cet empire ? — **14.** Dans quelle mesure réalise-t-il l'unité de l'Allemagne ? — **15.** Qu'est-ce que l'Alsace-Lorraine ? — **16.** Quelle attitude ont pris les Alsaciens-Lorrains ?

L'ALLEMAGNE DE 1815 A 1871.

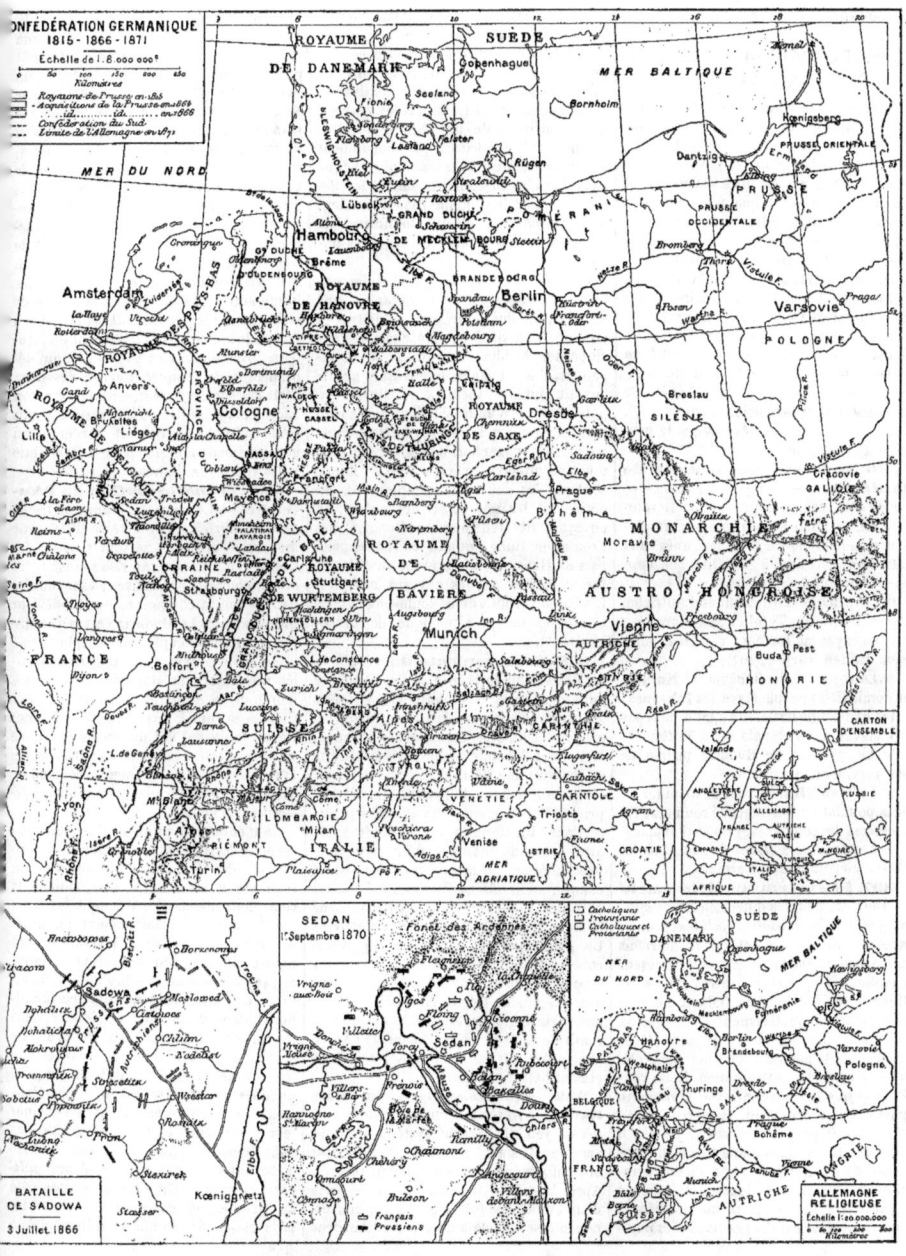

QUARANTE ET UNIÈME LEÇON

L'EMPIRE D'AUTRICHE DE 1815 A 1878

395. L'Autriche en 1815. — L'Autriche avait décidé le succès des coalisés en s'unissant à eux contre Napoléon 1er, elle fut après la victoire la *puissance dirigeante* de l'Europe. Ce fut à Vienne que se réunit le Congrès, et que fut organisé le système d'alliance entre les souverains.

L'Autriche recouvra tout ce que Napoléon lui avait enlevé, elle garda l'**archevêché de Salzbourg** qu'elle avait reçu en 1806 en échange de ses domaines isolés dans l'ouest de l'Allemagne. Elle reprit le Milanais et garda toutes les possessions de Venise qu'elle avait reçues en 1797 en échange de la Belgique. Elle fit du Milanais (carte p. 107) réuni à la Vénétie le **royaume lombard-vénitien** (carte p. 107), et de la côte est de l'Adriatique la province de **Dalmatie**.

396. Diversité des peuples de l'Autriche. — L'empire d'Autriche se trouva plus compact qu'avant la Révolution. Mais il était encore composé de plusieurs *nations étrangères* les unes aux autres qui n'avaient d'autre lien que d'*appartenir à un même souverain :*

1º Les **provinces allemandes** d'Autriche, Styrie, Carinthie, Tyrol et Salzbourg.

2º Le **royaume lombard-vénitien**, purement **Italien** (carte p. 107);

3º Le royaume de **Bohême et Moravie** où dominait un peuple **slave, les Tchèques**;

4º Le royaume de **Galicie** habité aussi par des **slaves, les Polonais** et les **Ruthènes**;

5º Le royaume de **Hongrie** peuplé de **Magyars**, d'origine finnoise.

6º La **Transylvanie**, pays de montagnes, où la population, en majorité **roumaine** est soumise à des colons magyars et allemands;

7º Les provinces **slaves** du sud, Croatie, Esclavonie, Dalmatie, Carniole.

397. Le système de Metternich. — Tous ces peuples différaient *de langue, de mœurs, d'organisation politique;* quelques-uns même avaient formé autrefois des *royaumes indépendants* et l'empereur continuait à porter les titres de roi de Hongrie, de Bohême, de Galicie. Le premier ministre **Metternich**, qui gouverna l'Autriche pendant quarante ans (1809-1848), était partisan de la *monarchie absolue* et de la *centralisation*. Il ne voulait pas que les sujets prissent la moindre part au gouvernement, sa devise était : *tout pour le peuple, rien par le peuple.* Il refusait toute autonomie* aux diverses races de l'Empire. Il régla l'administration de façon que toutes les affaires aboutissent aux *bureaux du ministère* et fussent réglées par *des fonctionnaires impériaux*. Les habitants n'étaient pas consultés, on laissa passer treize ans sans réunir les *États*, c'est-à-dire l'assemblée des représentants de la Hongrie, vingt-trois ans sans convoquer ceux de la Transylvanie.

— Ce régime irritait à la fois les *libéraux* qui auraient voulu un régime constitutionnel et les *patriotes* qui souhaitaient un gouvernement national pour chaque pays. Les plus mécontents étaient *les Italiens* qui n'avaient même pas un semblant de représentation et qui souffraient de la présence des soldats et des fonctionnaires allemands.

Pour surveiller les libéraux et les patriotes, Metternich avait organisé une *police secrète* qui décachetait les lettres et espionnait la vie privée de chacun. Pour empêcher les idées de révolte de se répandre, il avait établi une *censure* qui ne laissait publier aucun écrit libéral ou patriotique, et n'autorisait l'entrée d'aucun journal étranger. Les sujets autrichiens ne pouvaient voyager hors de l'empire qu'avec une permission spéciale. Pour mieux contenir les différents peuples, on les employait les uns contre les autres; on envoyait des Tchèques en Hongrie, des Croates en Italie; quand les nobles polonais de Galicie se soulevèrent en 1846, ils furent arrêtés par les paysans ruthènes. L'Autriche profita de ce soulèvement pour s'emparer de la république de Cracovie (1847).

398. Soulèvements de 1848. — La Révolution de 1848 ébranla l'Autriche entière. Toutes les nations opprimées s'insurgèrent pour *réclamer un gouvernement national*. Une émeute éclata à Vienne, Metternich fut obligé de prendre sa retraite et son système s'écroula.

Le soulèvement de Bohême fut vite réprimé. Mais il y eut deux grandes insurrections. En Hongrie les insurgés après avoir obtenu une assemblée nationale, proclamèrent la *République hongroise* et conquirent la Transylvanie. En Italie les patriotes repoussèrent les Allemands de Milan et de Venise dans le *quadrilatère*. — Le gouvernement autrichien fit appel contre les Hongrois d'abord à ses sujets *Croates* qui les empêchèrent d'arriver sur Vienne, puis au *tzar de Russie*. Ce fut une *armée russe* qui envahit la Hongrie et la remit de force sous le pouvoir de l'Autriche (1849). En même temps les Italiens étaient battus et soumis.

399. Établissement du dualisme*. — Après la soumission des insurgés on rétablit l'ancien système de gouvernement. Mais les *défaites de l'Autriche* ont enfin ruiné ce régime définitivement. Après la défaite de Solférino et la perte de la Lombardie (carte p. 107), le gouvernement se décida à accorder à l'Autriche une constitution libérale (1866). Après la défaite de Sadowa qui enleva à l'Autriche toute influence en Allemagne, il fallut rendre aux Hongrois leur indépendance. On s'entendit (1867) pour partager l'empire en deux États et créer une *monarchie double* : le royaume de Hongrie fut rétabli tel qu'il avait au Moyen âge avec ses deux grandes annexes, royaume de Transylvanie et royaume de Croatie, formant ensemble 16 millions d'âmes; l'Autriche qui n'avait plus de provinces en Italie garda les provinces allemandes, les royaumes de Bohême et de Galicie, la Carniole et la Dalmatie, en tout 22 millions d'âmes. On prit pour limite entre les deux parties la rivière de la Leitha : on appelle *cisleithans* les pays à l'ouest de la Leitha qui dépendent de l'*Autriche*, *transleithans* les pays à l'est qui dépendent *de la Hongrie*. Chacun des deux États eut son *Parlement*, son *ministère*, son *budget*. Mais les deux États restèrent unis sous *un seul souverain* et gardèrent un gouvernement commun pour la diplomatie et les affaires militaires.

400. Transformation de l'Autriche. — Ce nouveau régime *a transformé l'Autriche*. Elle a cessé d'être une monarchie absolue; partout ce sont les *Chambres qui gouvernent*. Elle a cessé d'être une monarchie centralisée; chacune des nations qui la composent tend à devenir indépendante. La Hongrie l'est déjà complètement; les peuples slaves, plus nombreux mais coupés en deux tronçons isolés que sépare la Hongrie, réclament à leur tour le droit de se gouverner. Les Croates se sont à peu près affranchis des Hongrois, on fait du croate la langue officielle. Les Tchèques de Bohême sont en lutte avec le gouvernement allemand de Vienne. L'Empire tend à devenir une *confédération de nations*.

Ce mouvement national *a diminué l'importance des Allemands* et amoindris bientôt celle des Hongrois. Lorsque tout était réglé par la cour de Vienne, comme la cour était allemande, c'étaient les Allemands qui gouvernaient tout l'Empire. A mesure que chaque peuple devient maître chez soi, son importance relative se proportionne au nombre de ses membres. Les **Allemands** ne sont que 10 millions (dont 2 millions disséminés dans les provinces slaves), les **Hongrois** ne sont que 6 millions. Les **Slaves**, au nombre de 17 millions, ont été jusqu'ici dominés par les Allemands et les Hongrois. Mais ils commencent à réclamer leur autonomie* et leur part d'influence dans l'Empire. L'Autriche a cessé en 1866 d'être une *puissance italienne* et une *puissance allemande*. Elle s'est tournée du côté du Danube où elle vient d'occuper les pays slaves de Bosnie et d'Herzégovine

L'EMPIRE D'AUTRICHE DE 1815 A 1878.

1878), elle convoite la possession de la route commerciale qui aboutit à Salonique (carte, p. 113), elle est en voie de devenir une puissance slave.

QUESTIONS D'EXAMEN. — 1. Dans quelle situation se trouvait l'Autriche en 1815? — 2. Quels sont les pays qui faisaient partie de l'Empire d'Autriche? — 3. A quelles races appartenaient les peuples qui les habitaient? — 4. En quoi consista le système de Metternich? — 5. A qui appartenait le Tyrol? — 6. Quelle était la situation politique des peuples d'Autriche? — 7. Par quels procédés le gouvernement autrichien maintenait-il son autorité? — 8. Racontez les événements de 1848 dans l'Empire d'Autriche. — 9. Que firent les Hongrois? — 10. Et les Italiens? — 11. Quelle transformation s'est opérée depuis en Autriche? — 12. Par quelles causes? — 13. En quoi consiste le dualisme? — 14. Qu'appelle-t-on pays cisleithans et transleithans? — 15. Comment est aujourd'hui organisée l'Autriche? — 16. Quelle transformation nouvelle peut-on prévoir? — 17. Quelle conséquence a eu cette transformation sur l'influence des Allemands en Autriche? — 18. Quel caractère nouveau commence à prendre l'Autriche?

QUARANTE-DEUXIÈME LEÇON

LA TURQUIE DE 1815 A 1882

401. L'Empire turc en 1815. — L'Empire turc, malgré ses pertes du xviiie siècle, était encore, en 1815, un des grands États de l'Europe. Il comprenait toute la **péninsule des Balkans** au sud-ouest du Dniester (la Turquie d'Europe), l'**Asie Mineure** et la **Syrie**. Mais ce vaste État ne formait pas un corps solide. Il était composé de *plusieurs petites nations chrétiennes* soumises depuis le xve siècle : au nord du Danube, un peuple roman, les **Roumains**; au sud du Danube deux peuples slaves, les **Serbes** et les **Bulgares**; dans les montagnes du sud les **Albanais** et les **Grecs**. Tous ces peuples **restés chrétiens** avaient conservé leurs prêtres et leur langue et ne subissaient qu'avec peine la domination des Turcs musulmans. La force seule les maintenait dans l'obéissance. Mais l'armée qui avait fait la force du sultan était en décadence; les janissaires* étaient devenus si indisciplinés qu'en 1826 le sultan dut les supprimer; les pachas se révoltaient, le trésor était vide.

L'Empire turc ainsi affaibli a été attaqué à la fois *par deux ennemis*, les petits *peuples chrétiens* soulevés pour reprendre leur indépendance, l'*empire de Russie* en quête d'agrandissements vers le sud.

402. Formation de la Serbie et de la Grèce. — Le peuple serbe s'est soulevé le premier, en 1804; les bergers qui faisaient paître leurs troupeaux de porcs dans les grandes forêts de chênes, ont pris les armes et chassé les Turcs (1817). Bientôt se forma une principauté (1830) érigée plus tard en **royaume de Serbie** avec Belgrade pour capitale.

La **Grèce** insurgée en 1821 se vit d'abord ravagée par des bandes de brigands féroces au service de la Turquie et ils auraient été écrasés malgré leur défense héroïque si les libéraux français et anglais n'avaient obtenu que leurs gouvernements vinssent à son secours. La France et l'Angleterre s'allièrent donc à la Russie contre les Turcs; les flottes des trois puissances détruisirent la flotte turque à Navarin (1827), l'armée russe franchit le Danube. Le sultan reconnut l'indépendance des Grecs (1829) qui formèrent le **royaume de Grèce**, avec Athènes pour capitale (1832).

403. Question d'Orient. — Ces soulèvements révélèrent la faiblesse du sultan. L'Empire turc est un *homme malade*, disait Nicolas, tzar de Russie. Si « l'homme malade » mourait, que deviendraient ses dépouilles ? A qui reviendrait **Constantinople**, le plus grand port d'Orient? Telle était la question qu'on appelait **question d'Orient**. Elle intéressait tous les États de l'Europe, mais surtout la **Russie** et l'**Angleterre** : la Russie avait intérêt à *détruire* l'Empire turc pour prendre Constantinople et dominer dans la mer Noire et l'Archipel; l'Angleterre avait intérêt à le *conserver* pour empêcher les Russes de lui faire concurrence en Asie. Cette question d'Orient s'est posée trois fois.

1º En 1833. Le vice-roi d'Égypte, Méhémet-Ali, avait conquis la Syrie et envahi l'Asie Mineure. Les Russes, saisissant ce prétexte, envoyèrent une armée et une flotte au secours de la Turquie. Les puissances inquiètes pour la paix décidèrent le sultan à céder la Syrie à Méhémet-Ali, mais le tzar était parvenu à *imposer sa protection* à l'Empire ottoman.

2º En 1839. Le sultan ayant essayé de reprendre la Syrie à Méhémet-Ali fut encore battu; sa flotte fut détruite et l'Asie Mineure envahie de nouveau par l'armée égyptienne. Mais la Russie et l'Angleterre qui ne voulaient pas d'un empire égyptien puissant, s'unirent à la Prusse et à l'Autriche contre Méhémet-Ali; la France, qui aurait désiré le soutenir, redoutant une guerre, céda. L'Angleterre força Méhémet à rendre la Syrie au sultan et les États d'Europe signèrent la *convention des détroits*, qui défendait aux navires de guerre de toutes les nations de traverser les détroits des Dardanelles.

3º En 1853. Le tzar de Russie, Nicolas, ayant envoyé son armée envahir la Turquie et sa flotte bombarder les villes turques de la mer Noire, l'Angleterre et la France s'allièrent pour défendre la Turquie. La guerre se décida **en Crimée**, où l'armée alliée vint assiéger le grand arsenal de la mer Noire, **Sébastopol**, et le prit après un siège de 336 jours (1855). Nicolas mourut ; son successeur Alexandre II demanda la paix. Elle fut signée au *Congrès de Paris* 1856. La Russie s'engagea à ne plus avoir de vaisseaux de guerre sur la mer Noire. Mais on enleva au sultan deux pays chrétiens, la Moldavie et la Valachie, qui se réunirent pour former le **royaume de Roumanie** avec Bukharest pour capitale.

404. Guerre de 1877. — Le traité de Paris n'eut pas un long effet : une flotte russe ne tarda pas à reparaître sur la mer Noire. D'autre part les chrétiens de l'Herzégovine s'étant insurgés contre le sultan, les Serbes en profitèrent pour l'attaquer (1877). Ils étaient battus, perdus, quand survint une armée *russe* : unie à l'armée *roumaine* elle envahit la Turquie; la guerre fut sanglante, mais après la prise de Plewna, les Russes marchèrent sur Constantinople et forcèrent le sultan à signer le traité de San Stefano. L'Angleterre et l'Allemagne intervinrent pour arrêter la Russie et le *Congrès de Berlin* (1878), régla les conditions de la paix.

405. Démembrement de l'Empire turc. — La paix de Berlin a consacré la ruine *de l'empire turc*. Les États chrétiens indépendants, Serbie, Roumanie, Monténégro, Grèce, ont reçu des territoires enlevés à l'Empire; le principal est la **Thessalie** donnée à la Grèce. — L'Autriche a reçu en garde la **Bosnie** et l'**Herzégovine**, habitées par des *Slaves* dont un grand nombre sont *musulmans*. L'Angleterre s'est fait donner l'île de **Chypre**. La **Bulgarie** a été érigée en principauté tributaire* avec Sofia pour capitale. La Roumélie qui en avait été détachée par le traité de Berlin, s'est soulevée et s'est jointe à la Bulgarie (1885).

La Russie n'a pris que les places fortes de Kars et Batoum en Asie Mineure et elle a forcé la Roumanie à lui céder la **Bessarabie** en échange de la Dobroudcha enlevée aux Turcs. Elle attend patiemment la ruine de l'Empire. Le sultan ne possède plus en Europe que l'île de Crète toujours en insurrection, la Macédoine, l'Épire, et la province de Constantinople.

406. L'Égypte. — L'Égypte, conquise par l'armée française en 1798, puis reprise par le sultan, avec l'aide des Anglais, est devenue avec le pacha **Méhémet-Ali** (1808) un royaume indépendant dont le souverain a pris le titre de *khédive*. L'ouverture du **canal de Suez** ayant attiré à Alexandrie et au Caire beaucoup de commerçants européens, comme ils ne pouvaient obtenir justice des juges musulmans, le khédive consentit à la création de tribunaux composés de *juges européens*. Il appela aussi de France et d'Angleterre des *officiers* pour organiser son armée, des *ministres* pour mettre ordre à ses finances. Depuis lors l'Égypte est en partie *gouvernée par des Européens*.

Quand l'armée égyptienne s'est révoltée contre le khédive, les Anglais ont bombardé Alexandrie et leur armée *a occupé* l'Égypte (1882). La France a laissé faire l'Angleterre, bien que le canal de Suez soit l'œuvre d'un Français et que les Français établis en Égypte soient plus nombreux et plus influents que les autres étrangers ; mais elle a obtenu la neutralisation du Canal (1887).

QUESTIONS D'EXAMEN. — **1.** Quelle était l'étendue de l'Empire turc en 1815? — **2.** Comment était-il organisé? — **3.** Indiquez les peuples soumis au sultan. — **4.** Quels étaient les ennemis naturels de l'Empire turc? — **5.** Racontez la formation de la Serbie. — **6.** La formation de la Grèce. — **7.** Qu'entendait-on par question d'Orient? — **8.** Quels États intéressait-elle? — **9.** A quelles occasions s'est-elle posée? — **10.** Exposez la guerre de Crimée. — **11.** Comment se termina-t-elle? — **12.** Que décida le Congrès de Paris? — **13.** Racontez la guerre de 1877. — **14.** Exposez les conditions de la paix de Berlin. — **15.** Comment l'Égypte est-elle devenue un État? — **16.** Quels ont été les rapports de l'Égypte avec les Européens?

LA TURQUIE DE 1815 A 1882.

QUARANTE-TROISIÈME LEÇON.

L'EXTRÊME-ORIENT

407. L'Extrême-Orient. — On appelle **Extrême-Orient** les pays de l'Asie orientale, par opposition à l'Orient, qui désigne la Turquie et l'Asie Mineure. — L'Extrême-Orient était *civilisé longtemps avant l'Europe*, mais il avait toujours vécu à part du reste du monde; il ne communiquait avec l'Occident que par des caravanes du Turkestan et de la Perse (carte p. 121) qui traversaient les déserts de l'Asie centrale pour apporter les soies et les porcelaines de Chine. Depuis le XVIIe siècle, la Chine avait reçu quelques missionnaires chrétiens et quelques marchands. Mais ce n'est qu'au XIXe siècle que l'Extrême-Orient est entré en relations suivies avec l'Europe.

408. L'empire de Chine. — La Chine est réunie, depuis bien des siècles, en un seul État, l'**Empire du Milieu**, le *plus peuplé* du monde; il a près de 400 millions d'habitants, **plus que toute l'Europe** ensemble. La *civilisation chinoise* est née dans les riches plaines qu'arrosent les grands fleuves; mais les Tartares Mandchoux qui, au XVIIe siècle, ont conquis la Chine, ont établi la capitale au nord, à Pékin. Là demeure l'Empereur, entouré de son conseil, le *Tsong-li-Yamen*. Les **mandarins** qui administrent le pays au nom de l'Empereur sont des *lettrés*, qui avancent dans la carrière officielle en passant, pour chaque grade nouveau, un concours de littérature.

Le pays est *très bien cultivé*, il produit en abondance du *riz*, du *thé*, du *coton*; la population est *très industrieuse*, elle fabrique de la *porcelaine* et des *tissus de soie*. La Chine pourrait être un marché considérable pour l'Europe. Mais les Chinois sont très fiers de leur vieille civilisation et très attachés aux coutumes de leurs ancêtres, ils *méprisent les Européens*, qu'ils regardent comme des *Barbares* et ils ont essayé tout d'abord de leur fermer complètement l'entrée de la Chine. Au XVIe siècle ils ne se décidèrent qu'avec peine à laisser les Portugais faire le commerce à Macao.

409. Guerres de Chine. — Lorsque les Anglais se furent établis dans l'Inde, ils commencèrent à vendre en Chine de l'**opium**, narcotique dont l'abus est très malfaisant. Le gouvernement chinois interdit ce commerce, mais comme les Anglais le continuaient par contrebande, il força les marchands anglais à livrer leurs caisses d'opium qu'il fit jeter à la mer (1839). L'Angleterre envoya une flotte qui bombarda les villes chinoises. La Chine vaincue dut signer le traité de 1842, elle ouvrait cinq ports aux Européens avec permission d'y débarquer et d'y vendre leurs marchandises, elle cédait Hong-Kong à l'Angleterre. — Ce traité, arraché par la force, fut mal exécuté, le gouvernement chinois maltraita les *missionnaires français* et les *commerçants anglais*. La France et l'Angleterre s'allièrent et dirigèrent contre la Chine deux expéditions (1857, 1860). Le gouvernement chinois n'avait alors qu'une mauvaise armée, il était très affaibli par la grande insurrection des *Taïping* qui, pendant quelques années, avaient fondé à Nankin un empire rival de l'empire de Pékin. Un petit corps de 12 000 français battit à *Palikao* 40 000 cavaliers tartares (1860), *entra à Pékin* et força le gouvernement à accepter la paix.

410. Ouverture de la Chine au commerce européen. — Ces deux guerres ont eu pour résultat d'obliger la Chine à faire le **commerce avec l'Europe**. Le traité de 1842 avait ouvert 5 ports aux marchands européens, celui de 1860 en a ouvert 19. Il y a en Chine 350 maisons de commerce européennes. — Mais les Chinois n'aiment pas voir des étrangers chez eux; s'ils voyagent volontiers, s'ils traduisent nos livres, étudient nos sciences, s'approprient nos inventions et surtout nos armes, ils ne sont nullement tentés d'adopter en bloc notre civilisation; ils veulent rester les maîtres chez eux; leurs relations de commerce avec l'Europe ne consistent guère qu'à lui vendre de la soie ou du thé et à en recevoir de l'opium et quelques étoffes.

411. L'émigration chinoise. — Les Chinois repoussent les étrangers, mais ils se répandent chez leurs voisins. Leur pays n'étant pas suffisant pour nourrir la population qui s'accroît très vite, leurs *paysans* et leurs *ouvriers* **émigrent** en grand nombre. Ceux du nord vont peupler la Mandchourie, ceux du sud partent pour les îles de la Sonde, les États-Unis et le Pérou (carte p. 121). Comme ils sont très sobres, *très économes*, ils peuvent travailler *à meilleur marché* que tous les autres ouvriers européens, on les a employés à construire les chemins de fer de l'Amérique. Leur nombre s'accroît toujours, le commerce de l'Océanie est entre leurs mains, et déjà les Européens d'Australie et de Californie craignent que ces pays ne soient un jour peuplés de Chinois.

412. Ouverture du Japon aux Européens. — Le **Japon**, qui forme un empire de 36 millions d'âmes, est aussi un pays *très industrieux et très fertile*, il a 125 habitants par kilomètre carré, la France n'en a que 70. Le Japon avait adopté la *civilisation chinoise* et était resté *fermé aux Européens* plus encore que la Chine. En 1858, le *taïkoun*, gouverneur de Yédo, signa avec les États-Unis, la Russie, la France et l'Angleterre, des traités qui ouvraient aux marchands européens trois ports japonais. Le taïkoun qui n'était qu'un gouverneur militaire, fut renversé par la révolution qui rendit le pouvoir au *mikado*, l'empereur en titre établi au centre de la grande île (1866). Depuis lors, le gouver-

Fig. 45. — Costumes japonais.

nement japonais, loin de s'enfermer dans ses anciennes coutumes, a adopté entièrement la **civilisation européenne**. Il a envoyé des Japonais s'instruire dans les écoles et les armées de l'Europe; il a fait venir des ingénieurs européens. Il est en relations avec tous les États civilisés. Le Japon cherche à devenir un pays européen.

413. L'Indo-Chine. — L'**Indo-Chine** est, comme la Chine, peuplée par des habitants de *race jaune*; ils ont à peu près les mêmes usages que les Chinois, mais ils sont restés plus barbares. Le pays est partagé entre plusieurs monarchies militaires et despotiques comme dans l'Inde: à l'ouest, les royaumes de **Birmanie** et de **Siam**; à l'est, le **Cambodge** et l'**Annam**. Mais tous ces souverains n'avaient que de *mauvaises armées*. — Les Anglais, dès 1824, avaient conquis une partie de la **Birmanie** et s'étaient établis dans le sud, à **Singapore**, d'où ils dominent le détroit de Malacca (carte p. 121) qui est la *route de l'Océanie*.

La France n'avait pas de commerce dans ces parages, elle n'y intervint qu'en 1859 pour venger des missionnaires massacrés, et en profita pour prendre **Saïgon** à l'Empereur d'Annam, puis elle occupa trois provinces en 1862, trois autres en 1867. Le tout forma la **Cochinchine française**, pays bas, fertile et malsain. En même temps elle plaçait le royaume du Cambodge sous son protectorat. — Bientôt son attention fut attirée sur le *Tonkin*, autre dépendance de l'Empire d'Annam. Dès 1873, une petite expédition dirigée par Francis **Garnier** s'emparait presque sans combat de ce riche pays peuplé de 24 millions d'âmes. Le gouvernement français ayant abandonné le Tonkin pendant dix années, il fallut recommencer la conquête en 1883, et cette fois repousser une armée chinoise. Aujourd'hui, la France possède la Cochinchine et le Tonkin, elle *gouverne* le Cambodge et l'Annam qui sont sous son protectorat. C'est *la France qui domine dans l'Indo-Chine*.

(Voir les **Questions d'examen**, page 117.)

L'EXTRÊME-ORIENT.

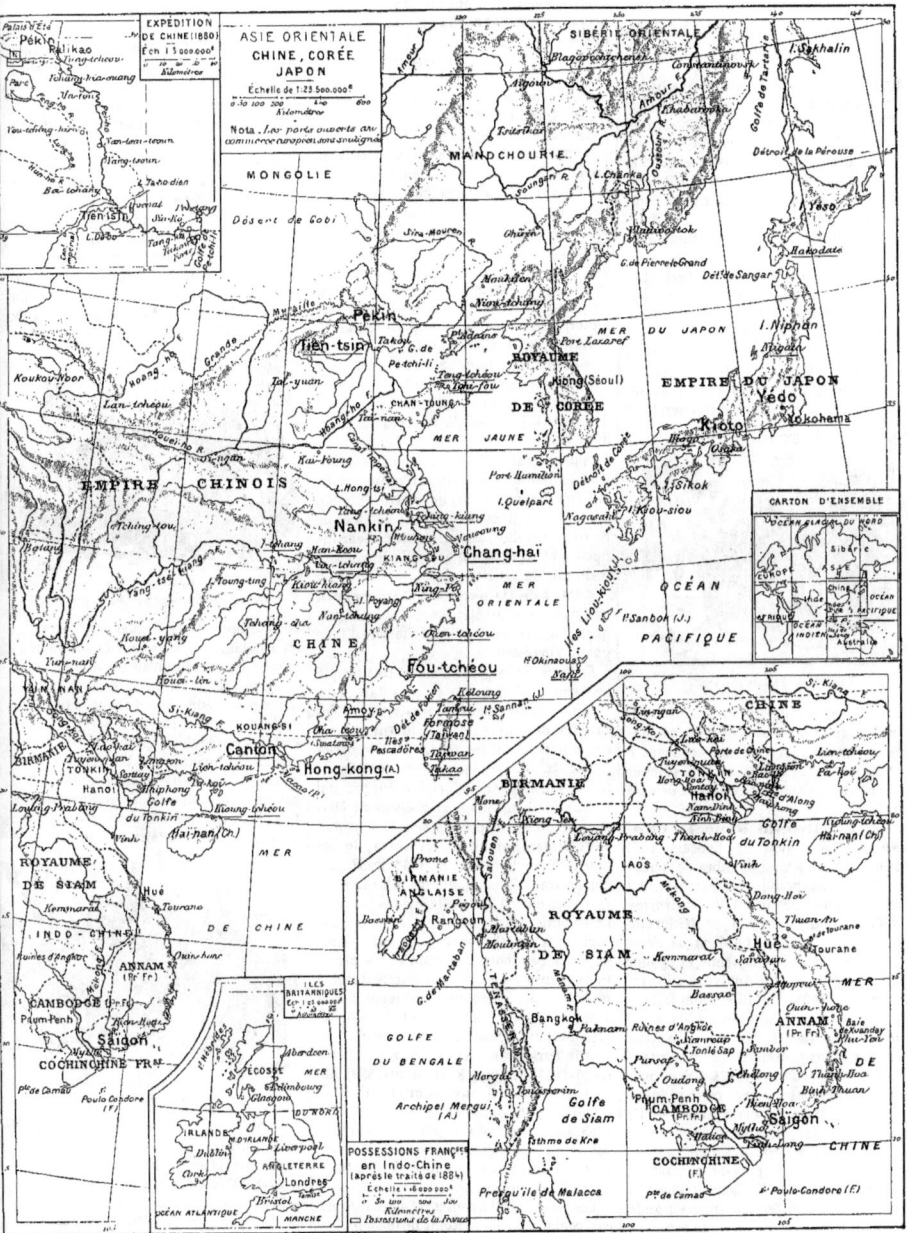

QUARANTE-QUATRIÈME LEÇON.

LES RUSSES ET LES ANGLAIS EN ASIE

414. Rivalité de la Russie et de l'Angleterre. — L'Angleterre et la Russie ont des *intérêts opposés*, non seulement dans la mer Noire et l'Archipel, mais aussi **en Asie**. La Russie occupe la Sibérie et *tout le nord de l'Asie*. L'Angleterre a soumis *toute l'Inde*. Jusqu'au commencement de ce siècle les Russes s'arrêtaient au Caucase, les Anglais à l'Himalaya; ils étaient encore *séparés* par les pays du Caucase, l'Arménie, la Perse, le Turkestan et l'Afghanistan. Mais les Russes sont **conquérants**; depuis 1799 ils ont franchi le Caucase et n'ont cessé d'avancer en Asie *du côté de l'Inde*, comme ils avancent en Europe du côté de Constantinople. Les Anglais se sont efforcés *d'arrêter les Russes* sur la route de l'Inde comme ils cherchent

Fig. 45. — Soldats russes.

à leur barrer la route de Constantinople. L'Angleterre et la Russie ne sont pas entrées en guerre ouverte, mais chacune a travaillé à se créer des alliés et à susciter à l'autre des ennemis parmi les princes indigènes.

415. La Russie dans le Caucase. — La région du Caucase était divisée entre un grand nombre de *tribus guerrières* et de petites principautés. La Russie les a annexées une à une, la **Géorgie** en 1799, la **Gourie** en 1801, la **Mingrélie** en 1804. Elle a enlevé au Chah de Perse les provinces entre la Caspienne et la mer Noire, le **Daghestan** et le **Schirvan** en 1812, l'**Arménie** en 1828. Les Russes ont fait ces conquêtes sans difficulté; mais dans les montagnes du Caucase ils ont eu à combattre des tribus guerrières de musulmans révoltées sous Schamyl (1834-59) et qu'il a fallu de longues guerres pour réduire.

416. La Russie en Perse. — Le royaume de **Perse**, devenu voisin des possessions russes, se trouva soumis à l'influence de la Russie. Le tzar conclut un traité d'alliance avec le Chah de Perse et le poussa à *assiéger Hérat*, autrefois grande ville de commerce, depuis longtemps à demi-ruinée et devenue un repaire pour les brigands turcomans (fig. 48). Les Anglais, qui ne voulaient pas laisser s'approcher de l'Inde un allié de la Russie, envoyèrent au prince d'Hérat de l'argent, des officiers, des armes et forcèrent le Chah à lever le siège (1838). Une nouvelle tentative du Chah en 1856 fut déjouée encore par les Anglais.

417. Les Anglais en Afghanistan. — L'Angleterre résolut d'empêcher les Russes de s'avancer jusqu'aux frontières de l'Inde en s'établissant elle-même dans les pays de montagnes au Nord de l'Inde. Une armée anglaise *envahit l'Afghanistan* (1840), pénétra jusqu'à la capitale Kandahar et parvint même à obtenir du prince un acte de soumission à l'Angleterre. Mais quand les Anglais voulurent se retirer, les Afghans révoltés occupèrent le sommet des montagnes et surprirent l'armée qui opérait sa *retraite* sur l'Inde: ils la massacrèrent tout entière dans les défilés (1842). Les Anglais se réconcilièrent avec le roi des Afghans et l'aidèrent à prendre Hérat (1863); eux-mêmes s'établirent au Baloutchistan. Plus récemment, ils ont soutenu une nouvelle guerre (1878-80) contre les Afghans (fig. 47) qui s'étaient de nouveau révoltés, les ont soumis à leur influence et en 1885 ont arrêté la Russie qui menaçait de les attaquer.

418. Les Russes en Turkestan. — Les Russes, arrêtés du côté de l'Afghanistan, ont repris leur marche vers l'Inde *par le Turkestan*.

Ce pays, jadis très fertile et très peuplé au temps d'Alexandre et plus tard sous l'empire arabe, ne s'est jamais relevé des ravages des Mongols qui du XIIIᵉ au XVᵉ siècle ont détruit les villes et massacré les habitants. Il était tombé au pouvoir de tribus musulmanes d'origine turque qui vivaient de brigandage et obéissaient chacune à un chef appelé *Khan*. Les principaux étaient les khans de Khiva, de Samarkand, de Bokhara. En 1841 les Russes entreprirent la conquête de Khiva, mais leur armée périt tout entière dans la neige. Ils organisèrent alors sur la frontière des régiments de *Cosaques* à demi-barbares habitués à supporter le froid et les privations et dressés à faire une guerre d'escarmouches; ils entrèrent en négociations avec les chefs des tribus et parvinrent presque sans combat à annexer peu à peu tout le **Turkestan**: Khokand, Samarkand (1860-1867), Khiva (1873), Merv (1882). Ils sont arrivés ainsi aux frontières de l'Afghanistan, et continuent à s'avancer. En 1885, ils ont été sur le point de marcher sur Hérat. Une commission de délégués russes et anglais a délimité la frontière avec l'Afghanistan.

Les tribus belliqueuses et barbares de ces régions se soumettent beaucoup plus volontiers à l'empire militaire du tzar qu'à l'administration anglaise trop compliquée pour eux. Le gouvernement russe n'exige d'elles presque aucun impôt et leur laisse leurs chefs et leurs coutumes, il se contente de prendre les guerriers à son service.

La Russie a construit un chemin de fer qui part de la Caspienne et, par Merv, se dirige sur Samarkand (carte p. 117). Quand il sera prolongé d'une part à travers les passes de l'Afghanistan, de l'autre dans le bassin de Tarim, ce sera le plus court chemin d'Europe dans l'Inde et en Chine.

419. Les Russes en Chine. — Depuis le XVIᵉ siècle, les Russes possèdent la **Sibérie**, terre inhabitable et glacée au nord, mais qui, au sud, a des mines, de grandes forêts et des terres cultivables. Ils

Fig. 47. — Guerriers persans et afghans.

ont entrepris de la peupler en y déportant les condamnés; ils y ont établi un télégraphe qui va jusqu'au Pacifique. De ce côté aussi ils ont agrandi leur empire. La Chine a dû leur céder d'abord la province du fleuve Amour (carte p. 91), pays couvert de grandes forêts, sain et fertile (1858), puis les provinces de l'Oussouri (1860), enfin l'île de Sakhalin (1875) (carte p. 91), conquêtes qui forment un territoire quatre fois plus vaste que la France. Ils ont établi un grand port militaire à Vladivostok et

Fig. 48. — Turcomans.

créé une flotte de guerre sur le Pacifique. Ils ont occupé en 1871 une partie de la Dzoungarie et les passes des monts Célestes.

420. Puissance de la Russie. — Les Russes ont fait en Asie au XIXᵉ siècle de rapides progrès. Ils y possèdent un

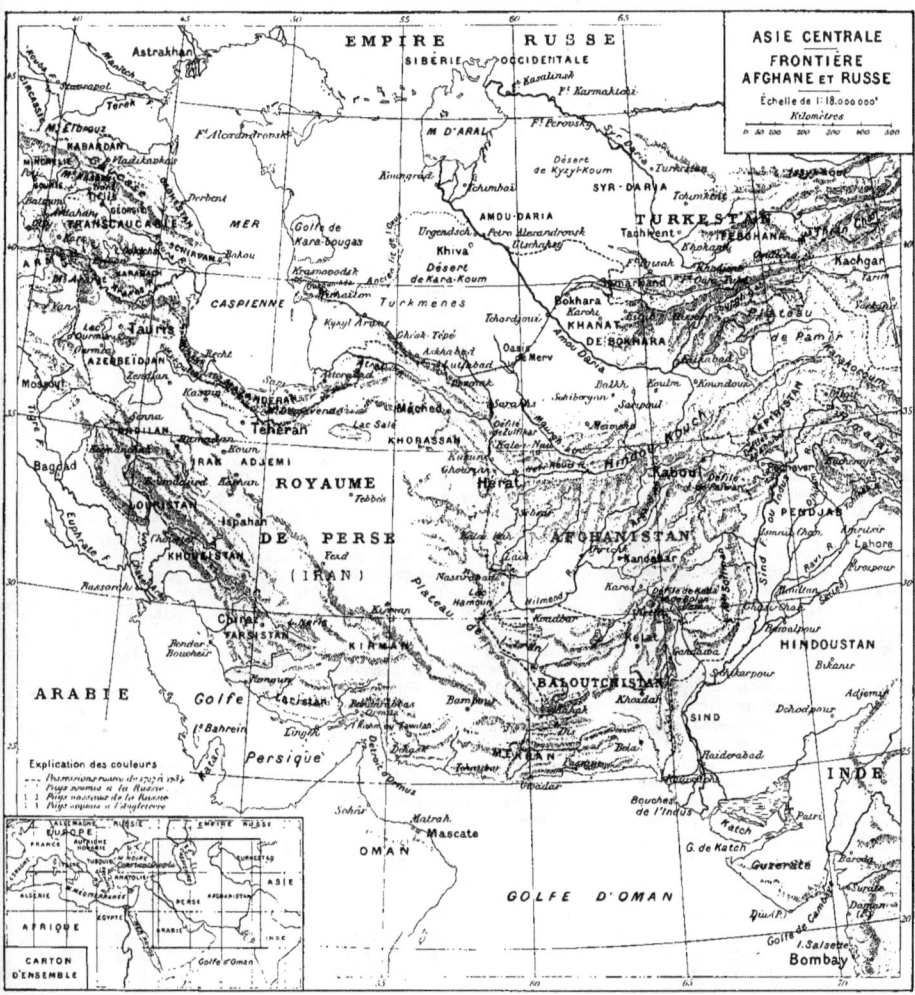

territoire beaucoup moins peuplé, mais plus étendu que les possessions de l'Angleterre (3 600 000 kilomètres carrés). Ce vaste pays reçoit peu à peu des colons russes qui le mettent en culture, et le civilisent (une partie de ces colons sont des condamnés). La Russie, qui est ainsi maîtresse du nord de l'Asie, en domine aussi le centre; enfin au sud et à l'est elle menace les deux grandes puissances asiatiques : elle peut marcher sur l'Inde anglaise par l'Amou-Daria et sur la Chine par le Tarim, la Dzoungarie et l'Amour (carte p. 94).

QUESTIONS D'EXAMEN. — 1. Expliquez l'opposition des intérêts entre l'Angleterre et la Russie. — 2. Quel est le but de ces deux puissances en Asie? — 3. Comment la Russie est-elle devenue maîtresse du Caucase? — 4. Qu'a-t-elle enlevé à la Perse? — 5. En quoi a consisté l'affaire de Hérat? — 6. Qu'ont fait les Anglais en Afghanistan? — 7. Racontez la marche des Russes en Turkestan. — 8. Dans quel état ont-ils trouvé ce pays? — 9. Comment l'ont-ils organisé? — 10. Où ont-ils établi un chemin de fer? — 11. Qu'est-ce que la Sibérie? — 12. Quel parti peut-on en tirer? — 13. Qu'a fait la Russie pour peupler la Sibérie? — 14. Aux dépens de quel pays l'a-t-elle agrandie? — 15. Quelle étendue de terre possède la Russie en Asie? — 16. Quelle position y occupe-t-elle?

QUESTIONS D'EXAMEN de la quarante-troisième leçon. — 1. Qu'appelle-t-on Extrême Orient? — 2. Dans quelles relations était-il avec l'Europe? — 3. Qu'est-ce que l'Empire du Milieu? — 4. Comment est-il peuplé? — 5. Comment est-il gouverné? — 6. D'où vient l'importance commerciale de la Chine? — 7. Comment le commerce européen était-il organisé avec la Chine? — 8. Racontez la guerre de l'opium. — 9. Exposez les guerres de la Chine avec les Européens. — 10. Quel résultat ont-elles eu? — 11. Quelles sont aujourd'hui les relations de l'Europe avec la Chine? — 12. Parlez de l'émigration chinoise. — 13. Qu'est-ce que le Japon? — 14. Dans quelles relations était-il avec l'Europe? — 15. Quelle révolution s'est opérée au Japon? — 16. Comment les Japonais ont-ils accepté la civilisation européenne? — 17. A qui appartenait l'Indo-Chine? — 18. Comment la France y est-elle intervenue? — 19. Comment s'est formée la domination de la France en Indo-Chine?

QUARANTE-CINQUIÈME LEÇON.
L'AMÉRIQUE ESPAGNOLE

421. Les colonies espagnoles. — Les vastes colonies que l'Espagne possédait en Amérique depuis le XVIe siècle formaient à la fin du XVIIIe 12 *intendances* correspondant aux 4 *vice-royautés*, **Mexique, Pérou, Nouvelle-Grenade, Plata**, et aux 8 *capitaineries générales*, **Nouveau-Mexique, Guatémala, Caracas, Chili, Porto-Rico, Cuba, Saint-Domingue, Floride** (avec Louisiane) créées anciennement. Chaque intendance avait son gouvernement et son *audience* (tribunal). Le gouvernement général appartenait au *Conseil des Indes*.

422. Le régime colonial. — Dans ces colonies les gouverneurs, les évêques, les fonctionnaires étaient *envoyés d'Espagne*. Le gouvernement espagnol ne *laissait pas les colons s'administrer eux-mêmes*; il avait pour principe d'écarter des fonctions tous les **créoles**, c'est-à-dire les blancs nés aux colonies; il ne leur permettait ni de s'instruire, ni de recevoir des livres ou des journaux. Il interdisait aux colons d'ouvrir leurs ports à des navires étrangers et d'acheter des marchandises à d'autres qu'à des marchands Espagnols.

423. Soulèvement des colonies espagnoles. — Quand l'armée française envahit l'Espagne pour placer sur le trône Joseph, frère de Napoléon, les colons d'Amérique affectèrent de rester fidèles aux Bourbons et profitèrent de l'occasion pour réclamer l'**égalité avec les Espagnols** et la **liberté du commerce** (1808). Leur demande ayant été repoussée, ils *se soulevèrent dans toutes les colonies* et formèrent des gouvernements insurrectionnels.

424. Guerres d'indépendance. — Alors commença une série de révoltes et de combats qui durèrent pendant 16 années (1810-1826), avec des alternatives de calme momentané et de subites explosions. **Tous les colons** s'étaient soulevés à peu près en même temps; ils étaient braves, mais mal armés, sans discipline; leur territoire était trop vaste pour qu'ils pussent agir de concert. Les soldats espagnols étaient aguerris, mais leur gouvernement, longtemps aux prises en Espagne même avec Napoléon (jusqu'en 1814), n'avait pas d'argent et était obligé de lutter partout à la fois.

Il y eut quatre insurrections séparées :
1° Les colons de **Buenos-Ayres** réussirent les premiers à s'affranchir (1811). Les autres colonies du sud, **Paraguay, Uruguay, Chili**, les imitèrent et chassèrent les Espagnols **après une courte lutte**.

2° Dans le nord de l'Amérique méridionale, les insurgés, *vaincus d'abord*, furent réorganisés par **Bolivar**, surnommé **le libérateur** (1816), qui réussit à former une petite armée et chassa les troupes espagnoles de la **Nouvelle-Grenade** (1822), puis du **Pérou** (1824).

3° Au **Mexique** le gouvernement espagnol battit l'un après l'autre pendant dix ans, tous les chefs insurgés, et les fit tous fusiller. Ce fut un colonel de l'armée espagnole, Iturbide, qui proclama l'indépendance au Mexique (1821); il prit le titre d'empereur, mais fut bientôt chassé; le Mexique se forma en république.

4° Dans l'Amérique centrale les colons de Guatémala se déclarèrent indépendants (1821), ils se joignirent d'abord à l'empire du Mexique, puis formèrent la **Confédération des États-Unis de l'Amérique centrale**.

En 1826 l'Espagne avait définitivement perdu toutes ses anciennes colonies d'Amérique excepté Cuba et Porto-Rico.

425. Organisation des républiques hispano-américaines. — Les colonies affranchies se constituèrent en **républiques indépendantes**. Quelques-unes essayèrent d'abord de réunir des *congrès* et de **se confédérer entre elles**, à l'exemple des colons anglais du nord. Ainsi furent créées les Provinces-Unies de la Plata (1814), la république colombienne (1823), les États-Unis de l'Amérique centrale (1825). Mais on ne put s'entendre, les Confédérations se rompirent, et il se forma **quinze États** entièrement indépendants :

Le **Mexique**;

Les **cinq** républiques de l'Amérique centrale séparées en 1832, **Guatémala, Nicaragua, Costa-Rica, Salvador, Honduras**;

Les **trois** républiques de Colombie, qui rompirent leur union en 1823, **Vénézuela, Nouvelle-Grenade, Équateur**;

Le **Pérou** et la **Bolivie** qui se détacha du Pérou en 1826;

La république **Argentine**, ses deux anciennes annexes, le **Paraguay** et l'**Uruguay**, qui s'isolèrent en 1811 et 1816;

Le **Chili**.

426. Luttes intérieures. — Chacun de ces États s'était organisé **en république** sur le modèle des États-Unis avec un *Président* et des *Chambres*. Mais dans plusieurs de ces États la population est formée surtout d'*Indiens* et de *Métis*, comme au Paraguay, en Bolivie, au Pérou, au Mexique, ou de *nègres* et de *mulâtres* comme au Vénézuela; les créoles blancs eux-mêmes n'avaient pas l'expérience nécessaire pour pratiquer le régime républicain. Aussi les nouvelles républiques ont-elles été souvent déchirées par des *guerres civiles* et des *guerres de races*.

Presque partout il s'est formé deux partis : les **unitaires** veulent donner l'autorité au gouvernement central de l'État; les **fédéralistes** veulent que chaque province se gouverne elle-même. D'autre part, les *généraux* ont pris la funeste habitude d'intervenir dans les affaires politiques : ils font des *pronunciamentos* comme en Espagne et renversent le gouvernement pour arriver au pouvoir ou avancer en grade.

Il y a eu aussi des guerres d'États à États, dues surtout à des questions d'intérêt commercial.

1° Entre la république Argentine et l'Uruguay;

2° Entre le Paraguay et une coalition de l'Uruguay, de la Confédération argentine et du Brésil (1862-70); le Paraguay a été envahi et a perdu presque tous les hommes en état de porter les armes;

3° Entre le Mexique et la France (1862-67); l'armée française a conquis le Mexique et proclamé *empereur du Mexique* un prince autrichien, Maximilien. Mais après le retrait des troupes françaises, Maximilien a été pris et fusillé;

4° Entre le Pérou et le Chili : l'armée chilienne a envahi le Pérou (1879), et lui a enlevé une de ses provinces méridionales.

427. Le Brésil. — Le Brésil était une colonie du Portugal. Le roi de Portugal, chassé par Napoléon, s'y réfugia en 1808 et à son retour en Portugal y laissa son fils pour régent. Les Brésiliens s'habituèrent à être gouvernés à part, et quand le roi ordonna au régent de revenir, ils soutinrent le régent qui se fit proclamer **Empereur du Brésil**. Le Brésil, devenu ainsi indépendant, n'a eu ni révolutions ni guerres civiles, il est resté un *Empire constitutionnel et aristocratique*.

428. L'émigration européenne. — Le territoire des républiques espagnoles d'Amérique est *20 fois plus grand que la France et très fertile*. Il pourrait nourrir plus d'un milliard d'habitants et n'en a encore que 30 millions. Aussi les **émigrants européens** ont-ils commencé à s'y porter. Ils vont de préférence dans la **république Argentine** où le climat est plus tempéré, les *Pampas*, immenses plaines couvertes de hautes herbes sont très propres à l'*élevage du bétail* et à la *culture du blé*. Il y vient chaque année 80 000 émigrants, la plupart **Italiens** ou **Français** (Basques). En s'établissant en Amérique ils prennent la langue du pays : l'**Espagnol** devient ainsi *une des langues les plus répandues à la surface du globe*.

QUESTIONS D'EXAMEN. — 1. Énumérez les colonies de l'Espagne au XVIIIe siècle. — 2. Exposez le régime colonial établi par l'Espagne. — 3. A quelle occasion les colonies se soulevèrent-elles? — 4. Que réclamaient-elles? — 5. Combien y eut-il d'insurrections? — 6. Dans quels pays? — 7. Comment se terminèrent-elles? — 8. Que resta-t-il à l'Espagne? — 9. Comment s'organisèrent les colonies affranchies? — 10. Nommez les républiques qu'elles fondèrent. — 11. Que s'est-il passé dans ces républiques? — 12. Indiquez les partis en lutte. — 13. Comment le Brésil est-il devenu un État? — 14. Quelle est l'étendue du territoire des républiques américaines? — 15. Que savez-vous de l'émigration européenne dans ces pays?

L'AMÉRIQUE ESPAGNOLE.

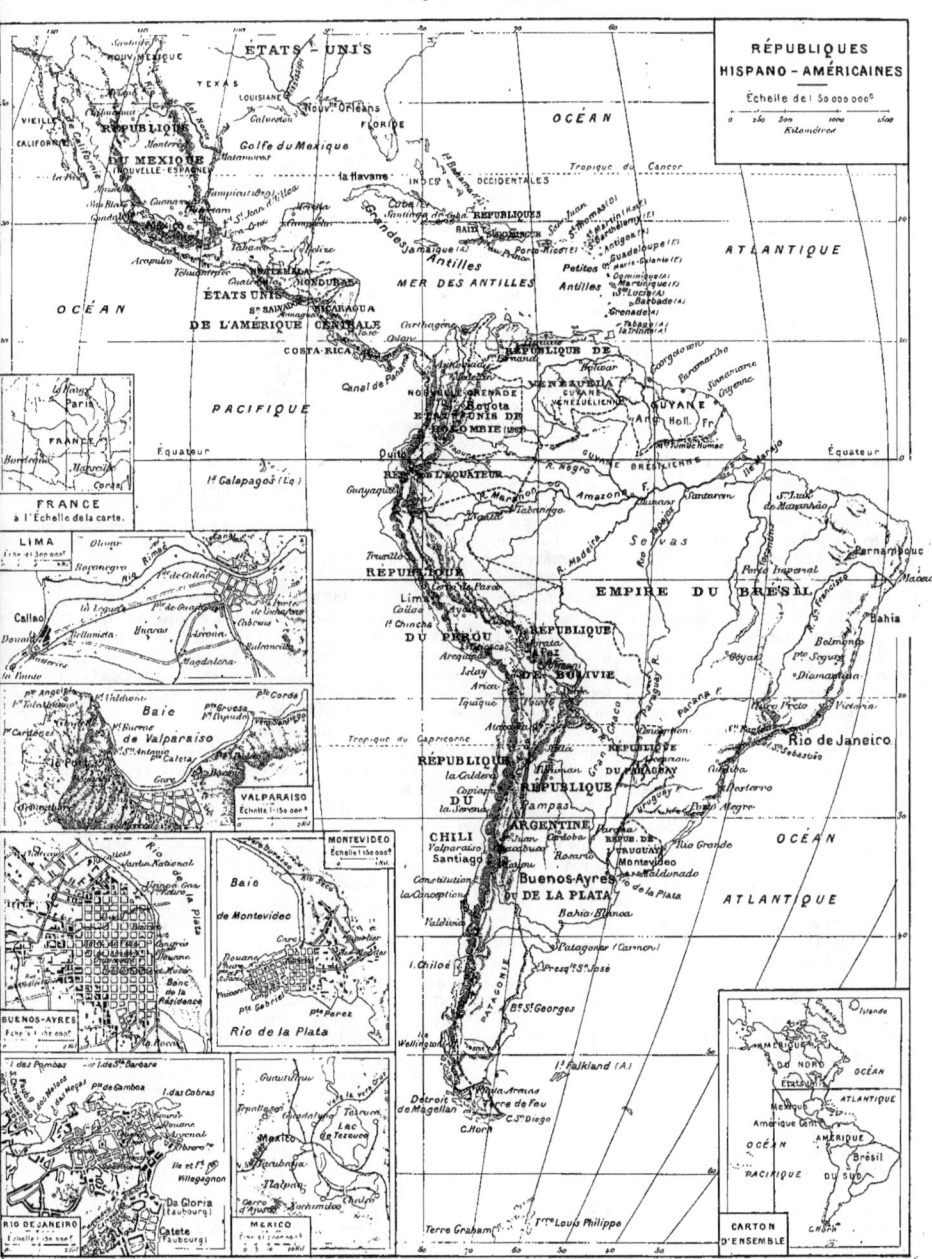

QUARANTE-SIXIÈME LEÇON.
EMPIRE COLONIAL DE L'ANGLETERRE ET DE LA FRANCE

429. L'Empire britannique. — L'Angleterre après la perte des États-Unis ne possédait plus que le **Canada**, pris à la France, et quelques **Antilles**. Mais elle a su recouvrer un nouvel empire colonial *plus grand* que l'ancien. En Asie, elle a conquis toute l'**Inde** et une partie de la **Birmanie**.

En Afrique, elle a enlevé aux Hollandais la colonie du **Cap**, à la France l'île de France qu'elle a appelée l'**île Maurice**.

En Océanie, elle a colonisé les côtes de l'**Australie** et la **Nouvelle-Zélande**.

Elle a occupé **Aden**, à l'entrée de la mer Rouge, **Singapore** à l'entrée du détroit de Malacca ; Helgoland dans la mer du Nord ; elle avait déjà **Gibraltar** à l'entrée de la Méditerranée. Excepté l'Australie, toutes ses colonies ont été *enlevées à d'autres États*.

430. Les colonies d'Australie. — Aucun Européen n'était encore établi en Australie lorsque le gouvernement anglais fonda sur la côte orientale la *colonie pénitentiaire* de Botany-bay ; il y envoyait des *convicts* (condamnés aux travaux forcés), et pendant les premières années, il n'y eut pas d'autres habitants. Mais on s'aperçut vite que l'Australie était excellente pour l'*élevage des moutons*, et à partir de 1851 on découvrit, surtout dans le sud, de très riches *mines d'or* ; les *émigrants anglais* arrivèrent alors en foule. L'intérieur du pays n'est guère qu'un désert de sable inhabitable, mais les colons ont occupé *toutes les côtes*, et y ont fondé six colonies indépendantes l'une de l'autre : **Nouvelle-Galle du Sud, Victoria, Australie méridionale, Australie occidentale, Tasmanie, Queensland**. Moins d'un siècle après la fondation du premier établissement il y a en Australie plus de 2 *millions* de colons et de grandes cités : Sidney a 200 000 habitants, Melbourne, fondée en 1835, en a 250 000. Les colons anglais ont occupé aussi depuis 1839 les deux îles de **Nouvelle-Zélande** où ils ont formé 8 provinces réunies sous un seul gouvernement ; les indigènes (*Maories*), qui ont voulu résister, ont été presque tous exterminés.

431. Les colonies du Cap. — La colonie du **Cap** que l'Angleterre enleva à la Hollande en 1795 était peuplée de *Hollandais* qu'on appelle les *Boers* (colonisateurs), et de *réfugiés français* protestants. Une partie des colons hollandais, ne voulant pas se soumettre aux Anglais, se retirèrent au nord et fondèrent deux petites républiques indépendantes, la république du Fleuve-Orange et le Transvaal. L'Angleterre les soumit aussi, mais en 1881 elles se sont révoltées et affranchies. —

Dès 1842 l'Angleterre avait pris la colonie de **Natal** aux Boers et aux indigènes Cafres. Elle a agrandi aussi, vers le nord, ses possessions du Cap et formé un territoire deux fois grand comme la Grande-Bretagne. C'est surtout un pays d'*élevage de moutons*, on y a découvert aussi des *mines de diamants*. Cependant il n'y a encore que 300 000 Européens sur 1 600 000 hab., la population se compose surtout d'indigènes ; l'élément boer reprend chaque jour plus d'importance. Le pays des *Zoulous* a été partagé entre les Boers et Natal (1887).

432. Formation du Dominion. — Les colonies de l'Amérique du Nord enlevées à la France en 1763 se sont peuplées rapidement. De 70 000 âmes la population s'est élevée à 4 500 000. Plus de la moitié est formée d'Anglais venus d'Angleterre ou des États-Unis ; mais il y a 1 500 000 descendants des anciens colons français du Canada, qui sont restés catholiques et continuent à **parler français**.

En 1867 a été formé le *Dominion du Canada*, confédération où sont entrées les 8 colonies ; Terre-Neuve seule a refusé d'en faire partie. Le *Dominion* a un *gouverneur général* nommé par le gouvernement anglais et un *Parlement* qui se réunit à Ottawa.

433. L'Inde. — La conquête de l'*Inde* commencée en 1757 a été complète en 1856, et l'Angleterre s'est trouvée maîtresse de **250 millions de sujets**. L'armée qui avait fait cette conquête était composée surtout de soldats indigènes organisés en régiments de *cipayes* sous des officiers anglais. En 1857 éclata la grande *révolte des cipayes*, les soldats révoltés massacrèrent tous les Anglais, hommes, femmes et enfants. Le soulèvement fut réprimé en 1858 ; le gouvernement anglais a diminué le nombre des cipayes, il a cherché à s'attacher les Hindous ; en 1876, il a fait proclamer la reine d'Angleterre **impératrice des Indes**. Quelques Hindous parlent anglais mais tous restent absolument hostiles à la domination britannique.

434. L'Empire colonial de la France. — La France n'avait plus en 1815 que des débris de ses anciennes colonies ; Haïti était tombé au pouvoir des nègres révoltés ; l'Angleterre lui avait enlevé l'île de France. Il ne lui restait que quelques-unes des petites Antilles, la Guyane, Saint-Louis du Sénégal, l'île Bourbon (Réunion) et 5 comptoirs disséminés sur la côte de l'Inde. Elle a compris enfin l'importance des colonies et elle s'est reformé un *empire colonial* qui, sans valoir celui de l'Angleterre, est aujourd'hui le plus important après celui des Anglais.

435. Les Français en Afrique. — En 1830, pour venger une insulte faite à l'ambassadeur français, la France prenait la ville d'Alger ; elle a ensuite conquis peu à peu toute l'Algérie (1830-48) après de longues luttes contre les *Arabes* puis contre les *Kabyles*. Les colons français sont venus s'y établir en grand nombre et bien que la population soit encore en majorité formée d'Arabes et de Kabyles, l'Algérie est déjà un **pays français** divisé en départements et gouverné comme la France. En 1882 la France, à la suite d'une courte expédition, a obligé le bey de Tunis à signer un traité qui a mis la **Tunisie** sous le protectorat de la France. La Tunisie sans être annexée à l'Algérie commence aussi à devenir une terre française. La France domine ainsi l'**Afrique du Nord** ; et son influence est grande en Égypte où un français, M. de Lesseps, a fait creuser le **Canal de Suez** (1869). Sur la côte ouest où la France n'avait que la ville de Saint-Louis et l'île de Gorée, elle s'est étendue de 1854 à 1865 jusqu'au Niger grâce au général **Faidherbe**, dans tout le bassin du Sénégal depuis 1880. Cette vaste colonie, porte du Soudan, s'appelle le **Sénégal**. Sur la côte du Gabon, la France n'avait qu'un comptoir : **Brazza** vient d'y ajouter un large territoire intérieur, le **Congo français**. Au sud-est enfin la France a soumis à son protectorat la grande île de **Madagascar**.

436. Les Français dans l'Indo-Chine. — Dans l'Indo-Chine où la France ne possédait rien, elle a conquis la **Cochinchine** (1859-67) et le **Tonkin** (1873-85), elle a mis sous son protectorat le **Cambodge** et l'**Annam** ; elle est dès maintenant la *puissance dominante de l'Indo-Chine*.

437. Les Français en Océanie. — En Océanie où la France n'avait rien, elle a occupé en 1853 la **Nouvelle Calédonie** grande île fertile, *au climat sain*, elle y a fondé un grand établissement pénitentiaire. Elle s'est fait céder les **îles Marquises** et, en 1879, l'archipel de **Taïti**, pays habité par des indigènes polynésiens très doux. Elle a occupé en 1887 les îles **Wallis**. Toutes ces îles, outre leur fertilité, ont l'avantage d'être situées sur le chemin que suivront les navires, quand le canal de Panama sera percé, pour aller d'Europe en Australie.

QUESTIONS D'EXAMEN. — 1. Quelles colonies possédait l'Angleterre après la perte des États-Unis ? — 2. Quelles colonies nouvelles a-t-elle occupées ? — 3. Comment furent fondées les colonies d'Australie ? — 4. Combien y en a-t-il ? — 5. Nommez-les. — 6. Combien ont-elles d'habitants ? — 7. Comment l'Angleterre acquit-elle le Cap ? — 8. Que firent les colons hollandais ? — 9. Comment est formée la population du Cap ? — 10. Comment est peuplé le Canada ? — 11. Comment est formé le Dominion ? — 12. Comment les Anglais ont-ils conquis l'Inde ? — 13. Qu'est-ce que la révolte des Cipayes ? — 14. Que restait-il à la France de son empire colonial ? — 15. Comment s'est-elle reconstitué un empire nouveau ? — 16. Quelles acquisitions a-t-elle faites en Afrique ? — 17. Dans l'Indo-Chine ? — 18. En Océanie ?

EMPIRE COLONIAL DE L'ANGLETERRE ET DE LA FRANCE.

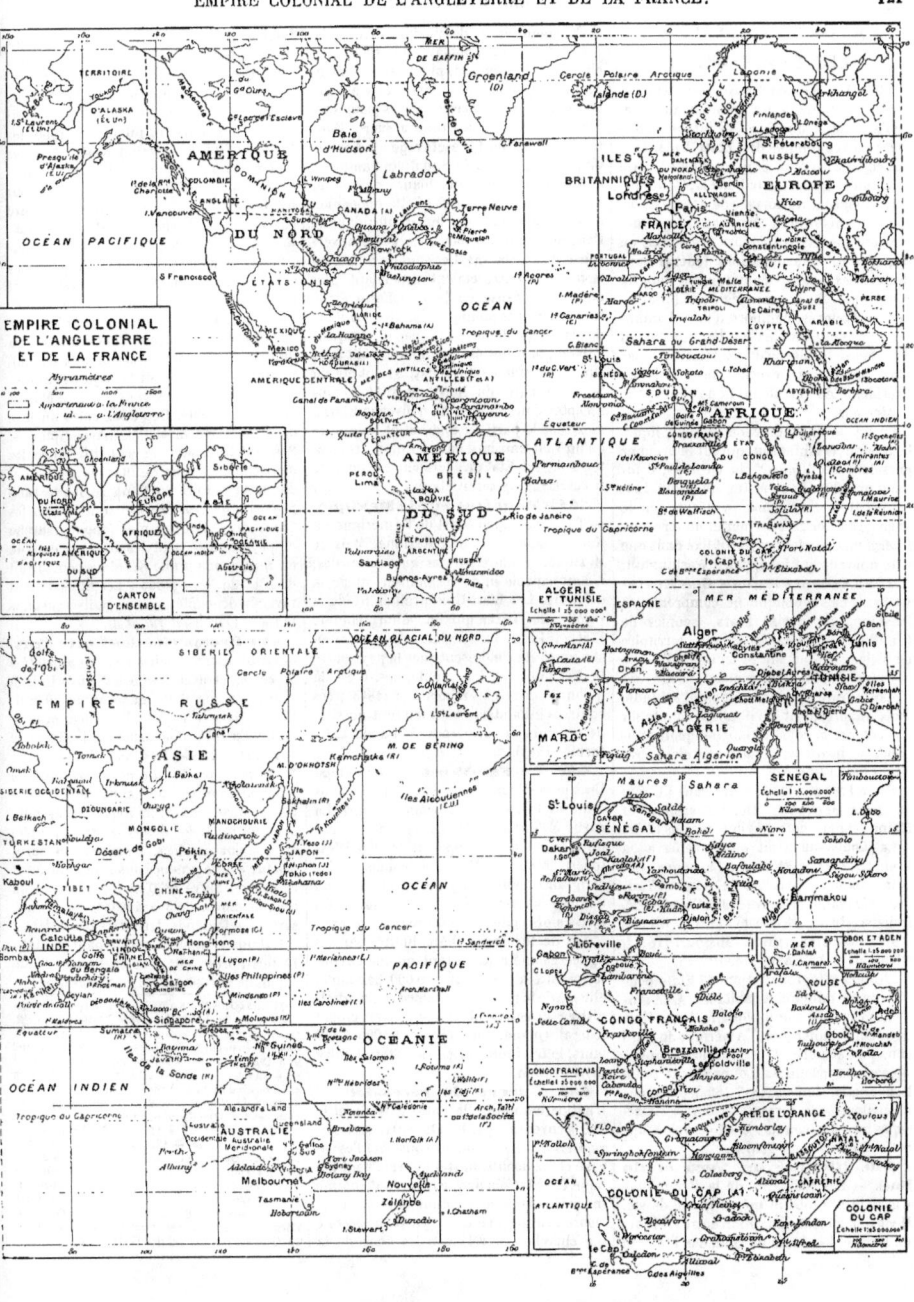

QUARANTE-SEPTIÈME LEÇON.
LES ÉTATS-UNIS

438. La République des États-Unis. — Lorsque les colonies anglaises de l'Amérique du Nord se furent constituées en république des **États-Unis**, chaque colonie resta un État autonome* divisé en comtés, ayant ses tribunaux, son budget, sa législature formée de députés élus, son administration. Mais au-dessus des gouvernements particuliers des États, on organisa un **gouvernement fédéral** pour décider les affaires communes à toute la république. Le pouvoir législatif fut attribué au **Congrès**, composé d'une chambre des représentants élus par les citoyens, et d'un Sénat formé de deux sénateurs par État. Le pouvoir exécutif fut confié au **Président de la République** élu pour quatre ans.

Ce fut le libérateur de la république, le général **Washington**, qui fut le premier président de l'*Union;* élu en 1789, il fut réélu en 1793. Pour éviter qu'aucun État ne prit trop d'influence on décida que le siège du Congrès formerait un *territoire fédéral* indépendant et serait fixé dans une ville nouvelle qui fut appelée Washington.

439. Accroissement des États-Unis. — La république ne comprenait, à l'origine, que **treize États**, peuplés de 4 millions d'habitants et son territoire ne s'étendait que sur la côte est. Tout le pays à l'ouest des monts Alleghanys n'était encore qu'une immense solitude, mais on prévoyait qu'il allait s'y établir des colons; la constitution indiquait comment de *nouveaux États* pouvaient être admis dans l'**Union**.

Entre 1789 et 1836 il entra dans l'Union **14 États nouveaux**. Deux (Vermont et Maine) étaient détachés des anciens États. La **Louisiane** avait été achetée à la France (1803), la **Floride** à l'Espagne. Les autres étaient pris sur le désert : Tennessee (1793), Kentucky (1799), Ohio (1802), Indiana (1816), Mississipi (1817), Illinois (1818), Alabama (1819), Missouri (1821), Michigan et Arkansas (1836).

L'Union comprenait alors 27 États peuplés de 15 millions d'habitants. A ce moment prévalut l'opinion que les États-Unis devaient défendre toute l'Amérique du Nord et ne plus admettre l'intervention des puissances européennes. Le président de la République, Monroë (1817-1825), prononça officiellement la formule célèbre : l'*Amérique aux Américains;* c'est ce qu'on appelle la *doctrine de Monroë*.

440. Rivalité du Nord et du Sud. — Les habitants de la République n'avaient pas tous le même genre de vie. Il y avait surtout opposition entre les **États du Nord** et les **États du Sud**. Les États du Nord, colonisés par des *puritains** réfugiés, n'avaient qu'une population de race blanche. Les États du Sud, plus chauds, étaient colonisés par des *planteurs*, qui avaient transporté des esclaves *nègres* pour cultiver le coton et la canne à sucre. Dans les États du Nord, l'**esclavage** était interdit; dans les États du Sud il était autorisé, et il était défendu aux blancs de donner asile aux nègres fugitifs. Cette opposition amenait des querelles incessantes dans le Congrès, entre les partisans et les adversaires de l'esclavage. Les gens du Sud bien *moins nombreux*, étaient cependant *plus influents* à cause de leur richesse et de leur expérience politique. Sur 18 présidents de la République, 12, parmi lesquels Washington, ont été des hommes du Sud, sur 77 présidents du Sénat, 61 ont été du Sud. Le parti du Nord ne voulait plus accepter dans l'Union de nouveaux États à esclaves; le parti du Sud obtint, que lorsqu'un État entrerait dans l'Union, les électeurs de cet État décideraient eux-mêmes si l'esclavage y serait établi.

441. Conquêtes sur le Mexique. — Toute la région ouest de l'Amérique du Nord appartenait au Mexique. Mais le Mexique, déchiré par les guerres civiles, n'était capable ni de la coloniser, ni de la défendre. Les États-Unis profitèrent de la révolte du **Texas** qui fut admis comme État (1846), pour déclarer la guerre au Mexique; ils conquirent tout le pays entre le Pacifique et les montagnes. C'est là qu'on découvrit les **mines d'or** (1848); ces contrées inhabitées se peuplèrent aussitôt de mineurs et formèrent l'État de **Californie** (1848).

442. Le Far-West. — Les États-Unis possédèrent alors le continent dans toute sa largeur, d'un *océan à l'autre*. La partie à l'ouest du Mississipi était encore un désert, qu'on appelait le **Far-West** (ouest lointain). Mais les colons et les émigrants d'Europe s'y portaient en grand nombre et refoulaient les Indiens. On divisa alors cette immense région en territoires de forme régulière limités par des lignes géométriques. Tant qu'une circonscription n'a pas encore 60 000 habitants, elle garde le nom de **territoire** et est administrée directement par le gouvernement fédéral. Quand elle dépasse 60 000 habitants, le territoire devient un **État** et entre dans l'Union.

443. Guerre de sécession. — L'antipathie naturelle entre le Nord et le Sud s'envenima par la lutte entre les *esclavagistes* qui prétendaient conserver l'esclavage et les *abolitionnistes* qui voulaient l'abolir. Les États du Sud se regardaient comme menacés dans leur administration intérieure, appuyaient le *parti démocrate* qui cherchait à relâcher les liens de la Confédération pour rendre *chaque État presque indépendant*. Les États du Nord soutenaient le *parti républicain* qui voulait resserrer l'Union en *fortifiant le pouvoir central*. Quand le candidat du parti républicain, Lincoln, fut élu en 1860, les États du Sud déclarèrent rompu le *pacte fédéral*, se retirèrent de l'Union et formèrent une *Confédération*. Il y entra tous les *États à esclaves* au nombre de onze (Caroline sud, Mississipi, Floride, Alabama, Géorgie, Louisiane, Texas, Virginie, Tennessee, Arkansas, Caroline nord). Les *Confédérés* nommèrent un *président* et établirent leur capitale à **Richmond**. Alors éclata entre l'ancienne **Fédération** du Nord et la nouvelle **Confédération du Sud, la guerre de sécession** (1861-1865). Le Nord avait pour lui la majorité (23 millions contre 8). Les gens du Sud étaient meilleurs soldats. Des deux côtés on leva des armées énormes, mais mal disciplinées. Pendant trois ans on se battit entre les deux capitales sans résultat décisif. Ce qui donna la victoire au Nord, ce fut la *campagne du général Sherman* qui tourna les Confédérés et, après une longue marche en pays dévasté, vint les attaquer du côté du Sud, pendant que Grant les poursuivait du côté du Nord (1865). Les États du Sud ravagés, dépeuplés, ruinés, rentrèrent dans l'Union, l'*esclavage fut aboli*.

444. Prospérité des États-Unis. — Cette guerre avait *arrêté l'exportation du coton*, et avait forcé les États-Unis à contracter une dette de près de 20 milliards. Mais le pays a vite *repris sa prospérité*. En 1868, il a acheté à la Russie le *territoire d'Alaska*. Dès 1867, il a ouvrir le *chemin de fer du Pacifique*, long de 5 200 kilomètres, qui va de New-York à San Francisco à travers tout le continent; sur son trajet, les déserts se sont peuplés en quelques années. L'**émigration européenne** a recommencé aussi forte qu'avant la guerre. Entre 1870 et 1885, il est venu chaque année de 3 à 400 000 émigrants, surtout Allemands, Irlandais et Anglais.

L'Union comprend maintenant 39 États, 10 territoires; elle a 56 millions d'hab. et plus de 200 000 kilom. de chemins de fer.

QUESTIONS D'EXAMEN. — **1.** Exposez l'organisation de la République des États-Unis. — **2.** Qu'est-ce que le Congrès? — **3.** Où mit-on le siège du gouvernement? — **4.** Qu'est-ce que Washington? — **5.** Quelle était l'étendue primitive des États-Unis? — **6.** Combien y avait-il d'États? — **7.** Combien est-il entré d'États nouveaux? — **8.** Qu'appelle-t-on doctrine de Monroë? — **9.** Expliquez l'opposition entre les États du Nord et du Sud. — **10.** A qui appartenait l'influence? — **11.** Indiquez les pays conquis sur le Mexique. — **12.** Qu'est-ce que la Californie? — **13.** Qu'est-ce que le Far-West? — **14.** Expliquez les mots *État* et *territoire*. — **15.** Racontez la guerre de sécession. — **16.** Quels États entrèrent dans la Confédération du Sud. — **17.** Comment finit la guerre? — **18.** Parlez du chemins de fer du Pacifique. — **19.** Que savez-vous de l'émigration? — **20.** Quel est l'état actuel des États-Unis?

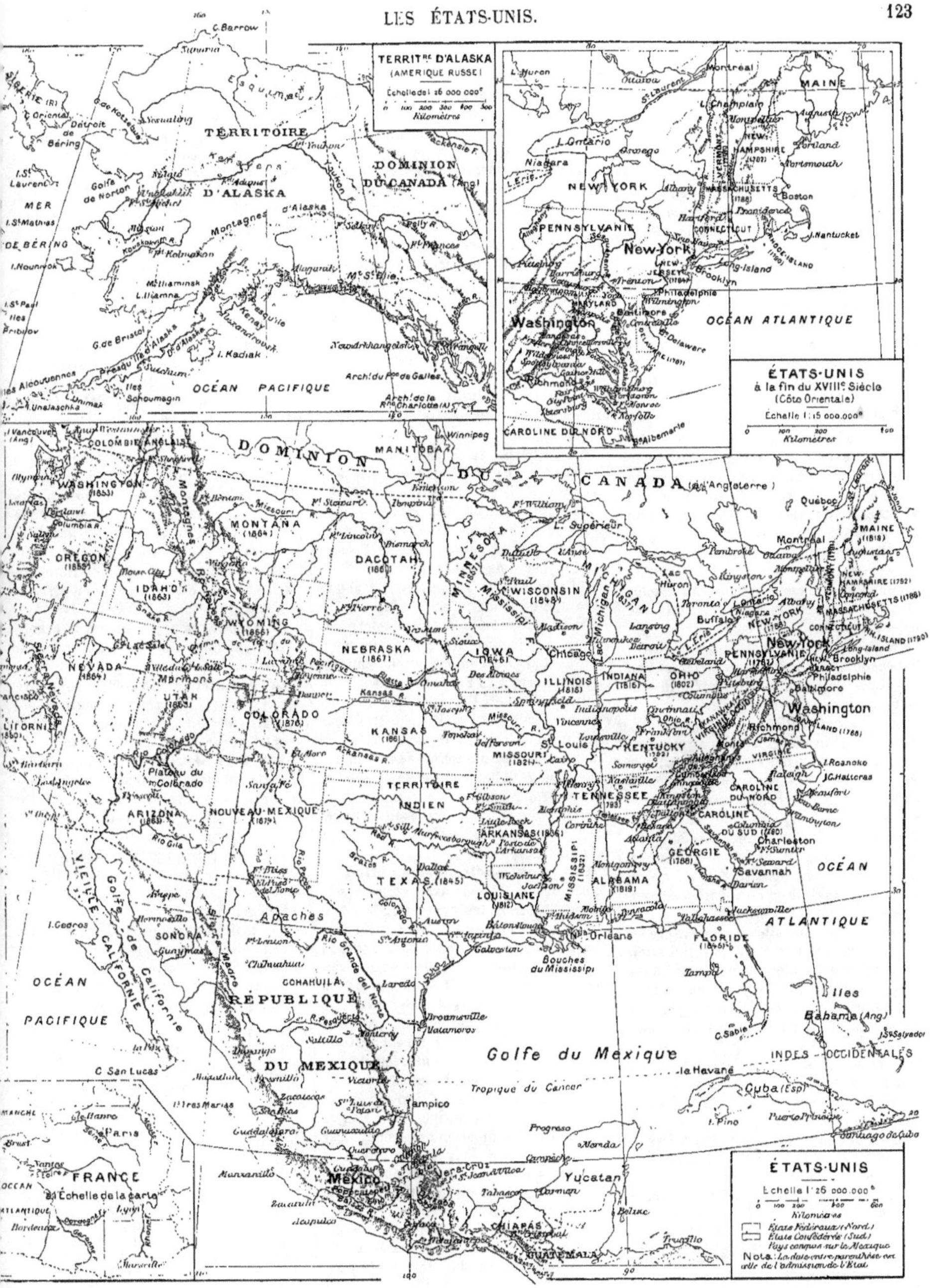
TERRIT^{RE} D'ALASKA
(AMÉRIQUE RUSSE)
Échelle 1:26 000 000^e
Kilomètres
TERRITOIRE
D'ALASKA
DOMINION DU CANADA (Angl.)
Montagnes d'Alaska
MER DE BÉRING
Détroit de Béring
Golfe de Norton
I. Kadiak
OCÉAN PACIFIQUE
ÉTATS-UNIS
à la fin du XVIIIe Siècle
(Côte Orientale)
Échelle 1:15 000 000^e
Kilomètres
MAINE
NEW HAMPSHIRE
VERMONT
MASSACHUSETTS
CONNECTICUT
RHODE-ISLAND
NEW YORK
PENNSYLVANIE
NEW JERSEY
MARYLAND
CAROLINE DU NORD
New-York
Washington
OCÉAN ATLANTIQUE
Montréal
Boston
Philadelphie
Baltimore
DOMINION DU CANADA (à l'Angleterre)
MANITOBA
COLOMBIE ANGLAISE
WASHINGTON (1853)
OREGON (1859)
MONTANA (1864)
IDAHO (1863)
WYOMING (1868)
DACOTAH (1861)
MINNESOTA
WISCONSIN (1848)
MICHIGAN
NEVADA (1864)
UTAH (1853)
COLORADO (1876)
NEBRASKA (1867)
IOWA (1846)
KANSAS (1861)
ILLINOIS (1818)
INDIANA (1816)
OHIO (1802)
MISSOURI (1821)
KENTUCKY (1792)
TENNESSEE
TERRITOIRE INDIEN
ARKANSAS (1836)
NOUVEAU MEXIQUE
ARIZONA (1863)
TEXAS (1845)
LOUISIANE (1812)
MISSISSIPI (1832)
ALABAMA (1819)
GEORGIE (1788)
FLORIDE (1845)
CAROLINE DU NORD
CAROLINE DU SUD (1780)
VIRGINIE
Washington
New-York
Chicago
Philadelphie
Baltimore
Richmond
Charleston
Savannah
St Louis
N^{lle} Orléans
Bouches du Mississipi
L. Supérieur
Québec
Montréal
Toronto
Buffalo
OCÉAN ATLANTIQUE
OCÉAN PACIFIQUE
Golfe de Californie
VIEILLE CALIFORNIE
Apaches
SONORA
COHAHUILA
RÉPUBLIQUE DU MEXIQUE
Mexico
Tampico
Vera-Cruz
Yucatan
CHIAPAS
GUATEMALA
Golfe du Mexique
Tropique du Cancer
la Havane
Cuba (Esp.)
Iles Bahama (Ang.)
INDES OCCIDENTALES
FRANCE
à l'Échelle de la carte
Paris
ÉTATS-UNIS
Échelle 1:25 000 000^e
Kilomètres
États Fédéraux (Nord)
États Confédérés (Sud)
Pays conquis sur le Mexique
Nota: La date entre parenthèses est celle de l'admission de l'État

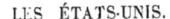

QUARANTE-HUITIÈME LEÇON.
L'EUROPE CONTEMPORAINE

445. L'équilibre européen. — Les diplomates qui, au congrès de Vienne, remanièrent la carte de l'Europe, avaient été préoccupés de *réduire la puissance de la France et d'empêcher le retour des guerres*, qui depuis vingt-cinq ans ravageaient l'Europe. Leur politique consista à combiner la force des principales puissances de façon que chacune fût en état de faire contrepoids à l'autre. Ce fut le système de l'**équilibre européen** Cinq *grandes puissances*, Russie, Angleterre, France, Autriche, Prusse, dominaient l'Europe. Elles étaient chargées de s'entendre pour maintenir la paix et garantir l'indépendance des *pays neutres*, Pays-Bas et Suisse.

Ce système avait deux points faibles : 1º il ne tenait aucun compte de la volonté des nations; 2º il abandonnait à lui-même l'Empire turc qui n'était plus organisé de façon à durer. C'est par la **question des volontés nationales**[1] et par la **question d'Orient** qu'a péri l'œuvre du congrès.

446. Révolutions intérieures. — Le congrès avait cherché dans l'intérieur de chaque État à rétablir la *monarchie absolue* et à fonder entre les gouvernements une entente pour se soutenir contre les peuples. Ce régime se heurta à la fois au *sentiment national* qui n'admettait pas l'intervention des étrangers, et au besoin de réformes et de garanties contre l'arbitraire.

Le *régime absolutiste*, en 1815, dominait dans toute l'Europe (excepté en Angleterre, en France, en Suède, en Danemark, aux Pays-Bas et en Suisse). Il fut bientôt ébranlé par le mouvement des *idées*, par les *progrès de la bourgeoisie* libérale et par *l'exemple de la France*. Mais il fallut un demi-siècle pour le détruire. Le régime constitutionnel ne réussit à s'établir qu'en Sardaigne (1831) et en Portugal (1833), par la volonté des rois eux-mêmes.

Les Révolutions faites par la France en 1830 et 1848 provoquèrent par imitation de nombreux soulèvements, mais tous furent réprimés par la force et en 1849 l'absolutisme était rétabli dans presque toute l'Europe. Le sort de ce régime était lié à celui de l'Autriche qui l'avait organisé et le soutenait en Allemagne et en Italie. Les *défaites de l'Autriche* en 1859 et en 1866, ont amené la chute définitive des monarchies absolues qui ont été remplacées par des monarchies parlementaires. Il ne reste plus de gouvernement despotique qu'en Russie où *le tzar est seul maître*. Tous les autres États ont un Parlement qui fait les lois, vote le budget et contrôle le gouvernement des ministres.

447. Les guerres européennes. — Les traités de 1815 ont été suivis d'une *longue période de paix*. Pendant quarante ans (1815-1854), il n'y a eu qu'une seule grande guerre, la guerre de Grèce, et l'Europe est restée telle que l'avait constituée le congrès, sans autre changement que la *formation du royaume de Grèce* (1829) *et la séparation du royaume des Pays-Bas* en deux royaumes, Belgique et Hollande.

Mais à partir de 1854 la question d'Orient et celle des volontés nationales ont amené une *série de guerres* formidables :

1º **La guerre de Crimée**, dirigée par la France et l'Angleterre contre la Russie pour protéger l'empire turc (1854-56);

2º **La guerre d'Italie** entreprise par la France pour affranchir l'Italie de l'Autriche (1859);

3º **La guerre du Danemark** faite par l'Autriche et la Prusse au Danemark pour lui enlever le Sleswig et le Holstein (1864);

4º **La guerre de Bohême** qui fut suivie de l'unité de l'Allemagne (1866), au détriment de l'Autriche et au profit de la Prusse;

5º **La guerre de France** (1870-71);

6º **La guerre de Turquie**, qui a abouti à la ruine de l'empire turc (1877).

La plus sanglante a été la guerre de France. Les troupes françaises peu nombreuses et mal organisées furent battues, l'une en Lorraine à Forbach (carte p. 109), l'autre en Alsace à Reichshoffen; les Allemands envahirent la France. Des deux armées françaises l'une fut rejetée sur *Sedan* et faite prisonnière, l'autre enfermée dans *Metz* et forcée de se rendre. Paris assiégé ne put être secouru par les *armées improvisées* qu'on avait formées sur la Loire et dans l'Est et fut réduit par la famine à capituler.

448. Les nations nouvelles. — Le congrès de Vienne avait réglé le sort des peuples **sans les consulter**. Tantôt il avait réuni *en un seul État des nations hostiles* les unes aux autres : dans l'empire d'Autriche, l'empire Turc, le royaume des Pays-Bas. Tantôt il avait laissé une *nation morcelée contre son gré entre plusieurs États :* principalement en Allemagne, en Italie, en Pologne. — Partout les patriotes ont protesté contre ce système; ils ont réclamé que *toute nation* fut considérée comme une *personne* et put *librement disposer de ses destinées*, c'est le principe des **volontés nationales**. Le mouvement produit par ce principe a pris deux formes opposées; pour les nations morcelées contre leur gré, il a été un mouvement vers **l'unité nationale;** pour les nations soumises malgré elles à un État étranger, il a été un mouvement d'**affranchissement**. Ce mouvement s'est produit dans toute l'Europe, excepté en *France et en Espagne* où l'unité était voulue depuis longtemps. Presque partout il a réussi.

Les **Belges** se sont affranchis de la Hollande (1830), et le royaume des Pays-Bas a été coupé en deux royaumes, **Pays-Bas et Belgique**.

Les petits peuples chrétiens, **Serbes, Grecs, Monténégrins, Roumains, Bulgares**, ont été affranchis de l'empire Turc.

Les **Hongrois** se sont séparés de l'Autriche; les peuples slaves, **Tchèques, Croates, Galiciens**, commencent à devenir indépendants.

L'unité des **Italiens** est faite; celle des **Allemands** n'est pas loin de l'être. Mais deux nations n'ont pu recouvrer leur indépendance : les **Irlandais** restent soumis à l'Angleterre, les **Polonais** sont partagés entre les trois puissances qui ont détruit la Pologne : Russie, Prusse et Autriche. Le *grand-duché de Varsovie* que Napoléon avait formé (1807) d'une partie de l'ancienne Pologne, a été donné en 1814 au tzar qui a fini par le traiter comme une province russe. Deux fois *les Polonais de Varsovie se sont insurgés* (1830 et 1863); mais ils ont été écrasés et les patriotes ont été *déportés en Sibérie* ou se sont *réfugiés en France*.

L'**Alsace-Lorraine**, enlevée à la France de force, au mépris de sa volonté, est aussi une nation soumise à un *maître étranger*.

La carte de l'Europe a été très simplifiée depuis 1815. Il n'y a plus en Europe que 18 *États souverains*, parmi lesquels 4 petits peuples affranchis de l'empire Turc.

449. La paix armée. — Aujourd'hui l'Europe est en paix; mais tous les peuples de l'Europe se sentent menacés, car la question d'Orient n'est pas réglée, les agitations nationales ne sont pas terminées, et l'Alsace-Lorraine ne se résigne pas à la domination de l'Allemagne. Toutes les nations se préparent donc à la guerre. Elles ont dépensé en armements et en forteresses environ **quarante milliards**; elles ont établi le *service militaire obligatoire* qui permet de mettre sur pied tous les hommes valides d'un pays. L'Europe vit sous le régime de la **paix armée**.

QUESTIONS D'EXAMEN. — 1. En quoi consistait le système de l'équilibre européen? — 2. Quels étaient ses vices? — 3. Quels partis a-t-il eus contre lui? — 4. Exposez l'histoire du régime absolutiste en Europe. — 5. Quelle a été la cause de sa ruine? — 6. Combien de temps a duré l'œuvre des traités de 1815? — 7. Quand commencèrent les guerres qui ont bouleversé la carte de l'Europe? — 8. Enumérez-les. — 9. Quelle a été la plus sanglante? — 10. Expliquez le principe des volontés nationales. — 11. Quelles formes a prises le mouvement national? — 12. Indiquez les nations nouvelles nées de ce mouvement. — 13. Ce mouvement a-t-il réussi dans tous les pays? — 14. A quelle occasion a-t-il violé le principe des volontés nationales? — 15. Combien resta-t-il en Europe d'États souverains? — 16. Expliquez le régime de la paix armée.

---

[1]. C'est ce qu'on appelle d'ordinaire le **principe des nationalités**, terme impropre, car des nationalités différentes peuvent très bien vivre d'accord, comme en Suisse, si elles y *consentent*.

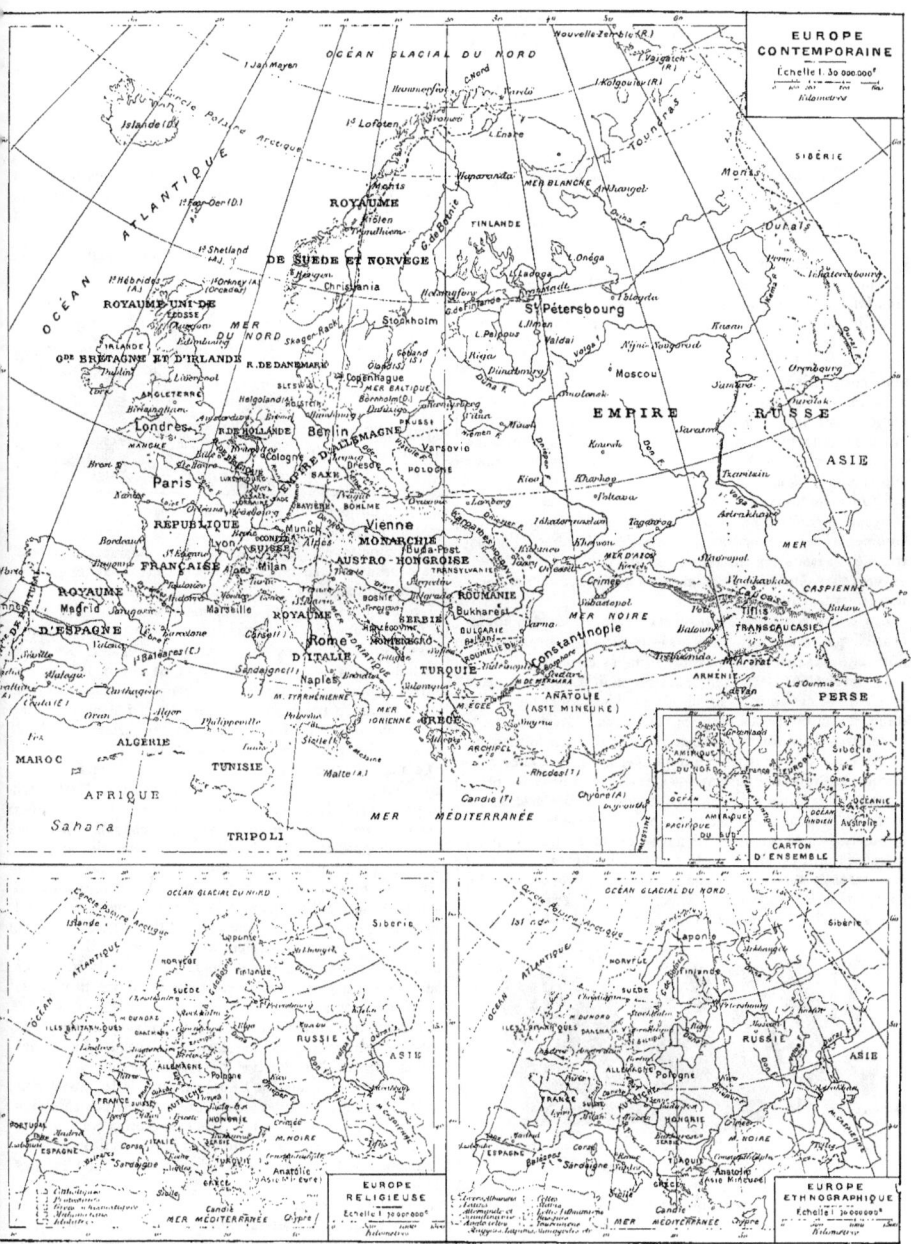

HISTOIRE DE LA CIVILISATION

PÉRIODE CONTEMPORAINE

L'ancien régime. — On appelle **ancien régime** le système de gouvernement sous lequel les peuples d'Europe ont vécu jusqu'à la fin du XVIIIe siècle, et qui s'était formé peu à peu par un mélange des vieilles coutumes du Moyen âge et des créations de la monarchie absolue. — Le prince avait un pouvoir **despotique**, il gouvernait secrètement, aidé des ministres qu'il choisissait **sans consulter la nation**; il puisait dans la caisse de l'État comme dans sa cassette particulière pour entretenir ses serviteurs et ses courtisans. Les impôts établis arbitrairement, pesaient surtout sur les pauvres. La justice était lente, coûteuse, capricieuse; les juges employaient la **torture** contre les accusés et les condamnaient à des supplices cruels. Les particuliers étaient persécutés pour leur religion, ils étaient exposés aux caprices des employés qui pouvaient les faire arrêter et emprisonner sans jugement.

Les *Compagnies de commerce* avaient le monopole du commerce; les *corporations*, le privilège d'exercer l'industrie. Les paysans étaient soumis envers le clergé à la dîme, envers leurs seigneurs à des charges anciennes qu'on appelait droits féodaux.

Les citoyens n'étaient pas égaux devant la loi; les nobles et le clergé avaient des **privilèges**, ils payaient moins d'impôts, et occupaient seuls presque tous les **emplois**.

La Révolution. — Dans la deuxième moitié du XVIIIe siècle plusieurs de ces abus furent abolis par les princes ou par les ministres, disciples des philosophes français. Mais il fallut la **Révolution française** pour accomplir une réforme fondamentale et pour établir partout un gouvernement **régulier** conforme aux **droits des nations**. La Constituante posa les principes de ce régime nouveau en 1789 dans la **Déclaration des droits de l'homme**, destinée non à la France seulement, mais à tous les peuples civilisés. La **nation est souveraine**; tous ses membres sont **égaux en droits**; tous sont **libres** et doivent être **garantis** par la loi même contre le gouvernement. La devise de la Révolution est : **Liberté, Égalité, Fraternité**.

Les principes de la Constituante ne furent pas appliqués

Fig. 49. — Soldats de la République.

complètement; Bonaparte, qui s'empara du pouvoir en 1799 voulait gouverner en maître et il créa une monarchie plus absolue même que celle des anciens rois. Mais il accepta une partie de l'œuvre de la Révolution. Les **privilèges** sont supprimés, tous les citoyens ont les mêmes droits devant la loi et peuvent arriver aux emplois. Les droits féodaux, les monopoles, les corporations sont abolis, chacun peut exercer librement l'industrie, le commerce, l'agriculture. L'impôt est réparti également en proportion de la fortune. Le budget est réglé d'avance, les dettes de l'État sont inscrites sur le **Grand livre de la dette publique**, créé en 1793. La justice est gratuite, les procès criminels sont jugés par un **jury** de douze citoyens. Les coutumes particulières des provinces sont remplacées par une **loi unique**.

Fig. 50. — Soldats de l'Empire.

Les Français ont porté ce régime nouveau dans les pays qu'ils ont conquis et gouvernés, Belgique, pays du Rhin, Suisse, Italie, Espagne. Ils y ont établi l'égalité devant la loi, la liberté de religion, d'industrie, de commerce. Ils ont détruit le plus grand nombre des petites principautés despotiques qui se partageaient l'Allemagne. Les États même qui combattaient la France, l'Autriche et surtout la Russie, ont été obligés de **se réformer** eux-mêmes.

Le régime constitutionnel. — La défaite de la France en 1814, eut pour résultat la création du système Metternich (v. page 110). Les souverains se mirent d'accord pour maintenir en Europe le régime de la **monarchie absolue**. Mais l'exemple donné par la Révolution Française et par le gouvernement parlementaire anglais suscita une **opposition** de plus en plus vive. Il se forma dans chaque pays un **parti constitutionnel** qui proclamait le principe que la **nation est souveraine**, et demandait une **constitution** écrite à laquelle le roi et ses ministres seraient obligés d'obéir; il réclamait aussi la **liberté de la parole et de la presse** et la **liberté de conscience**. Le parti **absolutiste** refusait la constitution et voulait maintenir la censure *.

Le parti absolutiste qui dominait en 1815, a perdu du terrain à mesure que les peuples sont devenus plus riches et plus instruits. Les défaites de l'Autriche ont achevé sa ruine. Tous les États de l'Europe, **excepté la Russie**, ont adopté le régime parlementaire. Tous ont une **Chambre élue** qui fixe l'**impôt** et vote les **lois**, une **constitution** qui règle les droits de la nation et la liberté de la presse. L'Empire d'Allemagne a un Parlement, le Reichstag, mais qui n'est pas souverain.

Le suffrage universel. — Dans le régime anglais qui avait servi de modèle aux États constitutionnels, le Parlement

ait élu, non pas par tous les habitants, mais seulement par ✻s propriétaires. Tous les États qui ont adopté ce régime ✻t commencé par ne donner le droit de vote qu'aux citoyens ✻i possédaient une certaine fortune : les **censitaires** ✻ seuls ✻ient électeurs ; c'est ce qu'on appelle le **suffrage restreint**.

✻x États-Unis et en Suisse on pratiquait le système de **✻ffrage universel**, qui donne le droit de vote à tous les ✻mmes âgés de 21 ans. Il s'est formé dans presque tous les ✻ys, un parti qui a réclamé le suffrage universel. Il a été ✻bli en France par la Révolution de 1848, en Allemagne, ✻ moment de la création du Reichstag en 1866. Les autres ✻ats ont conservé le suffrage restreint, mais en l'élargis-✻nt de plus en plus ; en Angleterre presque tous les habi-✻nts sont électeurs.

Progrès des idées démocratiques. — La société de l'ancien ✻gime était **aristocratique**, on admettait que les hommes ✻nt **inégaux** non seulement en force, en intelligence, en ✻oralité et en fortune (ce qui est la simple constatation ✻un fait), mais que la condition de chacun doit être réglée ✻r la **naissance** : les gens **bien nés** avaient seuls le pouvoir, ✻s emplois et les honneurs. — Ce régime a été vivement ✻mbattu par le parti **démocratique**, qui a protesté **contre ✻négalité** du sang et qui a réclamé l'égalité de tous les ✻mmes devant la loi, et dans l'État comme aussi dans les ✻pports de société. — Les idées démocratiques ont fait des ✻ogrès rapides. Non seulement tous les États ont aboli ✻sclavage des nègres, mais tous ont établi l'**égalité de l'im-✻t et l'égalité devant les tribunaux**. Tous admettent que ✻s fonctions sont ouvertes à tous les citoyens sans distinction de ✻issance. Dans la société les nobles ont cessé de former des ✻rcles fermés, et vivent familièrement avec ceux qu'on ✻pelait jadis les roturiers.

Le service militaire. — Le système de l'enrôlement volon-✻ire qu'on employait au xviiie siècle pour le recrutement ✻es armées, n'a plus suffi au xixe quand on a eu besoin ✻'armées plus nombreuses. La France l'avait remplacé dès ✻793, par la réquisition, et sous l'empire par la **conscription** ; ✻us les jeunes gens devaient le service, mais l'État n'en ✻renait qu'une partie désignée par le tirage au sort. Ce ✻égime a duré en France jusqu'en 1870. La Prusse, après ✻ défaite d'Iéna, a organisé le régime du **service obligatoire** ✻our tous ; tout citoyen est soldat dans l'armée active pen-✻ant 3 ans, puis dans la réserve ; mais les jeunes gens ins-✻ruits ont le droit de ne faire qu'un an dans l'armée active. ✻e service obligatoire a été adopté depuis les victoires de la ✻russe par presque tous les États d'Europe.

Les beaux-arts. — La littérature a été dominée jusqu'à la ✻n du xviiie siècle, par le genre **classique** né en France. A ✻artir de 1770, parut en Allemagne une littérature **allemande** ✻riginale, dont les plus grands noms sont Lessing, Gœthe ✻ Schiller. Leurs œuvres accueillies avec enthousiasme ✻nirent par donner le ton à toutes les littératures de l'Eu-✻ope et firent naître le genre **romantique**. L'école romantique ✻ produit surtout de grands **poètes**, en Angleterre, Byron et ✻helley ; en France, Lamartine, Musset et Hugo. Les roman-✻ques s'adressent surtout aux jeunes gens et cherchent à ✻mouvoir par la force des sentiments, ils parlent un langage ✻milier et passionné ; ils prennent volontiers leurs sujets ✻ans le Moyen âge. Ils ont lutté vivement de 1820 à 1840, ✻ontre les partisans du genre classique.

L'école romantique a dominé jusqu'à ces dernières années,

HISTOIRE DE LA CIVILISATION.

127

elle a été attaquée à son tour par l'école réaliste qui se pro-pose de reproduire la réalité telle qu'elle est et qui a produit surtout des **romans**. Jamais la littérature n'a tenu autant de place dans la vie que de notre temps. On publie des livres en plus grand nombre et à plus bas prix que jamais. La lec-ture est devenu le divertissement de tous. Les écrivains forment une classe nombreuse de gens qui vivent unique-ment de leur plume.

La **peinture** et la **sculpture** ont suivi le même mouvement. On a créé dans tous les pays des **Musées** et des **Expositions** où sont réunis par milliers les tableaux et les statues. Beau-coup de particuliers riches possèdent une galerie, les tableaux des peintres connus se vendent à des prix très élevés. Il y a eu en peinture comme en littérature une école classique représentée par David et Ingres, puis une école romantique dont le chef a été Delacroix, et enfin une école réaliste. Les genres les plus cultivés sont aujourd'hui le paysage et le portrait, les plus grands peintres sont des Français. Les sculpteurs travaillent surtout pour les tom-beaux et les monuments commémoratifs.

Il y a eu au xixe siècle plusieurs grands sculpteurs : l'ita-lien Canova, le danois Thorwaldsen, l'allemand Schwan-thaler, le français David d'Angers, sans parler de ceux qui vivent encore. — L'architecture au contraire n'a produit aucune œuvre originale, elle a travaillé surtout à restaurer les chefs-d'œuvres du Moyen âge qui tombaient en ruine.

Le xixe siècle est surtout le siècle de la **musique**. Il a vu paraître le plus grand des musiciens, Beethoven, et deux grandes écoles de musique : l'école **italienne** (Rossini, Verdi), qui a travaillé surtout pour l'opéra, l'école **allemande** (Beethoven, Weber, Schubert, Schumann), qui a produit surtout des mélodies et des morceaux d'orchestre. Un alle-mand Wagner a renouvelé l'opéra en créant le drame musi-cal. La France a eu aussi de grands compositeurs, Hérold, Halévy, Meyerbeer, Gounod.

Progrès des sciences. — On a appelé le xixe siècle le *siècle de la science*. Jamais il n'y a eu autant de savants, jamais les sciences n'ont fait de *progrès* aussi réguliers. Celles qui ont le plus avancé sont la **chimie** et les **sciences natu-relles**. On a créé la **zoologie**, l'**anatomie** et la **physiologie** des animaux et des plantes, la **géologie** et la **paléontologie**. — L'astronomie a achevé de se constituer. En physique on a découvert l'**électro-magnétisme** qui a donné le principe du télégraphe électrique. — Pour la première fois on a com-mencé à étudier méthodiquement les manifestations de l'esprit humain et à constituer les **sciences morales** ; la **philo-logie**, la **grammaire**, la **linguistique**, l'**histoire**, la **psycho-logie**.

Les inventions. — La grande nouveauté de notre temps a été d'*appliquer* la science à la pratique. Les faits et les lois constatés par les savants servent à inventer des procédés nouveaux. — Les deux découvertes les plus fécondes sont jusqu'ici la **vapeur** et l'**électricité**. — La vapeur a donné naissance : 1o à la **machine à vapeur** qui sert à mettre en mouvement les instruments de fabrication ; 2o au **bateau à vapeur** (œuvre de l'américain Fulton 1808)[1] ; 3o au chemin de fer, créé en Angleterre vers 1821. — L'électricité a produit :

---

[1]. Le bateau à vapeur avait été déjà inventé par deux Français : Papin, au commencement du xviiie siècle, le marquis de Jouffroy à la fin ; mais leurs inven-tions n'étaient pas assez pratiques pour fonctionner avantageusement.

1º le **télégraphe électrique**, inventé de 1833 à 1838. Depuis 1851 on a eu des câbles sous-marins ; 2º le **téléphone** inventé en 1878 ; 3º l'**éclairage électrique** ; 4º la **galvanoplastie**.

On a fait au XIXe siècle une quantité prodigieuse d'inventions ; les principales sont : — En agriculture, les **engrais chimiques** qui remplacent le fumier, les **machines agricoles**, (faucheuse, moissonneuse, batteuse) ; — En industrie, les hauts fourneaux et les marteaux-pilons, les impressions d'étoffes, les allumettes chimiques, le gaz d'éclairage, le pétrole, le caoutchouc, la photographie, le sucre de betterave, les couleurs extraites de la houille. Le nombre des ouvriers employés par l'industrie en Europe et aux États-Unis s'est élevé à plus de 16 000 000.

Les voies de communication. — Le XIXe siècle dispose de moyens de **transport** et de **communications** nouveaux : la navigation à vapeur, les chemins de fer, les postes et les télégraphes. Sur mer ont été établies plus de cent lignes de **bateaux à vapeur**, qui mettent en communication tous les ports du monde ; sur terre chaque pays a créé des **chemins de fer** qui relient les villes entre elles ; il y avait en 1883 déjà 450 000 kilomètres de chemins de fer dans le monde. La **poste** a été organisée dans tous les pays civilisés. On a commencé depuis 1850 à créer des télégraphes électriques, d'abord sur terre, puis sous la mer, par le moyen des câbles sous-marins ; il y a déjà plus de 1 200 000 kilomètres de lignes télégraphiques et 150 000 kilomètres de câbles sous-marins.

Progrès du commerce. — Grâce à ces moyens nouveaux de production et de circulation, le **commerce** s'est accru en un demi-siècle dans la proportion de **800 pour 100**, plus qu'il n'avait fait dans tout le temps écoulé depuis le Moyen âge. On évaluait la somme du commerce de l'Europe et des États-Unis à 9 milliards en 1830 et à 70 milliards en 1880. — Désormais l'intérieur de chaque pays est ouvert aux **denrées** de tous les autres et les prix de chaque denrée se sont ainsi égalisés d'un bout du monde à l'autre. Le **blé** en particulier est devenu si abondant en Europe, grâce aux envois de l'Amérique, de la Russie et de la Hongrie que le prix du pain a baissé et qu'il n'est pas de centre civilisé qui ne soit aujourd'hui à l'abri de la disette.

Accroissement de la richesse. — A mesure que l'industrie a produit plus d'objets utiles et que le commerce les a transportés à meilleur marché, la **richesse** a augmenté. Les peuples civilisés ont pu mener une vie plus aisée et en outre mettre de côté chaque année un excédent de revenus qui a constitué l'**épargne**. On évalue l'épargne de chaque année, en Europe et aux États-Unis à environ 12 milliards. — Ce sont les paysans qui ont le plus profité de cet accroissement : ils peuvent vendre leurs denrées plus cher et acheter à meilleur marché les produits de l'industrie ; aussi leur vie s'est-elle bien améliorée depuis un siècle. Mais la grande industrie a enfanté bien des misères et *les plus malheureux* aujourd'hui sont les *ouvriers de fabriques* entassés dans les grandes villes.

Les États ont profité de l'accroissement de la richesse pour augmenter leurs **dépenses** et contracter des **dettes** énormes.

Les dépenses des États de l'Europe qui n'étaient en 1820 que de 6 milliards par an, sont montées à 20 milliards. La dette publique s'est élevée en France de 4 à 22 milliards, en Italie de 820 millions à 1 milliard, en Russie, de 1 200 millions à 15 milliards. Ce sont les **guerres** qui ont le plus contribué à ces énormes dépenses.

Banques et sociétés industrielles. — L'or et l'argent répandus dans le monde n'auraient pas suffi aux transactions commerciales. On y supplée par le **papier-monnaie**. Tous les États de l'Europe ont aujourd'hui chacun une **banque d'État** qui émet des **billets de banque**, et ces billets circulent à la place de l'argent. — Les banques servent en même temps à faire des transferts d'argent sans avoir besoin de transporter du numéraire, grâce au système des chèques et des virements de compte. — Les **Sociétés par actions** qui existaient depuis le XVe siècle, n'ont pris qu'au XIXe toute leur importance. Elles permettent, en s'adressant à un grand nombre d'actionnaires qui fournissent chacun une petite somme, de rassembler un **capital** suffisant pour organiser une entreprise coûteuse. Presque toutes les grandes créations, chemins de fer, mines, canal de Suez, sont l'œuvre d'une Société par actions. Les actions et titres de rentes créés par les États pour contracter leur dette se vendent et s'achètent à la **Bourse** où les agents de change se réunissent pour s'entendre sur les prix, car ces titres changent chaque jour de valeur. Il existait des bourses depuis le XVIe siècle, et il en existe encore pour les affaires sur les marchandises vendues en gros, coton, grains, denrées coloniales ; mais le XIXe siècle a vu naître la Bourse des valeurs et les grandes spéculations.

Nouveau régime colonial. — Les États de l'Europe ont renoncé à traiter leurs colonies comme des domaines. Ils ont supprimé les Compagnies de commerce, aboli les monopoles et permis aux colons de vendre et d'acheter librement. La liberté a accru beaucoup le commerce des colonies. — Les Anglais ont même renoncé à gouverner leurs colonies ; ils laissent les colons s'administrer eux-mêmes sous la surveillance d'un gouverneur envoyé par l'Angleterre. Les colonies de l'Espagne se sont affranchies et constituées en États indépendants. — Les colonies françaises ont obtenu, depuis 1871, le droit d'élire des députés et par conséquent de prendre part au gouvernement de la France. — Il s'est ainsi formé hors d'Europe de nouveaux centres politiques. Ces centres ont attiré à eux les habitants de l'Europe qui ne trouvaient pas à se faire une place dans leur pays. L'**émigration** s'est organisée, et chaque année des navires emportent dans trois directions, aux *États-Unis*, dans la *République Argentine* et en *Australie* des milliers d'émigrants. Les émigrants viennent surtout des **pays du Nord** plus pauvres et plus peuplés, d'Angleterre, de Norvège et surtout d'Irlande et d'Allemagne. De 1821 à 1881, il est arrivé aux États-Unis plus de 11 000 000 d'Européens, parmi lesquels, 3 500 000 Allemands.

La civilisation européenne se transporte ainsi dans des pays déserts qui se civilisent en même temps qu'ils se peuplent.

LEXIQUE

Adrien (mur d'), retranchement élevé par l'empereur romain Adrien, au nord de la Bretagne (Anterre), pour préserver la province des incursions Calédoniens. — On donne aussi le nom de *mur drien* ou *mur du Diable* à un retranchement, long 560 kilom., qui reliait le Rhin au Danube, pour server les provinces frontières de l'empire romain contre l'invasion des barbares germains.

Alluvions (l. *alluere*, laver, baigner), matières ides que les rivières transportent et déposent sur rs rives ou à leur embouchure. — Plaines d'alvions, terrains formés par les alluvions des ères.

Amplitude, étendue en longueur et en largeur.

Anarchie (g. *a* priv. ; *arkhé*, commandement), ence de gouvernement; état de désordre et de fusion.

Apanage, portion du domaine royal qu'on donnait aux princes du sang pour leur subsistance, is sans aliéner la propriété.

Ariens, sectateurs d'Arius, hérésiarque célèbre ort en 336) qui niait la divinité du Christ et fut damné par le Concile de Nicée, en 325. — La ctrine d'Arius est appelée *arianisme*.

Augure, prêtre de l'ancienne Rome dont la arge était de tirer des présages du vol et du cri s oiseaux.

Autochtone (g. *autos*, même ; *khthôn*, terre), se des premiers habitants d'un pays, de ceux qui tendaient être nés du sol même.

Autonomie (g. *autos*, même ; *nomos*, loi), état ne province qui, tout en faisant partie d'un pays s considérable, se gouverne elle-même dans une taine mesure.

Atrophie (g. *a* priv. ; *trophé*, nourriture), appauvissement. — Lacs atrophiés, lacs dont les eaux ninuent, s'appauvrissent par une évaporation onse, comme le lac Balkach (Asie centrale).

Bouddha (mot sanscrit qui signifie *le savant*), sonnage indien, dont le vrai nom était Çakyauni, fondateur de la religion bouddhiste, très ndue en Asie.

Cathares, hérétiques albigeois (onzième et douzième siècles) qui rejetaient la domination de l'Église lie et celle de la papauté.

Censitaire (l. de *census*, cens, dénombrement s citoyens à Rome et évaluation de leur fortune), oyen qui paye assez d'impôts pour être électeur.

Censure, examen de livres, journaux, pièces de âtre, etc., prescrit par le gouvernement avant permettre la publication ou la représentation.

Chott, nom arabe des lagunes salées de l'Algérie du Sahara. Peut se dire par extension de toutes lagunes qui doivent leur existence aux mêmes constances géographiques que les *chotts* algéns.

Cirque, espace circulaire, resserré entre des tagnes.

Diaphane (g. *dia*, à travers ; *phainô*, je brille). dit des corps qui laissent passer la lumière et à avers desquels on distingue les objets : tels sont, r, l'eau, les gaz, le verre poli.

Diluvien (l. *diluvium*, déluge), qui a rapport au lugo. — Pluie diluvienne, qui ressemble à un luge.

Dîme (l. *decimus*, dixième), dixième partie des réltes ou du revenu, que s'attribuaient les seigneurs cs ou ecclésiastiques.

Disparité (l. *dispar*, dissemblable), caractère choses qui manquent de parité, de ressemance.

Dualisme (l. *dualis*, de *duo*, deux). On entend par *dualisme* de l'Autriche-Hongrie, la séparation de l'empire en deux monarchies ayant chacune leur parlement, leur ministère et leur budget, mais unies sous un seul souverain.

Éphémère (g. *epi*, sur ; *hemera*, jour), qui ne dure qu'un jour. — Hôtes éphémères, hôtes passagers. On compare ici la transformation lente de la terre à la vie de l'homme, qui est de très courte durée.

Équilibre européen, compensation entre les forces des grandes puissances européennes, de sorte qu'aucune d'elles ne puisse subjuguer les autres. (Voir page 124.)

Erratique (l. *errare*, *erratum*, errer). Blocs erratiques, quartiers de roches transportés loin de leur gisement primitif.

Essaimer, se dit des abeilles qui quittent la ruche pour former un essaim. — *Des colonies grecques essaimèrent*, c'est-à-dire, des Grecs quittèrent leur patrie et allèrent fonder des établissements dans d'autres pays.

Ethnique (g. *ethnos*, peuple). Extension ethnique peut se dire de l'étendue qu'auraient certains États s'ils pouvaient s'annexer les pays dont les peuples ont la même origine.

Excentrique, qui est en dehors du centre, qui est très éloigné du centre.

Fédérative (République), République formée de l'union ou fédération de plusieurs États, comme les États-Unis d'Amérique.

Forum, la place publique chez les anciens Romains.

Germanisme, système politique de l'Allemagne tendant à rattacher à son empire les provinces de race germanique ou allemande.

Homogène (g. *homos*, semblable ; *genos*, provenance), qui est de même nature, de même genre qu'un autre objet ; — qui est formé de parties semblables.

Immuable (l. *in* privatif ; *mutabilis*, variable), qui n'est pas sujet au changement. On dit que pour nous la terre est *immuable*, parce qu'elle ne change pas ou plutôt parce que ses changements sont tellement lents qu'ils sont inappréciables.

Insulaire (l. *insula*, île), qui habite une île.

Investitures (querelle des), lutte qui s'engagea, au onzième siècle, entre les papes et les empereurs d'Allemagne au sujet de la collation des bénéfices ecclésiastiques.

Janissaires, soldats turcs de la garde des anciens sultans. Les janissaires, devenus trop puissants, se rendirent redoutables par leur insubordination. En 1826 le sultan Mahmoud II les fit massacrer.

Labyrinthe, nom donné autrefois à une suite de salles, de galeries offrant tant de détours qu'il était difficile de trouver une issue. — Les principaux labyrinthes sont : le *labyrinthe de Crète*, construit par Dédale, le *labyrinthe d'Égypte* qui était situé près du lac Mœris.

Lagune, marais d'eau salée au bord de la mer.

Limon (l. *limus*), dépôt qui se forme au fond d'une eau trouble. — Le *limon du Nil* sert d'engrais aux terres que ce fleuve inonde chaque année.

Médiane, qui est au milieu.

Métis, qui est né d'un blanc et d'une Indienne, ou d'une blanche et d'un Indien. Par extension, qui est de race mêlée.

Métropole (g. *mêtêr*, *mêtros*, mère ; *polis*, ville), se dit d'une ville capitale et aussi d'un État par rapport à ses colonies.

Migration (l. *migrare*, *migratum*, s'en aller), action de passer en masse d'une région dans une autre.

Mutiner (se), résister à l'autorité, se révolter.

Narcotique (g. *narké*, assoupissement), qui assoupit, qui produit le sommeil : *l'opium est un narcotique*.

Obélisque (g. *obelos*, broche), pyramide quadrangulaire très élevée, formée d'un seul bloc de pierre et dont les faces sont couvertes d'hiéroglyphes.

Oracle (l. *oraculum*, de *orare*, parler), réponse d'une divinité païenne à ceux qui la consultaient (Myth.).

Orthodoxe (g. *orthos*, droit ; *doxa*, opinion), conforme à la bonne doctrine, à la croyance officielle.

Philanthropique (g. *philos*, ami ; *anthrôpos*, homme), qui a rapport à l'amour de l'humanité.

Polythéiste (g. *polus*, nombreux ; *theos*, dieu), celui qui admet plusieurs dieux.

Présage (l. *præsagium*), signe par lequel on conjecture l'avenir et prédiction qu'on fonde sur ce signe.

Pronunciamiento (mot espagnol), révolution militaire en Espagne.

Puritains, membres d'une secte de protestants anglais qui prétendaient s'attacher le plus purement à la lettre de l'Écriture.

Pyramides, monuments en forme de pyramides, construits par les rois de l'ancienne Égypte. Les trois pyramides les plus célèbres se trouvent près de Memphis ; la plus grande a 146 mètres de haut, deux fois la hauteur de Notre-Dame de Paris.

Quakers, membres d'une secte protestante répandue en Angleterre et aux États-Unis depuis le dix-septième siècle. Leur nom signifie *trembleurs*.

Renégat, celui qui a renié sa foi.

Rénovateur (l. *renovare*, *renovatum*, renouveler), celui qui renouvelle, qui rajeunit, qui change en mieux.

Schisme (g. *skhisma*, déchirure), acte par lequel on se sépare de l'Église à laquelle on appartenait, mais sans rejeter positivement ses dogmes. — Le grand schisme ou *schisme d'Occident* éclata en 1378, lorsque le pape Urbain II fut élu à Rome en même temps que le pape Clément VII à Avignon.

Sphinx (g. *sphigx*, de *sphiggô*, je serre), monstre fabuleux avec une tête de femme, un corps de lion et des ailes d'aigle. Il proposait des énigmes aux passants et tuait ceux qui ne les devinaient pas. — Figure sculptée représentant un sphinx.

Steppes, vastes plaines incultes couvertes d'herbes ; se dit plus particulièrement des plaines de la Russie méridionale.

Suzeraineté, qualité du seigneur qui possède un fief, qui a des vassaux.

Tangible (l. *tangere*, toucher), qui peut être touché.

Transcontinental canadien, chemin de fer allant de Halifax sur l'Atlantique, à Vancouver sur le Pacifique. La ligne entière est longue de 4650 kilomètres.

Trappeur, chasseur de profession dans l'Amérique du Nord.

Tributaire (Principauté), État qui paye un tribut à un prince ou à un autre État.

Vénalité, caractère de ce qui est à vendre ; se dit particulièrement de certaines charges ou emplois qui s'achètent.

TABLE ALPHABÉTIQUE

A

Abbassides (les) de Bagdad, 46.
Abbayes (les) au Moyen âge, 58.
Abderrhaman (le khalife), 66.
Abdication de Napoléon (1814), 104.
Abolitionnistes (les) aux États-Unis, 122.
Absolutistes (les) en 1815, 104, 124, 126.
Acadie (l'), 92.
— (acquisition de l') par les Anglais, 92.
Achaïe (l'), 30, 56.
Achéenne (la ligue), 30.
Açores (découverte des), 74.
Acquisitions de Louis XI, 78.
— de Louis XIV, 82.
— de Louis XV, 82.
Acropole d'Athènes (l'), 24.
Acte de navigation (l') (1655), 92.
Aden (occupation d') par les Anglais, 120.
Adrien (le mur d'), 7, 32.
Affranchissement des serfs, 71.
Afghanistan (les Anglais en), 116.
Afrique (l') conquise par les Arabes, 46.
Agde, colonie grecque, 36.
Age industriel, 4.
— de pierre, 4.
Ages successifs des peuples, 3.
Agésilas, roi de Sparte, 26.
Aglabites (les), 46.
Agriculture (l') chez les Arabes, 68.
Agriculture (l') au dix-neuvième siècle, 128.
Ahriman, esprit du mal, chez les Perses, 39.
Aides (les), impôt indirect sur les boissons, 78.
Aix, colonie romaine, 36.
Aix-la-Chapelle, capitale de l'empire de Charlemagne, 48.
Aix-la-Chapelle (traité d'), (1668), 82.
Aix-la-Chapelle (traité d'), (1748), 86.
Alabama (formation de l'État d') (États-Unis), 122.
Alamans (les), 34, 44.
Alaric, roi des Wisigoths, 42.
Alaska (acquisition du territoire d') par les États-Unis, 122.
Albanais (les), 72, 112.
Albe (Albalonga), cité du Latium, 28.
Albe (le duc d'), gouverneur des Pays-Bas espagnols, 84.
Albigeois (croisade contre les), 50.
Albret (le sire d'), 78.
Alchimie (l') chez les Arabes, 69.
Alençon (le duc d'), 78.
Alençon (le duc d'), chef du parti des politiques (1572), 80.
Alençon (acquisition du duché d'), 78.
Alésia (bataille d'), 36.
Alexandre, roi de Macédoine, 26.
Alexandre (l'empire d'), 26.
Alexandre (le pape), 62.
Alexandre II, empereur de Russie, 112.
Alexandriaeschata (Khodjend), ville d'Asie, 26.
Alexandrie (Égypte), 26.
— au Moyen âge, 64, 69.
— (bombardement d') par les Anglais (1882), 112.
Alfred-le-Grand, roi d'Angleterre (871-900), 54.
Algarves (le royaume des), 66.
Alger, 16.
— (prise d') par Kaïreddin, 72.
— (prise d') par les Français, 120.
Algérie (l'), 16.
— (l'), colonie française, 120.
Alhambra (l') de Grenade, 66.
Ali, successeur de Mahomet, 66.
Allemagne (l'), 10.
— (voies historiques de l'), 10.
— (distribution intérieure de l'), 11.
Allemagne (l') en 888, 48.
— du Xe au XIIIe siècle, 52.
— du XIVe au XVe siècle, 62.
— de 1815 à 1870, 108.
— (formation de l'empire d'), 108.
Allemagne (l'unité de l') (1866), 124.
Allemands (les) en Autriche, 110.
Almanzor, général musulman, 66.
Alméria, ville d'Espagne, 66.
Almohades (les), musulmans d'Afrique, 66.
Almoravides (les), musulmans d'Afrique, 66.
Alpes (les frontières des), 11.
— (les passages des), 11.
Alpes grées (les), 36.
Alpes maritimes (les), province romaine, 32, 36.
Alphabet des Phéniciens, 20.
Alphonse de Poitiers, 50.
Alsace (acquisition de l'), 82.
Alsace-Lorraine (l') après 1871, 108, 124.
Ambassadeurs (les), 98.
Améric Vespuce, 74.
Amérique (découverte de l'), 74.
Amérique espagnole, 118.
Amiens (le comté d'), 50.
Amiens (paix d') (1802), 102.
Ammonites (les), 20.
Ammoun-Râ (le dieu-soleil), 38.
Amour (cession de la province du fleuve-) à la Russie, 116.
Anarchie militaire (l'), 34.
Ancien régime (l'), 126.
Andalousie (l'), 42.
Anglais (expulsion des) de la France, 60.
Anglais (les) en Afghanistan, 116.
Anglais et Russes en Asie, 116.
Angles (les), 42.
— (les) dans la Grande-Bretagne, 54.
Angleterre (l'), 14, 50, 54.
— (conquête de l'), 54.
— au XVIIIe siècle, 94.
— (colonies de l'), 92.
Anglicanisme (l'), 97.
Anglo-Saxons (conversion des), 44.
— (les royaumes), 42, 54.
Angoulême (acquisition du comté d'), 78.
Anhalt (la principauté d'), 12.
Anjou (le comte d'), 64, 78.
Anjou (le comte d'), 50.
Anjou (acquisition du comté d'), 78.
Annam (l'empire d'), 114.
Annam (l'), protectorat français, 120.
Annibal, 30.
Antalcidas (traité d') (387 av. J.-C.), 24.
Antibes, colonie grecque, 36.
Antigone, lieutenant d'Alexandre, 26.
Antilles (découverte des), 74.
Antioche, ville de Syrie, 26.
— (prise d') par les croisés, 56.
Antioche (la principauté chrétienne d'), 56.
Antiochus, roi de Syrie, 30.
Antonins (les), 32.
Apamée, ville d'Asie, 26.
Apanages (les), 78.
Appienne (la voie), 29.
Aqueducs romains (les), 41.
Aquitaine (l'), 36, 44.
— (le duché d'), 50.
Arabe (l'empire), 8.
Arabes (conquêtes des), 46.
— (les) en Espagne, 66.
— (lutte des Français contre les) en Algérie, 120.
Arachosie (l'), province de l'empire des Parthes, 26.
Aradus, ville des Phéniciens, 20.
Aragon (le royaume d'), 66.
— (acquisition de l') par la maison d'Autriche, 84.
Aranda, ministre de Naples, 94.
Arbèles (bataille d') (331 av. J.-C.), 26.
Arcadius, empereur romain, 34.
Archevêque (l'), au Moyen âge, 58.
Archimède, mathématicien grec, 40.
Architecture byzantine (l'), 69.
— (l') chez les Chaldéens et les Assyriens, 38.
— au Moyen âge, 70.
— au temps de la Renaissance, 97.
Archontes (les) d'Athènes, 24.
Arènes d'Arles, 36.
Aréopage d'Athènes (l'), 24.
Argentine (formation de la République), 118.
Argos, ville de Grèce, 24.
Arie (l'), pays de l'Asie, 26.
Ariens (les hérétiques), 42.
Arioste, philosophe grec, 97.
Aristophane, poète grec, 40.
Aristote, philosophe grec, 40.
Arkansas (formation de l'État d') (États-Unis), 122.
Arles, colonie romaine, 36.
Arles (le royaume d'), 48.
Armagnac (acquisition de l'), 78.
Armagnac (le comte d'), 78.
Armagnacs (le parti des), 60.
Armées permanentes (les), 78, 98.
Armée romaine (l'), 28.
— turque, 72.
Arménie (le royaume d'), 26.
— (conquête de l') par les Arabes, 46.
Arménie (annexion de l') à la Russie, 116.
Arras (traité d') (1435), 60.
Arrière-ban (l') sous Philippe-le-Bel, 50.
Arsacides (la dynastie des), 26.
Artaxercès, roi des Perses, 26.
Artillerie (création de l'), 96.
Artois (acquisition de l'), 82, 94.
Arts (les) chez les Arabes au Moyen âge, 69.
— chez les Égyptiens, 38.
— chez les Grecs, 40.
— au Moyen âge, 70.
Arvernes (les), peuples de la Gaule, 36.
Aryas (les peuples), 22.
Ascalon (victoire d') (1099), 56.
Asculum, ville d'Italie, 29.
Asie (conquête de l') par les Romains, 30.
Asie (les Russes et les Anglais en), 116.
Asie Mineure (conquête de l') par les Turcs, 72.
Assemblée législative (l') (1791), 100.
— nationale constituante (1789), 100.
Assurbanipal, roi d'Assyrie, 18.
Assyriens (les), 18, 38.
Astarté, déesse des Phéniciens, 39.
Aztèques (l'empire des) au Mexique, 74.
Astrologie (naissance de l'), 38.
Astronomes (les) des XVIe et XVIIe siècles, 99.
Asturies (les), province romaine d'Espagne, 32.
Asturies (le royaume des), 66.
Athènes (Grèce), 24.
Atrium romain (l'), 41.
Attale, roi de Pergame, 26.
Attila, roi des Huns, 42.
Auerstaedt (bataille d') (1806), 102.
Augsbourg (Allemagne), 62.
Augsbourg (paix d') (1555), 84.
Augures (les) chez les Romains, 41.
Auguste (Octave), empereur romain, 32.
Aunis (acquisition de l'), 78.
Aurélienne (la voie), 29.
Austerlitz (bataille d') (1805), 102.
Australie (colonisation de l') par les Anglais, 120.
Austrasie (l') ou France orientale, 44.
Austrasie (les ducs), 44.
Autriche (l'), 11, 52.
Autriche (l'archiduché d'), 62.
— (guerre de la succession d'), 94.
— (de 1815 à 1878), 110.
— (la maison d'), 84.
Auvergne (acquisition de l'), 78.
Auxerre (acquisition du comté d'), 78.
Avaricum (Bourges), ville des Bituriges, 36.
Avars (destruction du royaume des), 48.
Avignon (les papes à), 58.
Azincourt (bataille d') (1415), 60.

B

Baal, dieu des Phéniciens, 39.
Baal-Moloch, dieu des Carthaginois, 39.
Babylone (empire de), 18.
Bactriane (la), 26.
Bade (le grand duché de), 12, 102.
Bagaudes (les), paysans gaulois révoltés, 36.
Bagdad, 46, 69.
Baillis (les), 50, 78.
Baïonnette (la), 99.
Balboa, navigateur portugais, 74.
Bâle (paix de) (1795), 100.
Baléares (les), 66.
Balkans (la presqu'île des), 72.
Béloutchistan (les Anglais au), 116.
Banques (les) au XIXe siècle, 128.
Baptême de Clovis, 44.
Barbares (les), 34.
— (conversion des), 44.
— (religion des), 42.
— (royaumes), 42, 68.
Barberousse (Frédéric), empereur d'Allemagne, 52.
Barberousse (Kaïreddin), aventurier grec, 72.
Barcelone (Espagne), 14.
— (le comté de), 66.
Baron (le) au XIe siècle, 50.
Baronnies (les) dans les royaumes chrétiens de l'Orient, 56.
Bas-Empire (le), 34.
Bassorah, port de Bagdad, 69.
Batave (création de la République), 100.
Bateau à vapeur (invention du), 127.
Batoum (Asie Mineure), prise par la Russie, 112.
Baudouin de Flandre, empereur de Constantinople, 56.
Bavarois (les), 44, 52.
Bavière (la), 12, 44.
—(affaire de la succession de), 94.
— (le royaume de), 102.
Bayonne (acquisition de la vicomté de), 78.
Béarn (acquisition du), 80.
Beaucaire (la sénéchaussée de), 50.
Beaux-arts (les) au temps de la Renaissance, 97.
Beaux-arts (les) au XIXe siècle, 127.
Beccaria, ministre de Parme, 94.
Beethoven, musicien allemand, 127.
Belges (les), 36.
Belgique (la), province de la Gaule, 36.
Belgique (cession de la) à l'Autriche, 94.
Belgique (réunion de la) à la France, 100.
Belgique (séparation de la) et de la Hollande, 124.
Belgrade (prise de) par Soliman (1521), 72.
Bélisaire, général de Justinien, 42.
Bénédictins (les), 58.
Bengale (conquête du) par les Anglais, 92.
Berbères d'Afrique (les) en Espagne, 66.
Berbérie (la), 16.
Bérésina (passage de la), 102.
Berg (création du grand duché de), 102.
Bergen (bataille de) (1799), 100.
Berlin (congrès de) (1878), 112.
Bessarabie (cession de la) à la Russie, 112.
Bibracte, camp retranché des Éduens, 36.
Billets de banque (création des), 128.
Birmanie (la), 114.
— (conquête de la) par les Anglais, 120.
Bismarck, ministre de Prusse, 108.
Bithynie (le royaume de), 26.
Blocus continental, 102.
Boers (les), colons du sud de l'Afrique, 120.
Bohême (le royaume de), 52.
—(acquisition de la) par la Maison d'Autriche, 84.
Bohême (la), province autrichienne, 110.
Bohême (guerre de) (1866), 124.
Boileau, 99.
Bokhara (le Khan de), 116.
Bolivar, général américain, 118.
Bolivie (formation de la république de), 118.
Bologne, ville d'Italie, 64.
— (l'université de) au Moyen-âge, 70.
Bombay (fondation des comptoirs anglais à), 92.
Bonaparte (le général), 100.
— premier consul, 102.
— (gouvernement de), 126.
Boniface (Saint), apôtre de la Germanie, 44.
Bonnets (le parti des) en Suède, 88.
Bordeaux, capitale de l'Aquitaine, 36.
Borgia (César), 76.
Bosnie (la) prise par les Turcs, 72.
— occupée par les Autrichiens, 110, 112.
Bossuet, 99.
Botany-Bay (fondation de), 120.
Bouides (la dynastie des) en Perse, 46.
Bourbon (le duc de), 78.
Bourbon (l'île de) occupée par les Français, 92.
Bourbons (les) de Naples, 94.
Bourbonnais (acquisition du), 78.
Bourgeoisie (formation de la), 71.
Bourges (la vicomté de), 50.
Bourges (le roi de), 60.
Bourgogne (le duché de), 50.
Bourgogne (acquisition du duché de), 78.
Bourgogne cisjurane, 48.
— transjurane, 48.
Bourguignons (le parti des), 60.
Boussole (invention de la), 96.
Bouvines (bataille de) (1214), 50.
Brabant (le), 48.
Brandebourg (le), 11.
— (la marche de), 52, 62, 86.
Brazza, explorateur français, 120.
Brême, ville d'Allemagne, 62.
Brésil (découverte du) (1500), 74.
— (le) au XIXe siècle, 118.
Bresse (acquisition de la), 80.
Bretagne (la) (Angleterre), 32.
Bretagne indépendante (la), 44.
— (le duché de), 50.
— (acquisition du duché de), 78.
Brétigny (traité de) (1360), 60.
Bretons (les), 32.
Bruce, roi d'Écosse, 54.
Bruges, ville de Flandre, 60.
Brumaire (le 18), 102.
Brunswick (le duché de), 12.
Brunswick, ville de la Hanse, 62.
Buenos-Ayres (affranchissement des colons de) (1811), 118.
Bugey (acquisition du), 80.
Bukharest, ville de Roumanie, 112.
Bulgares (les), 72, 112.
—(affranchissement des), 124.
Bulgarie (la) érigée en principauté, 112.
Burgondes (les), 42.
—(le royaume des), 42, 44.
Byron, littérateur anglais, 127.
Byzance (Constantinople), 42, 46.
Byzantin (l'empire), 42, 46.

C

Cabot (Sébastien), 74.
Cadix (Espagne), 66.
Caffa (le port de), 64.
Caire (le Khalifat du), 46.
Caire (le) au Moyen âge, 69.
Calabre (la), 64.
Calais (cession de) aux Anglais, 60.
Calédonie (occupation de la Nouvelle) par les Français, 120.
Californie (occupation de l'État de) (États-Unis), 122.
Caligula, empereur romain, 32.
Calmar (union de) (1397), 88.
Calvin, 80, 97.
Calvinisme (le), 80, 97.
Cambodge (le royaume de), 114.
— placé sous le protectorat de la France, 120.
Cambrie (le royaume de), ou de Galles, 54.
Cambyse, fils de Cyrus, 22.
Camp romain (le), 28.
Campagne d'Italie (1796), 100.
— de 1799, 100.
— de Russie (1812), 102.
Campo-Formio (paix de) (1797), 100.
Canada (le) ou Nouvelle France, 92.
— (conquête du), par les Anglais, 92.
Canada (formation du Dominion du), 120.
Canaries (les Espagnols aux îles), 74.
Cannes (bataille de) (216 av. J.-C.), 30.
Canova, sculpteur italien, 127.
Canstadt (la race de), 3.
Cantabres (les), 32.
Cap (conquête du) par les Anglais, 120.
Capétiens (avènement des), 50.
Capitole de Rome (le), 28.
Capitulaires de Charlemagne, 48.
Capitulations (les), 72.
Capoue, colonie grecque, 28.
Cappadoce (le royaume de), 26.
Cap Vert (découverte du), 74.
Caracalla, empereur romain, 34.
Caravanes (les) au Turkestan et en Perse, 114.
Carbonari (la société des), 106.
Carcassonne (la sénéchaussée de), 50.
Carchemish (bataille de) (605 av. J.-C.), 18.
Cardinaux (les) au Moyen âge, 70.
Carélie (conquête de la) par les Suédois (1617), 88.
Carie (la), province de l'Asie-Mineure, 22.
Carinthie (acquisition de la) par la Maison d'Autriche, 84.
Carinthie (la), province allemande de l'Autriche, 110.
Carlsbad (congrès de) (1819), 104.
Carmanie (la), 26.
Carniole (acquisition de la), par la maison d'Autriche, 84.
Carniole (la) province de l'Autriche, 110.
Caroline (la) colonie anglaise, 92.
Carolingiens (la Gaule sous les ducs), 44.
Carolingiens (l'empire des), 48.
— (les derniers), 50.
Carthage (l'empire de), 30.
Castille (le comté de), 66.
— (le royaume de), 66.
— (acquisition de la) par la maison d'Autriche, 84.
Castillon (bataille de) (1453), 60.
Cathares (les doctrines des), 50.
Catherine, tzarine de Russie, 87, 90, 94.
Catholique (le parti), 80.
Catholiques (les États), 97.
Catholiques orthodoxes (les), 42.
Cattes (les), peuple germain, 34.
Caucase (les Russes dans le), 116.
Cavour, ministre italien, 106.
Celtes (les), 36.
— dans la Grande-Bretagne, 54.
Celtibères (les), 30.
Censitaires (les) électeurs, 127.
Cent ans (guerre de), 60.
Cent familles (les), 4.
Centralisation (établissement de la) en Europe, 95.
Cercles (l'Allemagne divisée en), 84.
Cerdagne (acquisition de la), 82.
Cervantes, auteur de *Don Quichotte*, 97.
César, général romain, 32.
Ceylan (comptoirs portugais dans l'île de), 92.
Chaldée (la), 5, 18.
Chaldéens (les), 18, 38.
Chambres de réunions (les), 82.
Champs-de-Mars (le) à Rome, 28.
Champagne (le comté de), 50.
— (acquisition de la) par Philippe-le-Bel, 60.
Champlain, fondateur de Québec, 92.
Champs de bataille (distribution géographique des), 11.
Chanoines (les) au Moyen âge, 58.
Chansons de gestes (les), 70.
Chapeaux (le parti des) en Suède, 88.
Charlemagne, 48.
Charles le Chauve, roi de France, 48.
Charles le Simple, roi de France, 50.
Charles V, roi de France, 60.
Charles VI, roi de France, 60.
Charles VII, roi de France, 60.
Charles VIII, roi de France, 76.
Charles III, roi d'Espagne, 94.
Charles X Gustave, roi de Suède, 88.
Charles XII, roi de Suède, 88.
Charles-Albert, roi de Sardaigne, 106.

TABLE ALPHABÉTIQUE 131

Charles Martel, 44.
Charles le Téméraire, 78.
Charles-Quint, 76, 84.
— et François Ier, 76.
Charolais (le comte de), 78.
Charte (la grande), 54.
Château féodal (le), 70.
Châteaubriant (l'édit de) (1551), 80.
Chemin de fer (création du), 127.
— de la Caspienne à Samarkand, 116.
Chemin de fer du Pacifique, 122.
Chéronée (bataille de) (338), 26.
Chevalerie (la), 69.
— de cœur, 71.
Chevaliers (les) à Rome, 31.
— au xie siècle, 50.
— brigands, 62.
— de Saint-Jean de Jérusalem, 58.
— du Temple, 56.
— de l'ordre teutonique, 56.
Choiseul, ministre de Louis XV, 94.
Christianisme (le), 34.
Christophe-Colomb, 74.
Chiites (les), secte musulmane, 68.
Chili (affranchissement des colons du), 118.
Chili (formation de la république du), 118.
Chimie (la) au xixe siècle, 127.
Chine (la), 4, 114.
— (guerre de), 114.
— (ouverture de la) aux Européens, 114.
— (les Russes en), 116.
Christophe Colomb, 74.
Chypre, 26.
Chypre (les rois de Jérusalem à), 56.
— (acquisition de) par les Anglais, 112.
Cilicie (la) province d'Asie, 26, 30.
Cimbres (les), 30.
Cipayes (les) de l'Inde, 120.
Cirques romains (les), 41.
Cisalpine (création de la république), 100.
Cisleithans (les pays), 110.
Cité romaine (la), 26, 32.
Cités de la Gaule (les), 36.
Cités grecques (les), 5, 24.
Cités du Latium (les), 28.
Cîteaux (l'abbaye de), 58.
— (l'ordre de), 70.
Citoyens grecs (les), 40.
— romains (les), 40.
Civilisation (Histoire de la): Antiquité, 88.
— — Moyen âge, 68.
— — Temps modernes, 96.
— — Période contemporaine, 126.
Civilisation (origines et développement de la), 3.
Civilisation (mouvement d'expansion de la), 15.
Civilisation arabe, 46.
— byzantine, 69.
Civilisation européenne (décadence de la), 68.
Civilisation féodale, 69.
— Japonaise, 114.
— Orientale, 68.
— — en Occident, 69.
— romaine, 36.
Clairvaux (l'abbaye de), 58.
Clans écossais (les), 54.
Claude, empereur romain, 32, 34.
Clément VIII (le pape), 58.
Clercs (les) ecclésiastiques, 70.
Clergé (le) au Moyen âge, 78.
Clermont (le Concile de) (1096), 56.
Clèves (le domaine de), 86.
Clotaire, roi des Francs, 44.
Clovis, roi des Francs, 44.
— (baptême de), 44.
Cluny (l'abbaye de), 58.
— (l'ordre de), 70.
Coalitions contre Louis XIV, 82.
— — la France en 1793, 100.
— — Napoléon Ier, 102.
— — — en 1813, 104.
Cocherel (bataille de) (1364), 60.
Cochinchine française (formation de la), 114.
Cochinchine (conquête de la), 120.
Collines de Rome (les sept), 28.
Cologne, ville d'Allemagne, 62.
Colomb (Christophe), 74.
Colonies d'assimilation, 16, 17.
— de peuplement, 16, 17.
Colonies anglaises, 92, 120.
— espagnoles, 14, 118.
— françaises, 92, 120.
— grecques, 24, 28.
— phéniciennes, 20.
Colonies portugaises, 14.
— romaines, 29.
Colonnes d'Hercule (les), 20.
Comédie (la) chez les grecs, 40.
Commerce des Arabes, 68.
— des Italiens au Moyen âge, 64.
— des Romains, 41.
— (le) au Moyen âge, 71.
— (le) au xvie siècle, 74.
— (le) au xixe siècle, 128.
Compagnie (la) de Jésus, 97.
Compagnies de commerce, 92, 99.
— des Indes, 92, 99.
— du Sénégal, 92.
Comtat-Venaissin (réunion du) à la France (1797), 100.
Comtes (les) sous les Mérovingiens, 44.
— au xie siècle, 50.
Comtés (les) sous Charlemagne, 48.
Concile de Bâle (1431), 97.
— de Clermont (1096), 56.
— de Constance (1416), 97.
— de Trente (1545-1563), 97.
Concile provincial (le), 36, 58.
Concordat de Worms (1122), 52.
— de 1516, 80.
— de 1801, 102.
Condé (les princes de), 80.
Condottieri (les), 76.
Confédération de 13 cantons, 62.
— Germanique, 102, 108.
— du Nord, en Allemagne, 108.
— du Sud, en Allemagne, 108.
— du Sud, aux États-Unis, 122.
Congrès (le) aux États-Unis, 122.
Congrès de Berlin (1878), 112.
— de Carlsbad (1819), 104.
— de Laibach (1821), 104.
— de Paris (1856), 112.
— de Rastadt (1798), 100.
— de Vérone (1822), 104.
— de Vienne (1814), 104, 108.
Congo français (le), 120.
Connétable de Bourbon (le), 78.
Conquête de l'Italie par les romains, 28.
Conquête du Latium par les Romains, 28.
Conquête du monde par les Romains, 30.
Conquêtes des Anglais, 92.
— des Arabes, 46.
— de la Prusse au xixe siècle, 108.
— de la Russie, 90.
Conrad, empereur d'Allemagne, 56.
Conscription (établissement de la), 127.
Constantin, empereur romain, 34.
Constantinople, capitale de l'empire d'Orient, 34.
Constantinople (prise de) par les croisés, 56.
Constantinople (prise de) par les Turcs (1453), 72.
Constituante (l'Assemblée) en 1789, 100, 136.
Constitutionnel (le régime) en France, 126.
Constitutionnel (le régime) en Portugal, 124.
Constitutionnel (le régime) en Sardaigne, 124.
Constitutionnels (les) sous la Restauration, 104.
Consulat de 1802, 102.
Consuls (les) à Rome, 28.
Convention (la) (1792), 100.
Convention des détroits (la) (1820), 112.
Conversion des Anglo-Saxons, 34.
— des Barbares, 44.
— des Francs, 44.
— des Germains, 44.
Convicts (les) anglais à Botany-Bay, 120.
Copenhague (paix de) (1660), 88.
Copernic, astronome polonais, 99.
Cordoue (le khalifat de), 46, 66.
Cordoue au Moyen âge, 69.
Corinthe, ville de Grèce, 24, 26.
— (destruction de), 30.
Corneille, 99.
Cornouailles (la presqu'île de), 54.
Corporations (les), 71, 126.
Corsaires (les) de Tunis et d'Alger au temps de Charles-Quint, 84.
Corse (la) au Moyen âge, 64.
— (acquisition de la), 82.
Cortès (les) d'Espagne, 66.
Cortès (lutte de Charles Quint contre les), 84.
Cortez (Fernand) au Mexique, 74.
Costa-Rica (formation de la République de), 118.
Coucy (le seigneur de), 60.
Cour des Aides (la), 82.
— des barons dans les royaumes chrétiens de l'Orient, 56.
Cour des comptes (la), 60, 82.
Cour de Charlemagne (la), 40.
Cours d'Église (les), 59.
Cours de Justice (les), 78.
Cours souveraines (les), 82.
Coutras (bataille de) (1587), 80.
Couvents (les) au Moyen âge, 58.
Cracovie, capitale de la Pologne, 90.
— (annexion de la République de) à l'Autriche (1847), 110.
Crécy (bataille de) (1346), 60.
Créoles (les) dans les colonies espagnoles, 118.
Crésus, roi de Lydie, 22.
Crimée (conquête de la) par les Russes, 90.
Crimée (guerre de) (1854), 112, 124.
Croates (les peuples), 124.
Croatie (acquisition de la) par la maison d'Autriche, 84.
Croatie (la), province de l'Autriche, 94, 110.
Croisades (les), 56.
Croisade contre les Albigeois, 60.
Cro-Magnon (la race des), 3.
Crotone, colonie grecque, 28.
Ctésiphon, capitale du royaume des Parthes, 26.
Cuba (découverte de), 74.
Culte (le) chez les grecs, 40.
Cumes, colonie grecque, 28.
Cunaxa, v. de Babylonie, 26.
Cunéiforme (l'écriture), 38.
Curiales romains (les), 42.
Curie romaine (la), 33.
Custozza (bataille de), (1866), 106.
Cynocéphales (bataille de) (197 av. J.-C.), 30.
Cyrénaïque (la), 26.
Cyrus, roi des Perses, 20, 22, 26.

D

Dacie (la), province romaine, 32.
Daghestan (annexion du) à la Russie, 116.
Dagobert, roi des Francs, 44.
Dalmatie (la), province de l'Autriche, 110.
Damas, ville de Syrie, 46.
— (siège de) par les Croisés, 56.
Damiette (prise de) par les Croisés (1217), 56.
Danemark (le royaume de), 88.
— (guerre du) (1864), 124.
Danois (les), 54.
Danube (la vallée du), 12.
Darc (Jeanne), 60.
Darius, roi des Perses, 22.
— (mort de), 26.
Dantzig, v. de la Hanse, 62.
Dauphiné (acquisition du), 78.
David, peintre français, 127.
David, roi d'Israël, 20.
David d'Angers, sculpteur français, 127.
Déclaration des droits de l'homme, 100, 126.
Découvertes maritimes des Espagnols et des Portugais, 14, 74.
Découvertes des temps modernes, 96.
— contemporaines, 128.
Déesse-Lune (la) des Egyptiens, 38.
Déesse Rome (la), 36.
Dekan (le), Inde, 92.
Delacroix, peintre français, 127.
Delhi, capitale du Grand-Mogol, 92.
Delphes (le temple de), 26.
Démagogues (les) à Athènes, 24.
Démétrius, lieutenant d'Alexandre, 26.
Démembrement de l'empire turc, 112.
Démembrement de la Pologne, 90.
Démocratie (la) au xixe siècle, 127.
Démosthènes, orateur grec, 26, 40.
Départements (division de la France en), 100.
Descartes, mathématicien, 99.
Dettes des États, 128.
Deux-Siciles (le royaume des), 64.
— (Rétablissement du royaume des), 106.
Diamants (les) au Cap, 120.
Diderot, écrivain français, 99.
Diète de la Confédération Germanique, 108.
Dieu Auguste (le), 35.
— Soleil (le) des Egyptiens, 8.
Dîme (la) sous l'ancien régime, 126.
Diocèses ecclésiastiques, 34, 58.
— romains, 34.
Dioclétien, empereur romain, 34.
Diplomatie (la), 98.
Directoire (le), 100.
Dissolution de l'empire romain, 6.
Diu, comptoir portugais dans l'Inde, 92.
Divisions de l'histoire, 17.
— naturelles du sol Français, 8.
Dix-mille (expédition des), 26.
Doge de Venise (le), 64.
Domaine (le) de l'Église au Moyen âge, 58.
Domaine (le) de la maison d'Autriche, 84.
Domaine royal au xie siècle, 50.
— — au xve siècle, 78.
— — au xvi siècle, 78.
Dominicains (l'ordre des), 56, 70.
Dominion (le) du Canada, 120.
Dominique (la), colonie française, 92.
— (perte de la), 92.
Donjon (le), 50, 70.
Doomsday-book (le), 54.
Doriens (les), 24.
Dresde (bataille de) (1813), 104.
Dreux (bataille de) (1562), 80.
Droit canon (le), 70.
— romain (le), 41.
Droits féodaux (les), 126.
Droits de l'homme (la déclaration des), 100, 126.
Dualisme (le) en Autriche, 110.
Ducs (les) d'Austrasie, 44.
— des Francs, 44.
— de France, 60.
— au xi siècle, 50.
Duc de Bourgogne (assassinat du), 60.
Duguesclin, 60.
Dupleix, 92.
Durer, peintre allemand, 97.
Dzoungarie (occupation de la) par les Russes, 116.

E

Ecbatane, v. de Médie, 22.
Echevins (les), 71.
Ecluse (bat. de l') (1340), 60.
Economie politique, 99.
Ecoles arabes (les), 45.
— carolingiennes, 68.
Economistes (les) au xviiie siècle, 99.
Ecosse (l') au Moyen âge, 54.
Ecriture cunéiforme (l'), 38.
Edesse, principauté chrétienne, 56.
— (prise d') par les Turcs (1144), 56.
Edit de Châteaubriant (1551), 80.
Edit de Nantes (1598), 80.
Edouard III, roi d'Angleterre, 60.
Edrissites (les), 46.
Eduens (les), peuple de la Gaule, 36.
Egalité devant la loi (l'), 127.
Eglise (organisation, triomphe de l'), 34.
— (l') et la civilisation, 68.
Eglise (les domaines d') au Moyen âge, 58.
Eglise (les états de l'), 64.
Eglise de France (l'), 58, 80.
— de Gaule (l'), 36.
— grecque de Russie, 90.
— d'Orient, 46.
— orthodoxe, 46, 69.
Egypte (l'), 5, 18, 26.
— conquise par les arabes, 46.
— au xixe siècle, 112.
— occupée par les Anglais, 112.
Egyptiens (religion des), 38.
Elam (le pays d'), 18.
Elatée, v. de Grèce, 26.
Elbe (Napoléon à l'île d'), 104.
Electeur (l') de Brandebourg, 86.
Electeurs (les princes) d'Allemagne, 62.
Electricité (découverte de l'), 127.
Electro-magnétisme (découverte de l'), 127.
Eléonore d'Aquitaine, 50.
Elie (le prophète), 39.
Emigrants anglais (les), 120.
Emigration chinoise, 114.
— européenne, 118.
— — aux États-Unis, 122.
— (l') au xixe siècle, 128.
Emigrés (les), 100.
Empereurs illyriens (les), 34.
Empereur d'Occident (l'), 34.
— d'Orient, 34.
— romain, 32.
Empire d'Alexandre (l'), 26.
Empire d'Allemagne (formation de l'), 106.
Empire arabe (l'), 8, 46.
— — (démembrement de l'), 46.
— britannique, 120.
— byzantin, 42, 46.
— carolingien, 48.
— de Carthage, 30.
— de Charles-Quint, 34.
— français, 102.
— grec, 72.
— latin, 56.
— d'Occident, 48.
— d'Orient, 42.
— ottoman, 72.
— des Parthes, 26.
— des Perses, 22.
— romain, 6, 32.
— — (partage de l'), 34.
Empire romain (le saint) germanique, 52.
Empire turc (l') en 1815, 112.
Empires orientaux, 46.
Enrôlements forcés en Prusse, 98.
Eoliens (les), 24.
Epaminondas, général thébain, 24.
Equateur (formation de la république de l'), 118.
Eques (les), 28.
Equilibre européen (l'), 98, 124.
Erasme, 97.
Eratosthène, géographe et astronome grec, 27, 40.
Eschyle, tragédien grec, 40.
Esclavage (l') aux États-Unis, 122.
— (abolition de l'), 127.
Esclavagistes (les) aux États-Unis, 122.
Esclaves grecs (les), 40.
— romains (les), 40.
Esclavonie (l'), province d'Autriche, 110.
Espagne (l') et le Portugal, 12.
Espagne (conquête de l') par les romains, 30.
Espagne (conquête de l') par les Arabes, 46.
Espagne (conquête de l') par Charlemagne, 48.
Espagne (l') au Moyen âge, 66.
— (décadence de l'), 94.
— (guerre de la succession d'), 94.
— sous Napoléon Ier, 102.
— (les colonies de l'), 118.
Essex (le royaume d'), 54.
Estanglie (le royaume d'), 54.
Esthonie (conquête de l') par les Suédois, 88.
Esthonie (conquête de l') par les Russes, 90.
Estramadure (l'), 66.
Etampes (le comté d'), 50.
Etats catholiques (les), 97.
Etats chrétiens en Orient, 56.
Etats de l'Église (les), 64.
— (restauration des), 106.
États généraux de 1789, 100.
États du pape à la fin du xve siècle, 76.
— (annexion des) à la France (1808), 102.
Etats de Paris (les) (1593), 80.
États protestants, 97.
États-Unis (les), 92, 122.
Etolie (l'), 30.
Etolienne (la ligue), 30.
Etrurie (l'), 28.
— (conquête de l'), 28.
— (création du royaume d'), 102.
Etrusques (les), 28.
Euclide, mathématicien grec, 40.
Eudes, duc de France, 50.
Euripide, tragédien grec, 40.
Europe en 1789, 94.
— pendant l'Empire, 102.
— en 1815, 104.
— contemporaine, 124.
Evêchés de France au Moyen âge, 58.
Evêques (les), 34.
— sous les Mérovingiens, 44.
— du Rhin, 62.
Excommunication (l') au Moyen âge, 70.
Exode (l'), 20.
Expansion des peuples modernes, 16.
— de la civilisation, 15.
Expéditions grecques, 26.
Extrême-Orient (l'), 4, 114.
Eylau (bataille d') (1807), 102.
Ezéchiel (le prophète), 39.

F

Fær-Oer (découverte des îles), 88.
Faidherbe (le général) en Afrique, 120.
Far-West (le) aux États-Unis, 122.
Fatimites (les) d'Égypte, 46.
Fédéral (le gouvernement) des États-Unis, 122.
Fédéralistes (le parti des) en Amérique, 118.
Fellahs (les) en Egypte, 18.
Féodal (le régime), 50.
Ferdinand d'Aragon, 66.
Ferdinand, roi d'Espagne, 76, 84.
Fez, ville du Maroc, 46.
Fiefs (les), 50.
Finances (les) sous Louis XV, 82.
Finlande (la), possession suédoise, 88.
Finlande (conquête de la) par la Russie, 90.
Flaminienne (la voie), 29.
Flandre (la), 50, 60.
— (acquisition de la), 82.
— (cession d'une partie de la) à la France, 94.
Fleuri, ministre de Louis XV, 82.
Fleuve Orange (la république du), 120.
Florence, ville d'Italie, 64.
— au xvie siècle, 76.
— capitale de l'Italie, 106.
Floride (acquisition de la) par la France, 92.
Floride (acquisition de la) par les États-Unis, 122.
Foires (les) au Moyen âge, 71.
Foix (le comté de), 78.
— acquisition du comté de), 80.
Forbach (bataille de) (1870), 124.
Forez (acquisition du), 78.
Formation territoriale des principaux états civilisés, 3.
Formation territoriale de l'empire romain, 6.
Formation de l'unité territoriale, 8.
Formigny (bataille de) (1451), 60.
Fortifications modernes (les), 99.
Forum (le), 40.
Français (les) en Afrique, 120.
— en Indo-Chine, 120.
— en Océanie, 120.
France (le duché de), 50.
— (le royaume de) en 888, 48.
— féodale (la), 50.
— avant et pendant la guerre de Cent ans, 60.
— pendant les guerres de religion, 80.
— monarchique, 82.
— en 1815, 104.
— (guerre de) (1870-1871), 124.
— (colonies de la), 92.
Francfort, ville libre d'Allemagne, 62.
— (annexion de) à la Prusse, 108.
— (traité de) (1871), 108.
Franche-Comté (la) de Bourgogne, 78.
— (acquisition de la), 82.
— (acquisition de la) par la maison d'Autriche, 84.
— (cession de la) à la France, 94.
Franciscains (l'ordre des), 58, 70.
François Ier, roi de France, 76.
— et Charles-Quint, 76, 84.
Franconie (la maison de), 52.
— (les évêques de), 62.
Francs (les), 34, 42, 44.
— (conversion des), 44.
— (les ducs), 44.
— (le royaume des), 44.
Francs-Archers (les) sous Charles VII, 78.
Frédéric Barberousse, empereur d'Allemagne, 52.
Frédéric II, empereur d'Allemagne, 52.
Frédéric-Guillaume, grand électeur de Brandebourg, 86.
Frédéric II, roi de Prusse, 86, 94.
Friedland (bataille de) (1807), 102.
Frise (la), 44.
Frisons (les), 44, 52.
Frontière des Alpes (la), 11.
— du Rhin (la), 9.
— (fixité de la), sauf au Nord-Est, 9.
Frontières (les) de la France en 1815, 104.
Funérailles (les) chez les Perses, 39.
Fusil à pierre (le), 99.
— à aiguille (le), 108.

132 TABLE ALPHABÉTIQUE

G

Galatie (le royaume de), 26, 36.
— (la), province romaine, 32.
Galates (défaite des), 30.
Galice (le royaume de), 66.
Galicie (acquisition de la) par l'Autriche, 90.
Galicie (le royaume de), province autrichienne, 110.
Galiciens (les peuples), 124.
Galilée, astronome et physicien italien, 99.
Galles (le prince de), 54.
Galles (le royaume de) au Moyen âge, 54.
Galles du Sud (fondation de la Nouvelle-), 120.
Gallois (les) au Moyen âge, 54.
Gand, ville de Flandre, 60.
Garamantes (les), peuple d'Afrique, 34.
Garibaldi, patriote italien, 106.
Garnier (Francis) au Tonkin, 114.
Gaule cisalpine (la), 28, 36.
— (conquête de la), 30.
Gaule franque (la), 7.
— indépendante (la), 36.
— romaine (la), 7, 36.
— transalpine (la), 36.
— (conquête de la), 36.
— sous les Mérovingiens, 44.
— sous les Carolingiens, 44.
Gébel, ville des Phéniciens, 20.
Gédéon, juge d'Israël, 20.
Gédrosie (la), province de l'empire des Parthes, 26.
Généraliffe (le), monument arabe de Grenade, 66.
Gênes (la république de), 64, 76.
— (possessions de), 64.
— (acquisition de) par la Sardaigne, 106.
Génésareth (le lac de), 20.
Genève, ville de Suisse, 62.
— (annexion de) à la France, 102.
Gengis-Khan, chef des Mongols, 72.
Gensérie, roi des Vandales, 42.
Geoffroy-Plantagenet, 50.
Géographie (la) et l'Histoire, 3.
— chez les Arabes, 69.
— à la fin du XVIe siècle, 74.
Géorgie (la), colonie anglaise, 92.
Géorgie (annexion de la) à la Russie, 116.
Gergovie, camp retranché des Arvernes, 36.
Germains (les), 32, 34.
— (établissement des) dans l'empire romain, 42.
Germains (conversion des), 44.
Germains (les) dans la Grande-Bretagne, 54.
Germanie (la), province romaine, 32.
— au IVe siècle, 34.
— inférieure, 36.
— supérieure, 36.
— (le royaume de), 52.
Gétules (les), peuple de l'Afrique, 34.
Ghaznévides (la dynastie des), 46.
Gibelins (les) et les Guelfes, 52, 64.
Gibraltar (les Anglais à), 94, 120.
Goa, comptoir portugais dans l'Inde, 92.
Godefroy de Bouillon, 56.
Gœthe, littérateur allemand, 127.
Gorée (l'île de), colonie française d'Afrique, 120.
Gothique (le style), 58, 70.
Goths (les), 34.
Gothland (acquisition de) par les Suédois, 88.
Goujon, sculpteur français, 97.
Gounod, compositeur français, 127.
Gourie (annexion de la) à la Russie, 116.
Gouvernement fédéral des Etats-Unis, 122.
Gouvernements militaires (les) sous François Ier, 79.
Gouverneurs romains (les), 32.
Grand-conseil (le) sous Philippe-le-Bel, 60.
Grande-Bretagne (la) au Moyen âge, 54.
Grandes compagnies (les), 60.
Grande-Grèce (la), 6, 24, 28.
Grand-livre (le) de la dette publique, 126.
Granique (bataille du) (333 av. J.-C.), 96.
Granson (bataille de) (1476), 78.
Grant (le général) et la guerre de sécession, 122.
Gratien, empereur romain, 34.
Grèce (la), 6, 24.
— (conquête de la) par les Romains, 30.
Grèce moderne (la), 112, 124.
Grecs (les), 39.
— en Asie, 26.
— (culte des), 39, 40.
— (mœurs des), 40.
Grecs (les), de l'Empire turc, en 1815, 112.
— (affranchissement des), 124.
Grégoire IX (le pape), 52.
Grenade (le royaume de), 66.
Groenland (découverte du), 88.
Guadeloupe (la), colonie française, 92.
Guatemala (affranchissement des colons du), 118.
Guatemala (formation de la république du), 118.
Guelfes (les) en Italie, 52, 64.
Guerres civiles sous l'empire romain, 34.
Guerre de Cent ans, 60.
— d'Italie au XVIe siècle, 76.
— d'Italie en 1859, 106.
— médiques, 22.
— du Péloponèse, 24.
— puniques, 30.
— de religion (la France pendant les), 80.
— Sainte (la), 46.
— de sécession aux Etats-Unis, 122.
— du XVIIIe siècle, 94.
— de 1870, 108.
— de 1877 entre la Russie et la Turquie, 112.
Guillaume, duc de Normandie, 54.
Guillaume, Stathouder de Hollande, 82
Guillaume, roi de Prusse et empereur d'Allemagne, 108.
Guise (la famille des), 80.
Guise (Henri de) chef de la Ligue, 80.
Gustave-Adolphe, roi de Suède, 88.
Gustave-Vasa, roi de Suède, 88.
Gutenberg, 96.
Guyane (la), colonie française, 92.
Guyenne (acquisition de la), 78.
Gymnase (le) chez les Grecs, 48.
Gynécée (le) chez les Grecs, 40.

H

Habsbourg (la maison de), 62, 84.
Hainaut (acquisition du), 82.
Haïti (découverte de), 74.
Halévy, compositeur français, 127.
Hambourg, ville libre d'Allemagne, 62.
Hanovre (le), 11.
— (annexion du) à la Prusse, 108.
Hanse (les villes de la), en Allemagne, 62.
Haroun-al-Raschid, Khalife arabe, 46.
Harvey, créateur de la physiologie, 99.
Hastings (bataille de) (1066), 54.
Haubert (le), chemise de mailles de fer, 69.
Heaume (le), casque des chevaliers, 69.
Hébreux (les), 20.
Hébrides (acquisition des), par les Ecossais, 54.
Hégyre (l') des Musulmans, 46.
Helgoland (occupation de), par les Anglais, 120.
Hellènes (les), 24.
Hellénisme (l'), 26.
Helvétique (création de la république), 100.
Henri II, roi de France, 76.
Henri de Navarre, chef du parti des protestants, 80.
Henri IV, roi de France, 80.
Henri V, roi d'Angleterre, 60.
Henri de Guise, chef de la Ligue, 80.
Heptarchie (l'), 54.
Héraclée, ville d'Italie, 29.
Hérat (sièges de) (1838 et 1856), par les Perses, 116.
Hercule (les colonnes d'), 20
Hérétiques ariens (les), 42.
Herniques (les), 28.
Hérold, compositeur français, 127.
Hérules (le royaume des), 42.
Herzégovine (l') occupée par les Autrichiens, 110, 112.
Hesse (annexion de la), à la Prusse, 108.
Hiéroglyphes (les), 18.
Highlanders (les), écossais, 54.
Hilotes (les), 24.
Hipparque, astronome grec 27, 40.
Hippocrate, médecin grec, 40.
Histoire (grandes divisions de l'), 17.
Histoire ancienne, 18.
— du Moyen âge, 42.
— moderne, 72.
— contemporaine, 100.
— de la Civilisation : Antiquité, 38.
— de la Civilisation : Moyen âge, 68.
— de la Civilisation : temps modernes, 96.
— de la Civilisation : période contemporaine, 126.
Hohenstaufen (la famille des), 52.
Hohenzollern (le), 12.
— (la famille des), 86.
Holbein, peintre allemand, 97.
Hollande (invasion de la) par Louis XIV, 82.
— (fondation de la république de), 84.
— (décadence de la), 94.
— (création du royaume de), 102.
— (annexion de la) à la France (1810), 102.
— (séparation de la Belgique et de la), 124.
Holstein (le duché de), 88.
— (conquête du) par la Prusse, 108.
Homère, poète grec, 40.
Honduras (formation de la république de), 118.
Hong-Kong (cession de) à l'Angleterre, 114.
Hongrie (le royaume de), 52, 110.
Hongrie (acquisition de la) par la maison d'Autriche, 84, 94.
Hongrois (les) en Autriche, 110.
Honorius, empereur romain, 34.
Horus (le dieu), fils d'Osiris, 38.
Hospital (le chancelier de l'), 80.
Hugues Capet, roi de France, 50.
Hugo, littérateur français, 127.
Humanité (l'), 3.
Humanistes (les), 97.
Huns (les), 42.
Hunyade (Jean), 72.
Hyksos (les), envahisseurs de l'Egypte, 18.

I

Ibères (les), 13.
Idées démocratiques (progrès des), 127.
Idoles (les) chez les Grecs, 39.
— chez les Phéniciens, 39.
Iéna (bataille d') (1806), 102.
Ile-de-France (l') occupée par les Français, 92.
Illinois (formation de l'Etat d'), (Etats-Unis), 122.
Illyrie (l'), 30.
Illyriennes (annexion des provinces) à la France, 102.
Imans (les), descendants d'Ali, 68.
Impôts (les), 78, 96, 126.
Imprimerie (invention de l'), 96.
Incas (l'empire des) au Pérou, 74.
Inde (l'), 4, 92.
— (conquête de l') par les Anglais, 120.
Indes (la route des), au XVIe siècle, 74.
Indes orientales (les), 92.
Indiana (formation de l'Etat d') (Etats-Unis), 122.
Indo-Chine (l'), 114.
— (les Français dans l'), 120.
Industrie (l') chez les Arabes, 68.
Industrie (l') au XIXe siècle, 128.
Infanterie (création de l'), 71.
Ingres, peintre français, 127.
Ingrie (conquête de l') par les Suédois, 88.
Ingrie (conquête de l'), par Pierre le Grand, 90.
Inquisition (l'), 59.
— en Espagne, 66.
— au Pays-Bas, 84.
Inquisition (les tribunaux d'), 70.
Institutions de Maximilien, 84.
Insurrections en Autriche (1848), 110.
Insurrections en Italie (1820, 1830, 1848), 106.
Intendants (les) ou procurateurs romains, 32.
Intendants (les) des provinces sous Louis XV, 82.
Interrègne en Allemagne, 52.
Introduction, 3.
Invasion des Barbares, 42.
Invasions de la France, 104.
— de l'Italie, 11.
Inventions des temps modernes, 96.
Inventions du XIXe siècle, 127.
Investitures (querelle des), 53.
Ioniens (les), 24.
Ipsus (bataille d') (301), 26.
Irlande (l'), au Moyen âge, 54.
— au XIXe siècle, 124.
Isabelle de Castille, 66.
Isaïe (le prophète), 39.
Isis (la déesse), 38.
Islam (l'), 46, 68.
Islande (découverte de l'), 88.
Israélites (les), 20.
Issus (bataille d') (332 av. J.-C.), 26.
Istrie (acquisition de l') par la Maison d'Autriche, 84.
Italia irredenta (l'), 106.
Italie (l'), 6.
— antique, 28.
— (conquête de l'), 28.
— (invasions en), 11.
— (les peuples de l'), 28.
Italie du Nord (le royaume de l') en 888, 48.
Italie (l') du Xe au XIIIe siècle, 52.
— (l') au Moyen âge, 64.
— au XVIe siècle, 76.
— (guerres d') au XVIe siècle, 76.
— (guerres d') en 1796, 100.
— (guerres d') en 1859, 106, 124.
— (création du royaume d'), 102, 106.
— de 1815 à 1870, 106.
— (Unité de l'), 124.
Iturbide, empereur du Mexique 118.

J

Jacob, patriarche des Israélites, 20.
Jaen (le royaume de), 66.
Jagellon, grand duc de Lithuanie, 90.
Jamaïque (conquête de la) par l'Angleterre, 92.
Janissaires turcs (les), 72.
— (suppression des), 112.
Japon (ouverture du) aux Etats européens, 114.
Japon (le) au XIXe siècle, 114.
Jarnac (bataille de) (1569), 80.
Jean-sans-Terre, duc de Normandie, 56.
Jean-sans-Terre, roi d'Angleterre, 54.
Jeanne Darc, 60.
Jéhovah, dieu des Juifs, 39.
Jemmapes (bataille de) (1792), 100.
Jephté, juge d'Israël, 20.
Jérusalem, 20.
— (prise de) par les croisés, 56.
— (prise de) par les Turcs, (1187), 56.
— (le royaume de), 56.
Jésus-Christ, 20.
Jésuites (les), 97.
Joseph II, empereur d'Autriche, 94.
Jourdan (le général), 100.
Journaux (création des), 99.
Juda (le royaume de), 20.
Judée (la), 18.
— (le royaume de), 20, 26.
— (civilisation de la), 39.
Juges (les), 20.
Juifs (les), 20.
— (dispersion des), 20.
— (religion des), 39.
Julien, empereur romain, 34.
Jurisconsultes (les) romains, 41.
Jury anglais (le), 54.
Jussieu, botaniste français, 99.
Justice royale (la), 78.
— sous Louis XV, 82.
— sous l'ancien régime, 126.
Justinien (l'empereur), 43.
— (conquête de), 42.

K

Kabyles (les) de l'Afrique, 30.
— (lutte contre les) en Algérie, 120.
Kaireddin Barberousse, 72.
Kairouan, ville de Tunisie, 46.
Kanut le Grand, roi de Norvège, de Danemark et d'Angleterre, 88.
Karnak (le temple de), 18.
Kars (Asie Mineure) prise par les Russes, 112.
Kent (le royaume de), 54.
Kentucky (formation de l'État de) (Etats-Unis), 122.
Képler, astronome, 99.
Khalifat du Caire, 46.
— de Cordoue, 46, 66.
Khalifats (chute des), 46.
Khan (le) de Bokhara, 116.
— de Khiva, 116.
Khan (le) de Samarkand, 116.
Khédive (le), souverain de l'Egypte, 112.
Khiva (le Khan de), 116.
— (annexion de) à la Russie, 116.
Khokand (annexion de) à la Russie, 116.
Khorassan (le), 46.
Kiev, ancienne capitale de la Russie, 90.
Kosciusko, 90.
Kossovo (batailles de) (1389, 1449), 72.

L

Labrador (découverte du), 74.
Labyrinthe (le), 18.
La Fontaine, fabuliste français, 99.
Lagides (la dynastie des), 26.
Laibach (congrès de) (1821), 104.
Lamartine, littérateur français, 127.
Lambèse (Afrique), camp romain, 32.
Landgrave de Thuringe (le), 62.
Landwehr (création de la) en Prusse, 104.
Laodicée, ville d'Asie, 26.
Latins (les), 28.
Latium (le), 28.
— (conquête du), 28.
Légions provinciales (les) sous François Ier, 78.
Légions romaines (les), 28, 30.
Légistes (les), 61.
Légitimistes (les) sous la Restauration, 104.
Legnano (bataille de) (1176), 52.
Leibnitz, mathématicien, 99.
Leipzig (bataille de) (1813), 104.
Léon (Espagne), camp romain, 32.
— (le royaume de), 66.
Léonard de Vinci, 97.
Léopold, grand duc de Toscane, 94.
Lépante (bataille de) (1571),
Lesseps (de), 120.
Lessing, littérateur allemand, 127.
Lesueur, peintre français, 97.
Lettres (les) au temps de la Renaissance, 97.
Lettres (les) au XVIIe et au XVIIIe siècles, 99.
Lettrés (les) en Chine, 114.
Leuctres (bataille de) (371 av. J.-C.), 24.
Lévites (les), 39.
Libéraux (les) d'Allemagne, 108.
— d'Atriche, 110.
— Italiens, 106.
— sous la Restauration, 104.
Lieutenants d'Auguste (les), 32.
Ligue achéenne (la), 30.
— des 13 cantons, 62.
— du Bien public, 78.
— Etolienne, 30.
— (la Sainte), 80.
Ligues grises (les), 62.
Ligures (les), 30.
Ligurienne (création de la République), 100.
Limoges (la vicomté de), 50.
Limousin (acquisition du), 78.
Lincoln, président des Etats-Unis, 122.
Linné, botaniste suédois, 99.
Lippe (la principauté de), 12.
Lisbonne, capitale du Portugal, 66.
Lithuanie (acquisition de la) par la Russie, 90.
Littérature (la) au Moyen âge, 70.
— allemande, 127.
— classique, 99, 127.
— romantique, 127.
Livonie (la) soumise par les Porte-Glaives, 62.
Livonie (la) conquise par les Suédois, 88.
Livonie (la) conquise par Pierre-le-Grand, 90.
Loi d'Israël (la), 39.
Loi des 12 tables (la), 41.
Loi des Ripuaires, 44.
Loi salique (la), 44.
Lombards (les) ou Langobards, 34.
— en Italie, 42.
— (conquête du royaume des) par Charlemagne, 48.
Lombard-Vénitien (le royaume), 106, 110.
Lords (les) en Angleterre, 54.
Lorrain, peintre français, 97.
Lorraine (acquisition de la), 82.
Lothaire, fils de Louis-le-Débonnaire, 48.
Lotharingie (la) ou Lorraine, 48, 52.
Louis le Débonnaire, 48.
Louis le Germanique, 48.
Louis IV, dernier roi carolingien, 52.
Louis VI, roi de France, 50.
Louis VII, roi de France, 56.
Louis (Saint), 50.
Louis XI (acquisitions de), 78.
Louis XII, roi de France, 76.
Louis XIV (acquisitions de), 82.
Louis XV (acquisitions de), 82.
Louisiane (fondation de la), 92.
— (cession de la), à l'Espagne, 92.
Louisiane (acquisition de la) par les Etats-Unis, 122.
Lowlanders (les) écossais, 54.
Loyola (Ignace de), 97.
Lubeck, ville libre d'Allemagne, 62.
Lucullus, général romain, 30.
Lugdunaise (la) ou Lyonnaise, 34, 36.
Lutétia (Lutèce), ville des Parisii, 36.
Luther, 80, 90.
Luthéranisme (le), 97.
— en France, 80.
Lusitaniens (les), 30.
Lycaonie (la), 26.
Lycie (la), 22.
Lycurgue, héros grec, 24.
Lydie (la), 22.
Lyon, capitale de la Lyonnaise, 36.
Lyonnaise (la) ou Lugdunaise, 34, 36.
Lysandre, général spartiate, 24.

M

Macao, port chinois (aux Portugais), 74.
Macédoine (la), 22, 26.
— (conquête de la), 30.
— (le royaume de), 56.
Machiavel, 97.
Mâcon (le comté de), 78.
Madagascar (l'île de) placée sous le protectorat français, 120.
Madère (découverte de), 74.
Madras (fondation des comptoirs anglais à), 92.
Madrid, capitale de l'Espagne, 66.
Magdebourg (acquisition de l'évêché de) par la Prusse, 86.
Magellan, navigateur portugais, 74.
Magenta (bataille de) (1859), 106.
Mages (les), prêtres assyriens, 22.
Magyars (les), peuple de Hongrie, 110.
Mahomet, 46.
Mahomet II, 72.
Mahomet (la religion de), 68.
Maine (le comté du), 50.
— (acquisition du), 78.
Maine (l'État du) (États-Unis), 122.
Maire du Palais (le), 44.
Maison carrée (la) à Nîmes, 36.
Maison d'Autriche (la), 84.
— de Habsbourg (la), 62.
Malek-Adel, chef musulman, 56.
Malte (les chevaliers de Saint-Jean de Jérusalem à), 56.
Maltote (la) sous Philippe-le-Bel, 60.
Mameloucks (les), 46, 72.
Mandarins chinois (les), 114.
Mantinée (bataille de) (363 av. J.-C., 24.
Mantoue (le marquisat de), 76.
Maories (les), indigènes de la Nouvelle-Zélande, 120.
Marais pontins (les), 28.
Marathon (bataille de) (490 av. J.-C.), 22.
Marches (les) de l'Allemagne, 62.
— de Brandebourg, 62.
— d'Espagne, 48.
— de Misnie, 62.
Marcomans (les), 34.
Maremme (la), désert de Toscane, 76.
Marengo (bataille de) (1800), 102.
Marie-Thérèse d'Autriche, 86.
Marie Tudor, épouse de Philippe II, roi d'Espagne, 84.
Marignan (bataille de) (1515), 76.
Marines nouvelles (les) au XVIe siècle, 74.
Marius, général romain, 32.
Mark (le domaine de La), 86.
Markgraf (le), 52.
Maroc (le), 16.
Marquises (cession des îles) à la France, 120.

TABLE ALPHABÉTIQUE 133

Marseille, colonie grecque, 36.
Marses (les), 26.
Martel (Charles), 44.
Martin (Saint), l'apôtre des Gaules, 36.
Martinique (la), colonie française, 92.
Maryland, colonie anglaise, 92.
Massachusets (le), colonie anglaise, 92.
Mathématiciens (les) du XVIIe siècle, 99.
Mathilde de Toscane (la comtesse), 52.
Maurice (conquête de l'île) par les Anglais, 120.
Mauritanie (la), province romaine, 32.
Maximilien, empereur du Mexique, 118.
Mazarin (l'œuvre de), 82.
Mazeppa, 88.
Mecklembourg (le duché de), 52.
Mecque (la), ville sainte des Arabes, 46.
Médecine (la) chez les Arabes, 69.
Mèdes (les), 22.
Médicis (les), famille italienne, 76.
Médie (la), 26.
Médine (fuite de Mahomet à), 46.
Médiques (guerres), 22.
Méditerranée (les pays de la), 5.
Méhémet-Ali, vice-roi d'Egypte, 112.
Melbourne, ville d'Australie, 120.
Melun (le comté de), 50.
Memphis (Egypte), 18.
Ménandre, poète grec, 40.
Mendiants (les ordres), 70.
Mercie (le royaume de), 54.
Mérinides (les), musulmans d'Afrique, 66.
Mérovingiens (la Gaule sous les), 44.
Merv (annexion de) à la Russie, 116.
Messène, ville de Grèce, 24.
Messie (le), 20, 39.
Métaure (bataille du) (207 av. J.-C.), 30.
Métropolitain (le), archevêque au Moyen âge, 34, 58.
Metternich (le système), 104, 110.
Metz (acquisition de l'évêché de), 80.
— (siège de) (1870), 124.
Mexique (l'empire des Astèques au), 74.
Mexique (formation du), 118.
— (l'indépendance du) (1821), 118.
Meyerbeer, compositeur français, 127.
Michel-Ange, 97.
Michigan (formation de l'État de) (Etats-Unis), 122.
Mikado (le), empereur du Japon, 114.
Milan, capitale de l'Empire d'Occident, 32.
Milan (destruction de) (1162), 52.
Milan (le duché de) à la fin du XVe siècle, 76.
Milanais (conquête du) au XVIe siècle, 76, 84.
Milanais (cession du) à l'Autriche, 94.
— (conquête du) par Bonaparte, 100.
Milet, ville d'Asie, 24.
Milices (les), 71, 98.
Milieu (l'empire du), 114.
Minden (acquisition de l'évêché de) par la Prusse, 86.
Mingrélie (annexion de la) à la Russie, 116.
Misnie (la marche de), 52, 62.
Missi dominici (les), 48.
Mississipi (formation de l'État de) (Etats-Unis), 122.
Missouri (formation de l'État de) (Etats-Unis), 122.
Mithridate, roi de Pont, 26, 30.
Moabites (les), 20.
Modène (restauration du duché de), 106.
Mœris (le lac), 18.
Mœsie (la), province romaine, 32.
Mœurs des Grecs, 40.
— des Phéniciens, 39.
— (changements dans les), 98.
Mogol (l'empire du Grand), 92.
Mohacz (bataille de) (1526), 72.
Moïse, 20.
Moldaves (les), 72.
Molière, 99.
Momies (les) égyptiennes, 38.
Monarchies absolues (les), 94, 96, 124.
— parlementaires, 124.
Monastères (les) au Moyen âge, 68.
Moncontour (bataille de) (1569), 80.
Monde barbare (le), 34.
Mongols (les), 72.
— (invasion des) en Russie, 90.
Monroe, président de la République des Etats Unis, 122.
Montaigne, 97.
Montbéliard (acquisition de), 100.
Monténégrins (affranchissement des), 124.
Montesquieu, 99.
Montferrat (le marquisat de), 76.
Montlhéry (le seigneur de), 50.
Montmorency (le seigneur de), 50.
Montpellier (acquisition de la seigneurie de), 78.
Morat (bataille de) (1476), 78.
Moravie (acquisition de la) par la Maison d'Autriche, 84.
Moravie (la) province de l'Autriche, 110.
Moreau (le général), 100.
Mores (civilisation des), 66.
— (expulsion des) de la Castille, 84.
Moscou (incendie de) (1812), 102.
Moscovie (fondation de la), 90.
Mosquées arabes (les), 69.
Moyen âge (histoire du), 42.
Mulhouse (acquisition de), 100.
Mur d'Adrien (le), 7, 32.
— du Rhin au Danube, 32.
— de Servius à Rome, 28.
Murcie (le royaume de), 66.
Murillo, peintre espagnol, 97.
Musée d'Alexandrie (le), 26.
Musique (la) au Moyen âge, 70.
— au XIXe siècle, 127.
Musset, littérateur français, 127.
Musulmans (les), 46.
Musulmans (conquête de l'Espagne par les), 66.
Mythologie grecque (la), 39.

N

Nabuchodonosor, roi de Babylone (609-561 av. J.-C.), 18, 20.
Naples, colonie grecque, 28.
— (le royaume de), 76, 102.
Naples (acquisition du royaume de) par la Maison d'Autriche, 84, 94.
Napoléon Ier, 102.
Napoléon et l'Angleterre, 102.
— en Allemagne, 102.
— (abdication de) (1814), 104.
Narbonaise (la), 36.
Narbonne, colonie romaine, 36.
Narva (bataille de) (1700), 88.
Nassau (annexion de) à la Russie, 108.
Natal (prise de) par les Anglais, 120.
Nationalités (le principe des), 124.
Nations nouvelles (les), 15, 124.
Navarin (bataille de) (1827), 112.
Navarre (le roi de), 80.
— (le royaume de), 48, 66.
— (la) acquise par Philippe-le-Bel, 60.
— réunie à la France par Henri IV, 80.
Nazareth (Galilée), 20.
Néchao (le Pharaon), 18.
Néron, empereur romain, 34.
Neustrie (la) ou France occidentale, 44.
Neustrie (cession de la) sous Charles le Simple, 50.
Newton, astronome et physicien anglais, 99.
New-York (Etats-Unis), 122.
Nicaragua (formation de la république de), 118.
Nice, colonie grecque, 36.
Nice (réunion du comté de) à la France, 100, 106.
Nicée (l'empire de), 56.
Nicolas, empereur de Russie, 112.
Nicomédie, capitale de l'Empire d'Orient, 34.
Nicopolis (bataille de) (1396), 72.
Nil (le), 18.
Nimègue (traité de) (1678), 82.
Ninive, capitale de l'Assyrie, 18.
Nobles (les) à Rome, 30.
Norique (la) province romaine, 32.
Normandie (le duché de), 50.
Normands (les pirates), 88.
Northumberland (le royaume de), 54.
Norvège (le royaume de), 88.
— (réunion de la) à la Suède, 104.
Nouvelle-Angleterre (la), 92.
Nouvelle-France (la), 92.
— (perte de la), 92.
Nouvelle-Grenade (affranchissement des colons de la) (1822), 118.
Nouvelle-Grenade (formation de la république de la), 118.
Nouvelle-Orléans (la), capitale de la Louisiane, 92.
Nouvelle-Zélande (colonisation de la) par les Anglais, 120.
Novempopulanie (la), 36.
Novgorod, anc. capitale de la Russie, 90.
Numance (Espagne), 30.
Numides (les), 30
Numidie (la), province romaine, 32.
Noremberg, v. d'Allemagne, 62.

O

Obélisques égyptiens (les), 38.
Occident (l'empire d'), 48.
— (fin de l'empire en), 42.
Octave (Auguste), empereur romain, 32.
Odoacre, chef barbare, 42.
Official (l') ou délégué ecclésiastique, 59.
Officialités (les), 59.
Ogival (le style), 58, 70.
Ohio (formation de l'État de l') (Etats-Unis), 122.
Oliva (paix d') (1660), 88.
Olympe (l'), 40.
Olympie, ville grecque, 40.
Olynthe, ville de Grèce, 26
Ombriens (les), 28.
Ommiades (les) de Damas, 46.
Or (les mines d') de l'Australie, 120.
— — de la Californie, 122.
Oracles (les) chez les grecs, 40.
Orange (la république du fleuve), 120.
Orateurs grecs (les), 40.
Ordonnances (les) de François Ier, 79.
Ordre teutonique (l'), 88.
Ordres mendiants (les), 70.
— militaires (les), 56.
— religieux (les), 58.
Orient (les anciennes monarchies de l'), 18.
Orient (l'Eglise d'), 46.
— (l'empire d') et les royaumes barbares, 42.
Orient (les Etats chrétiens de l'), 56.
— (l'Extrême-), 114.
— (la question d'), 112, 124.
Orkhan, sultan des Turcs, 72.
Orléans (le comté d'), 50.
— (le duc d'), 78.
— (siège d'), 60.
— (acquisition du duché d'), 78.
Orléans-Angoulême (le comte d'), 78.
Ormuzd, esprit du bien chez les Perses, 39.
Orthodoxes (les catholiques), 42.
— (l'Eglise), 46, 69.
Osel (acquisition de l'île d') par les Suédois, 88.
Osiris (le dieu), 38.
Osques (les), 28.
Ostie, port de Rome, 28.
Ostmark (l') ou marche d'Autriche, 52.
Ostrogoths (les), 42.
— (le royame des), 42.
Othon, empereur d'Allemagne, 50.
Othon, roi de Germanie, 52.
Ottoman (l'empire), 72.
Oussouri (cession de la province de l') à la Russie, 116.

P

Pachas (les) en Turquie, 72.
Pacifique (découverte du), 74.
Pacte de famille (1761), 94.
Pagi (les) de la Gaule romaine, 8.
Païens (les), 34.
Pairs ecclésiastiques (les), 50.
— laïques (les), 50.
Paix armée (la), 124.
Palais arabes (les), 69.
Palatin (le), colline de Rome, 28.
Palatin (le comte) du Rhin, 62.
Palestine (la), 20.
— (civilisation de la), 39.
— (la) au XIe siècle, 56.
Palikao (bat. de) (1860), 114.
Pampas (les) de l'Amérique, 118.
Pamphylie (la) province romaine, 32.
Panama (le canal de), 120.
Pannonie (la), province romaine, 32.
Papauté (la) et les ordres religieux au Moyen âge, 70.
Papes (les), 34, 52.
Paraguay (affranchissement des colons du), 118.
Paraguay (formation de la république du), 118.
Paris sous Clovis, 44.
— (le comté de), 50.
— (le siège de) (1870-71), 108, 124
— (traité de) (1856), 112.
— (Université de) au Moyen âge, 70.
Parlements (les), 78, 82.
— anglais (le), 54.
— de Francfort (le), 108.
— de Paris sous Philippe-le-Bel, 60.
Parlementaires (les) sous la Restauration, 104.
Parme, v. d'Italie, 64.
— (restauration du duché de), 106.
Paroisses (les) au Moyen âge, 58.
Partage de l'empire romain, 34.
— du royaume des Francs, 44.
— de la Pologne, 90.
Parthénopéenne (création de la république), 100.
Parthes (l'empire des), 26.
Passages des Alpes, 11.
Patriarches (les), 34.
— de Constantinople, 46.
Patriciens (les) à Rome, 28.
Paul (saint), 34.
Pavie (bataille de) (1525), 76.
Pays-Bas (les), 78.
— (acquisition des) par la maison d'Autriche, 84.
Pays-Bas (les) sous Philippe II, 84.
— (le royaume des) en 1814, 104.
Pays d'élection (les), 82.
— d'Etats (les), 82.
Peinture (la) au temps de la Renaissance, 97.
Peinture (la) au XIXe siècle, 127.
Pékin, capitale de la Chine, 114.
Péloponèse (guerre du), 24.
Pépin, chef des Francs, 44.
Pergame (le royaume de), 26, 30.
Périèques (les), 24.
Pérou (l'empire des Incas au), 74.
— (affranchissement des colons du) (1824), 118.
— (formation de la république du), 118.
Pérouse (Pérusia), cité étrusque, 28.
Persécutions (les), 34.
Persépolis, capitale du roi des Perses, 22.
Perses (les), 22, 26, 34, 39.
— (religion des), 39.
Perse (la) conquise par les Arabes, 46.
Perse (les Russes en), 116.
Pétersbourg (fondation de Saint-), 90.
Peuples Aryas (les), 22.
— de l'Autriche, 110.
— de la Gaule, 36.
— Hindous, 22.
— de l'Italie, 28.
— mongoliques, 72.
— romain (le), 28.
— slaves, 90.
Phalange grecque (la), 26.
— macédonienne, 30.
Pharaons (les), 18.
Phéniciens (les), 20.
— (mœurs des), 39.
— (religion des), 39.
Phénicie (la), 5.
Phidias, sculpteur grec, 40.
Philippe, roi de Macédoine, 26.
Philippe-Auguste, roi de France, 50, 56.
Philippe de Valois, roi de France, 60.
Philippe-le-Bel (acquisitions de), 60.
Philippe II, fils de Charles-Quint, 76, 84.
Philippines (découverte des), 74.
Philistins (les) ou Palestins, 20.
Philosophes grecs (les), 40.
— du XVIIIe siècle, 99.
Phocide (la), 26.
Phrygie (la), 22.
Pictes (les), peuple de l'Ecosse, 34, 54.
Piémont (conquête du) par Bonaparte, 100.
Piémont (annexion du) à la France, 102.
Pierre le Grand, 90.
Pierre noire (la) des Arabes, 46.
Pilon, sculpteur français, 97.
Pindare, poète grec, 40.
Pirates (les) du Nord dans la Grande-Bretagne, 54.
Pirée (le), port d'Athènes, 24.
Pise, ville d'Italie, 64.
Pisidie (la), 26.
Pisistrate, tyran d'Athènes, 24.
Pizarre au Pérou, 74.
Place publique (la) chez les Grecs, 40.
Plain-chant (le), 70.
Plaine du Nord (la), 11.
Plaisance, ville d'Italie, 64.
Plantagenet (Geoffroy), 50.
Planteurs (les) dans les Etats du sud de l'Amérique, 122.
Platée (bataille de) (479 av. J.-C.) 22.
Platon, philosophe grec, 40.
Plèbe (la) chez les Romains, 28.
Plevna (prise de), par les Russes (1877), 112.
Podestat (le) en Italie, 64.
Poitiers (les Arabes à), 46.
— (batailles de) (732 et 1356), 44, 60.
Poitou (le comté de), 50.
— (acquisition du), 78.
Politiques (le parti des), 80.
Pologne (le royaume de), 52.
— (partage de la), 87.
— (acquisition de la Petite) par l'Autriche, 90.
Pologne (décadence de la), 90, 94.
Pologne (guerre de la succession de), 94.
Pologne Orientale (acquisition de la) par la Prusse, 90.
Polonais (soulèvement des) de Gallicie (1846), 110.
Polonais (soulèvement des) contre la Russie, 124.
Polonais au XIXe siècle (les), 124.
Poltava (bataille de) (1709), 88.
Polythéisme (le) chez les Grecs, 39.
Polythéisme (le) en Asie, 34.
Pombal, ministre portugais, 94.
Poméranie (le duché de), 52.
Poméranie (acquisition de la) par la Suède, 88.
Pompée, général romain, 30, 32.
Pondichéry (fondation des comptoirs français à), 92.
Poniatowski, roi de Pologne, 90.
Pont (le royaume de), 26, 30.
Popes (les), prêtres russes, 90.
Porte-glaives (les chevaliers), 62, 88.
Portugais (découverte des), 74.
Portugal (le), 12, 66.
— (conquête du) par Philippe II, 84.
Portugal (établissement du régime constitutionnel en) (1833), 124.
Posen, capitale de la Pologne, 90.
Posnanie (acquisition de la) par la Prusse, 90.
Possessions des Vénitiens et des Génois, 64.
Potidée, ville de Grèce, 26.
Poudre (invention de la), 96.
Pouille (la), 64.
Poussin, peintre français, 97.
Prague (traité de) (1866), 108.
Praxitèle, sculpteur grec, 40.
Préfectures du Prétoire, 34.
Phéhistoire (la), 3.
Prémontré (l'abbaye de), 58.
Présages (les) chez les Grecs, 40.
Présages (les) chez les Romains, 41.
Presbourg (paix de) (1805), 102.
Préteurs romains (les), 41.
Prieuré (le), 58.
Primat des Gaules (le), 36.
Princes de l'Eglise (les) en Allemagne, 62.
Principes de 89 (les), 100.
— des Nationalités, 124.
Privas (prise de) par Richelieu, 81.
Privilèges (les) sous l'ancien régime, 126.
Probus, empereur romain, 34
Proconsuls romains (les), 30 32.
Procurateurs romains (les), 32.
Pronunciamientos (les) en Amérique, 118.
Prophètes (les), 39.
Protestant (le parti), 80, 97.
— (les Etats), 97.
Provence (la), 36.
— (acquisition de la), 78.
Provinces de César (les), 32.
— ecclésiastiques (les), 34, 58.
— romaines (les), 30, 32.
— du sénat, 32.
Provinces-Unies (la république des), 84.
Prusse (la), 11, 52, 86.
Prusse polonaise (acquisition de la) par la Prusse, 90.
Prusse (la) au XVIIIe siècle, 94.
Ptolémée, astronome grec, 27, 40.
Ptolémée, roi d'Egypte, 26.
Publicains (les), 30.
Puiset (le seigneur du), 50.
Puissance du roi de France au temps de François Ier, 79.
Puissances en décadence au XVIIIe siècle, 94.
Puissances en progrès au XVIIIe siècle, 94.
Puniques (les guerres), 30.
Puritains (les) dans les Etats du nord de l'Amérique, 122.
Pydna (bataille de) (168 av. J.-C.), 30.
Pyramides (les) des Egyptiens, 18, 38.
Pyrénées (traité des) (1659), 82.
Pyrrhus, roi d'Epire, 28.

Q

Quades (les), 34.
Quakers (les), 97.
Quaternaire (la période), 3.
Québec (fondation de) par Champlain, 92.
Québec (prise de) par les Anglais, 92.
Queensland (fondation de la colonie de), 120.
Querelle des Investitures, 52.
Question des Nationalités, 124.
— d'Orient, 112, 124.

R

Rabelais, 97.
Race de Canstadt (la), 3.
Race de Cro-Magnon (la), 3.
Racine, 99.
Racoleurs (les) des armées, 98.
Raison d'État (la), 98.
Ramsès II (Sésostris), 18.
Raoul, duc de France, 50.
Raphaël, 97.
Rastadt (congrès de) (1798), 100.
Rastadt (traité de) (1714), 82.
Réaliste (l'école), 127.
Réforme (la), 80, 97.
— (la contre-), 97.
Régime absolutiste (le), 124.
— (l'ancien), 126.
— colonial (le) dans les colonies espagnoles de l'Amérique, 99.
— colonial (le Nouveau), 128.
— colonial espagnol, 118.
— constitutionnel (le), 126.
— parlementaire (le), 99.
Reichstag (le), parlement allemand, 62, 108.
Reichshoffen (bataille de) 1870), 124.
Religion arabe (la), 68.
— des barbares, 42.
— des Chaldéens et des Assyriens, 38.
— chrétienne, 34.
— des Egyptiens, 38.
— des Grecs, 39.
— des Juifs, 39.
— des Perses, 39.
— des Phéniciens, 39.
— des Romains, 41.
— (la) sous l'ancien régime, 126.
Religions d'Etat (les), 97.
Rembrandt, peintre hollandais, 97.
Renaissance (la), 76, 97.
République Batave (création de la), 100.
— Cisalpine (création de la), 100.
— Helvétique (création de la), 100.
— Ligurienne (création de la), 100.
— Parthéonopéenne (création de la), 100.
— Romaine (création de la), 100.
— (proclamation de la) en France (1792), 100.
Républiques Hispano-américaines, 118.
Républiques maritimes d'Italie, 64.
Restauration (la), 104.
Reuss (la principauté de), 12.
Révolution de 1648 en Angleterre, 99.
— de 1688 en Angleterre, 99.
— Française en 1789, 100, 126.
— de 1830 en France, 124.
— de 1848 en France, 124.
Révocation de l'Edit de Nantes (1685), 81.
Rhétie (la), province romaine, 32.
Rhin (la question du), 9.
Rhodes (les chevaliers de Saint-Jean de Jérusalem à), 80.

134 TABLE ALPHABÉTIQUE

Richard, roi d'Angleterre, et la 3e croisade, 56.
Richelieu et les protestants, 80.
— (l'œuvre de), 82.
Richesse (accroissement de la), au XIXe siècle, 128.
Rienzi, tribun de Rome, 64.
Ripuaires (la loi des), 44.
Rochelle (prise de la) par Richelieu, 81.
Rodolphe de Habsbourg, empereur d'Allemagne, 62.
Romaine (création de la République), 100.
Romains (les), 40.
— (la religion chez les), 41.
Roman (le style), 58, 70.
Romantique (la littérature), 127.
Rome, 6, 28, 58.
— (prise de) (455), 42.
Ronsard, 97.
Rossini, musicien italien, 127.
Roumains (les), 112.
—(affranchissement des), 124.
Roumanie (formation du royaume de), 112.
Roumélie (la), 72.
— en 1885, 112.
Rousseau (Jean-Jacques), 99.
Roussillon (acquisition du), 82.
— (cession du), à la France, 94.
Routes (les) de la péninsule ibérique, 13.
Royaumes barbares (les), 68.
— — et l'empire d'Orient, 42.
— Francs, 42, 44.
— Helléniques, 26, 30.
Royaumes scandinaves (les), 88.
Rubens, peintre belge, 97.
Rugen (acquisition de l'île de) par la Suède, 88.
Russes (les) en Asie, 116.
— dans le Caucase, 116.
— en Chine, 116.
— en Perse, 116.
— au Turkestan, 116.
Russie (la) au XVIIIe siècle, 90, 94.
— (conquêtes de la), 90.
— (puissance de la), 117.
Russie-Blanche (acquisition de la) par les Russes, 90.
Russie (acquisition de la Petite) par Catherine II, 90.
Ruthènes (les), peuple Slave de la Galicie, 110.
Ruysdael, peintre hollandais, 97.
Ryswick (traité de) (1697), 82

S

Sabins (les), 28.
Sacerdoce (lutte du) et de l'empire, 52.
Sacrifices (les) chez les Grecs, 40.
Sadowa (bataille de) (1866), 108, 110.
Saigon (prise de) par les Français, 114.
Saint-Barthélemy (la) (1572), 80.
Saint-Domingue (prise de) à l'Espagne, 92.
Saint-Empire (le) romain germanique, 52.
Saint-Gall, moine irlandais, 44.
Saint-Gall, canton de la Suisse, 62.
Saint-Jean d'Acre (prise de), 56.
Saint Louis (les croisades de), 56.
Saint-Louis de Sénégal (fondation de), 92.
— colonie française, 120.
Saint-Sépulcre (conquête du), 56.
Saint-Siège apostolique (le), 58.
Sainte-Alliance, 104.
Saintonge (acquisition de la), 78.
Saints (l'île des), ou Irlande, 54.
Saïs (Égypte), 18.
Sakhalin (cession de l'île de) à la Russie, 116.
Saladin, chef musulman, 56.
Salamine (bataille de) (480 av. J.-C.), 22.
Salique (la loi), 44.
Salomon, roi d'Israel, 20.
Salonique (la route de), 110.
Salvador (formation de la République de), 118.
Salzbourg, prov. allemande de l'Autriche, 110.
Samarkand (le Khan de), 116.
— (annexion de) à la Russie, 116.
Samarie, capitale du royaume d'Israël, 20.
Samnites (les), 26.
Samnium (conquête du), 28.
Samson, juge d'Israël, 20.
San-Francisco (Etats-Unis), 122.
San-Stefano (traité de) (1877), 112.
Saragosse, capitale de l'Aragon, 66.
Sardaigne (formation du royaume de), 94.
— (cession de la) au duc de Savoie, 94.
— (restauration du royaume de), 106.
— (établissement du régime constitutionnel en) (1831), 124.
Sardes, capitale de la Lydie, 22.
Sargon, roi d'Assyrie, 18.
Satrapies (les) ou provinces de l'empire des Perses, 22.
Saul, roi d'Israël, 20.
Savoie (duché de), 76.
— (réunion de la) à la France (1797), 100.
— (acquisition de la) par la France (1860), 106.
Saxe (la), 11, 12, 52.
Saxe (les évêque de), 62.
Saxons (les), 34, 42, 52.
— dans la Grande-Bretagne, 54.
— (soumission des) par Charlemagne, 48.
Scanderbeg (le prince de), 72.
Scandinaves (les royaumes), 88.
Schamyl, chef des musulmans révoltés contre la Russie, 116.
Schiller, littérateur allemand, 127.
Schirvan (annexion du) à la Russie, 116.
Schisme (le grand) du XIVe siècle, 80.
Schubert, musicien allemand, 127.
Schumann, musicien allemand, 127.
Schwantaler, sculpteur allemand, 127.
Schwarzbourg (la principauté de), 12.
Schwytz (le canton de), 62.
Sciences (les) chez les Arabes au Moyen âge, 69.
— chez les Chaldéens et les Assyriens, 38.
— chez les grecs, 40.
— au Moyen âge, 70.
— du XVIe au XVIIIe siècle, 99.
— au XIXe siècle, 127.
Scipion l'Africain, 30.
Scotts (les), peuples de l'Ecosse, 34, 54.
Sculpture (la) au Moyen âge, 70.
— au temps de la Renaissance, 97.
Sculpture (la) au XIXe siècle, 127.
Sébastopol (siège de) (1855), 112.
Sécession (guerre de) aux Etats-Unis, 122.
Sedan (désastre de) (1870), 124.
Seigneur (le) ou baron au XIe siècle, 50.
Seigneurs laïques (les) en Allemagne, 62.
Seldjoucides (les Turcs), 72.
Séleucides (la dynastie des) 26.
Séleucie, v. de Babylonie, 26.
Séleucus, roi de Syrie, 26.
Sélim le féroce, sultan des Turcs, 72.
Sénat romain (le), 28.
Sénéchaux (les), 51.
Sénégal (le), colonie française, 120.
Sennachérib, roi d'Assyrie, 18.
Sens (le comté de), 50.
Sept ans (guerre de), 86, 94.
Sept collines (les) de Rome, 28.
Septimanie (la) (Languedoc), 44.
Serbes (les), 72, 112.
— (affranchissement des), 124.
Serbie (formation de la), 112.
Serfs (affranchissement des), 70.
Service militaire obligatoire (le), 124, 127.
— — au XIXe siècle, 127.
Servius (le mur de) à Rome, 28.
Sésostris (Ramsès II), 18.
Séville, ville d'Espagne, 66.
Sforza (les), famille italienne, 76.
Shakespeare, 97.
Shelley, littérateur anglais, 127.
Sherman (le général) et la guerre de sécession, 122.
Siam (le royaume de), 114.
Sibérie (la), possession russe en Asie, 116.
Sicile (le royaume de), 64.
— (acquisition de la) par la maison d'Autriche, 84.
Sicyone, ville de Grèce, 24.
Sidon, v. des Phéniciens, 20.
Silésie (le duché de), 52.
— (acquisition de la) par la maison d'Autriche, 84.
— (conquête de la) par Frédéric II, 86.
Silvio Pellico, 106.
Simon de Montfort, 50.
Singapore (établissement des Anglais à), 114, 120.
Sion (la montagne de), 20.
Slaves (les), 42, 52, 90.
— en Autriche, 110.
Sleswig (conquête du) par la Prusse, 108.
Sociétés industrielles (les) au XIXe siècle, 128.
Sofia, capitale de la Bulgarie, 112.
Sogdiane (la), 26.
Solférino (bataille de) (1859), 106, 110.
Soliman, sultan des Turcs, 72.
Solon, législateur grec, 24.
Somme (acquisition des villes de la), 78.
Sophocle, tragédien grec, 40.
Souabe (la), 44.
— (la maison de), 52.
Soulèvement des colonies Espagnoles, 118.
Sparte, v. de Grèce, 24.
Sphinx (les) des Égyptiens, 38.
Spire, v. libre d'Allemagne, 62.
Stanislas Leckzinsky, roi de Pologne, 82, 88.
Stokholm (fondation de), 88.
Strasbourg (acquisition de), 82.
Style gothique ou ogival (le), 58, 70.
Styrie (acquisition de la) par la maison d'Autriche, 84.
Styrie (la) province allemande de l'Autriche, 110.
Succession d'Autriche (guerre de la), 94.
— de Bavière (guerre de la), 94.
— d'Espagne (guerre de la), 94.
— de Pologne (guerre de la), 94.
Suède (le royaume de), 88.
— (décadence de la), 94.
Suèves (les), 42.
Suez (le canal de), 112, 120.
Suffrage restreint (le), 127.
— universel (le), 126.
Suisse (la), 62.
Sultans (puissance des), 72.
Sunnites (les), secte musulmane, 68.
Susiane (la), 26.
Sussex (le royaume de), 54.
Syagrius, général romain, 44.
Sybaris, v. d'Italie, 24.
— colonie grecque, 28.
Sydney (Australie), 120.
Sylla, dictateur romain, 30, 32.
Syracuse, ville de Sicile, 24.
Syrie (la), 18.
— (les peuples de), 20.
— (le royaume de), 26.
— (la), province d'Asie, 30.
— (la) conquise par les Arabes, 46.
— (la) conquise par Méhémet-Ali (1833), 112.

T

Tables de la loi (les), 39.
Taïkoun (le), gouverneur de de Yédo, 114.
Taille (la), impôt direct sur les cultivateurs et les artisans, 78.
Taiping (insurrection des) en Chine, 114.
Taïti (cession de) à la France, 120.
Tamerlan, conquérant tartare, 72.
Tanis (Égypte), 18.
Tarente, colonie grecque, 28.
Tarquin, roi de Rome, 28.
Tartares Mandchoux (les), 114.
Tasmanie (fondation de la colonie de), 120.
Tasse (le), 97.
Tatars (les), cavaliers nomades de l'Asie, 72.
Tchèques (les), peuple slave, 110, 124.
Télégraphe électrique (invention du), 128.
— (le) de Sibérie, 116.
Téléphone (invention du), 128.
Temples (les) chez les grecs, 40.
Templiers (les), 56.
Tennessee (formation de l'Etat de) (Etats-Unis), 122.
Terre (la), 3.
Terre promise (la), 20.
Terre-Neuve (acquisition de) par les Anglais, 92.
Territoires (les) aux Etats-Unis, 122.
Teschen (traité de) (1779), 94.
Teutons (les), 30.
Texas (révolte du) (1836), 122.
Théâtre d'Orange (le), 36.
Thèbes (Égypte), 18.
Thèmes (les) de l'Empire byzantin, 46.
Théodoric, roi des Ostrogoths, 42.
Théodose, empereur romain, 34.
Thermopyles (les), 22.
Thessalie (acquisition de la) par la Grèce, 112.
Thorwaldsen, sculpteur danois, 127.
Thrace (la), 22.
— province romaine, 32.
Thuringiens (les), 44, 52.
Thuringe (le landgrave de), 62.
Tibère, empereur romain, 32, 34.
Tilsitt (paix de) (1807), 102.
Titien (le), 97.
Toge (la) chez les Romains, 40.
Tolède, capitale de la Castille (1085), 66.
— capitale des Espagnes, 66.
— (le royaume de), 66.
Tonkin (le), 114.
— (conquête du) (1883), 114, 120.
Torture (la) sous l'ancien régime, 126.
Toscane (les ducs de), 76.
— (annexion de la) à la France, 102.
— (restauration du Grand duché de), 106.
Toul (acquisition de l'évêché de), 80.
Toulouse (le comté de), 50.
Tour du Monde (le), 74.
Touraine (le comté de), 50.
Trafalgar (désastre de), 102.
Tragédie (la) chez les Grecs, 40.
Trajan, empereur romain, 32.
Transleithans (les pays), 110.
Transvaal (la république du), 120.
Transylvanie (la), province de l'Autriche, 110.
Trasimène (bataille de), 30.
Trébizonde (l'empire de), 56.
Trente (le concile de), 97.
Trente ans (la guerre de), 86.
Trèves, anc. capitale de la Belgique, 36.
Trévires (les), peuple de la Gaule, 36.
Tribunaux d'Eglise (les), 70.
— d'Inquisition, 70.
Tribuns de la plèbe (les) à Rome, 28.
Tribus (les 12) d'Israélites, 20.
Triomphe de l'Eglise, 34.
Triple alliance (la) (1668), 82.
Tripoli (conquête de) par les Arabes, 46.
Tripoli (la principauté chrétienne de), 56.
Triumvirs (les), 32.
Troubadours (les), 70.
Trouvères (les), 70.
Troyes (traité de) (1420), 60.
Tsong-li-Yamen (le), 114.
Tunis (Saint-Louis et les croisés à), 56.
— (prise de) par Charles-Quint, 84.
Tunisie (la), 16.
— placée sous le protectorat français, 120.
Turcs (les), 55.
— Ottomans, 72.
— Seldjoucides, 72.
Turgot, ministre français, 94.
Turkestan (conquête du) par les Arabes, 46.
Turkestan (les caravanes du), 114.
— (les Russes dans le), 116.
Turquie d'Europe (conquête de la), 72.
Turquie (décadence de la), 94.
— (la), de 1815 à 1882, 112.
—(guerre de) (1877), 124.
Tyr, ville des Phéniciens, 20.
Tyrol (acquisition du) par la Maison d'Autriche, 84.
— (le), province allemande de l'Autriche, 110.
Tzars (les) de Russie, 90.

U

Ulm, ville d'Allemagne, 62.
Union de Calmar, 88.
— douanière allemande (le Zollverein), 108.
Unitaires (le parti des) en Amérique, 118.
Unité de l'Allemagne, 108, 124.
Unité française (formation de l'), 78.
Unité de l'Italie (l'), 106, 124.
— territoriale (formation de l'), 8.
Universités (les), 58, 70.
Unterwalden (le canton d'), 62.
Uri (le canton d'), 62.
Uruguay (affranchissement des colons de l'), 118.
Uruguay (formation de la République de l'), 118
Utrecht (traité d') (1713), 82.

V

Valais (annexion du) à la France, 102.
Valaques (les), 72.
Valence, ville d'Espagne, 66.
Valérienne (la voie), 29.
Vallée du Danube (la), 12.
Valmy (bataille de) (1792), 100.
Valois (le comté de), 50.
Vandales (les), 34, 42.
Vapeur (invention de la machine à), 127.
Varna (bataille de) (1444), 72.
Varsovie (le grand duché de), 102
Vasa (Gustave), roi de Suède, 88.
Vasco de Gama, 74.
Veies (Veii), cité étrusque, 28.
Véiès (prise de) (402 av. J.-C.), 28.
Vélasquez, peintre espagnol, 97.
Vénalité des charges (la), 78.
Vénétie (la), 76.
— (acquisition de la) par l'Autriche, 106.
Vénézuéla (formation de la République du), 118.
Venise (la République de), 64.
— à la fin du XVe siècle, 76.
Venise (possessions de), 64.
Vercingétorix, prince des Arvernes, 36.
Verdi, musicien italien, 127.
Verdun (acquisition de l'évêché de), 80.
Verdun (prise de) par les Prussiens (1792), 100.
Verdun (traité de) (843), 48.
Vermandois (le comté de), 50.
Vermont (l'Etat de) (Etats-Unis), 122.
Vérone, ville d'Italie, 64.
— (congrès de) (1822), 104.
Véronèse, 97.
Vésale, créateur de l'anatomie, 99.
Vicaires romains (les), 34.
Victimes humaines (les) chez les Phéniciens, 39.
Victor-Emmanuel II, roi de Sardaigne, puis roi d'Italie, 106.
Victoria (Australie) (formation de la colonie de), 120.
Vie agricole (la), 4.
— pastorale ou nomade (la), 4.
— sauvage, 4.
Vienne (Autriche), 12.
— (congrès de) (1814), 104.
Villafranca (paix de) (1860) 106.
Villes de la Hanse en Allemagne, 62.
— libres de l'Allemagne, 62.
Vimory (bataille de) (1587), 80.
Vindélicie (la), province romaine, 32.
Vinland (le) (Amérique du Nord), 88.
Virginie (la), colonie anglaise, 92.
Viriathe (le berger), 30.
Visconti (les), famille italienne, 76.
Vladivostok (le port militaire de), 116.
Voies de communication (les) au XIXe siècle, 128.
Voies historiques de l'Allemagne, 10.
Voies romaines (les), 29.
Volsques (les), 26.
Voltaire, 99.
Vulsinies (Vulsinii), cité étrusque, 28.

W

Wagner, musicien allemand, 127.
Wagram (bataille de) (1809), 102.
Wallis (occupation des îles) par la France, 120.
Washington (le général), 122.
Washington, ville des Etats-Unis, 122.
Waterloo (bataille de) (1815), 104.
Wéber, musicien allemand, 127.
Wessex (le royaume de), 54.
Westphalie (traité de) (1648), 82, 86.
— (le royaume de), 102.
Wisigoths (les), 42, 44.
Worms (concordat de) (1122), 52.
— ville libre d'Allemagne, 62.
Wurtemberg (le), 12.
— (le comte de), 62.
— (le royaume de), 102.

X

Xénophon, général grec, 26.
Xerxès, roi des Perses, 22.

Y

Ypres, ville de Flandre, 60.
Yu (l'empereur), 4.

Z

Zama (bataille de) (202 av. J.-C.), 30.
Zélande (occupation de la Nouvelle-) par les Anglais, 120.
Zeus (la fête de) à Olympie, 40.
Zoologie (création de la), 127.
Zoroastre, réformateur de la religion des Perses, 39.
Zoulous (le pays des), 120.
Zurich (bataille de) (1799), 100.
Zwingle, 97.

TABLE DES MATIÈRES

INTRODUCTION. — De la formation territoriale des principaux États civilisés.. 3 à 17
Grandes divisions de l'Histoire.. 17

PREMIÈRE PARTIE

HISTOIRE ANCIENNE

Leçons.		Cartes et cartons.	
1. Les anciennes monarchies de l'Orient.............. *Questions d'examen.*	18	Anciens empires d'orient........... *Carton.* — Delta du Nil.	19
2. Les peuples de Syrie........ *Questions d'examen.*	20	Palestine et Phénicie. — Judée sous les rois................. *Cartons.* — Colonies phéniciennes. — Plan de Jérusalem.	21
3. L'empire des Perses.......... *Questions d'examen.*	22	Empire Perse. — Inde avant l'ère chrétienne.................	23
4. La Grèce.................. *Questions d'examen.*	24	Grèce du VIIe au Ve siècle avant l'ère chrétienne............. *Carton.* — Colonies grecques.	25
5. Les grecs en Asie............ *Questions d'examen.*	26	Empire d'Alexandre............. *Cartons.* — Démembrement de l'empire. — Royaumes helléniques au IIIe siècle avant l'ère chrétienne.	27
6. L'Italie antique.............. *Questions d'examen.*	28	Italie et voies romaines......... *Cartons.* — Latium. — Rome.	29
7. Conquête du monde par les Romains........ *Questions d'examen.*	30	Conquêtes des Romains pendant la République...........	31
8. L'empire romain............. *Questions d'examen.*	32	Empire romain du Ier au IIIe siècle. *Carton.* — Empire romain à la mort d'Auguste.	33
9. Le Bas empire et le monde barbare............. *Questions d'examen.*	34	Empire romain du IVe au Ve siècle. *Carton.* — Empires d'orient et d'occident.	35
10. La Gaule................. *Questions d'examen.*	36	Gaule romaine du Ier au IIIe siècle. *Cartons.* — Pays occupés par les Celtes au IIIe siècle avant l'ère chrétienne. — Peuples de la Gaule au temps de César.	37

HISTOIRE DE LA CIVILISATION : l'Antiquité........................ 38

DEUXIÈME PARTIE

HISTOIRE DU MOYEN AGE

Leçons.		Cartes et cartons.	
11. Les royaumes barbares et l'Empire d'Orient....... *Questions d'examen*	42	Royaumes barbares à la fin du Ve siècle.................. *Carton.* — Empire de Justinien.	43
12. Le royaume des Francs..... *Questions d'examen.*	44	Gaule mérovingienne............	45
13. Les empires orientaux...... *Questions d'examen.*	46	Empire des khalifes.............	47
14. L'empire carolingien........ *Questions d'examen.*	48	Empire des Francs et de Charlemagne............. *Cartons.* — Gaule sous Pépin le Bref. — Gaule ; partage au traité de Verdun en 843. — Gaule ; partage au traité de Mersen en 870.	49
15. La France féodale.......... *Questions d'examen.*	50	France féodale XIe et XIIe siècles. *Carton.* — Bataille de Bouvines (27 juillet 1214).	51
16. L'Allemagne et l'Italie du Xe au XIIIe siècle............ *Questions d'examen.*	52	Allemagne et Italie du Xe au XIIIe siècle.................	53
17. La Grande-Bretagne au Moyen Age................ *Questions d'examen.*	54	Grande-Bretagne du VIe au XIIe siècle.................	55
18. Les Etats chrétiens en Orient. *Questions d'examen.*	56	Empire latin de Constantinople et principautés chrétiennes du Levant.................. *Carton.* — Croisades de 1095 à 1270.	57
19. L'Eglise de France au Moyen Age.................. *Questions d'examen.*	58	Evêchés de France au Moyen Age.	59
20. La France avant et pendant la guerre de Cent ans....... *Questions d'examen.*	60	France de Louis IX à Louis XI... *Cartons.* — Bataille de Crécy (26 août 1346). — Bataille de Maupertuis, dite de Poitiers (19 septembre 1356). — Bataille d'Azincourt (25 octobre 1415).	61
21. L'Allemagne aux XIVe et XVe siècles................. *Questions d'examen.*	62	Allemagne après l'interrègne.... *Cartons.* — Suisse ; les 13 cantons en 1513.	63
22. L'Italie au Moyen Age....... *Questions d'examen.*	64	Italie au XIVe et au XVe siècle..... *Carton.* — Possessions des Vénitiens et des Génois en Orient.	65
23. L'Espagne au Moyen Age.... *Questions d'examen.*	66	Espagne au Moyen Age.......... *Carton.* — Espagne musulmane au XIe siècle.	67

HISTOIRE DE LA CIVILISATION : Moyen âge................... 68

TROISIÈME PARTIE

HISTOIRE MODERNE

Leçons.		Cartes et cartons.	
24. L'Empire ottoman.......... *Questions d'examen.*	72	Empire ottoman au XVIe siècle.... *Cartons.* — Empire de Gengiskhan en 1227. — Pays vassaux du sultan au XVIe siècle.—Empire de Tamerlan.	73
25. Découvertes et établissements des Portugais et des Espagnols au XVIe siècle........ *Questions d'examen.*	74	Planisphère pour les découvertes des Portugais et des Espagnols. *Carton.* — Inde portugaise.	75
26. L'Italie au XVIe siècle....... *Questions d'examen.*	76	Italie à la fin du XVe siècle....... *Carton.* — Plan de Venise. — Bataille de Pavie (24 février 1525).	77
27. Formation de l'Unité française. *Questions d'examen.*	78	France sous Louis XI...........	79
28. France pendant les guerres de religion.............. *Questions d'examen.*	80	France au temps des guerres de religion............... *Carton.* — Paris et ses faubourgs au XVIe siècle.	81
29. La France monarchique..... *Questions d'examen.*	82	France aux XVIIe et XVIIIe siècles. *Carton.* — Frontière nord-est.	83
30. La Maison d'Autriche au XVIe siècle................. *Questions d'examen.*	84	Allemagne depuis la Réforme jusqu'au traité de Westphalie.... *Cartons.* — Allemagne ; divisions en cercles. — Domaines de Charles-Quint.	85
31. Formation de la Prusse..... *Questions d'examen.*	86	Allemagne de 1648 à 1769........ *Cartons.* — Prague (6 mai 1757). — Pirna (15 octobre 1756). — Rosbach (5 novembre 1757).	87
32. Les royaumes scandinaves.. *Questions d'examen.*	88	Suède, Danemark et Norwège au temps de Charles XII.........	89
33. La Russie et la Pologne au XVIIIe siècle............. *Questions d'examen.*	90	Russie et Pologne au XVIIIe siècle. *Carton.* — Empire russe en Asie. — Pays entre le Bug et le Danube.	91
34. Colonies de la France et de l'Angleterre aux XVIIe et XVIIIe siècles............. *Questions d'examen.*	92	Etats-Unis à la fin du XVIIIe siècle. — Colonies françaises et anglaises avant 1713. — Inde au XVIIIe siècle................. *Cartons.* — Antilles françaises et anglaises en 1783. — France à l'échelle de l'Inde. — Angleterre à l'échelle de l'Inde.	93
35. L'Europe en 1789........... *Questions d'examen.*	94	Europe en 1789................ *Cartons.* — Italie du Nord au XVIIIe siècle. — Italie centrale au XVIIIe siècle.	95

HISTOIRE DE LA CIVILISATION : Temps modernes................ 96

QUATRIÈME PARTIE
HISTOIRE CONTEMPORAINE

Leçons.	Cartes et cartons.
36. La Révolution française ..... 100 *Questions d'examen.*	Bassin du Pô; guerres d'Italie ... 101 *Cartons.* — Républiques alliées de la République française. — Campagne de Belgique et du Rhin.
37. L'Europe pendant l'empire... 102 *Questions d'examen à la page 106.*	Empire français en 1810 .... 103 *Carton.* — Campagne de Russie.
38. L'Europe en 1815 .... 104 *Questions d'examen.*	Europe en 1815 .... 105 *Cartons.* — Waterloo (18 juin 1815). — Leipzig (16 octobre 1813). — Leipzig (18 octobre 1813).
39. L'Italie de 1815 à 1870 .... 106 *Questions d'examen.*	Italie de 1815 à 1870 .... 107 *Cartons.* — Le quadrilatère. — Bataille de Magenta (3 juin 1859). — Bataille de Solférino (24 juin 1859).
40. L'Allemagne de 1815 à 1871... 108 *Questions d'examen.*	Confédération germanique, 1815 — 1866 — 1871 .... 109 *Cartons.* — Bataille de Sadowa (3 juillet 1866). — Sedan (1er septembre 1870). — Allemagne religieuse.
41. L'empire d'Autriche de 1815 à 1878 .... 110 *Questions d'examen.*	Empire d'Autriche .... 111 *Carton.* — Autriche-Hongrie ethnographique.
42. La Turquie de 1815 à 1882.... 112 *Questions d'examen.*	Turquie et Grèce .... 113 *Cartons.* — Empire ottoman. — Constantinople.
43. L'Extrême-Orient .... 114 *Questions d'examen à la page* 117.	Asie orientale : Chine, Corée, Japon .... 115 *Cartons.* — Expédition de Chine (1860). — Possessions françaises en Indo-Chine après le traité de 1884.
44. Les Russes et les Anglais en Asie .... 116 *Questions d'examen.*	Asie centrale : frontière afghane et russe 117
45. L'Amérique espagnole .... 118 *Questions d'examen.*	Républiques hispano-américaines. 119 *Cartons.* — Lima. — Valparaiso. — Buénos-Ayres. — Montévidéo. — Rio-de-Janeiro. — Mexico.
46. Empire colonial de l'Angleterre et de la France .... 120 *Questions d'examen.*	Empire colonial de l'Angleterre et de la France .... 121 *Cartons.* — Algérie et Tunisie. — Sénégal. — Congo français. — Obok et Aden. — Colonie du Cap.
47. Les États-Unis .... 122 *Questions d'examen.*	États-Unis .... 123 *Cartons.* — Territoire d'Alaska. — États-Unis à la fin du XVIIIe siècle. — France à l'échelle de la carte.
48. L'Europe contemporaine..... 124 *Questions d'examen.*	Europe contemporaine.......... 125 *Cartons.* — Europe religieuse. — Europe ethnographique.

HISTOIRE DE LA CIVILISATION : Période contemporaine............. 126

Lexique 129

Table alphabétique 130

TABLE DES GRAVURES

	Pages.
FIG. 1. Sphinx et pyramides 19
2. Camp romain 28
3. Empereur romain et prétoriens..... 32
4. Palais égyptien 38
5. Roi et guerriers assyriens 38
6. Palais assyrien 38
7. Guerriers persans 39
8. Palais persan 39
9. Guerriers grecs 40
10. Le Parthénon 40
11. Temple grec 40
12. Le Capitole 40
13. Romain en toge 40
14. Romaine 40
15. Légionnaires romains 41
16. Fortifications romaines 41
17. Aqueduc romain (le Pont du Gard)... 41
FIG. 18. Théâtre romain 41
19. Riche intérieur romain 41
20. Habitation d'un roi franc 45
21. Guerriers du XIe siècle 50
22. Église romane (Worms) 58
23. Place Saint-Marc à Venise 64
24. Alhambra de Grenade 66
25. Guerriers francs 68
26. Bagdad 69
27. Intérieur arabe 69
28. Justinien et ses fonctionnaires .. 69
29. Église Sainte-Sophie à Constantinople 69
30. Château féodal avec donjon 70
31. Église gothique 70
32. Chevaliers du XIVe siècle 71
33. Suisses armés de la pique 71
FIG. 34. Chevaliers du XVe siècle 71
35. Hôtel Jacques Cœur à Bourges... 71
36. Janissaires turcs 73
37. Soldats du temps de la Ligue... 80
38. Caravelle espagnole 96
39. Rue de Paris au XVIe siècle 97
40. Église Saint-Pierre de Rome.... 97
41. Costumes de cour sous François Ier... 98
42. Costumes de cour sous Louis XIV... 98
43. Plantations et nègres 99
44. Costumes de la Restauration ... 104
45. Costumes japonais 114
46. Soldats russes 116
47. Guerriers persans et afghans ... 116
48. Turcomans 116
49. Soldats de la République 126
50. Soldats de l'Empire 126

FIN DES TABLES.

Paris. — Imprimerie E. CAPIOMONT et Cie, rue des Poitevins, 6.

www.ingramcontent.com/pod-product-compliance
Lightning Source LLC
Chambersburg PA
CBHW060136100426
42744CB00007B/808